福建省中等职业学校学生学业水平考试

经济与管理基础

（全两册）

经济学基础

中职经济与管理编写组　编

北京理工大学出版社
BEIJING INSTITUTE OF TECHNOLOGY PRESS

版权专有　侵权必究

图书在版编目(CIP)数据

经济与管理基础：全两册 / 中职经济与管理编写组编. -- 北京：北京理工大学出版社，2025.1.

ISBN 978-7-5763-4941-2

Ⅰ. F2

中国国家版本馆 CIP 数据核字第 2025VM8610 号

责任编辑：李慧智　　　**文案编辑**：李慧智
责任校对：王雅静　　　**责任印制**：施胜娟

出版发行 / 北京理工大学出版社有限责任公司
社　　址 / 北京市丰台区四合庄路 6 号
邮　　编 / 100070
电　　话 / (010) 68914026（教材售后服务热线）
　　　　　　 (010) 63726648（课件资源服务热线）
网　　址 / http://www.bitpress.com.cn

版 印 次 / 2025 年 1 月第 1 版第 1 次印刷
印　　刷 / 定州市新华印刷有限公司
开　　本 / 889 mm×1194 mm　1/16
印　　张 / 21.75
字　　数 / 431 千字
定　　价 / 75.00 元（全两册）

图书出现印装质量问题，请拨打售后服务热线，负责调换

前言
PREFACE

  福建省中等职业学校学业水平考试是根据国家教育部颁布的中等职业学校教学标准和省教育厅下发的中等职业学校学生毕业要求，由福建省教育厅组织的统一考试。该考试成绩是中职生取得毕业证书的关键因素，也是职教高考录取的重要依据，是高校科学选拔人才的基础。

  为帮助考生全面理解和掌握福建省教育厅 2024 年 9 月公布的《福建省中等职业学校学业水平考试〈经济与管理基础〉科目考试说明》，我们特组织长期深耕在教学一线、具有丰富教学经验的教师，依据最新考试说明，并基于福建省中等职业学校学业水平考试的特点及中职学生的学情精心编写了本书。本书包括经济学基础和管理学基础两部分。其中，经济学基础部分主要考查微观经济学的内容，包括商品的需求、供给与均衡价格，消费者选择，企业的生产和成本，市场结构四个部分；管理学基础部分主要以管理过程的决策、组织、领导、控制、创新这五大管理职能为线索，让学生在系统地理解和掌握管理学基本理论、内容、方法与技能的基础上，能够分析和解决现实中的管理问题，将管理学的知识内化为管理思维和管理素养。

  本书主要特色：

  1. 紧扣考纲，知识层次分明。每章考试大纲以思维导图的形式呈现了解、理解、掌握三个层次内容，每节三维学习目标明确，有助于考生掌握最新考情，抓住学习重点，高效备考。

  2. 引导案例，激发学生学习内驱力。在每节知识学习前，以引导案例吸引学生思考，营造积极的学习氛围，将枯燥的经济学、管理学知识与生活中的小案例结合，有助于学生对抽象知识的理解。

  3. 小知识，拓展学生专业面。对于考试说明未做要求，但又是经济学、管理学学科重要内容的知识点，以小知识的形式穿插在本书中，帮助学生深入理解相关知识，拓展专业知识面，加强学生对疑难问题的辨析。

  4. 聚焦考点，以典型例题来明确、每章练习来强化。本书聚焦各章节考点，以典型例题来强化考生对考点的掌握，还设置了对应的每章练习，涵盖单项选择题、多项选择题、判断题、名词解释题、简答题、案例分析题等题型，帮助学生学练结合，加深对基础知识的理解，做到高效冲刺。

在本书编写过程中，我们参考了大量的文献资料，对这些资料的作者和编者表示衷心的感谢。另有部分资料来源于网络，我们未能确认原始出处，对此，我们深表歉意。由于编写者水平有限，编写时间紧迫，书中如有疏漏和不当之处，敬请指正。

中职经济与管理编写组
2024年12月

目 录
CONTENTS

上篇　经济学基础

第一章　商品的需求、供给与均衡价格 ······ 3
　第一节　商品的需求 ······ 4
　第二节　商品的供给 ······ 10
　第三节　市场均衡 ······ 17
　第四节　弹性 ······ 25
　本章练习 ······ 32

第二章　消费者选择 ······ 36
　第一节　效用论和边际效用分析 ······ 37
　第二节　无差异曲线和边际替代率 ······ 44
　第三节　预算约束线和消费者均衡 ······ 52
　本章练习 ······ 59

第三章　企业的生产和成本 ······ 62
　第一节　企业 ······ 63
　第二节　生产和生产函数 ······ 67
　第三节　短期生产分析 ······ 72

第四节　短期成本分析 …………………………………………………… 80
本章练习 ………………………………………………………………… 92

第四章　市场结构 …………………………………………………………… 96
第一节　市场结构及其划分依据 ………………………………………… 97
第二节　完全竞争市场 …………………………………………………… 104
第三节　垄断市场 ………………………………………………………… 111
第四节　垄断竞争市场 …………………………………………………… 119
第五节　寡头垄断市场 …………………………………………………… 126
本章练习 ………………………………………………………………… 135

参考答案 …………………………………………………………………… 139

上篇 经济学基础

第一章

商品的需求、供给与均衡价格

> 需求与供给是市场经济运行的重要力量，它们决定了各种物品的产量以及出售的价格。美国著名经济学家保罗·萨缪尔森有句名言："只要你教鹦鹉学会说供给和需求两个单词，就能把它培养成经济学家。"需求与供给在经济学中的重要性可见一斑。在市场经济中，"看不见的手"具有惊人的能力，能够协调市场中的供求比例。本项目通过运用商品的需求与供给理论，分析市场经济中买者与卖者的行为以及他们相互之间的影响，进而说明市场中供给与需求如何决定价格，以及价格又是怎样对经济中的稀缺资源进行配置的。

思维导图

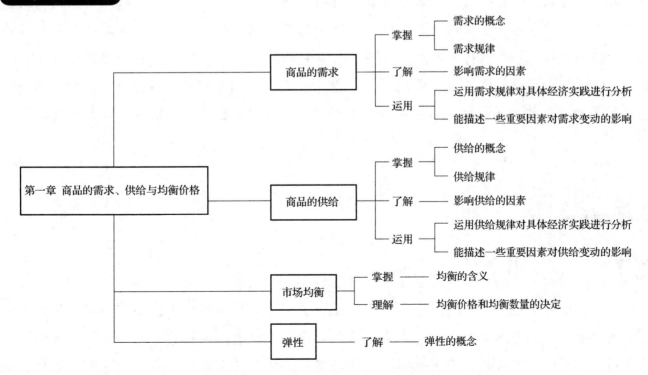

第一节 商品的需求

学习目标

★知识目标

1. 掌握商品需求的概念及其表示方式；
2. 掌握商品的需求规律；
3. 了解影响商品需求量的其他因素。

★能力目标

1. 能根据给定条件描绘出商品的需求曲线；
2. 能运用需求规律解释日常生活中的经济现象；
3. 能描述影响需求的因素对需求变动的影响。

★素养目标

通过对商品需求的分析，培养用经济学思维看待生活中需求现象的素养。

引导案例

在日常生活中，几乎每个人都有超市购物的经历。在超市，我们发现很多商品的价格是不断变动的，消费者对于不同商品价格变动做出的反应也不尽相同。某些商品降价销售时有很好的促销效果，会吸引许多人争相购买；而当它们涨价时，销售量则有明显的下降。以鲜奶为例，若每盒鲜奶的价格上涨至30元，消费者购买鲜奶的意愿将大幅降低，他们会转而选择购买常温奶或酸奶进行替代；若每盒鲜奶的价格降至10元，则消费者会增加鲜奶的购买数量。

知识学习

一、需求的概念

需求（Demand）是指在其他条件不变的情况下，在某一特定时期内消费者在每一价格水平下对某种商品或服务愿意而且能够购买的数量。这种需求也称为有效需求，必须具备以下两个条件：一是消费者必须有购买欲望；二是消费者必须有一定的购买能力。这两个条件，缺少任何一个均不能构成需求。

例如，对于眼睛没有近视的学生而言，他们不需要佩戴近视眼镜，即使近视眼镜的广告宣传做得再好，促销力度再大，此类学生也不会产生购买近视眼镜的欲望，因而无法形成有效需求。再例如，对于近视的学生而言，他们需要佩戴近视眼镜，有购买欲望。但眼镜市场不同功能、材质的近视眼镜价格有较大差距，普通的近视眼镜可能只需要几百元，而有矫正功能的高端近视眼镜售价可能高达几千元。如果学生购买近视眼镜的预算只有500元，那么在没有其他资金支持的情况下对具有矫正功能的高端近视眼镜就不具有购买能力，因而也无法构成有效需求。

所谓需求量，是指在某一特定时期内，对应于某种商品一个给定的价格，消费者愿意并且能够购买的该商品的数量，称为该价格下的需求量。因此，一种商品的需求反映的是需求量与其影响因素之间的关系。在假定其他条件不变的情况下，消费者对一种商品的需求可以简单地表示为价格对需求量的影响。

对上述有关需求的概念，应注意两个方面：

(1) 对需求相关概念解释时假定的前提是"其他因素保持不变"，只分析需求量与价格之间的变动关系。

(2) 应注意，消费者对某商品的需求并不是一次市场购买行为，也不是某一次购买活动对应的购买量，而是针对一系列可能的价格，消费者根据自身的意愿和条件制订的一个计划。

市场需求是指在一定时间内、一定价格条件下和一定市场上，所有的消费者对某种商品或服务愿意而且能够购买的数量，即所有消费者需求的总和。

二、需求的表示

消费者对某种商品的需求可以用需求表、需求曲线和需求函数表示。

(一) 需求表

一种商品的需求表，是一张反映该商品各种可能的价格水平与这些价格所对应需求量之间关系的数表。表1-1给出的例子是某一消费者在一个月内对鲜奶的需求表。

表1-1　某消费者本月对鲜奶的需求

价格/(元·盒$^{-1}$)	14	12	10	8	6	4
需求量/盒	2	5	8	11	14	17
价格与需求量的组合点	A	B	C	F	G	H

(二) 需求曲线

根据需求表中商品的价格与需求量的不同组合，在平面坐标图上绘制出一条曲线，就是需求曲线(Demand Curve)，通常用字母 D 来表示。例如，依据表 1-1 给出的数据，以价格(P)为纵轴，以需求量(Q)为横轴，将价格与需求量的组合点 A、B、C、D……分别表示在每一个可能的价格下，消费者愿意并且能够购买的数量与该价格之间的对应关系。

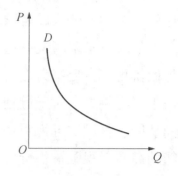

图 1-1　某消费者本月对鲜奶的需求曲线

这些点连成的一条曲线就是需求曲线。需求曲线更为直观，也更便于理论分析。根据上述需求表，我们可以粗略地得到该消费者对鲜奶的需求曲线(见图 1-1)。需求曲线是一条向右下方倾斜的曲线，表明商品的需求量与其价格呈反方向变动。

◇小知识

需求曲线的三种特例

一般来说，需求曲线是一条向右下方倾斜的曲线，表明商品的需求量与其价格呈反方向变动。但并不是所有消费者对所有商品的需求曲线都遵循这一特征。需求曲线还有可能出现以下三种情况：

1. 需求曲线是一条垂直的直线，如图 1-2(a)所示。在这一情形中，无论商品的价格有多高，消费者对该商品的需求量都保持不变。例如，一个家庭对食盐的需求量通常受价格的影响很小，其需求曲线就具有类似的形状。

2. 需求曲线是一条水平的直线，如图 1-2(b)所示。在这种情形中，消费者对商品价格变动极其敏感，以至于价格升高时消费者立即将需求量减少为 0，而价格低于现有价格时，消费者的需求量趋向于无穷大。

3. 需求曲线向右上方倾斜，如图 1-2(c)所示。这时，消费者的需求量随着商品价格的提高而增加。在日常生活中，消费者出于炫耀等因素的考虑，对某些商品会随着价格的上升而增加购买量。

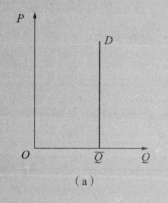 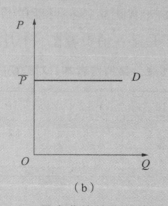 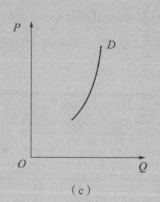

(a)　　　　　　　　　　　(b)　　　　　　　　　　　(c)

图 1-2　需求曲线的三种特例

(三)需求函数

更一般地表示消费者对某种商品的需求可以用需求函数表示。

在其他条件不变的情况下,需求函数反映了需求量与商品价格之间的对应关系。用 P 表示某种商品的价格,Q^d 表示消费者对该商品的需求量,则消费者对该商品的需求可以表示为:$Q^d = f(P)$。

作为一个特例,如果需求曲线是一条向右下方倾斜的直线,那么需求函数具有线性形式:$Q^d = \alpha - \beta P$。式中的 α 和 β 为大于 0 的常数。这表明,价格每提高一个单位,消费者对商品的需求量按固定的比率 β 减少。

三、需求规律

从需求曲线中可以看出,某种商品的需求量是与其价格呈反方向变动的,这种现象被称为需求规律(The law of demand)。其基本内容是:在其他条件不变的情况下,某种商品的需求量与其自身价格之间存在反方向变动的关系,即商品的价格越低,需求量越大;商品的价格越高,需求量越小。

理解需求规律,应注意"在其他条件不变的情况下"这句话。所谓其他条件不变,是指除了商品自身的价格以外,其他任何能够影响需求的因素都保持不变。离开这一前提,需求规律则不适用。例如,冷饮在夏天的需求量比较大,而在冬天即使价格下降,同一种冷饮的需求量可能还是会减少。

◇小知识

不服从需求规律的几类商品

炫耀性商品,是指消费者出于炫耀性目的而进行消费的商品。购买此类商品的消费者往往是为了彰显自身的金钱财力和社会地位,因此价格越高,需求量越大。例如,劳斯莱斯顶级定制豪车浮影,售价 2 800 万美元,全球限量 3 台,能够收藏这样的顶级定制豪车的购买者,一定也是拥有极高的财富、声望、名誉和社会地位。一般来说,此类商品的需求曲线向右上方倾斜,表明消费者会随着此类商品价格的上升而增加购买量。

吉芬商品,是指需求量与价格呈同方向变动的一类特殊商品,此时需求曲线也呈现向右上方倾斜。1845 年爱尔兰发生灾荒时,英国人吉芬发现土豆价格虽然急剧上涨,但对它的需求量却不降反升。造成这种现象的原因是灾荒造成当时的食品价格普遍上涨,人们的实际收入却急剧下降,无力购买其他较贵的食品,转而大量购买价格相对便宜的土豆以维持生存。

四、影响需求的因素

在上述对需求和需求规律的阐述中，均强调一个前提"在其他条件不变的情况下"，即除了商品价格之外，其他因素保持不变。但在现实生活中，除了商品价格以外许多其他因素的变动也会对需求量产生影响。这些因素主要包括消费者的偏好和收入水平、其他相关商品的价格、消费者预期以及政府的政策等。

(一) 消费者的偏好

偏好是指消费者对某商品的喜好程度，它极大地影响着消费者对该商品的需求。通常，在相同的价格水平下，消费者对某商品的偏好越强烈，其对该商品的需求量就越大；反之，需求量就越小。比如，随着现代社会人们对健康和健美的重视，人们对健身设施和健康食品的需求增加，同时也减少了对烟酒的需求。也就是说，消费者的偏好与需求量呈同方向变动。

偏好是消费者需求至关重要的决定因素，但对偏好进行一般性的数量讨论却因其所包含的众多主观特性而存在较大的困难。偏好既可以反映消费者的真实心理或者生理需要，如喝水；又可以是人为制造的需要，如由广告宣传所造成的需要；也可以是由文化的、历史的、传统的因素或者宗教所限定的需要。正因为偏好因人因时而异，在对需求进行一般讨论时，通常假定消费者的偏好保持不变。

(二) 消费者的收入水平

对于一个消费者而言，收入决定了其支付能力，从而也就决定了对商品的需求量。一般来说，收入增加了，人们对大部分商品的消费量也会增加。比如，随着收入水平的提高，人们对文化娱乐方面的消费增加了。需求量随收入增加而增加的商品叫作正常品。我们日常消费的大多数商品或服务都属于正常品。但也有一些商品，它们的需求量随消费者收入的增加而减少，这类商品被称为低档品。

需要指出的是，正常品和低档品的区分也与消费者的收入水平密切相关。同一种商品对一些消费者而言是正常品，而对另外一些消费者则可能就是低档品；对同一个消费者来说，某种商品在一定的收入水平上是正常品，而在另外一个收入水平上却可能是低档品。例如，人们对"粗粮"的需求量就并不总是随着收入增加而减少。

(三) 其他相关商品的价格

其他相关商品包括替代品和互补品。

1. 替代品

如果两种商品在满足消费者同一类型的需要时具有相同或相近的功效，那么就称这两种商品是替代品。比如，如果鸡肉的价格低，人们就会多买鸡肉少买猪肉，此时鸡肉与猪肉就互为替代品；公交车票价上涨，出行坐地铁的人数就会上升，即地铁出行代替了公交车出行。

因此，对于替代品而言，如果一种商品价格上升，消费者将减少该商品的需求量，转而购买另外一种商品。因此，替代品价格上升将导致消费者对原商品的需求量增加。

2. 互补品

如果两种商品相互补充，必须同时使用才能使消费者的某种欲望得到满足，那么这两种商品即为互补品。比如，汽车与汽油、网球与网球拍、数码相机与存储卡等。当汽油的价格上升，人们就会减少开车出行以减少汽油的消费量，对汽车的需求量也会降低。由于互补品需要联合使用才能达成一个功效，因而可以视为是"一种商品"，所以，当互补品价格提高时，消费者对原商品的需求量也会减少。

（四）消费者预期

消费者对未来的预期会影响到消费者现期的需求量。例如，消费者预期未来商品价格会上涨，就会刺激他们提前购买，从而增加对该商品的现期需求量，特别是那些便于贮存的商品。同样的，消费者对自身未来收入的预期也会影响到对商品的需求。比如，当预期未来经济不景气、收入将下降时，即使当期收入并没有显著下降，人们也会减少现期的消费。

（五）政府的政策

一般而言，政府的政策可以通过影响消费者的偏好、收入、相关商品价格以及预期等因素来影响消费者的需求量。比如，政府制定限制在室内吸烟的法规并严格执行，会降低人们对香烟的偏好；而提高个人所得税费用减除额会增加消费者的实际可支配收入，从而最终影响消费者对商品的需求量。

五、需求量的变动和需求的变动

既然某种商品的需求量不仅取决于商品本身的价格，也取决于众多其他因素，因此有必要区分两个概念：需求量的变动与需求的变动。

其他条件不变，由商品本身价格的变动引起的消费者愿意并且能够购买的数量的变动，称为需求量的变动，表现为在一条既定需求曲线上点的位置移动。比如，在其他条件不变的情况下，某商品的价格下降引起的需求量增加，在图1-3中表现为需求曲线上的点由 A 右移到 B。

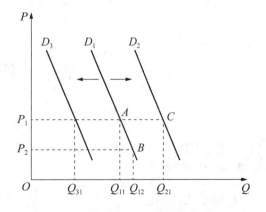

图1-3　需求量的变动与需求的变动

除了商品价格以外的其他因素变动，引起的消费者在每一个可能的价格下所对应的需求量的变动称为需求的变动，表现为整条需求曲线的移动。进一步，如果整条需求曲线向右上方移动，称为消费者的需求增加。比如，消费者收入增加导致需求增加，在图1-3中表现为

需求曲线由 D_1 右移到 D_2。反之，如果整条需求曲线向左下方移动，则称为消费者的需求减少。例如，替代品价格下降导致该商品的需求减少，在图 1-3 中表现为需求曲线由 D_1 左移到 D_3。

简言之，可以归纳为：价格引起需求量的变动，其他因素引起需求的变动。

典型例题

1.（单选）需求规律可用来解释（　　）。

A. 药品的价格上升使药品的质量提高

B. 电视机的价格下降将导致其需求量增加

C. 汽油价格提高，汽车轮胎的销售量减少

D. 乒乓球价格上升导致乒乓球拍销售量增加

【答案】　B

【解析】　需求规律表明，某种商品的价格越高，消费者愿意并且能够购买的该商品数量就会越少；反之，价格越低，消费者愿意并且能够购买的该商品数量就越多。只有 B 项符合题意。

2.（单选）下列因素中，不会使需求曲线发生移动的是（　　）。

A. 消费者收入的变化　　　　　　　　B. 商品自身价格的变化

C. 消费者偏好的变化　　　　　　　　D. 其他相关商品价格的变化

【答案】　B

【解析】　影响需求量的非商品自身价格因素的变化会使需求曲线移动。商品自身价格的变化在几何图形上表现为沿着既定的需求曲线的运动。

第二节　商品的供给

学习目标

★知识目标

1. 掌握商品供给的概念及其表示方式；
2. 掌握商品的供给规律；
3. 了解影响商品供给量的其他因素。

> ★ 能力目标
> 1. 能根据给定条件描绘出商品的供给曲线；
> 2. 能运用供给规律解释日常生活中的经济现象；
> 3. 能描述影响供给量的因素对需求变动的影响。
>
> ★ 素养目标
> 通过对商品供给的分析，培养用经济学思维看待生活中生产现象的素养。

引导案例

最近，生产鲜奶的厂商们遇到了一些烦恼：由于喂养奶牛的饲料价格大幅上涨，鲜奶的生产成本也大幅增加。但厂商们也得知了一些好消息：为了鼓励居民养成均衡膳食的习惯，国家计划从下月开始对鲜奶厂商进行补贴。同时，运输鲜奶所要求的冷链运输采用了新技术，能够使鲜奶的运输成本大幅降低。试想一下，如果你是鲜奶厂商，你会对厂里鲜奶的生产做出调整吗？

知识学习

一、供给的概念

供给（Supply）是指生产者在一定时期内，对应每一个价格水平下愿意并且能够提供的某种商品或服务的数量。同需求一样，供给也必须具备两个条件：一是生产者的供给意愿；二是生产者的供给能力。两个条件缺一不可。如果生产者对某种商品只有提供出售的意愿，但没有提供出售的能力，则不能构成有效供给，因此也不能算作供给。

在某一特定时期内，对应于一个给定的价格，生产者愿意并且能够提供的商品数量，称为该价格下的供给量。因此，一种商品的供给反映了供给量与其影响因素之间的关系。在假定其他条件不变的情况下，生产者对某种商品的供给可以表示为各种可能的价格对供给量的影响。

对上述有关供给的概念，同样需要注意两个方面：

（1）对供给的定义中隐含如下假定：除商品本身的价格以外，影响一个生产者对某种商品供给量的其他因素保持不变。

（2）应注意，生产者对某种商品的供给是针对一系列可能的价格水平而制订的一个计划。市场供给是所有生产者供给的总和。

二、供给的表示

生产者对某种商品的供给也可以用供给表、供给曲线和供给函数表示。

(一) 供给表

生产者对某种商品的供给表,是由各种可能的价格水平与相应的供给量所构成的一个序列表。例如,一家生产鲜奶的奶制品公司根据市场价格决定其鲜奶供给量,表1-2是该奶制品公司在一个月内对鲜奶的供给表。

表1-2 某生产者本月对鲜奶的供给表

价格/(元·盒$^{-1}$)	1	2	3	4	5
供给量/万盒	5	10	14	16	17
价格与供给量的组合点	A	B	C	F	G

(二) 供给曲线

生产者对某种商品的供给也可以借助于供给曲线来表示。供给曲线(Supply Curve)是在其他条件不变的情况下,所有可能的价格与生产者相应于这些价格的供给量的组合点在坐标平面中描绘出来的一条曲线,通常用字母 S 来表示。例如,图1-4是根据表1-2的数据描绘出来的奶制品公司对鲜奶的供给曲线。

供给曲线告诉我们,一定时期内市场经济中关于商品的供给并不是一个固定的数量,而是一个会随着商品价格变动而变动的量。从图1-4的供给曲线可以看出,随着鲜奶价格的不断提高,鲜奶的供给量也在不断增加。所以,供给曲线呈现出向右上方倾斜,表明商品的供给量与其价格呈同方向变动。

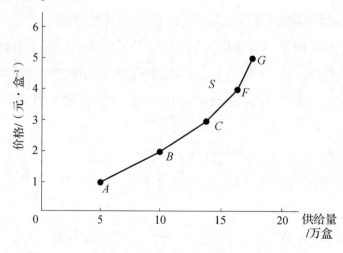

图1-4 某奶制品公司本月对鲜奶的供给曲线

> ◇小知识

供给曲线的两种特例

一般来说，供给曲线是一条向右上方倾斜的曲线，表明商品的供给量与其价格呈同方向变动。但并不是所有商品的供给曲线都遵循这一特征。供给曲线还有可能出现以下两种情况：

1. 供给曲线是一条垂直的直线，如图1-5(a)所示。在这一情形中，商品的供给量是固定的，即使价格上升，供给也无法增加。例如，电影院的电影放映厅的座位数一般都是固定的，即使当日上映的电影异常火爆，电影票价格上涨，电影院也不会有额外的观影座位提供。也就是说，不管电影票的价格如何变化，电影院的供给曲线实际就是一条垂直的直线。一般地，具有固定数量的商品，如土地、文物、艺术品等特殊商品的供给曲线具有类似的形状。

2. 供给曲线是一条水平的直线，如图1-5(b)所示。在这种情形中，表明在一个特定的价格下，生产者愿意供给任意数量的商品。例如，具有既定生产能力且单位成本稳定的公司，如果价格低于其单位成本，公司可能因为亏损而选择不供给；如果价格高于单位成本，则公司愿意倾其所有提供供给，此时的供给量趋于无穷大；而在该价格下，公司提供其生产能力范围内任意数量的商品。

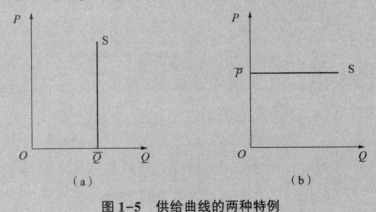

图1-5 供给曲线的两种特例

(三) 供给函数

一种商品的供给量是所有影响这种商品供给量的因素的函数。在假定其他条件不变的情况下，供给函数表示生产者对某种商品的供给量与价格之间的对应关系。继续以 P 表示商品的价格，以 Q^s 表示生产者对该商品的供给量，则生产者对该商品的供给函数可以表示为：$Q^s = f(P)$。

同样作为一个特例，如果供给曲线是一条向右上方倾斜的直线，那么供给函数具有线性形式：$Q^s = \gamma + \delta P$。式中的 γ 和 δ 均为常数，且 $\delta > 0$。这表明，价格每提高一个单位，生产者对商品的供给量按固定的比率δ增加。

三、供给规律

从供给曲线中可以看出，某种商品的供给量与其价格是呈同方向变动的，这种现象普遍存在，被称为供给规律(The law of supply)。此规律对于绝大多数商品都成立。其基本内容是：在其他条件不变的情况下，一种商品的供给量与其自身价格之间存在同方向变动的关系，即供给量随着商品价格的上升而增加，随商品价格的下降而减少。这是因为，在其他条件不变的情况下，商品的市场价格上升使生产者的利润率提高，从而促使生产者增加产量；相反，市场价格下降时会使生产者的利润率降低，生产者向市场上提供商品的数量也会减少。

在理解供给规律时，同样应注意"在其他条件不变的情况下"这个假设前提。离开这一前提，供给规律就无法成立。例如，当科技进步提高了生产者的产出效率后，即使商品的价格没有变化，供给量也会增加。

◇小知识

供给规律的例外

供给规律适用于绝大多数商品，但是仍有一些商品的供给却不符合供给规律。

其中，最典型的是劳动供给的特例。劳动作为一种商品，其价格就是工资，一般来说，工资越高，越能吸引更多的人参与劳动的供给。即劳动的价格上升，劳动的供给增加。但随着工资的上升，劳动者的收入增加到一定程度之后，反而开始减少劳动的供给，表现出与供给规律不符。这是因为，劳动者提供劳动获取工资是以牺牲自己的闲暇为代价的。在开始阶段，由于收入较低，人们为了满足一般生活需要，愿意牺牲闲暇去参加工作获得工资收入；而当工资水平上升到一定程度后，随着劳动者收入的逐渐增加，他们的一般生活需要已经得到了满足，转而开始追求更高层次的生活满足感，比如发展个人兴趣爱好、与家人一起旅行度假，等等，这就增加了对闲暇的需求。增加闲暇必定减少劳动时间，这就是工资增加引起的收入效应，收入效应使劳动供给随工资的增加而减少。

四、影响供给的因素

与需求分析类似，在现实生活中一种商品的供给量除了受商品本身价格的影响之外，还受到其他多种因素的影响。这些因素主要包括生产者的目标、生产技术水平、生产成本、生产者可生产的其他相关商品的价格、生产者对未来的预期以及政府的政策等。

(一) 生产者的目标

一般来说，生产者的目标是利润最大化。但在实际经济活动中，一个生产者的经营目标可能不止一个，同一个生产者在不同的时期经营目标也不尽相同。例如，在经营初期，生产者可能侧重于创造声誉，占领局部市场。生产者的目标不同，在既定价格下的供给量也会有所不同。

(二) 生产技术水平

在投入既定的条件下，技术可以提高生产效率，使企业在同样的资源条件下生产出更多的产品，从而增加供给。一般来说，生产者所采用的技术水平越高，相应的产出量就会越大，即技术水平越高，对应于既定的价格，生产者对产品的供给量就会越大。新材料、新能源的发明与利用，都可以使供给增加。

(三) 生产成本

商品是用劳动力、资本和原材料等各种生产要素生产出来的，生产要素的费用直接构成了生产成本。在商品价格不变的条件下，生产者的成本增加，利润就会相应地减少，生产者就会减少供给量；相反，生产者的成本下降，供给量就会增加。而在生产技术既定的条件下，生产者所使用的投入品的价格是决定生产成本的关键因素，因此，生产要素价格提高会促使生产成本增加，进而使得生产者的供给量减少。

(四) 生产者可生产的其他相关商品的价格

如果一个生产者可以提供多种商品，则其中一种商品价格发生变化，另外一种商品的供给量也会随之发生改变，这种影响的程度及方向取决于生产者生产这两种商品的技术特征。

如果两种商品 A 和 B 在资源投入上相互竞争，那么 B 商品价格提高将会导致 A 商品供给量减少。例如，汽车制造厂既供给高耗能的豪华型高档轿车，也供给节能环保型低档轿车。在其他条件不变的情况下，如果低档轿车价格提高，势必导致厂家把人力、物力转向生产更多的低档轿车，从而使得高档轿车的供给量减少。

如果生产者生产 A 和 B 两种商品共享同一资源，在同一生产过程中连带地被生产出来，比如钢铁公司在炼钢过程中既生产出各种型号的钢材，也会因钢材冷却而生产出热水。很显然，如果钢材的价格上涨，钢铁公司希望生产更多的钢材，那么作为取暖用的热水的供给量也势必会增加。

(五) 生产者对未来的预期

生产者对未来影响供给量的各种因素的预期会影响现期供给量。如果生产者对未来经济形势持乐观估计，比如预期商品价格上涨，那么他往往会选择扩大生产，增加商品产量，以便除了满足当期市场需求之外为将来增加供给做准备。相反，如果生产者对未来持悲观的预期，预期商品价格将下降，他则会选择缩减生产，减少当期商品供给量以避免未来出现较多的库存。

(六) 政府的政策

政府所采取的经济政策也会直接或间接地影响到上述因素从而最终影响供给量。例如，政府采用鼓励投资与生产的政策，可以使得某一企业获得进货或者税收方面的优惠，从而刺激生产，促使生产者增加供给量。相反，如果政府征收出口关税，那么出口企业就可能减少商品供给量。

五、供给量的变动和供给的变动

由于供给量不仅受价格变动的影响，还受到技术变动、生产者预期等其他因素的影响，为了叙述明确，同样有必要区分供给量的变动与供给的变动。

我们把在其他条件不变的情况下，由商品价格发生变化而导致的商品供给量的变化称为供给量的变动。而把除商品价格以外的其他因素变动而引起的每一价格水平下商品供给量的变动称为供给的变动。

图 1-6 描绘了供给量变动与供给变动之间的差异。

供给量的变动意味着某商品价格变动导致供给量沿着供给曲线发生变动。例如图 1-6 中，在供给曲线 S_1 上，当商品价格由 P_1 下降到 P_2，则供给量由 Q_{11} 减少到 Q_{12}，即由 S_1 上的 A 点变动到 B 点，这种同一条供给曲线上的点的移动就是供给量的变动。

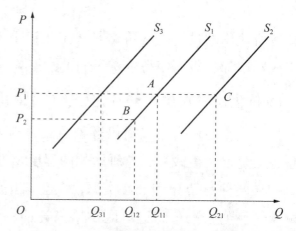

图 1-6 供给量的变动和供给的变动

而在某一特定价格，例如在图 1-6 中 P_1 的价格下，当价格以外的其他因素发生了变化，假设生产者对未来预期看好而扩大当期的生产，使供给量由 Q_{11} 增加到 Q_{21}，从而使价格与供给量的组合点由 S_1 曲线上的 A 点变动到 S_2 曲线上的 C 点，此时我们认为是供给发生了变动。可见，供给的变动表现为整条供给曲线的移动。与供给量增减相一致，如果供给曲线向右移动，比如从 S_1 变动到 S_2，则称为供给增加；反之，如果供给曲线向左移动，比如从 S_1 变动到 S_3，则称为供给减少。一般来说，企业的生产技术水平提高、成本降低，特别是生产要素投入价格下降、政府的减税政策等因素都会导致供给增加，供给曲线向右移动；这些因素反方向变动则会导致供给减少，使供给曲线向左移动。

典型例题

1. (单选)描述在不同价格水平下厂商愿意出售的商品数量的曲线被称为( )。
   A. 需求曲线　　　　B. 供给曲线　　　　C. 生产扩展曲线　　　　D. 预算约束

【答案】　B

【解析】　把价格与供给量联系在一起的曲线称为供给曲线。商品的供给曲线是根据商品不同的价格与供给量的组合在平面坐标图上所绘制的一条曲线。

2. (单选)鸡饲料价格上涨,对鸡蛋的影响是( )。
   A. 供给量增加　　　　B. 供给量减少　　　　C. 供给增加　　　　D. 供给减少

【答案】　D

【解析】　本题考查供给的含义,商品本身价格以外的因素发生变化也就是非价格因素的变化导致的供给数量的变化,被称为供给的变化,表示在每一个与以前相同的价格下企业改变了供给数量。鸡饲料价格上涨,表示非价格因素成本增加,在相同的价格下减少了鸡蛋的供给数量。

第三节　市场均衡

学习目标

★知识目标

1. 掌握均衡的含义;
2. 理解均衡价格与均衡数量的决定。

★能力目标

1. 能运用均衡价格和均衡数量分析市场中的商品供需变动情况;
2. 能根据需求变动或供给变动情况分析对市场均衡的影响。

★素养目标

通过对市场均衡的分析,培养用均衡的思维分析生活中供需变动的经济学素养。

引导案例

通过对前面知识的学习,我们发现市场上对于鲜奶的消费者而言,鲜奶的需求受鲜奶的价格、消费者收入、替代品常温奶和酸奶等价格变化等多方面影响;而对于鲜奶的生产者而言,鲜奶的供给受到鲜奶的价格、生产成本、国家政策等多方面影响。但是,不论是从需求还是供给的角度，都没有说明鲜奶本身的价格究竟该如何决定。所以，鲜奶的市场价格到底该定多少钱，能使它的需求和供给都能达到平衡？

知识学习

一、均衡的含义

在西方经济学中，均衡是一个被广泛运用的重要概念之一。均衡的最一般的意义是指经济系统中的某一特定经济单位、经济变量或市场等，在一系列经济力量的相互制约下所达到的一种相对静止并保持不变的状态。经济事物之所以能够处于这样一种静止状态，是由于在这样的状态中有关该经济事物的各参与者的力量能够相互制约与相互抵消，同时能够使该经济事物各方面的经济行为者的愿望都得到满足。正因如此，西方经济学家认为，经济学的研究往往在于寻找在一定条件下经济事物变化最终趋于相对静止之点的均衡状态。西方经济学家还认为，均衡一旦形成，如果有另外的力量使它离开原来均衡的位置，就会有其他力量使之恢复到均衡。

二、市场均衡

可见，市场均衡是指市场中供求达到平衡时的状态。市场供求均衡是均衡分析的一个重要事例。在一种商品或者服务市场上，需求和供给是决定市场价格的两种相互对立的经济力量，买者希望价格降低，而卖者则希望有更高的价格。如果前者的力量大于后者，那么价格就具有下降趋势；相反，如果后者大于前者，则价格就趋于上升。最终供求力量的相互作用使得市场处于均衡状态，市场价格就趋于不变，此时被称为市场均衡。

市场均衡是以决定系统的外在因素保持不变为条件的。如果系统的外在因素发生改变，那么原有均衡势必也会发生变动，系统会在新的条件下重新达到均衡。例如，消费者的需求发生改变，原有的市场均衡状态就会被打破，市场将会借助于市场价格的波动，开始寻求新的均衡。

◇ 小知识

市场经济中"看不见的手"

在市场经济中，家庭和企业的行为都要受价格的支配，生产什么、生产多少、如何生产和为谁生产都由价格决定。价格像一只看不见的手调节整个社会的经济活动，促使社会资源的配置实现最优化。

> "看不见的手"是英国古典经济学家亚当·斯密在其著名的《国富论》中提出的原理。正如斯密所言:"每个人都不断地努力为他自己所能支配的资本找到最有利的用途,固然,他所考虑的不是社会的利益,而是他自身的利益,但他对自身利益的研究自然会引导他选定最有利于社会的用途。"斯密把价格机制比作"看不见的手",在这只无形之手的作用下,整个社会会达到一种最优状态。
>
> 微观经济学就是要说明价格如何使资源配置达到最优化。因此,价格理论被认为是微观经济学的中心理论,其他内容都是围绕这一中心问题展开的。

三、均衡价格和均衡数量

我们知道,需求和供给是市场中两种相反的力量,市场上的需求方和供给方对市场价格变化做出的反应是相反的。所以,大多数情况下,需求量与供给量是不相等的,或者供过于求,或者供不应求,如图1-7和图1-8所示。

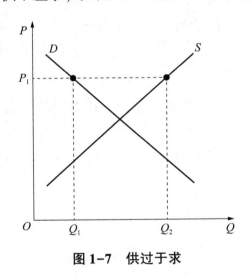

图1-7　供过于求

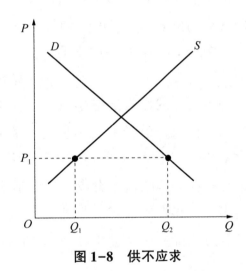

图1-8　供不应求

当供过于求时,价格会下降,从而导致供给量减少而需求量增加,直到价格下降到供给量等于需求量。反过来,当供不应求时,价格会上升,从而使供给量增加而需求量减少,直到价格上涨到供给等于需求。可见,供给与需求相互作用最终会使商品的需求量和供给量在某一价格水平上正好相等。这时既没有过剩(供过于求)也没有短缺(供不应求),市场刚好出清,即达到市场均衡。我们把一种商品需求量与供给量相等时的价格称为商品的市场均衡价格(Equilibrium Price),此时的数量被称为商品的市场均衡数量(Equilibrium Quantity)。

把一种商品的需求曲线和供给曲线画在一起,就形成了商品的均衡价格图(见图1-9)。在图中,横轴代表数量(需求量和供给量),纵轴代表商品价格(需求价格和供给价格)。D为市场需求曲线,S为市场供给曲线。D与S的交点E就是市场均衡点,均衡点对应的价格P_E就是均衡价格,相应的需求量或供给量Q_E是均衡数量。

假如最初市场价格高于均衡价格 P_E，比如图中的 P_1 点，那么由此决定的市场需求量 Q_1^d 小于市场供给量 Q_1^s。此时，供大于求，市场上出现超额供给。超额供给使得在现行价格下，市场上的部分生产者的供给量无人购买。为了尽快将过剩的商品卖出，这部分生产者会选择降价出售商品，这势必导致市场上的价格趋于下降。随着商品的市场价格下降，市场需求量逐渐增加，而供给量逐渐减少，这一过程将持续进行下去，直至市场价格变为供求相等的 P_E 为止。

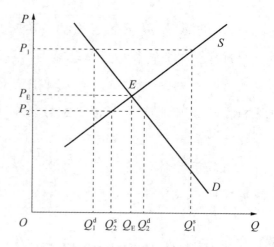

图 1-9　均衡价格和均衡数量的决定

相反，如果最初市场价格低于均衡价格，比如处于 P_2 点，那么该价格对应的市场需求量 Q_2^d 大于市场供给量 Q_2^s。此时，供不应求，市场上出现超额需求。这就意味着，在现行价格下，有部分消费者买不到其需求数量的商品。为了能够购买到自身需求数量的商品，这部分的消费者会愿意出更高的价格购买商品，结果导致市场价格升高。随着商品的市场价格升高，市场供给量逐渐增加，而需求量逐渐减少，这一过程将持续进行下去，直至市场价格变为供求相等的 P_E 为止。

总之，一种商品的均衡价格是市场上需求和供给两种相反力量共同作用的结果。当市场价格偏离均衡价格时，市场上会出现超额需求或者超额供给的不均衡状态。市场的超额需求或者超额供给迫使价格回归到均衡状态，从而决定均衡价格和均衡数量。经济学把供求随价格变动而自动趋向均衡的情形看成市场机制的自发调节。

需要指出，在均衡价格下，一种商品的均衡数量只表明买卖双方意愿的交易量相等，并不是指买卖双方实际的交易量相等，后者在任意价格下总是相等的。

◇小知识

支持价格与限制价格

在市场经济中经常会出现民众抱怨价格过高，厂商又抱怨价格太低的现象。由于对市场决定的均衡价格不满，不同的组织可能要求政府为某些产品确定价格。政府调控的价格叫作价格管制（Price Control），通常包含支持价格与限制价格两种形式。

支持价格（Support Price），又称为最低限价，是指政府为了扶持某一行业的生产，对该行业产品规定的高于市场均衡价格的最低价格。比如许多发达国家和地区（美国、欧盟等）为了维持国内农民的收入，以对农产品进行政府补贴的形式对农产品实行高于供求均衡价格的支持价格 P_1，使得供给量 Q_2 超过了需求量 Q_1，这多出来的 Q_2-Q_1 就是农产品剩余，如图 1-10 所示。由于采用支持价格的市场中商品的供过于求客观存在，它对价格始终有一个向下的拉力。为了维持该支持价格，政府通常采取对生产者实施补贴生产或是政府采购过剩商品的措施。

限制价格(Ceiling Price)，又称为最高限价，是指政府为限制某些商品的价格而对它们规定低于市场均衡价格的最高价格。其目的是稳定经济生活，维持稳定的生活必需品价格，保护消费者的权益，有利于安定民心。例如 2020 年的新冠疫情期间，面对民众对口罩的大量需求，为了安定民心，我国政府对口罩销售价格实行最高限价 P_1，如图 1-11 所示。在此价格下，需求量 Q_2 超过了供给量 Q_1，差额的 Q_2-Q_1 就是口罩的短缺。为此我国政府迅速出台了相关政策，紧急调配资源，支持口罩生产企业采购原材料和生产设备，扩大产能以增加口罩供给。由于最高限价带来的供不应求会导致市场上消费者抢购现象盛行，政府通常需要采取相应的政策措施，如排队、抽签或者凭票供应等，以限制购买量。最糟糕的情况可能是，最高限价可能使黑市交易盛行。经济学家一般不主张长期采用限制价格政策，否则不利于经济的发展。

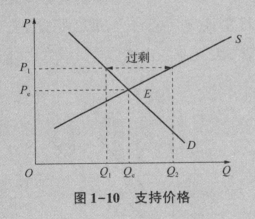

图 1-10　支持价格

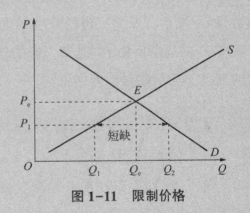

图 1-11　限制价格

所以，市场经济的基本原则是，能够交给价格调节的要尽量放开价格，让价格自发调节。当然，市场经济也离不开政府的宏观调控，考虑到社会、政治等各种因素，在有些情况下仍然需要政府对价格进行干预。我们应该认识到，经济理论是制定政策的重要依据，但不是唯一依据。从这个角度来理解价格机制才更全面，也才能实现经济学改善世界、增进社会福利的目的。

四、供需变动对均衡价格的影响

在前面的均衡分析中，我们分析了假定其他条件不变，供给和需求的均衡如何达到。但如果其他条件发生变动，就会引起需求或是供给任何一方发生变动，此时原有的均衡点就会被打破，新的均衡点将会被重新建立。

(一)需求变动对均衡价格的影响

需求变动是指在商品本身价格不变的情况下,其他因素变动所引起的需求变动。它表现为需求曲线的整体平行移动。

可以用图1-12来说明需求变动对均衡价格的影响。在供给曲线 S 不变的条件下,需求增加使需求曲线右移($D_1 \to D_2$),与供给曲线相交于新的均衡点 E_2,对应新的均衡价格 P_2 提高了,新的均衡数量 Q_2 也增加了。反之,需求减少使需求曲线左移($D_1 \to D_3$),与供给曲线相交于新的均衡点 E_3,对应新的均衡价格 P_3 下降了,新的均衡数量 Q_3 也减少了。由此可以得出,需求变动引起均衡价格与均衡数量同方向变动。

(二)供给变动对均衡价格的影响

供给变动是指在商品本身的价格不变的情况下,其他因素变动所引起的供给变动。它表现为供给曲线的整体平行移动。

可以用图1-13来说明供给变动对均衡价格的影响。在需求曲线 D 不变的条件下,供给增加使供给曲线右移($S_1 \to S_2$),与供给曲线相交于新的均衡点 E_2,对应新的均衡价格 P_2 下降,新的均衡数量 Q_2 增加。反之,供给减少使供给曲线左移($S_1 \to S_3$),与供给曲线相交于新的均衡点 E_3,对应新的均衡价格 P_3 提高,新的均衡数量 Q_3 减少。由此可得,供给变动引起均衡价格反方向变动、均衡数量同方向变动。

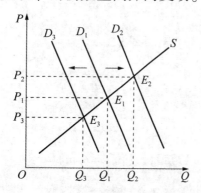

图1-12 需求变动对均衡价格的影响

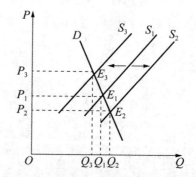

图1-13 供给变动对均衡价格的影响

(三)需求和供给同时变动对均衡价格的影响

当然,需求和供给同时变动的可能性也是存在的。如果一个事件导致市场需求和供给均发生改变,那么市场均衡也会发生变动。但这种变动往往是不明确的,需要结合需求和供给变化的具体情况来判断,可能的结果如图1-14所示。

在图1-14中,我们假定市场需求曲线 D_1 和供给曲线 S_1 供给共同决定了市场均衡处于 E_1 点,相应的均衡价格和均衡数量分别为 P_1 和 Q_1。

当某一因素导致需求和供给同时增加,如图1-14(a)所示:需求由 D_1 增加到 D_2,供给由 S_1 增加到 S_2。相应地,由 D_2 和 S_2 共同决定的新的均衡点为 E_2,对应新的均衡价格和均衡数

量分别为 P_2 和 Q_2。显然，我们能够明确的是此时市场均衡数量由 Q_1 增加到 Q_2，但均衡价格的变动方向无法确定，这取决于需求和供给的状况及其变动幅度的大小。图 1-14(a) 描绘的是需求和供给同时增加导致均衡价格上升的情形，至于均衡价格下降的情形，读者可自行描绘。

当某一因素导致需求增加的同时使得供给减少，如图 1-14(b) 所示：需求由 D_1 增加到 D_2，供给由 S_1 减少到 S_2。相应地，均衡点由 E_1 变动到为 E_2。比较 E_1 和 E_2 后很容易确定，均衡价格由 P_2 提高到 P_1，但均衡数量的变动方向无法确定。

最后，当我们假定某一因素导致需求减少的同时，也使得供给发生了变动，如图 1-14(c) 所示：需求由 D_1 减少到 D_2 的同时，供给由 S_1 增加到 S_2，则市场均衡点由 E_1 变动到为 E_2。在这种情况下，市场均衡价格会由 P_1 下降到 P_2，但均衡数量的变动方向无法确定。

类似地，如果某一因素导致需求和供给同时减少，如图 1-14(d) 所示：需求由 D_1 减少到 D_2 的同时供给由 S_1 减少到 S_2，则均衡点由 E_1 变动到为 E_2。结果，均衡数量由 Q_1 减少到 Q_2，但均衡价格的变动方向无法确定。

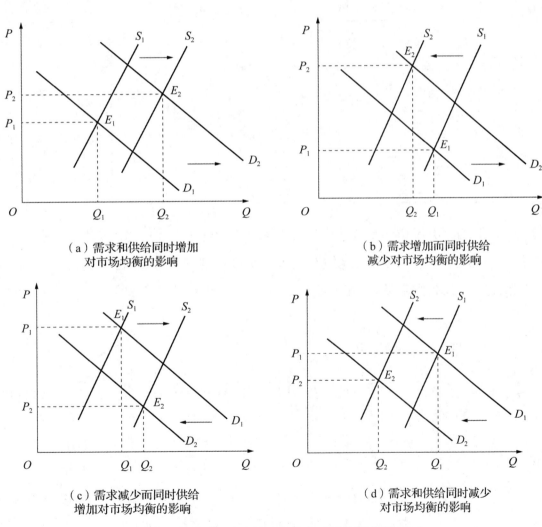

(a) 需求和供给同时增加对市场均衡的影响

(b) 需求增加而同时供给减少对市场均衡的影响

(c) 需求减少而同时供给增加对市场均衡的影响

(d) 需求和供给同时减少对市场均衡的影响

图 1-14 需求和供给同时变动对均衡价格的影响

五、供求规律

将上述关于需求和供给变动对均衡价格影响的分析综合起来,可以得到如下供求规律(表1-3):

(1)在供给不变的条件下,需求的变动引起均衡价格和均衡数量同方向变动。

(2)在需求不变的条件下,供给的变动引起均衡价格反方向变动和均衡数量同方向变动。

(3)在需求增加的条件下,供给增加,则均衡数量增加,但均衡价格的变动方向难以确定;反之,供给减少,则均衡价格提高,但均衡数量的变动方向不确定。

(4)在需求减少的条件下,供给增加,则均衡价格降低,但均衡数量的变动方向不确定;反之,供给减少,则均衡数量减少,但均衡价格的变动方向不确定。

表1-3 供求规律

需求	供给	均衡价格	均衡数量
↑	不变	↑	↑
↓		↓	↓
不变	↑	↓	↑
	↓	↑	↓
↑	↑	不确定	↑
	↓	↑	不确定
↓	↑	↓	不确定
	↓	不确定	↓

供求规律是我们运用供需关系分析经济现象的重要工具。但是还应注意,供求规律也可能存在特例,甚至是反例。事实上,供求规律是以需求规律和供给规律成立为前提的,如果前提条件不能成立,那么供求变动导致均衡变动的情况也会更加复杂。

典型例题

1.(单选)如果某产品的需求函数为 $Q^d = 12 - 2P$,供给函数为 $Q^s = 2P$,则市场均衡时的均衡价格和均衡产量分别为(　　)。

A. 3,6　　　　　　B. 6,3　　　　　　C. 3,3　　　　　　D. 6,6

【答案】 A

【解析】 令该产品的需求函数 Q^d 等于供给函数 Q^s,即 $12 - 2P = 2P$,解得均衡价格 $P = 3$,将均衡价格 P 代入 Q^d 或 Q^s 可得,市场均衡时的均衡产量为6。

2.(单选)在需求和供给同时减少的情况下,将出现(　　)。

A. 均衡价格下降,均衡产量减少　　　　　　B. 均衡价格下降,均衡产量无法确定

C. 均衡价格无法确定，均衡产量减少　　　　D. 均衡价格上升，均衡产量减少

【答案】　C

【解析】　需求和供给同时减少，均衡价格的变动将取决于二者变动的幅度，但能够确定的是均衡产量一定减少。

第四节　弹　性

学习目标

★知识目标

1. 了解弹性的概念；
2. 了解弹性的分类。

★能力目标

1. 能辨别需求价格弹性的五种类型；
2. 能辨别供给价格弹性的五种类型。

★素养目标

通过对弹性的分析，培养树立正确的市场竞争意识的经济学素养。

引导案例

小明是在物流中心从事仓储业务的货物搬运工人，是一位重体力劳动者。日常，他将大米作为主食，每餐需要保证吃饱了才有力气工作；但下班后闲暇时他也喜欢买点水果，保证摄入营养的均衡。近期因天气炎热，他喜欢买西瓜冰镇后食用。市场中，大米和西瓜的价格都是4元/千克。上个月小明共购买了15千克大米、15千克西瓜。近期他去市场发现，大米和西瓜的单价都涨到了5元/千克。请问，在工资收入不变的情况下，这个月小明对大米和西瓜的购买量较之上个月会有变化吗？

知识学习

一、弹性的含义

"弹性"是一个物理学名词，指物体对外部力量的反应程度。在经济学中，弹性

(Elasticity)是指经济变量之间存在函数关系时，因变量对自变量变化的反应敏感程度。弹性的大小可用弹性系数来衡量。一般地，我们用 E 表示弹性系数，用 x 表示自变量，用 y 表示因变量，那么弹性系数的公式表示为：

$$E = \frac{因变量变动的百分比}{自变量变动的百分比} = \frac{\Delta y/y}{\Delta x/x}$$

很显然，弹性系数与 x 和 y 的计量单位无关，因而是一个纯量。同时，它也较好地反映了变量初始值的大小。顺便指出，既然弹性是考察经济变量 y 在 x 某一特定值上的敏感程度，这就注定了弹性概念必然建立在局部意义上，因而在实际应用中 x 变动的百分比不宜过大。一般来说，我们考量的是当一个经济变量 x 发生 1% 的变动时，由它引起的另一个经济变量 y 变动的百分比。

弹性可以分为需求弹性和供给弹性，而根据具体影响因素的不同，需求弹性又可以分为需求价格弹性、需求收入弹性和需求交叉价格弹性。下面主要分析需求价格弹性和供给弹性。

二、需求价格弹性

（一）表达式

需求价格弹性（Price Elasticity of Demand）衡量的是在一个特定时期内，其他变量都保持不变的情况下，一种商品需求量相对变动相应于该商品价格相对变动的反应程度，在特定环境中也简称为价格弹性或者需求弹性。需求的价格弹性通常由弹性系数加以衡量，其表达式为：

$$E_p = \frac{需求量变动的百分比}{价格变动的百分比} = \frac{\Delta Q_d/Q_d}{\Delta P/P}$$

它衡量了价格每变动一个百分点引起的需求量变动的百分比。例如，引导案例中西瓜的价格从 4 元/千克涨价到了 5 元/千克，消费者对西瓜的需求量从 1 000 千克下降到 500 千克，则本月西瓜的需求价格弹性为：

$$E_p = \frac{需求量变动的百分比}{价格变动的百分比} = \frac{\Delta Q_d/Q_d}{\Delta P/P} = \frac{\frac{500-1\,000}{1\,000}}{\frac{5-4}{4}} = -2$$

由于需求规律的作用，价格与需求量呈反方向变化，因此 ΔQ 和 ΔP 的正负符号相反，所以需求价格弹性系数总是负数。为了便于研究，我们通常取其绝对值。故上述西瓜的需求价格弹性为 2，意味着当价格变化 1 个单位时，会引起西瓜需求量 2 个单位的变化。

（二）类型

一般而言，需求价格弹性系数的取值范围为 $0 \leqslant E_p \leqslant +\infty$。因此，根据价格弹性系数值的大小，可以把商品划分为以下五种类型，如图 1-15 所示。

1. 完全无弹性

当 $E_p = 0$ 时，称为需求完全无弹性。它表明，不管商品价格上升或下降多少，需求量总是固定不变的，其需求曲线是一条垂直于数量轴（横轴）的直线，如图 1-15(a) 所示。生活中，特效药品可近似地看作是完全无弹性的商品。

2. 缺乏弹性

当 $0 < E_p < 1$ 时，称为需求缺乏弹性，消费者对价格变化的反应很小。此类商品在价格变化时，引起需求量变动幅度比较小，即价格相对变动 1%，需求量相对变动不到 1%，其需求曲线相对比较陡峭，如图 1-15(b) 所示。生活中，日常必需品、大米等就属于需求缺乏弹性的商品。

3. 单位弹性

当 $E_p = 1$ 时，称为需求具有单位弹性。这类商品在价格变化时，正好引起需求量相同程度的反向变动，即价格上升 1%，需求量也正好下降 1%，如图 1-15(c) 所示。

4. 富有弹性

当 $1 < E_p < +\infty$ 时，称为需求富有弹性，消费者对价格变化的反应很强烈。这类商品在价格变化时，引起需求量变动幅度比较大，即价格相对变动 1%，需求量相对变动要超过 1%，其需求曲线相对比较平缓，如图 1-15(d) 所示。生活中，一些非必需品、服装等就属于需求富有弹性的商品。

5. 完全弹性

当 $E_p = +\infty$ 时，称为需求具有无限弹性或完全弹性。它表明，价格的轻微变动就会导致需求量无限增加或减少，其需求曲线是一条和数量轴（横轴）平行的水平线，如图 1-15(e) 所示。理论上，在完全竞争市场上有此情形，商品价格若下降，会立刻销售一空；而商品价格如果稍微提价一点点，则完全卖不出去。

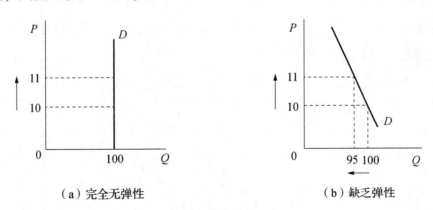

（a）完全无弹性　　　　（b）缺乏弹性

图 1-15　需求价格弹性的分类

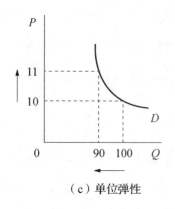
（c）单位弹性

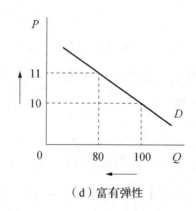
（d）富有弹性

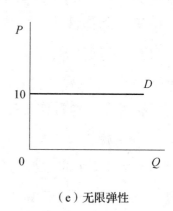
（e）无限弹性

（续）图 1-15　需求价格弹性的分类

（三）影响因素

上述分类隐含地意味着，不同商品的需求价格弹性可能不同。那么，哪些因素决定一种商品的价格弹性系数的大小呢？直观上，面对商品价格的变化，制约消费者做出调整的因素就必然会影响到该商品需求价格弹性系数。这些因素包括以下几方面：

1. 商品的重要程度

在生活中，一种商品越重要，价格提高之后，消费者越不愿甚至不能调整对该商品的需求量，因而其需求的价格弹性就越小；相反，商品越无关紧要，其需求的价格弹性就越大。因此，生活必需品的需求弹性较小，奢侈品的需求弹性较大。

2. 商品可替代的程度

一般来说，一种商品的可替代品越多，相近程度越高，则该商品的需求的价格弹性往往就越大；相反，则该商品的需求的价格弹性往往就越小。这是因为对于有相近替代品的物品，消费者从这种物品转向其他物品比较容易。

3. 商品的消费支出在总支出中所占的比重

消费者在某种商品上的消费支出在总支出中所占的比重越大，该商品的需求价格弹性就越大；反之，则越小。例如，火柴、盐、铅笔、肥皂等商品的需求弹性就是比较小的。

4. 消费者调整需求量时间的长短

一般来说，消费者调整需求量的时间越短，需求价格弹性就越小；相反，消费者调整需求量的时间越长，需求的价格弹性就越大。

◇ 小知识

其他需求弹性

影响需求量的因素不仅包括商品的价格，也包括收入和其他商品的价格等，相应地也可以定义需求的收入弹性和交叉价格弹性等。

1. 需求收入弹性

需求的收入弹性简称收入弹性，表示在一定时期内，消费者对某种商品需求量的相对变动相应于消费者收入相对变动的反应程度。用弹性系数加以衡量，需求的收入弹性E_i，可以定义为：

$$E_i = \frac{需求量变动的百分比}{收入变动的百分比}$$

在现实生活中，我们计算出来的需求收入弹性一般为正值。这是因为人们的收入增加时，需求量往往与收入同方向变动。一般来说，大多数商品的$E_i>0$，被认为是正常商品。但也有少数商品是例外的，他们的收入弹性为负值，即$E_i<0$。这些商品被称为低档商品，是当人们收入增加时所放弃购买的商品。例如，超市里临近保质期的商品。此外，即使是正常商品（$E_i>0$），还可以进一步划分为：如果某一种商品的$E_i>1$，表明其需求量随着收入的增加而大幅度增加，该商品为奢侈品；如果某一种商品的$0<E_i<1$，表明其需求量增加的幅度小于收入增加的幅度，该商品被认为是生活必需品。

2. 需求交叉价格弹性

一种商品的需求量也可能受到另外一种商品价格的影响，其影响程度可以由需求的交叉价格弹性加以衡量。需求的交叉价格弹性简称为需求的交叉弹性，它表示一定时期内，相应于相关的另外一种商品价格的相对变动，一种商品需求量相对变动的敏感程度。需求的交叉弹性用弹性系数E_c来表示，可以定义为：

$$E_c = \frac{需求量变动的百分比}{相关商品价格变动的百分比}$$

一般来说，互为替代品的需求交叉弹性$E_c>0$，表示当某商品的价格上涨时，其替代品的需求量会增加。此时两种商品为竞争关系，企业需要密切关注对手变化从而制定应对策略。

而互补品的需求交叉弹性$E_c<0$，表明当某商品价格上涨时，其互补品的需求量也将减少。此时两种商品为战略同盟关系，相关利益群体要统筹定价，追求的是合作共赢下的利益最大化。

当两种商品的需求交叉弹性$E_c=0$，则表示两种商品间不存在相关性，此时企业可以单独制定商品的销售策略。

三、供给弹性

类似于需求的弹性，相应于影响供给的因素，比如商品价格、投入品价格、预期价格等，可以考察供给的价格弹性、要素价格弹性、预期价格弹性等。下面将以供给价格弹性为例说明这种扩展。

(一) 表达式

供给价格弹性(Price elasticity of supply)简称为供给弹性,它表示在一定时期内,在其他变量都保持不变的情况下,一种商品供给量相对变动相应于商品价格相对变动的反应敏感程度。我们一般用弹性系数 E_s 加以衡量,定义为:

$$E_s = \frac{供给量变动的百分比}{价格变动的百分比} = \frac{\Delta Q_s/Q_s}{\Delta P/P}$$

在通常情况下,根据供给规律,商品的供给与价格呈同方向变动,即 ΔQ_s 和 ΔP 的正负符号相同,因此供给弹性系数为正值。

(二) 类型

类似于对需求价格弹性的分析,也可以根据供给弹性系数值的大小,把商品划分为以下五种类型,如图1-16所示。

1. 完全无弹性

当 $E_s = 0$ 时,称为供给完全无弹性。它表明,不管商品价格上升或下降多少,供给量总是固定不变的,供给曲线是一条垂直于数量轴(横轴)的直线,如图1-16(a)所示。生活中,不可再生的稀缺资源、文物古董就具有这种属性。

2. 缺乏弹性

当 $0 < E_s < 1$ 时,称为供给缺乏弹性。在这种情况下,价格相对变动1%,供给量相对变动不到1%,即相对于价格变动,供给量变动不敏感。此时供给曲线相对比较陡峭,如图1-16(b)所示。

3. 单位弹性

当 $E_s = 1$ 时,称为供给具有单位弹性。此时,商品的价格变动1%,其供给量也正好同向变动1%,如图1-6(c)所示,此时供给曲线是一条过原点向右上方倾斜45°的直线。虽然单位弹性理论上存在,但在现实生活中很难有这样的商品供给弹性。

4. 富有弹性

当 $1 < E_s < +\infty$ 时,称为供给富有弹性,此时,若商品价格相对变动1%,供给量的相对变动会超过1%,因而供给曲线量相应于价格变动更为敏感,如图1-16(d)所示,供给曲线较为平缓。

5. 完全弹性

当 $E_s = +\infty$ 时,称为供给具有无限弹性或完全弹性。它表明,价格的轻微变动就会导致供给量急剧变动,其供给曲线是一条和数量轴(横轴)平行的水平线,如图1-16(e)所示。一般在某种商品的供给严重过剩时会出现类似的情况。

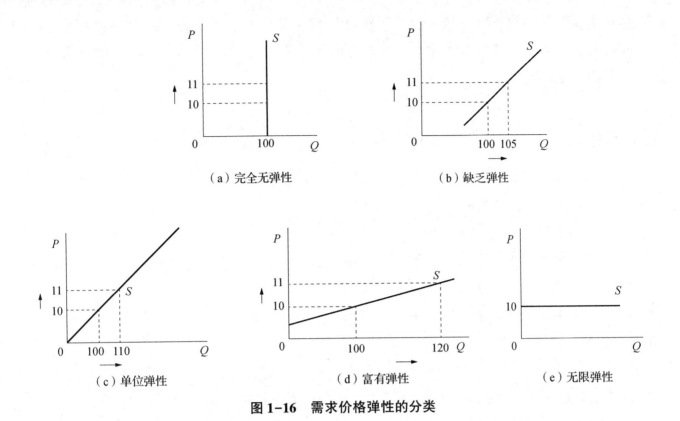

图 1-16 需求价格弹性的分类

（三）影响供给弹性的主要因素

影响供给弹性的主要因素一般有以下几方面：

1. 生产者调整供给量的难易度

对一个生产者而言，如果拥有过剩的生产能力，那么面对价格的变动，调整供给量就更加容易，因此供给弹性就大。例如，纺织服装业调整产量较为容易，所以供给量会由于价格的微小变动而产生比较大的变动，供给弹性就大。但如果扩大生产比较困难，例如水稻种植业，大米价格的升高不能引起供给量的迅速增加，供给弹性就小。

2. 生产成本所使用的生产技术类型

一般而言，生产技术越复杂，技术越先进，机器设备占用越多，生产周期就越长。此时相较于价格变动，生产者调整供给量的难度就越大，因此供给弹性就越小。相反，生产技术越简单，则供给弹性就相对越大。

3. 生产成本随产量变化的情况

如果产量增加仅引起生产成本的轻微上升，则意味着生产商的供给曲线比较平坦，供给弹性较大。相反，如果产量增加引起的生产成本大幅上升，则意味着生产商供给曲线比较陡峭，供给弹性较小。

4. 时间长短

当商品的价格发生变化，生产者对供给量进行调整需要一定的时间，调整时间越短，生产者越来不及调整供给量。一般来说,不管是何种商品,调整时间越短,供给弹性越小;调整时间越长,则供给弹性越大。这就意味着,哪怕是对一种商品而言,其长期供给曲线的弹性会大于其短期供给曲线。

典型例题

1.(单选)假定玉米市场的需求是缺乏弹性的,玉米的产量等于销售量且等于需求量,恶劣的气候条件使玉米产量下降30%,在这种情况下(　　)。

　　A. 玉米生产者的收入减少,因为玉米产量下降
　　B. 玉米生产者的收入增加,因为玉米的价格上升低于30%
　　C. 玉米生产者的收入增加,因为玉米的价格上升超过30%
　　D. 玉米生产者的收入减少,因为玉米的价格上升低于30%

【答案】　C

【解析】　玉米的需求是缺乏弹性的,恶劣气候导致玉米的产量下降,从而价格上升,并且价格的上升程度大于产量的下降程度,从而玉米生产者的收入增加。

2.(单选)如果价格下降10%能使消费者的购买量增加1%,则这种商品的需求量对价格(　　)。

　　A. 富有弹性　　　　　　　　　　B. 具有单位弹性
　　C. 缺乏弹性　　　　　　　　　　D. 弹性不能确定

【答案】　C

【解析】　价格下降10%,购买量仅增加1%,说明需求量变动的百分比小于价格变动的百分比,该商品的需求量对价格缺乏弹性。

本章练习

一、单项选择题

1.随着公共汽车票的价格大幅下降,会出现私人汽车的(　　)。

　　A. 需求量增加　　　B. 需求量减少　　　C. 需求增加　　　D. 需求减少

2.羊肉生产国发生瘟疫,羊肉的供给急剧下降,消费者转而购买牛肉作为替代品,如果用图形表示,羊肉市场上,需求曲线和供给曲线的变化方向是(　　)。

　　A. 需求曲线向左移动,供给曲线向右移动　　B. 需求曲线向右移动,供给曲线向左移动

C. 都向左移动　　　　　　　　　　　　D. 都向右移动

3. 下列哪种情况不正确（　　）。

A. 如果供给减少，需求不变，均衡价格将上升

B. 如果供给增加，需求减少，均衡价格将下降

C. 如果需求增加，供给减少，均衡价格将上升

D. 如果需求减少，供给增加，均衡价格将上升

4. 下列哪种情况使总收益增加（　　）。

A. 价格上升，需求缺乏弹性　　　　　　B. 价格下降，需求缺乏弹性

C. 价格上升，需求富有弹性　　　　　　D. 价格下降，需求单位弹性

5. 如果政府对某种物品的生产给予补贴，那么（　　）。

A. 产品的供给曲线将向右移动，产品价格下降，交易量增加

B. 产品的供给曲线将向左移动，产品价格上升，交易量增加

C. 产品的需求曲线将向左移动，产品价格下降，交易量增加

D. 产品的需求曲线将向左移动，产品价格上升，交易量增加

6. 当消费者的收入增加80%，某商品的需求量增加40%，则该商品极可能是（　　）。

A. 必需品　　　　B. 奢侈品　　　　C. 低档商品　　　　D. 吉芬商品

7. 下列组合中，一种商品需求量与另一种商品价格呈反方向变动的是（　　）。

A. 香蕉和苹果　　B. 照相机和胶卷　　C. 汽车和收音机　　D. 面包和方便面

8. 保持所有其他因素不变，某种商品的价格下降，将导致（　　）。

A. 需求增加　　　B. 需求减少　　　　C. 需求量增加　　　D. 需求量减少

9. 什么情况下应采取薄利多销政策（　　）。

A. 需求价格弹性小于1时　　　　　　　B. 需求价格弹性大于1时

C. 收入弹性大于1时　　　　　　　　　D. 任何时候都应薄利多销

10. 加油站中的汽油价格每天都在变化之中，某司机来加油时丝毫没有关注汽油价格，直接要求售油员给其车辆的油箱加满汽油，则（　　）。

A. 该司机对汽油的需求价格弹性为无穷大　　B. 该司机对汽油的需求价格弹性恒为1

C. 该司机对汽油的需求价格弹性趋近于0　　D. 该司机对汽油的需求价格弹性大于1

二、多项选择题

1. 根据需求理论，导致某一时期高档品牌饮品需求曲线向右平移的原因有（　　）。

A. 该饮品价格上升　　　　　　　　　　B. 该饮品广告宣传力度增强

C. 消费者对该饮品偏好增加　　　　　　D. 该饮品生产成本下降

2. 下列关于最高限价的说法，正确的是（　　）。

A. 市场交易只能在规定的最高价格之下进行

B. 最高限价属于政府对市场价格的干预措施

C. 当某种产品价格上涨幅度过大,有可能影响居民基本生活需要时,政府可以采取最高限价措施

D. 要保证最高限价的顺利实施,政府必须建立收购和储备系统

3. 关于需求收入弹性的说法,正确的有(　　)。

A. 若某种商品的需求收入弹性系数大于0而小于1,则这种商品属于必需品

B. 若某种商品的需求收入弹性系数小于0,则这种商品属于低档品或劣等品

C. 若某种商品的需求收入弹性系数大于1,则这种商品属于奢侈品

D. 若某种商品的需求收入弹性系数大于0,则这种商品属于正常品

4. 关于需求曲线的说法,正确的是(　　)。

A. 把需求与价格的关系用曲线表示出来,这条曲线被称为需求曲线

B. 假定其他因素不变,只考虑需求与价格的关系,需求量的变化是沿着既定的需求曲线进行的

C. 假定其他因素不变,价格上升,需求量减少;价格下降,需求量增大称为需求变动

D. 假定价格不变,由于消费者偏好等因素的变化引起需求的相应变化,称为需求数量变动

5. 影响供给(量)的因素主要包括(　　)。

A. 产品价格　　　　B. 生产成本　　　　C. 消费者收入　　　　D. 生产技术

三、判断题(正确的填"√",错误的填"×")

1. 最近几年来,手机价格下跌了,因而手机的需求增加了。（　　）

2. 如果汽车工人工资增加,汽车的供给曲线会向左移动。（　　）

3. 重视学习外语引起更多消费者购买随身听和复读机,这称为需求增加。（　　）

4. 当香蕉的价格为每千克3元时,消费者购买500千克香蕉,而水果商愿意提供600千克香蕉。那么,3元是香蕉的均衡价格。（　　）

5. 一般情况下,需求曲线是向左下方倾斜的。（　　）

6. 一般说来,生活必需品的需求弹性比奢侈品的需求弹性要小。（　　）

7. 保健品价格上升引起企业更多地生产保健品,在图形上表现为供给曲线向右移动。（　　）

8. 在供给不变的情况下,需求的减少会引起均衡价格下降和均衡数量减少。（　　）

9. 支持价格是政府规定的某种产品的最高价格。（　　）

10. 若某商品的需求价格弹性 $E_d = 0.6$,在其他条件不变的情况下,卖者提高价格肯定增加销售收入。（　　）

四、名词解释题

1. 需求
2. 供给规律
3. 保护价格
4. 需求价格弹性

五、案例分析题

材料：2019年年末，新冠疫情的暴发导致了全球范围内对口罩需求的急剧增加。作为一种基本的个人防护用品，口罩在疫情期间成为生活必需品。疫情初期，口罩市场经历了严重的供需失衡，价格迅速上涨。然而，由于疫情的发展和各国政府采取的措施，口罩的生产能力和供给量逐渐增加，价格也随之波动。

1. 请结合供求理论分析疫情初期口罩价格暴涨的原因。（请用供求曲线的位移画图分析）
2. 请结合供求理论分析疫情后期口罩价格回落的原因。（请用供求曲线的位移画图分析）
3. 疫情初期，政府为了遏制口罩价格过快上涨采取了限制口罩价格的行政措施，请分析该措施对当时的口罩市场可能产生什么影响。

第二章

消费者选择

在日常生活中，我们每个人都是"消费者"，需要做很多的决策：比如，我们有50元零花钱，是买文具还是买零食呢？再比如，周末去爬山还是去图书馆？微观经济学研究单个经济决策单位的行为，而消费者就是单个经济决策单位中的重要部分。实际上，研究消费者决策，就是要弄明白消费者喜欢什么，买得起什么，需要什么，等等。这些就是消费者行为背后的驱动力，理解这些原理，能够帮助我们树立正确的消费观，还能理性消费决策，进而帮助我们理解很多生活中的商家策略，如无限续杯的咖啡、游乐场的年卡等。

思维导图

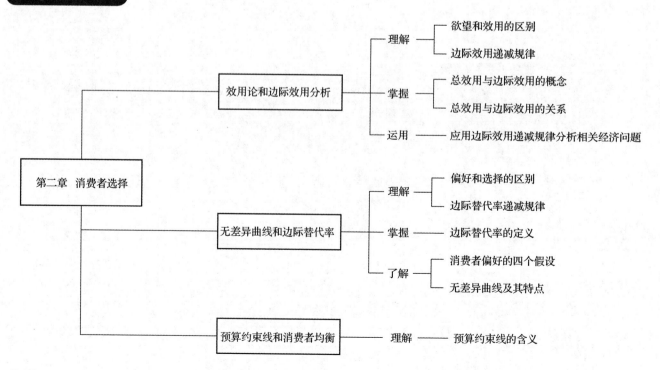

第一节　效用论和边际效用分析

学习目标

★知识目标

1. 掌握效用的概念；
2. 理解欲望和效用的区别；
3. 掌握总效用与边际效用的概念和关系；
4. 理解边际效用递减规律的含义。

★能力目标

1. 能分析效用对消费者购买行为的具体影响；
2. 能根据给定条件计算总效用与边际效用；
3. 能够运用边际效用递减规律解释商品消费的效用变化。

★素养目标

正确理解效用，学会理性消费。

引导案例

刚刚上完体育课，同学们都大汗淋漓，口渴难耐。这时候，小强同学买了4瓶矿泉水。当小强打开第一瓶矿泉水的时候，一仰头就喝下去整瓶水，喝完感叹道："爽快！"喝第二瓶矿泉水时，小强感觉没有第一瓶水带给他的满足感大，不过还是感觉很解渴。接着小强又喝了第三瓶矿泉水，这一瓶喝下去，他感觉肚子已经很撑了，没有什么满足感了。面对还剩下的第四瓶矿泉水，小强一点也不想再喝了！此时他觉得如果再喝第四瓶矿泉水，就不是满足而是痛苦了！

知识学习

一、欲望和效用

（一）欲望

消费者消费商品的动机源于消费者本身的欲望。欲望即"需要而没有"，是指一个人想要但还没有得到某种东西的一种心理感觉。物品之所以能成为用于交换的商品，原因就在于恰好具有满足消费者某些方面欲望的能力。

通常认为，欲望源于人的内在生理和心理的本性。一方面，人的欲望具有多样性，一种欲望得到满足，更高层次的欲望便会随之产生。所以，人的欲望还具有无限性，至少相对于获取满足欲望的手段而言如此。这就决定了人们在可支配的资源既定的条件下，会尽可能多地获取商品，以便使自身的欲望得到最大满足。另一方面，对特定的商品而言，人的欲望又是有限的。随着一个人拥有或者消费某一特定商品的数量越来越多，人们想要而未得到这种东西的不足之感和求足之愿就会越来越弱。所以，人们也会将有限的资源用于不同的商品之中。

（二）效用

人们的欲望是消费者对商品需求的动因，商品具有满足消费者欲望的能力，消费者则依据商品对欲望满足的程度来选择不同的商品及相应的数量。

效用（Utility）是指消费者拥有或消费商品（服务）对自身欲望的满足程度。效用是消费者的一种主观心理评价，没有客观标准；其大小由消费者欲望的强度所决定，所以同一种商品（服务）对不同的消费者或者一个消费者的不同状态而言，效用满足程度也会有所不同。

具体来说，理解效用的概念应注意以下四点：

第一，效用可正可负。如果商品能够给消费者带来舒服、满足的感受，就是具有正效用；反之，如果带给消费者的感受是痛苦或者难受，则具有负效用。

第二，效用的主观性。效用是一种主观心理感受，某种商品效用的大小没有客观标准，完全取决于消费者消费某种商品时的主观判断，而且很难量化。例如，臭豆腐在一些食客眼里是一道美食，具有正效用；但在另外一些人的眼里，闻到臭豆腐的味道就觉得令人难以下咽，具有负效用。可见，对不同的人而言，即便是同样的商品所带来的效用也是不同的。

第三，效用的相对性。效用的相对性是指满足感的产生是因人因时因地而异的。例如，同一件羽绒服，在冬天穿上它给人们带来的效用很大，但是在夏天穿它时却会给人们带来负效用。

第四，效用与物品本身的使用价值不同。使用价值是物品本身所具有的属性，它由物品本身的物理或化学性质所决定的。使用价值是客观存在的，不以人的意志为转移。例如馒头，无论对饥饿者还是不饥饿者，它都具有使用价值。而效用是基于使用价值的心理满足感，是主观的、相对的。

第五，效用不含伦理学的观点。效用是对欲望的一种满足程度，只要商品能够满足人的某种欲望，它就具有效用，而与这种欲望本身是否符合社会道德规范没有关系。例如，香烟能够满足烟瘾者吸烟的欲望，那么它对烟瘾者而言就具有效用，而不能因为吸烟有害健康就否定其效用的客观存在。

> ◇小知识
>
> ### 欲望与效用的区别
>
> 欲望是指一个人想要但还没有得到某种东西的一种心理感觉。效用是指消费者拥有或消费商品(服务)对自身欲望的满足程度。简单地说，效用是对欲望的满足程度。
>
> 欲望与效用，它们的相同之处在于都是人们的一种主观心理感受，没有客观标准。
>
> 而它们的区别在于：第一，一种商品或服务，必须有满足人们欲望的性能，人们又对它有欲望，才能产生效用。所以，欲望是产生效用的前提，效用是满足欲望的结果。第二，一种商品或服务产生效用的大小，取决于消费者的主观心理评价，是由消费者欲望的强度所决定的。而欲望的强度又是人们的内在或生理需要的反映，所以同一种商品对不同的消费者或者同一个消费者在不同时期或不同状态而言，其效用满足程度也会有所不同。即，欲望的强弱决定着效用的大小。
>
> 总之，欲望驱动下的消费者行为可以描述为：在可支配的资源既定的条件下，消费者选择所消费的商品数量组合，力图获得最大的效用满足。

二、边际效用和总效用

既然效用是用来表示消费者在消费商品时所感受到的满足程度，于是就产生了对这种满足程度，即效用大小的度量问题。在这一问题上，西方经济学家先后提出了基数效用和序数效用的概念，并在此基础上，形成了分析消费者行为的两种方法：基数效用论的边际效用分析法和序数效用论的无差异曲线分析法。

(一)基数效用论

基数效用论是19世纪和20世纪初西方经济学中普遍使用的概念。该理论的基本观点是：效用的大小可以用基数(1、2、3…)来表示和衡量，并且将这些基数加总求和，进行效用量之间的比较。表示效用大小的计量单位被称作效用单位。例如，在本节的引导案例中，小强总共喝了4瓶矿泉水，我们将每一瓶矿泉水给小强带来的效用用基数表示，即表2-1。可以看出，第一瓶矿泉水的效用为10，总效用为10；第二瓶矿泉水的效用为5，总效用为15；第三瓶矿泉水的效用为1，总效用为16；到第四瓶矿泉水时的效用为-1，总效用降到15，和第二瓶的总效用一样。

表 2-1 消费矿泉水的数量及其效用

商品数量	每瓶矿泉水新增的满足程度	满足的总量
1	10	10
2	5	15
3	1	16
4	−1	15

基数效用论采用边际效用分析法,从上述例子中我们可以发现,每新增一个单位的商品所带来的效用呈现递减规律,即边际效用递减。

(二) 边际效用和总效用

为了考察消费者消费商品数量的选择,通常区分商品的边际效用和总效用概念。

边际效用是指在一定时期内消费者从增加一单位商品或服务的消费中所得到的效用增加量,用 MU 表示。在经济学中,"边际"意味着额外、增加,用于描述目前状态下微小改变所发生的反应。因此,边际效用是消费者在一定时间内,每增加一单位商品消费而新增加的满足程度效用。消费商品的数量不同,增加的效用不同,所以边际效用也与商品消费量密切相关。

总效用是指在一定时期内消费者消费一定数量的商品或服务中所获得的效用满足总量,用 TU 表示。根据基数效用论,总效用是将消费者在这一时期内所消费的每一单位商品或服务得到的效用加总求和,它取决于消费商品的总量。

用一个数字例子给出总效用和边际效用及二者之间数量的关系。表 2-2 的数据是小红在暑假的某一天消费不同数量的冰激凌时获得的边际效用和总效用。

表 2-2 小红消费冰激凌的边际效用和总效用

冰激凌消费量	边际效用(MU)	总效用(TU)
0		0
1	10	10
2	8	10+8=18
3	6	10+8+6=24
4	4	10+8+6+4=28
5	2	10+8+6+4+2=30
6	0	10+8+6+4+2+0=30
7	−2	10+8+6+4+2+0+(−2)=28

从表 2-2 给出的边际效用和总效用不难看出,随着冰激凌消费量的增加,小红获得的总

效用是逐渐增加的，这符合人们的日常观察。当然，也有消费过度的可能，比如小红在一天之内消费 7 盒冰激凌可能就过量了，因而总效用出现减少的情况。

反观边际效用，随着小红在一天之内连续不断地消费冰激凌，她从增加消费的每 1 盒冰激凌中获得的效用满足增加量，即边际效用是递减的，甚至在消费 6 盒冰激凌之后，边际效用降为负值。

为了更直观地反映消费者在一定时期内消费某种商品或服务的边际效用和总效用的变化情况，还可以用效用曲线加以表示，如图 2-1 所示。

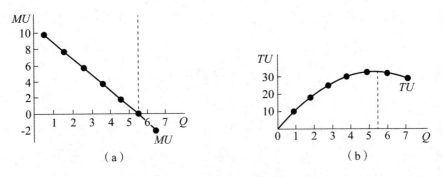

图 2-1　小红消费冰激凌的效用曲线

我们将横轴表示消费商品或服务的数量，纵轴表示效用。那么，图 2-1 中曲线（a）为边际效用曲线（又称为 MU 曲线），表示小红每增加消费一个单位冰激凌所新增的边际效用情况；曲线（b）为总效用曲线（又称为 TU 曲线），表示小红消费所有数量的冰激凌，其总效用变化情况。

图 2-1（a）中，边际效用曲线（MU 曲线）向右下方倾斜，意味着随着消费商品数量的不断增多，边际效用递减，当超过一定点后，边际效用降为负值。而图 2-1（b）中总效用曲线（TU 曲线）则是以递减的速率先上升后下降。当边际效用为正值时，TU 曲线呈上升趋势；当边际效用递减为零时，TU 曲线达到最高点；当边际效用继续递减为负值时，TU 曲线开始呈下降趋势。

(三) 边际效用递减规律

通过上述例子我们可以得出，在通常情况下消费者消费商品获得的效用具有下面的特征：随着消费数量的增加，总效用增加，但增加的消费带来的效用增加量却是递减的，即边际效用具有递减趋势。基于此，基数效用论提出了一个基本心理假定，并称其为"边际效用递减规律"。更明确地说，边际效用递减规律是指，一定时期内，在其他商品或服务消费量不变的条件下，随着消费者不断增加某种商品或服务的消费量，消费者从每增加一单位该商品或服务的消费中所获得的效用增加量是逐渐递减的，即边际效用是递减的。反映在几何图形中，就是边际效用曲线向右下方倾斜。

需要指出，虽然边际效用服从递减规律，但同一种商品在不同的消费数量下或者对不同的消费者而言，边际效用的递减速度是不同的。不同商品的边际效用递减速度也不会相同。作为一种特殊商品，货币的边际效用虽服从递减规律，但递减速度一般较慢。因此，在理论分析和应用中，为了简单起见，常把货币的边际效用视为一个常数，记为λ。

◇小知识

关于边际效用递减规律的解释

边际效用递减规律揭示的是人们在消费过程中普遍适用的一条基本规律。边际效用递减可以从以下两方面来解释：

(1) 生理或心理的原因。消费者消费一种物品的数量越多，即某种刺激的反复，会使人在生理上的满足或心理上的反应减弱，从而满足的程度就会减少。消费者在消费同一种物品时，一般都会有这种感觉。比如宋小宝在他的小品《吃面》里演绎的连续吃面情景：当吃下第一碗面时，他解除了饥饿，此时这碗面的效用为10；接下来吃第二碗面时，他已经不饿了，此时新增这碗面带给他的边际效用为0；当吃第三碗面时，他已经吃得很撑了，所以新增这碗面带给他的边际效用可能就递减为-5甚至更多。

(2) 物品本身用途的多样性。每一物品都有多种用途，这些用途的重要性因人而异。消费者总是先把物品用于对自身而言最重要的用途，而后用于次要的用途。当他有若干个这种物品时，由于把第一单位用于对自身而言最重要的用途，其边际效用就最大；当把第二单位用于次重要的用途时，边际效用就开始递减了。例如，当探险爱好者在徒步穿越沙漠时，由于身上仅能携带少量的水，必定会十分珍惜地饮用，以维持生命，此时水的边际效用很大。而当探险者途中幸运地遇到了绿洲，获得充足的水量后，水除了满足探险者的饮用外，还可以用来洗脸甚至洗澡，此时水的重要性就相对降低，边际效用也就相应减小。

总结来说，边际效用的大小与欲望的强弱成正比、与消费量的多少成反比。同时，由于欲望具有再生性、反复性，边际效用递减也具有时间性。比如刚刚提到的探险者穿越沙漠时用水的例子：当探险者在绿洲短暂休整后继续前行，此时水的饮用功能又重新变回对探险者而言是最重要的用途，此时消费水的边际效用又会上升。

最后，虽然从理论分析角度，边际效用可以为负值，但实际上，作为现实生活中正常且理性的消费者，他们绝对不会去消费给自己带来负效用的消费品。因此，边际效用一般情况下均为正值。

(四) 边际效用与总效用的关系

借助于边际效用递减规律，可以很容易地将总效用和边际效用的变化趋势及两者之间的关系表示出来，如图2-2所示。由于边际效用是增加一单位商品消费所引起的总效用改变量，所以，只要边际效用为正值，那么总效用就会增加。但由于边际效用递减，所以总效用增加的速度越来越小，最终达到最大而停止增加。同样的道理，如果边际效用为负值，那么总效用就会减少。这就是说，随着消费的商品数量的增加，边际效用逐渐减少。在这一过程中，若$MU>0$，总效用曲线TU逐渐上升，但越来越平缓；若$MU<0$，TU曲线开始下降；而当$MU=0$时，TU曲线恰好处于最高点。

顺便指出，在边际效用为负值时，增加商品消费，消费者的总效用反而减少，这意味着消费者对该商品的消费在达到饱和后已经出现了"过度"。仅就消费者在资源约束下寻求最大效用满足而言，这种边际效用为负值的情况可以忽略，因而在理论分析过程中常常将总效用曲线设定为向右上方倾斜。

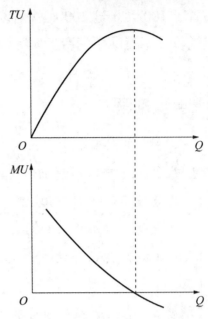

图 2-2　总效用和边际效用曲线

从数学意义上看，总效用与边际效用之间的关系如表 2-3 所示，也可以理解为，当效用曲线连续时，每一消费量上的边际效用值是总效用曲线上相应点的斜率。

表 2-3　总效用与边际效用之间的关系

边际效用（MU）	总效用（TU）
$MU>0$	上升
$MU=0$	达到最大值
$MU<0$	下降

三、消费者剩余

消费者剩余（Consumer Surplus）是英国经济学家马歇尔在 19 世纪末 20 世纪初提出的。他认为消费者在购物时，往往会出现其愿意付出的价格超过他实际付出的价格的现象，超出的这个部分就构成了一种"心理剩余"，称为消费者剩余。因此，消费者剩余是指消费者为得到一定数量的某种商品愿意支付的数额与实际必须支付的数额之间的差额。

消费者剩余有时也被定义为消费者从消费商品中获得的总效用与总的市场价值之间的差额，即消费商品的净效用。

例如，当某女性消费者在逛商场时，看中了一款手提包，非常喜欢。该消费者看了这款手提包的价格标签后发出感叹："才 200 元，我的心理价格是 300 元！"说明该消费者购买这款手提包的预期价格最大承受度是 300 元，此时她会欣然购买这款手提包，并且从心理上觉得自已还省了100元。这100元就是该女性消费者获得的消费者剩余。可见，消费者剩余是一种心理感觉，并不意味着消费者实际收入有所增加。

典型例题

1.（单选）下列说法中，正确的是（　　）。

A. 基数是不可以加总求和的数

B. 基数效用论主要采用边际效用分析方法

C. 序数是可以加总求和的数

D. 序数效用论认为效用的大小可以具体衡量

【答案】　B

【解析】　基数是可以加总求和的数。基数效用论是早期研究消费者行为的一种理论，主要采用的是边际效用分析方法。序数是不可以加总求和的数。序数效用论者对于效用的基本观点是，效用的大小是无法具体衡量的，效用之间的比较只能通过顺序或等级，即用序数（第一，第二，第三……）来表示。序数效用论采用的是无差异曲线分析方法。

2.（单选）当总效用增加时，边际效用应该（　　）。

A. 为正值，并且其值不断增加

B. 为正值，并且其值不断减少

C. 为负值，并且其值不断减少

D. 为零

【答案】　B

【解析】　MU 曲线因边际效用递减规律而向右下方倾斜，相应地，TU 曲线则随着 MU 的变动先上升后下降。当总效用增加时，边际效用应该为正值，并且其值不断减少。

第二节　无差异曲线和边际替代率

学习目标

★知识目标

1. 理解偏好和选择的区别；
2. 了解消费者偏好的四个假设；
3. 了解无差异曲线及其特点；
4. 掌握边际替代率的定义；
5. 理解边际替代率递减规律。

> ★能力目标
> 1. 能够分析偏好对消费者购买行为的具体影响；
> 2. 能够根据具体实例描绘出商品组合的无差异曲线；
> 3. 能够运用边际替代率递减规律分析消费者购买行为。
>
> ★素养目标
> 正确理解偏好，学会理性消费。

引导案例

周末，小强等几位同学相约一起去学校附近新开业的川菜馆聚餐。点菜时，班长小林不看菜单就直接说："来一份水煮活鱼，这一直是我最爱吃的一道川菜！"小强接着说："那我也还是老样子，点一份麻婆豆腐吧！"参加聚餐的同学们每人都点了一份自己最喜欢的菜肴。随后点饮料时，小红和小娟点了柠檬茶，小林和小强点了可乐。点完菜，大家都笑了——原来每个人都"默契"地点了与他人不同的菜肴。小林笑着总结道："咱们可真是应了那句老话——萝卜青菜，各有所爱呀！"

知识学习

一、偏好和选择

（一）消费者偏好

所谓偏好（Taste），是指人们通常在产生某种消费欲望后，通过购买某一种或多种商品（或服务）而表现出来的一种内在心理倾向，具有一定的趋向性和规律性。偏好存在于个体自身内部，是难以直接观察到的。例如，人们购买食物能满足充饥的欲望，但消费者是购买汉堡、面包、馒头还是肉包，就要取决于不同消费者的偏好。偏好是主观的、相对的概念，有明显的个体差异，也呈现出群体特征。

消费者的偏好是指消费者对商品或商品组合的喜好程度。消费者对商品的偏好是根据某些客观指标或基于心理感受而给出的主观判断。每一个消费者拥有一个特定的偏好，消费者基于偏好对商品做出主观价值判断，并据此对商品及其数量组合所带来的满足程度按大小进行排序。

（二）序数效用论

通过学习，我们已经理解了基数效用论的基本观点，即每一单位商品的消费所带来的效用都能用数字明确地量化出来。但是在很多情况下，消费者并不能准确地说出某种商品带给他的具体效用值是多少，因此基数效用的使用是有局限性的。自20世纪30年代至今，西方经济学中更多使用的是序数效用的概念。

序数效用论的基本观点是：效用作为一种心理现象无法计量，也不能加总求和，只能表示出满足程度的高低与顺序。因此，效用只能用序数（第一，第二，第三……）来表示。序数只表示顺序或等级，是不能加总求和的。消费者虽然不能准确地说出某种商品的具体效用，但他对不同商品的偏好程度是有差别的，这种偏好程度的差别决定了消费者可以对不同商品的效用大小进行排序。例如，某消费者在早餐店吃早餐时，最想吃的是油条，如果油条卖完了，那就选择小笼包。如果油条和小笼包都没有，该消费者就会选择馒头。所以在上述三种早餐中，油条带给该消费者的效用最大，小笼包的效用第二，馒头带来的效用是最小的。就分析消费者行为来说，以序数来度量效用的假定比以基数来度量效用的假定受到的限制要少，可以减少一些被认为是值得怀疑的心理假设。序数效用论采用无差异曲线分析法。

(三)消费者偏好的四个假设

为了更好地运用偏好的排序功能说明消费者的选择，序数效用论对消费者偏好的性质有以下四点基本假设。

1. 次序性

次序性即指消费者对任意两个商品组合都能进行排序。例如，对于任意两个商品组合A和B，消费者总是可以根据自身的偏好做出判断，而且也仅仅只能做出以下三种判断中的一种：对A的偏好大于对B的偏好，对A的偏好小于对B的偏好，对A和B的偏好相同（此时称A和B无差异）。

2. 传递性

传递性即指对于任何三个商品组合A、B和C，如果某消费者已经做出判断：对A的偏好大于（或小于，或等于）对B的偏好，对B的偏好大于（或小于，或等于）对C的偏好。那么，该消费者必须做出对A的偏好大于（或小于，或等于）对C的偏好的判断。

3. 非饱和性

非饱和性即指在其他商品数量相同的条件下，消费者认为商品数量总是多一些好，因此消费者更偏好于数量大的商品组合。比如，当两个商品组合的区别仅仅在于其中一种商品数量的不同，那么消费者总是偏好于含有这种商品数量较多的那个组合。

4. 多样性

多样性即指在同等条件下，不同商品的组合比只拥有一种商品要好，说明消费者偏好多样性的产品组合。

上述有关偏好的假设给出了消费者选择商品的排序规则，下面将利用这些规则揭示消费者实现效用最大化的均衡过程。

二、无差异曲线

(一) 无差异曲线的含义

消费者在进行商品购买时,会面对很多不同数量比例的商品组合,且这些商品组合带给该消费者的效用是一样的。将带给消费者相同效用的不同数量商品组合对应的点相连接,就形成了商品组合的无差异曲线。注意,西方经济学中为了便于分析,将"无差异"定义为两种商品的不同数量组合能够给消费者带来相同的满足程度。因此,无差异曲线是指在既定偏好条件下,由可以给消费者带来相同满足程度的两种商品不同数量组合描绘出来的曲线。或者说,它是表示能给消费者带来相同效用水平或满足程度的两种商品不同数量的各种组合。

假定某消费者消费商品 A 和商品 B,在既定的效用水平下,这两种商品可以存在很多不同的数量组合。该消费者可以选择消费 10 单位的 A 和 2 单位的 B,或选择 6 单位的 A 和 4 单位的 B,或选择 4 单位的 A 和 6 单位的 B,又或选择 3 单位的 A 和 8 单位的 B,等等(见表 2-4)。

表 2-4 相同效用下商品 A 和 B 的不同数量组合

商品的不同组合	A	B
组合 X_1	10	2
组合 X_2	6	4
组合 X_3	4	6
组合 X_4	3	8

将 A、B 两种商品的不同数量组合的点相连接,就形成了该消费者在某一既定效用水平下的无差异曲线 I,如图 2-3 所示。在无差异曲线 I 上的每一个点都代表了 A、B 两种商品的不同数量组合,但消费者对它们的偏好相同,或者说它们给消费者带来的效用满足程度相同。

对于正常的商品消费和产生的效用而言,满足偏好的非饱和性假设,即商品消费多了比少了好。观察图 2-3,如果要维持效用不变,在减少 A 商品消费数量的同时,就必须增加 B 商品的消费数量;反之,如果想增加 A 商品的消费数量,就必须减少 B 商品的消费数量。因此,无差异曲线总是一条由左上方向右下方倾斜的曲线,曲线的斜率为负值。

我们还应该明确,图 2-3 中的无差异曲线 I 是在消费者收入和商品价格水平既定的情况

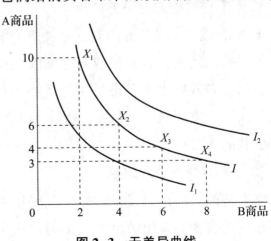

图 2-3 无差异曲线

下得到的,如果消费者收入和商品价格水平发生变化,则可以产生若干条不同的无差异曲线。如图 2-3 中的无差异曲线 I_1 和无差异曲线 I_2,它们代表着不同的效用水平。其中 I_2 的效用水平大于 I,I 的效用水平大于 I_1。

(二)无差异曲线的特点

无差异曲线通常具有以下特征:

1. 无差异曲线有无数多条

由于可供消费者选择的商品数量组合是无限的,所以可以描绘出无数条无差异曲线,每一条都代表着消费者消费商品组合可以获得的一个效用水平。同一条无差异曲线代表相同的效用,不同的无差异曲线代表不同的效用。离原点越远,代表的两种商品的数量组合就越大,根据偏好假定 3,距离原点越远的无差异曲线代表的效用水平就越高。

2. 任意两条无差异曲线都不相交

如图 2-4 所示,若两条无差异曲线 U_1 和 U_2 相交于 A 点,过原点的一条射线分别交 U_1 和 U_2 于 B 点和 C 点,则 B 代表的两种商品的数量均低于 C。于是,根据偏好假设 3,C 给消费者带来的效用满足程度一定大于 B。但是,B 和 C 分别与 A 处于两条不同的无差异曲线上,根据无差异曲线的定义,商品组合 B 与 A 以及 C 与 A 具有相同的效用水平,从而根据偏好假设 2,B 和 C 具有相同的效用等级。这就出现了矛盾。因此,任意两条不同的无差异曲线都不可能相交,除非重合。

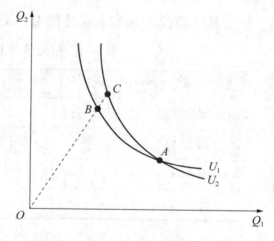

图 2-4 任意两条无差异曲线不相交

3. 无差异曲线向右下方倾斜

无差异曲线向右下方倾斜,意味着其斜率为负值。它表明,随着一种商品数量的增加,减少另一种商品的数量,消费者也可以获得与原来相同程度的满足。无差异曲线向右下方倾斜也表明,在效用水平保持不变的条件下,一种商品对另外一种商品产生了替代。如果无差异曲线向右上方倾斜,就与偏好假设 3 相矛盾,所以无差异曲线向右下方倾斜还隐含地排除了非意愿商品的存在。

4. 无差异曲线凸向原点

这一特征与偏好假设 4 相对应,因为在一条无差异曲线任意两点的连线上,商品组合都更加丰富,消费者的效用满足水平更高。从几何意义上看,无差异曲线凸向原点表明其倾斜程度越来越平缓。从无差异曲线代表的经济学意义上看,凸向原点意味着:随着一种商品数量增加,另外一种商品减少的数量越来越小,即一种商品对另外一种商品的替代能力越来越弱。

为了刻画一种商品对另外一种商品的替代程度，经济学中经常采用边际替代率这一概念。

◇小知识

特殊形状的无差异曲线

在通常情况下，正常商品的无差异曲线凸向原点，由左上方向右下方倾斜。但还存在两种特殊的无差异曲线。

1. 完全替代品的无差异曲线

完全替代品是指两种商品之间的替代比例固定不变。在完全替代的情况下，相应的无差异曲线是一条向右下方倾斜的直线，如图2-5所示。比如，图中C、D两种商品为完全替代品，即仅消费8单位的C商品和仅消费12单位的D商品所带来的效用是相同的。而且，商品C和D之间的替代比例是固定不变的，即无差异曲线的斜率固定，此时无差异曲线是一条向右下方倾斜的直线。瓶装可乐与听装可乐可以视为这一情况的例子：对于不注重包装而只注重内容的消费者而言，消费1瓶550mL瓶装可乐与消费1.5瓶335mL听装可乐是无差异的，则550mL瓶装可乐与335mL听装可乐的相互替代比例固定不变，为1∶1.5。

2. 完全互补品的无差异曲线

完全互补品是指两种商品必须按固定不变的比例配合且同时被使用。在完全互补的情况下，相应的无差异曲线为直角形状，如图2-6所示。图中，E、F两种商品为完全互补品，这两种商品必须按照固定的搭配，才能获得相应的效用。比如当两种商品都为1单位时，无差异曲线为I_1，此时单独增加E商品的消费量或者单独增加F商品的消费量，都不会使总效用增加。只有E、F两种商品按照既定搭配同时增加到2单位时，才能获得更高的效用，形成对应的无差异曲线I_2。例如，一双鞋子的左脚和右脚就属于这种情况，左脚和右脚的鞋子配合比例固定不变，为1∶1，对消费者才能产生效用。

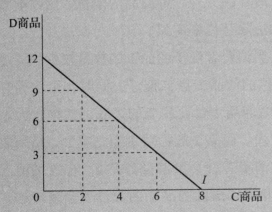

图2-5 完全替代品的无差异曲线

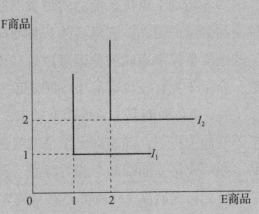

图2-6 完全互补品的无差异曲线

三、边际替代率

(一)边际替代率的含义

两种商品之间的替代程度可以由商品的边际替代率来衡量。一种商品对另外一种商品的边际替代率定义为:在效用满足程度保持不变的条件下,消费者增加1单位一种商品的消费可以代替的另一种商品的消费数量,简称为边际替代率。即消费者增加某种商品的消费量所需放弃的另一种商品的消费量。边际替代率通常用 MRS 表示。

假定消费者消费两种商品的数量分别为 Q_1 和 Q_2,消费者增加(或减少)第一种商品的消费数量 ΔQ_1,在保持效用水平不变的条件下,由此引起的第二种商品消费数量的改变量为 ΔQ_2,用"$MRS_{1,2}$"代表第一种商品对第二种商品的边际替代率,则有:

$$MRS_{1,2} = -\frac{\Delta Q_2}{\Delta Q_1}$$

其中,效用水平不变是调整商品数量的前提,根据无差异曲线的第三个特征:在第一种商品数量增加时,第二种商品数量必然会减少,所以 ΔQ_1 和 ΔQ_2 两者的符号肯定相反,为了让 $MRS_{1,2}$ 的计算结果便于比较,就在定义式中增加负号使边际替代率保持正值。

从几何意义上说,商品的边际替代率是无差异曲线斜率的绝对值。因此,两种特殊商品:完全替代品的无差异曲线是一条向右下方倾斜的直线,其边际替代率是一个常数;完全互补品的无差异曲线为直角形状,其边际替代率为0(平行于横轴)或∞(垂直于横轴)。

(二)边际替代率递减规律

序数效用论在分析消费者行为时提出了商品的边际替代率递减规律的假定。

商品的边际替代率递减规律是指在保持效用水平不变的条件下,随着一种商品消费数量的增加,消费者增加1单位该商品的消费而愿意放弃的另外一种商品的消费数量逐渐减少,即随着一种商品数量的增加,它对另外一种商品的边际替代率递减。

商品的边际替代率递减的原因可以解释为:当消费者处于商品1的数量较少和商品2的数量较多时,会由于拥有较少商品1,而对每一单位的商品1更加偏好;同时,由于拥有较多商品2,而对每一单位的商品2偏好程度较低。此时商品1对商品2的边际替代率较大。在保持效用水平不变的前提下,随着商品1消费量的增加,商品2的消费量随之减少。结果就会演变成,商品1相对充裕,而商品2相对稀缺,此时消费者就会更偏爱商品2。在这种情况下,增加一单位相对充裕的商品1,消费者愿意放弃的相对稀缺的商品2的数量就会越来越少,即商品的边际替代率是递减的。总之,商品边际替代率递减规律反映出了两种商品对消费者而言稀缺程度的相对变动,也就反映出了它们满足消费者偏好的相对能力的变动。

由于商品的边际替代率服从递减规律,而边际替代率又是无差异曲线斜率的绝对值,所以，随着第一种商品数量的增加，无差异曲线的形状就越来越平缓。因此，边际替代率递减规律保证了无差异曲线凸向原点。无差异曲线凸向原点的弯曲程度完全取决于两种商品替代性的大小，即取决于边际替代率的递减程度。

◇小知识

边际效用与边际替代率之间的关系

借助于边际效用及其递减规律，可以更好地理解商品的边际替代率递减规律。事实上，消费者基于商品相对稀缺性而对商品表现出来的偏好程度变化可以由商品的边际效用大小的变化体现出来。为了明确起见，继续采用上一节界定的总效用和边际效用概念。

如图2-7所示，我们将商品组合由 A 到 B 的调整分解为先由 A 到 C、再从 C 到 B 的变动。很显然，由 A 到 C，第一种商品的数量保持不变，而第二种商品变动了 ΔQ_2。根据边际效用的定义，由 A 到 C 所产生的总效用改变量(粗略地)为 $U_1 - U_2 = MU_2 \cdot \Delta Q_2$。同样的道理，由 C 到 B 的变动所导致的总效用改变量为 $U_2 - U_1 = MU_1 \cdot \Delta Q_1$。于是，从 A 到 B 的变动所产生的总效用改变量为：

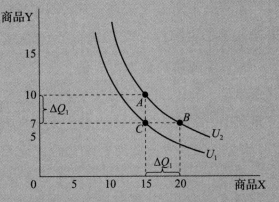

图2-7 边际替代率的推导

$$(U_1 - U_2) + (U_2 - U_1) = MU_2 \cdot \Delta Q_2 + MU_1 \cdot \Delta Q_1 = 0$$

从中得到：

$$MRS_{1,2} = -\frac{\Delta Q_2}{\Delta Q_1} = \frac{MU_1}{MU_2}$$

上式给出了两种商品之间的边际替代率与它们各自的边际效用之间的关系：第一种商品对第二种商品的边际替代率与第一种商品的边际效用成正比，与第二种商品的边际效用成反比。这表明，第一种商品的边际效用越高，它对于另外一种商品的替代能力就越强；反之，第二种商品的边际效用越大，第一种商品对它的替代能力就越弱。运用这一表达式可以很容易知道，在通常情况下，如果消费者消费商品获得的满足程度服从边际效用递减规律，那么商品的边际替代率一定服从递减规律。事实上，随着第一种商品数量的增加，MU_1 越来越小，即一式的分子越来越小；与此同时，由于无差异曲线向右下方倾斜，第二种商品的数量会越来越小，MU_2 就会越来越大，即上式的分母越来越大。因此，边际替代率一定是递减的。

总之，当一种商品的边际效用越高，它对于另一种商品的替代能力就越强；反之，一种商品的边际效用越低，它对于另一种商品的替代能力就越弱。运用这一结论可以很容易理解，在通常情况下，如果消费者消费商品获得的满足程度服从边际效用递减规律，那么商品的边际替代率也一定服从递减规律。

典型例题

1.（单选）下列有关无差异曲线的特点，说法正确的是（　　）。

A. 离原点越远，无差异曲线代表的效用水平越小

B. 在同一平面中，两条无差异曲线可能会相交于一点

C. 无差异曲线向右上方倾斜，并凸向原点

D. 无差异曲线的斜率为负值

【答案】 D

【解析】 离原点越远的无差异曲线代表的效用水平越高，离原点越近的无差异曲线代表的效用水平越低。同一坐标平面上的任意两条无差异曲线均不会相交。无差异曲线是凸向原点的，且向右下方倾斜，因此其斜率为负值。

2.（单选）当小明想要购买3个苹果时，他必须放弃购买2个火龙果，则苹果对火龙果的边际替代率为（　　）。

A. $\dfrac{2}{3}$ B. $\dfrac{3}{2}$ C. 2   D. 3

【答案】 A

【解析】 根据 $MRS_{1,2} = -\dfrac{\Delta Q_2}{\Delta Q_1}$ 可得，苹果对火龙果的边际替代率是 $\dfrac{2}{3}$。

第三节　预算约束线和消费者均衡

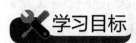

★知识目标

1. 理解预算约束线的含义；

2. 了解消费者均衡的决定。

★能力目标
1. 能根据给定情况描绘出消费者的预算约束线；
2. 能运用预算约束线和无差异曲线分析消费者均衡。

★素养目标
能够根据自身实际情况做出效用最大化决策，学会理性消费。

引导案例

生活中我们经常说，要把每一分钱都花在刀刃上，这句话反映的恰恰就是消费者如何在有限预算约束下实现效用最大化，达到消费者均衡的内容。举个例子，我们假定小强同学对面包和牛奶的偏好是既定的，每天早晨小强都准备 10 元钱用于购买面包和牛奶这两种商品作为早餐。已知一个面包的价格为 1 元，一瓶牛奶的价格为 5 元，且已知小强购买面包和牛奶的边际效用，那么小强应该购买多少数量的面包、多少数量的牛奶才能获得最大化的满足感，即实现消费者均衡？

知识学习

一、预算约束线的含义

假定任何商品都可以通过市场购买，那么受效用满足最大化动机驱使的消费者面临的约束就可以最终归结为口袋里的钱是有限的，即消费者会受到来自收入的制约，这种制约可以由消费者的预算约束线来表示。

消费者的预算约束线，又简称为约束线，它表示在收入和商品价格既定的条件下，消费者用全部收入所能购买到的各种商品的不同数量的组合。

继续以消费者消费两种商品为例。假定消费者的收入为 m，他面对的两种商品的价格分别为 P_1 和 P_2，选择消费两种商品的数量分别为 Q_1 和 Q_2，那么消费者用于第一种商品的支出为 P_1Q_1，用于第二种商品的支出为 P_2Q_2。因此全部收入用于购买两种商品消费者形成的收入约束可以表示为：

$$P_1Q_1+P_2Q_2=m$$

在两种商品的情形中，上式恰好是一条直线，所以该收入约束条件也就被称为消费者的预算约束线，如图 2-8 所示，其数学表达式为：

$$Q_2=-\frac{P_1}{P_2}Q_1+\frac{m}{P_2}$$

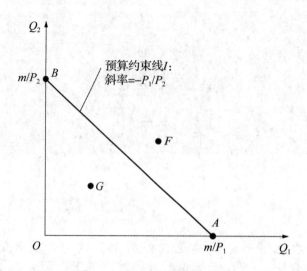

图 2-8 消费者的预算约束线

从图 2-8 可以看出，在消费者的收入和商品价格既定的条件下，消费者的预算约束线 I 向右下方倾斜，其斜率只和商品的价格有关，为 $-P_1/P_2$，其绝对值等于两种商品的价格之比。此外，在预算约束线 I 与横轴相交的 A 点，意味着此时消费者将全部收入用来购买第一种商品可以得到的最大数量，其数值为 m/P_1，第二种商品购买量为 0；而在预算约束线 I 与纵轴相交的 B 点则意味着当消费者将全部收入用于购买第二种商品时，其最大购买量为 m/P_2。可见，预算约束线的位置与横轴、纵轴截距有关，即和消费者收入、商品价格有关。横截距为 m/P_1，纵截距为 m/P_2。

进一步观察图 2-8，还可以发现消费者的预算约束线 I 把可供选择的两种商品组合 (Q_1, Q_2) 划分为三个区域：预算约束线与坐标轴之间、预算约束线上以及预算约束线之外的区域。F 点位于预算约束线 I 之外的区域，意味着在现有条件下消费者无力支付的商品组合；G 点位于预算约束线 I 与坐标轴之间，意味着现有收入足够购买且收入还会有剩余的商品组合；只有在预算约束线 I 上的点，才表示消费者将所有收入均用于购买商品。因此，预算约束线给出的是消费者在既定收入下可以购买到的两种商品的"最大"数量组合。

二、预算约束线的变动

消费者预算约束线的确定是以消费者收入和商品价格既定为条件的。当消费者的收入和商品的价格发生变动时，消费者的预算约束线也会随之变动。下面区分三种不同的情形说明预算约束线的变动方向。应指出的是，此处对消费者预算约束线变动原因的分析，只涉及消费者收入或者一种商品价格的变动，而其他因素保持不变。

(一) 只有收入 m 变化

两种商品的价格 P_1 和 P_2 保持不变，消费者的收入 m 发生变动。在这种情况下，由于商品价格保持不变，所以预算约束线的斜率不变（$-P_1/P_2$），消费者的收入变动会改变预算约束线的横纵截距(m/P_1、m/P_2)。所以,只有收入变化时,只会导致预算约束线平行移动。如图 2-9(a)所示,当收入增加,消费者可购买的商品数量增加,预算约束线向右平移,比如由 I 平移到 I_1;收入减少,消费者可购买的商品数量减少,预算约束线向左平移,比如由 I 平移到 I_2。

(二)收入 m 不变,价格 P_1 和 P_2 同比例、同方向变化

当消费者收入 m 不变,两种商品的价格 P_1 和 P_2 同比例、同方向变化不会改变 $-P_1/P_2$ 的数值,因此预算约束线的斜率不会变化,只会发生平移,但预算约束线的横纵截距(m/P_1、m/P_2)会发生改变。仍可如图 2-9(a)所示,当价格 P_1 和 P_2 同比例下降时,横纵截距变大,即在收入不变的情况下消费者可购买的商品数量增加,预算约束线向右平移,比如由 I 平移到 I_1;当价格 P_1 和 P_2 同比例上升时,横纵截距变小,即在收入不变的情况下消费者可购买的商品数量减少,预算约束线向左平移,比如由 I 平移到 I_2。

(三)收入 m 不变,只有价格 P_1 或 P_2 变化

当消费者收入 m 和第二种商品价格 P_2 保持不变,只有价格 P_1 变化时,预算约束线是纵轴截距(m/P_2)不会发生改变,即 A 点不会改变;但其斜率($-P_1/P_2$)和横轴截距(m/P_1)都会发现变化,此时预算约束线 I 将会围绕着 A 点旋转,如图 2-9(b)所示。当价格 P_1 下降,消费者全部收入能够购买到的商品 1 增多,预算约束线的横轴截距变大,即 B 点向右移动到 B' 点,此时预算约束线逆时针向右上方由 I 旋转到 I_1(右移);当价格 P_1 上升,消费者全部收入能够购买到的商品 1 减少,预算约束线的横轴截距变小,即 B 点向左移动到 B'' 点,此时预算约束线顺时针向左下方由 I 旋转到 I_2(左移)。

和只有价格 P_1 变化类似,当消费者收入 m 和第一种商品价格 P_1 保持不变,只有价格 P_2 变化时,预算约束线也会发生类似的转动。如图 2-9(c)所示,预算约束线的横轴截距(m/P_1)不会发生改变,即 B 点不会改变;但其斜率($-P_1/P_2$)和纵轴截距(m/P_2)都会发生变化,此时预算约束线 I 将会围绕着 B 点旋转。当价格 P_2 上升后,预算约束线绕着 B 点逆时针向下由 I 旋转到 I_2(下移)。当价格 P_2 下降,预算约束线绕着 B 点顺时针向上由 I 旋转到 I_1(上移)。

(四)收入 m 与价格 P_1、P_2 同时发生变化

当消费者收入 m 和两种商品价格 P_1 和 P_2 同时发生变化时,消费者的预算约束线既可能发生平行移动,也可能出现旋转,如图 2-9(d)所示,预算约束线 I 移动到 I_2。对应于此种情况,可以做一条辅助的预算约束线 I_1,它与预算约束线 I 平行,并且与 I_2 在纵轴的交点 B_1 重合。于是 I 移动到 I_2 的变动可以分解为由 I 平移到 I_1;再由 I_1 旋转到 I_2 的两种变动。因此,这种情况可以借助以上几种情况得到说明。

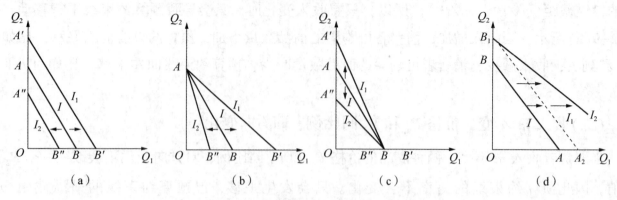

图 2-9 消费者预算约束线的变动

将以上四种消费者预算约束线的变动情况总结于表 2-5。

表 2-5 消费者预算约束线的变动

影响因素	变动方向	预算约束线的变动
m	增加	向右平移
	减少	向左平移
P_1、P_1	同比例上升	向左平移
	同比例下降	向右平移
P_1	上升	绕着与纵轴的交点顺时针旋转（左移）
	下降	绕着与纵轴的交点逆时针旋转（右移）
P_2	上升	绕着与横轴的交点逆时针旋转（下移）
	下降	绕着与横轴的交点顺时针旋转（上移）
m、P_1、P_1	同比例增加	不变
	同比例减少	不变
	非同比例变化	变动情况不确定

三、消费者均衡

为了确定消费商品的最优数量组合，理性的消费者试图在既定收入约束条件下寻求最大化的效用满足。以下我们将利用无差异曲线和预算约束线来考察消费者实现效用最大化的均衡条件。

(一) 消费者均衡的含义

理解消费者均衡的关键是要理解"均衡"一词：均衡是一种相对静止的状态。消费者均衡是指消费者处于相对静止不再调整的最优状态，这一最优状态是既定收入下获得的最大效用。

在收入和商品价格既定的条件下，理性消费者试图选择使得自身效用最大的商品数量组合。在这一过程中，消费者受到追求更高效用动机的驱使，同时也受到收入预算的制约。在这两种相反力量的作用下，当消费者选择了最优消费数量，将维持这种状态不变，此时消费者处于均衡状态。因此，消费者均衡是指单个消费者把有限的货币收入分配在各种商品的购买中以获得最大效用时的一种相对静止的状态。

(二)消费者均衡的决定

消费者均衡可以借助无差异曲线和预算约束线加以说明。消费者的偏好决定了消费者的无差异曲线，一个消费者关于任何两种商品的无差异曲线有无数条；消费者的收入和商品价格决定了消费者的预算约束线，在收入和商品价格既定的条件下，一个消费者关于两种商品的预算约束线只有一条。所以，实现消费者均衡必须满足两个条件：第一，最优的商品组合必须是能够给消费者带来最大效用的商品组合；第二，最优的商品组合还必须位于给定的预算约束线上。所以消费者实现效用最大化的均衡点在几何上表现为无差异曲线与预算约束线的相切点 E 处，如图 2-10 所示。

在图 2-10 中，两种商品的所有数量组合点$(Q_1，Q_2)$构成了可供消费者选择的范围。在这一范围内，消费者根据自身偏好对它们所能带来的效用满足程度进行排序，可得到一系列无差异曲线。图 2-10 中画出的三条无差异曲线 U_0、U_1、U_2，分别代表不同的效用，它们的效用大小排序为 $U_1<U_0<U_2$。AB 线为该消费者的预算约束线。就无差异曲线 U_2 而言，它虽然代表较高的效用水平，但它位于预算约束线的上方与其完全没有交点，这说明消费者在当前收入水平下无法实现

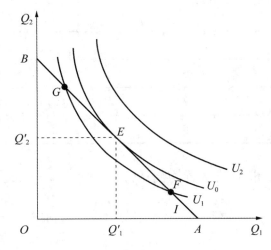

图 2-10 消费者均衡的决定

对无差异曲线 U_2 上任何一点的商品组合的购买。而就无差异曲线 U_1 而言，虽然它与预算约束线相较于 G、F 两点，这说明消费者利用现有的收入可以购买无差异曲线 U_1 上的 G、F 两点的商品组合。但无差异曲线 U_1 的效用水平低于无差异曲线 U_0 的效用水平，G、F 两点的商品组合不会给消费者带来最大的满足，理性的消费者不会选择购买这两点组合。由此看来，只有在 E 点上，才能实现消费者均衡。无差异曲线 U_0 与预算约束线 AB 的相切点 E 满足消费者均衡的两个条件——是位于给定的预算约束线上且能够给消费者带来最大效用的最优商品组合。

考察均衡点 E 的数学意义可以发现，此时预算约束线的斜率($-P_1/P_2$)与无差异曲线的斜率相等，而无差异曲线的斜率的绝对值就是边际替代率 $MRS_{1,2}$，所以从数学上可以得出：

$$MRS_{1,2} = -\frac{\Delta Q_2}{\Delta Q_1} = \frac{MU_1}{MU_2} = \frac{P_1}{P_2}$$

上式表明，当处于消费者均衡时，两种商品的边际替代率等于两种商品的价格之比。也可以说，在消费者均衡点上，消费者愿意用一单位的某种商品去交换的另一种商品的数量(即 $MRS_{1,2}$)，应该等于该消费者能够在市场上用一单位的这种商品去交换得到的另一种商品的数

量(即$\frac{P_1}{P_2}$)。

现在，我们再来回顾本节的引导案例，利用消费者均衡理论可以帮助小强同学做出最优的购买决策。案例中，小强有10元钱用于购买面包和牛奶这两种商品作为早餐，一个面包的价格为1元，一瓶牛奶的价格为5元。小强购买这两种商品的边际效用如表2-6所示。

表2-6 购买面包和牛奶的边际效用表

商品单位	$MU_{面包}$	$MU_{牛奶}$
1	20	50
2	18	45
3	16	40
4	13	35
5	10	30
6	6	25
7	4	20
8	2	15

根据消费者均衡条件：

$$MRS_{1,2} = -\frac{\Delta Q_2}{\Delta Q_1} = \frac{MU_1}{MU_2} = \frac{P_1}{P_2}$$

我们首先可求得$\frac{P_1}{P_2}=\frac{1}{5}$，所以只要当$\frac{MU_1}{MU_2}=\frac{1}{5}$时，消费者达到均衡。在表2-6中找出具有这样关系的数量组合是当$MU_1=10$，$Q_1=5$；$MU_2=50$，$Q_2=1$时达到均衡。所以，当小强应该购买5个面包、1瓶牛奶时获得最大化的满足感，实现了在预算10元下的消费者均衡。

典型例题

1.（单选）边际效用递减规律表明，随着消费者对某种商品消费量的增加（　　）。

A. 该商品的效用总量趋于递减　　　　B. 该商品的平均效用趋于递减

C. 该商品的效用增量趋于递减　　　　D. 该商品的总效用趋于递减

【答案】 C

【解析】 边际效用递减规律指的是，消费者在一定时间内消费某一商品时，随着消费量的增加，该商品的边际效用或效用增量趋于递减。

2.（单选）在相对价格不变的情况下，如果消费者的收入减少，会使预算约束线（　　）。

A. 向上旋转　　　　　　　　　　　　B. 向右平移

C. 向左平移　　　　　　　　　　　　D. 向下旋转

【答案】　C

【解析】　相对价格不变，收入减少，预算约束线向左平移。

本章练习

一、单项选择题

1. 总效用曲线达到顶点时，(　　)。

   A. 平均效用达到最大点　　　　　　B. 边际效用为零

   C. 边际效用达到最大点　　　　　　D. 平均效用与边际效用相等

2. 对于同一消费者而言，处在不同的无差异曲线上的各种商品组合(　　)。

   A. 效用是不可能相等的

   B. 一般情况下，效用是不可能相等的，但在个别场合，有可能相等

   C. 效用是否相等或不相等要视情况而定

   D. 效用是可能相等的

3. 无差异曲线的形状取决于(　　)。

   A. 商品效用水平的高低　　　　　　B. 消费者的收入

   C. 商品价格　　　　　　　　　　　D. 消费者偏好

4. 序数效用论认为，商品效用的大小(　　)。

   A. 取决于它的使用价值　　　　　　B. 取决于它的价格

   C. 不可比较　　　　　　　　　　　D. 可以比较

5. 商品X和Y的价格按相同的比率上升，而收入不变，预算约束线(　　)。

   A. 向左下方平行移动　　　　　　　B. 向右上方平行移动

   C. 不变动　　　　　　　　　　　　D. 移动的方向不确定

6. 预算约束线反映了(　　)。

   A. 消费者的收入约束　　　　　　　B. 消费者的偏好

   C. 消费者的人数　　　　　　　　　D. 货币的购买力

7. 某消费者偏好X商品甚于Y商品，原因是(　　)。

   A. 商品X的价格最低　　　　　　　B. 商品X紧俏

   C. 商品X有多种用途　　　　　　　D. 对其而言，商品X的效用最大

8. 同一条无差异曲线上的不同点表示(　　)。

   A. 购买能力相同　　　　　　　　　B. 支出水平相同

C. 对不同消费者具有相同效用水平　　　D. 不同商品组合对同一消费者效用相同

9. 无差异曲线的斜率被称为（　　）。

A. 边际替代率　　　　　　　　　　　B. 边际技术替代率

C. 边际转换率　　　　　　　　　　　D. 边际效用

10. 横轴表示 X 商品的数量，预算约束线绕着它与纵轴的交点逆时针移动的原因是（　　）。

A. 商品 X 的价格上升　　　　　　　　B. 商品 Y 的价格上升

C. 商品 X 的价格下降　　　　　　　　D. 商品 Y 的价格下降

二、多项选择题

1. 关于总效用和边际效用的关系，说法正确的是（　　）。

A. 当边际效用为零时，总效用最大　　B. 当边际效用为零时，总效用递增

C. 当边际效用为负时，总效用递减　　D. 当边际效用为正时，总效用递增

2. 无差异曲线的特征包括（　　）。

A. 任意两条无差异曲线可以相交

B. 一般来说无差异曲线具有负斜率

C. 在同一无差异曲线的坐标图上，离原点越远的无差异曲线的效用水平越高

D. 任意两条无差异曲线不能相交

3. 序数效用论对消费者偏好的假设包括（　　）。

A. 边际效用递减　　　　　　　　　　B. 完全性

C. 传递性　　　　　　　　　　　　　D. 不饱和性

4. 关于无差异曲线的描述，以下正确的是（　　）。

A. 无差异曲线上切线斜率的绝对值递增

B. 无差异曲线的斜率为负

C. 通过平面内的某点有且只有一条无差异曲线通过

D. 同一平面图上有无数条无差异曲线。

5. 预算约束线的位置取决于（　　）。

A. 消费者的收入　　　　　　　　　　B. 消费者的偏好

C. 消费者的边际效用　　　　　　　　D. 商品的价格

三、判断题（正确的填"√"，错误的填"×"）

1. 序数效用论认为商品效用的大小取决于商品的价格。（　　）

2. 商品 X 和 Y 的价格按相同的比率上升，而收入不变时，预算约束线向右上方平行移动。（　　）

3. 只要商品数量在增加，消费者得到的总效用就一定增加。（　　）

4. 无差异曲线是一条凹向原点的线。（　　）

5. 边际效用递减是指，随着消费者对某一产品消费的增加，其所得到的总效用会递减。（　　）

6. 在离原点较远的无差异曲线和离原点较近的无差异曲线之间，消费者更偏好于前者。（　　）

7. 如果边际效用递减，则总效用下降。（　　）

8. 同一杯水具有相同的效用。（　　）

9. 对于一种商品，消费者想要有的数量都已有了，此时边际效用最大。（　　）

10. 某些人在收入较低时购买黑白电视机，在收入提高时，则去购买彩色电视机，黑白电视机对这些人来说是吉芬商品。（　　）

四、名词解释题

1. 效用
2. 边际效用递减规律
3. 边际替代率
4. 预算约束线

五、计算题

1. 某人的效用总函数为：$TU=4X+Y$，如果消费者消费16个单位的 X 产品与14个单位的 Y 产品，试求：

（1）消费者的总效用；

（2）如果因某种原因消费者只能消费4个单位的 X 产品，在保持总效用不变的情况下，需要消费多少个单位的 Y 产品？

2. 假设某消费者的均衡如图所示，其中，横轴和纵轴分别表示商品1和商品2的数量，线段 AB 为消费者的预算约束线，曲线 U 为消费者的无差异曲线，点 E 为效用最大化的均衡点。已知商品1的价格 $P_1=2$，试求：

（1）消费者的收入；

（2）商品2的价格 P_2；

（3）预算约束线方程；

（4）预算约束线的斜率；

（5）点 E 的 $MRS_{1,2}$ 的值。

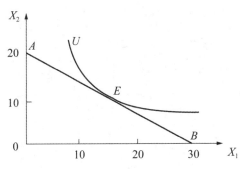

第三章

企业的生产和成本

人们每天享用的物品与劳务都是企业生产的，穿的衣服是服装厂生产的，吃的粮食是农民生产出来的，住的房子是建筑公司生产的，骑的自行车是自行车厂生产的。可见，企业作为社会经济的基本活动单位，是市场的主体。西方经济学中将企业或厂商称为生产者，研究的正是在资源稀缺的条件下，生产者受内在动力结构驱使，对来自外部环境的刺激将会如何做出反应，即研究生产者行为。一般，假定生产者也是具有完全理性的经济人，他们追求的目标是利润最大化。由于利润的产生是以成本最小化为前提的，因此生产者在企业经营过程中，主要是通过资源的合理配置来调整其生产行为和成本效益，以实现利润最大化。

思维导图

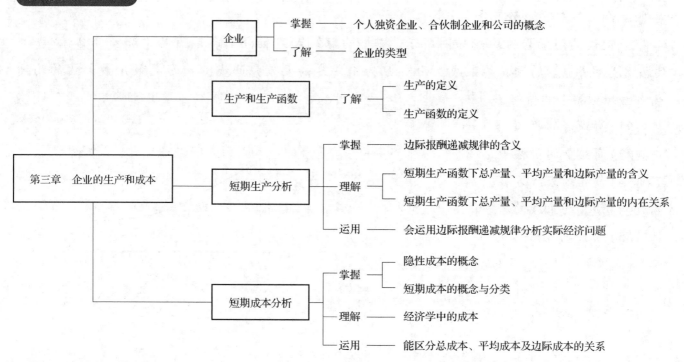

第一节 企 业

学习目标

★知识目标
1. 了解企业的类型;
2. 掌握个人独资企业、合伙制企业和公司的概念;
3. 了解企业的经营目标。

★能力目标
1. 能区分个人独资企业、合伙制企业和公司三种企业类型的不同;
2. 能准确分析不同类型企业经营的优缺点;
3. 能根据企业经营目标选择经营策略。

★素养目标
体会社会主义核心价值观在企业生产经营中的重要作用。

引导案例

在一个充满活力的城市中,有3位年轻的朋友——王丽(拥有农业科学背景)、李明(擅长市场营销)和张伟(精通财务管理),他们怀揣着共同的梦想:推广有机农业,让城市居民能够便捷地享受到新鲜、健康的农产品。一开始,王丽先行动起来,独立投资创办了名为"绿野小站"的公司,在城市郊区租用了一小块土地作为试验田搞起了农产品种植,并雇用了李明和张伟负责公司的运营和销售。"小站"主要通过社交媒体宣传,且凭借其上好的质量吸引了周边居民前来购买。一年后,随着产品良好口碑的传播,公司订单量增长迅速,王丽决定扩大生产规模。她邀请李明和张伟成为合伙人,并将公司更名为"绿野鲜踪农业合作社",同时雇用了更专业的种植技术团队和销售团队以维持公司日常的生产与运营。两年后,随着公司规模的逐步扩大,3位合伙人一致认为有必要进一步提升公司的管理机制,遂将公司变更为有限责任公司,成立股东会作为最高决策机构;相应的,他们去工商部门申请将公司更名为"绿野鲜踪农业科技有限责任公司"。

同学们,你们能说出案例中3位有梦想的年轻人在创业过程不同时期成立的"小站""合作社"和"有限责任公司"分别属于何种公司类型吗?

知识学习

一、企业的类型

生产在经济学中是一个具有普遍意义的概念，是一个投入生产要素产出产品的过程。生产产出的可以是有形的物质物品，例如炼出1吨钢材或者织出1匹布；生产产出还包括提供无形的服务，例如提供法律咨询，提供旅行拍摄，为他人理发等。

生产的主体是厂商，厂商也称为企业，是在市场经济中为生产和销售商品而进行决策经营的营利性组织。与消费者一样，企业是市场经济活动中的另外一个基本单位。根据产出产品的不同，企业的形式也多种多样：既有生产有形产品的企业，例如钢铁厂、纺织厂等；也有提供各种无形服务的企业，如律师事务所、咨询公司、艺术摄影公司等。所以，经济学中的企业泛指能够做出统一生产和供给决策的基本单位，其共同特征是使用各种投入品以制造和销售产品或服务。

在现实中，企业依照基本的法定形式通常可以分为个人独资企业、合伙制企业和公司三种类型。

（一）个人独资企业

个人独资企业是指由单个自然人投资，财产为投资人个人所有，且投资人以其个人财产对企业债务承担无限责任的经营实体。例如，大多数杂货店、私人诊所等。在独资企业中，无论是自己经营，还是雇用他人经营，投资人都需承担所有与生产投入有关的成本以及各种税费等经营所需要的成本，能获取企业全部的利益，同时也需对企业负债承担无限责任。

个人独资企业由投资人一个人主导，决策自由、灵活，追求利润动机明确、强烈；企业规模小，易于管理。但该类型企业往往资金有限，限制了生产的发展，而且也较易于破产。

（二）合伙制企业

合伙制企业是指由两个或两个以上的自然人共同出资、合伙经营、共享收益、共担风险，并对合伙企业债务承担无限连带责任的营利性组织。例如，律师事务所大多采用这种形式。合伙企业的基本特征有以下四个方面：

1. 合伙企业是不具备法人资格的营利性经济组织

合伙企业的非法人性，使得它与具有法人资格的企业相区别；合伙企业的营利性，使得它与其他具有合伙形式但不以营利为目的的合伙组织相区别；合伙企业的组织性，使得它与一般民事合伙区别开来，从而成为市场经济活动的主体和多种法律关系的主体。

2. 全体合伙人订立书面合伙协议

合伙企业是由全体合伙人根据其共同意志而自愿组成的经济组织。该组织的设立、活动、变更、解散等一系列行为都必须符合一定的行为规则，而合伙协议就是合伙企业的行为规则。合伙协议必须是书面的。如果没有合伙协议，合伙企业将不能成立，其运作也就无从谈起。

3. 合伙人共同出资、合伙经营、共享收益、共担风险

合伙企业的资本由全体合伙人共同出资构成。共同出资的特点决定了合伙人原则上均享有平等地参与执行合伙事务的权利，各合伙人互为代理人。当然，共同出资的特点还决定了对于合伙经营的收益和风险也由合伙人共享共担。合伙企业是完全建立在合伙人相互信赖的基础上，因此各合伙人彼此间的权利和义务并无不同，也不存在特殊的合伙人。

4. 全体合伙人对合伙企业的债务承担无限连带清偿责任

合伙企业的合伙人对合伙企业的债务承担无限连带清偿责任，即当合伙企业财产不足以清偿合伙企业债务时，各合伙人对于不足的部分承担连带清偿责任。这样的规定可以使合伙人能够谨慎勤勉地执行合伙企业事务，而且能使合伙企业债权人的合法权益得到保障和实现。这一特征是合伙企业与其他类型企业最主要的区别。

总的来说，相对于个人独资企业，合伙企业的资金较多，规模较大；企业可以由出资人经营，也可以聘用他人，比较易于管理；分工和专业化得到加强。但由于多人所有和参与管理，不利于协调和统一；资金和规模仍有限，在一定程度上不利于生产的进一步发展；且合伙人之间的契约关系欠稳定。

(三) 公司制企业

公司制企业是现代市场经济中最重要的企业类型，它是指按法律程序设立的并以营利为目的，具有法人资格的企业组织。我国公司法规定的公司包括有限责任公司和股份有限公司两种。有限责任公司是指由2人以上50人以下的股东共同出资设立，股东以其认缴的出资额对公司债务承担有限责任，公司以其全部资产对其债务承担责任的企业法人。股份有限公司是指注册资本由等额股份构成，公司可以向社会公开发行股票筹资，股票可以依法转让；股东以其认购的股份为限对公司负债承担责任，公司以其全部资产对公司债务承担有限责任的企业法人。

可见，公司是企业法人，享有独立的法人财产权。公司的典型特点是企业的所有权与经营权分离，表现为公司由投资人(股东)共同所有，并由职业经理人负责日常经营管理。公司股东推举一些人作为董事，组成董事会以代表股东利益，董事会成员可以是股东也可以不是。董事会对股东大会负责，决定公司的重大事项。

与个人独资和合伙制企业相比，公司制企业的优缺点如下：

1. 公司制企业的优点

(1) 公司是法人，股东可以改换，股份可以转手，但公司可以无限存在。

(2) 公司实行有限责任制，即每个股东仅以自己持有的股份承担相应责任，从而降低了单个股东的风险。

（3）公司实行所有权和经营权分开，由职业经理人实行专业化、科学化管理，提高了公司的管理效率。

2. 公司制企业的缺点

（1）由于公司只承担有限责任，为防范机会主义倾向，公司的设立和歇业均要通过复杂的法定程序。

（2）公司内部存在复杂的委托代理关系，尤其是在股权高度分散的公众公司，股东只为取得股利或从股票升值中获利，单个股东对监督公司提高绩效的付出与回报不对称。

（3）所有权与经营权分离，可能会导致企业不能完全体现股东的利益。随着公司规模的增大，大股东亲自担任高层经理的做法越来越不能适应新的形势，因此大多数公司将经营权委托给职业经理人。而职业经理人的效用目标有时可能与公司股东的目标相冲突，所做出的决策经常不能完全体现股东的利益。

以上三种类型的企业组织都以不同的形式存在着。从数量上看，个人独资和合伙制企业占有相当大的比重，但销售额所占的比重并不大。相反，公司制企业虽然数量相对较少，但销售总额在经济中所占的比重却很大。

二、企业的利润最大化目标

虽然企业大小不一，组织形式也不相同，但其经营都有一个基本目标，那就是获取利润。一般来说，在市场经济中，满足消费者的消费需求并不是企业的直接目的，企业向市场提供产品或服务是为了在销售一定数量的产出之后获得尽可能多的利润。即企业的目标是利润最大化。企业的利润，等于销售产品的总收益与生产商品的总成本两者之间的差额。用公式表示为：

$$利润 = 总收益 - 总成本$$

式中，总收益是企业的销售收入，它等于销售产品的价格与销售数量的乘积，而总成本则是企业生产过程中的各种有形与无形支出，它们都取决于企业的产出数量。为了方便分析，通常对以上有关经济量做以下约定：

（1）关于产品的价格，通常假定企业尽可能确定最高价格。

（2）关于销售量，理论分析中往往假定企业的销售量等于其产量。

（3）关于成本，假定企业的成本只取决于生产的数量。

使收益超过成本的差额最大，亦即利润最大化，是企业孜孜以求的目标，是其行为的基本动机。当然，利润最大化目标并不意味着企业没有其他的目标，也并不表明企业每时每刻都能获得最大利润，它更强调的是企业的长期利润趋向以及企业的意愿和决策原则。因此，西方经济学通常假定企业的目标是追求利润最大化。

典型例题

1. (单选)(　　)是指由两人或两人以上按照协议投资,共同经营、共负盈亏的企业。

   A. 个体企业　　　　　　　　　　B. 合伙制企业

   C. 公司制企业　　　　　　　　　D. 特殊普通合伙企业

【答案】　B

【解析】　根据定义,合伙制企业是指由两个或两个以上的自然人共同出资、合伙经营、共享收益、共担风险的企业。只有B项符合题意。

2. (判断)与个人独资和合伙制企业相比,公司制企业的特点在于经营灵活,风险承担能力较弱。(　　)

【答案】　错误

【解析】　与个人独资和合伙制企业相比,公司制企业有利于筹集大量的资金,同时由于股份分散、责任有限,极大地降低了单个股东的风险。公司制企业的经营不如个人独资企业和合伙制企业灵活,风险承担能力也较强。因而题干表述有误。

第二节　生产和生产函数

学习目标

★知识目标

1. 了解生产和生产函数的定义;
2. 掌握企业生产要素的种类;
3. 理解生产中短期与长期的区别。

★能力目标

1. 能够根据企业情况分析生产所需的生产要素;
2. 能够描述企业生产过程中的投入与产出;
3. 能描述生产函数在短期和长期生产中的不同表现。

★素养目标

通过对企业生产的分析,培养用经济学思维思考和分析现实中的生产问题。

引导案例

李明、张伟和王丽3人决定成立的"绿野鲜踪农业科技有限责任公司",主要是从事有机农产品的生产。但是他们都是初次创业,对经营一家企业所需要的前期投入不是很清楚。比如需要多少资金用于种子和化肥的采购、农具和机械设备的购置以及办公设备的采购,需要租赁多大的土地和仓库用于种植和储存,需要雇用多少农业工人、技术人员、销售人员,等等。这些问题,是任何一家企业都必须考虑的首要问题。一家企业的前期投入工作直接关系到该企业后期的生产和销售,从而影响企业的利润。

知识学习

一、生产

现实的企业不仅组织形式各不相同,而且生产不同产品的企业所采用的生产技术也迥异,但它们都有一个共同特征,那就是只要从事生产,就必须有投入并能将这些投入转化为产出。因此,生产被定义为把各种投入转换为产出的一个过程,而把投入与产出联系在一起的就是企业所使用的生产技术。例如,一个生产水稻的农场,农民使用农业机械,在土地上播种、施肥、维护、收割等,最终生产出水稻。所以农场通过投入农民的劳动、农业机械、水田等要素,生产出了水稻;而一家面包烘烤店,投入的要素包括面包师的劳动、面粉、糖等原材料,以及投资在烤炉、搅拌器上的资本和其他一些设备,通过烘烤店老板的管理和协调,生产出面包。

通常,我们把生产过程中的各种投入(Input)称为生产要素(Factors of production),并且为了表述方便,把不同类型的生产要素划分为劳动、资本、土地和企业家才能四种基本类型。

◇小知识

生产要素的四种类型

生产要素是指进行社会生产经营活动时所需要的各种社会资源,是维系国民经济运行及市场主体生产经营过程中所必须具备的基本因素。现代西方经济学通常把生产要素分为劳动(L)、资本(K)、土地(N)、企业家才能(E)四种。随着科技的发展和知识产权制度的建立,技术、信息也作为相对独立的要素投入生产。这些生产要素进行市场交换形成各种各样的生产要素价格及其体系。

(1)劳动是指劳动者在生产过程中以体力和脑力的形式提供的各种服务。在生产过程中，每个劳动者提供的劳动都会有所差异，在理论研究中为了便于计量，通常将复杂劳动视为简单劳动的倍加，从而劳动可以以"标准化"的劳动者在单位时间内提供的服务为单位，例如人或者小时等，而劳动的价格则表现为工资率。

(2)资本是指生产过程中投入的物品和货币资金等，比如厂房、机器设备、动力燃料和流动资金等。它具有两种形式：无形的人力资本和有形的物质资本，前者是指体现在劳动者身上的身体、文化、技术状态，后者是指厂房、设备、原料等资本品。在生产理论中，资本通常指的是后一种物质资本。

(3)土地是指生产中所使用的各种自然资源，如土地、水和处于自然状态的矿藏、森林等。

(4)企业家才能是指建立、组织和经营企业的企业家所表现出来的发现市场机会并组织各种投入的能力。就一般性的技术讨论而言，借助于企业家才能，各种生产要素组合在一起使得企业成为一个有效的生产主体。

生产是这些生产要素合作的过程，产品则是这些生产要素共同努力的结果。

二、生产函数

在特定的生产技术条件下，经过企业家的统一调度，企业把各种生产要素组合在一起，能够生产出有形或无形产品。在这一过程中，企业选择的生产技术可以由生产中投入的生产要素数量与产出量之间的依存关系反映出来，所以企业所使用的技术通常由生产函数加以表示。

生产函数表示，在技术水平不变的条件下，企业在一定时期内使用的各种生产要素数量与它们所能生产的最大产量之间的关系。直观上说，在其他条件不变的情况下，对应于既定的投入，如果产出越多，表明技术越先进。因此，生产函数反映了企业所使用的生产技术状况。换句话说，一个特定的生产函数是以一定时期内生产技术水平保持不变为条件的。

假定一个企业在生产过程中投入的劳动、资本、土地、企业家才能等生产要素的数量分别由 L、K、N、E 等表示，而这些要素数量组合所能生产出的最大产量为 Q，那么该企业的生产函数可以一般性地表示为：

$$Q = f(L, K, N, E) \tag{3-1}$$

在经济学的分析中，为了简化分析，通常假定生产过程中只使用劳动和资本两种生产要素，因而生产函数可简化为：

$$Q = f(L, K) \tag{3-2}$$

理解生产函数的概念，需要注意以下三个问题：

(1)生产函数中的产量,是指一定的投入要素组合所能生产出来的最大产量,也就是说,生产函数所反映的投入与产出关系是以企业的投入要素都得到充分利用为假定条件的。

(2)生产函数取决于技术水平。生产函数的前提条件是一定时期内的既定生产技术水平,一旦生产技术水平变化,原有生产函数就会变化,从而形成新的生产函数。生产技术的改进,可能会改变投入要素的比例,导致新的投入产出关系,即新的生产函数。

(3)生产一定量某种产品所需要的各种生产要素的配合比例被称为技术系数。它可以是固定的,但更多情况下是可以改变的。例如,在农业中可以多用劳动少用土地进行集约式经营,也可以少用劳动多用土地进行粗放式经营。在工业中也有劳动密集型技术与资本密集型技术之分。

三、短期和长期

生产是一个过程,它既需要劳动、资本等投入,也需要时间。一个钢铁公司不可能在一个月之内完成从立项到投产的过程,但一旦建成,其厂房和大型机械设备就会得到持续利用,同时也不会无成本地随意更换。因此,在特定的技术条件下,时间维度将对投入与产出之间的关系形成制约,同时也会对企业有关生产要素投入数量的选择形成制约。所以,生产理论被区分为短期和长期。

经济学上所说的"短期""长期"不是指一个具体的时间跨度,而是指能否来得及调整全部生产要素的时期。短期是指生产者来不及调整全部生产要素的数量,至少有一种生产要素的数量固定不变的一段时期;也就是说,在这一时期内,企业为了实现产量目标,只能调整劳动、原材料、燃料这类生产要素,而来不及调整厂房、设备、管理人员这类生产要素。一般将短期内可以调整的生产要素称为可变要素投入,而把不能或来不及调整的生产要素称为不变(或固定)要素投入。长期则是指生产者可以根据其产量目标调整全部生产要素数量的时期。例如,企业根据它要达到的产量,可以缩小或扩大生产规模,甚至可以进入其他行业或退出现有行业。由于长期内所有生产要素都是可调整的,因而也就没有可变要素投入和不变要素投入的区分。

依照短期和长期的区分,生产函数也可以区分为短期和长期生产函数。继续以只有劳动和资本两种投入的生产为例:假定短期内,只有劳动投入 L 可以变动,资本投入 K 保持不变 ($K=\bar{K}$),则短期生产函数就可以表示为:

$$Q=f(L, \bar{K}) \tag{3-3}$$

如果企业处于生产的长期,所有的生产要素数量可以变动,那么生产函数将采用式(3-2)给出的形式。即:

$$Q=f(L, K) \tag{3-4}$$

需要指出,尽管短期和长期与时间密不可分,但经济学中涉及的短期生产和长期生产概念并没有一个严格的时间范围。不同的行业，短期和长期的时间长度不同。例如，对一个食品厂来说，长期可能仅仅是一年左右；而在大型钢铁厂，长期也许是七八年。所以，区分短期和长期的标准只有一个，即看生产者能否对全部生产要素投入数量进行调整，而能否做到这一点是与企业所使用的生产技术密切相关的。例如，建造一个汽车厂可能需要两年，那么两年内汽车厂就处于生产的短期；而同样是两年，一个早餐店则可以调整它的所有投入要素，因此它就处于生产的长期。

典型例题

1. (单选)经济分析中所说的短期指(　　)。

A. 一年之内

B. 全部生产要素都随产量调整的时期

C. 至少有一种生产要素不能随产量调整的时期

D. 以上都对

【答案】　C

【解析】　生产的短期指生产者来不及调整全部生产要素的数量，至少有一种生产要素的数量是固定不变的生产周期。

2. (单选)关于生产函数的说法，正确的是(　　)。

A. 生产函数是同一种生产要素与其生产的多种产品之间的关系

B. 生产函数是各种生产要素投入之间的关系

C. 生产函数是生产要素投入量和产品产出量之间的关系

D. 生产函数是投入的资本和活动收入之间的关系

【答案】　C

【解析】　生产函数是生产过程中生产要素投入量与产品的产出量之间的关系。

第三节 短期生产分析

学习目标

★知识目标

1. 理解短期生产函数下总产量、平均产量和边际产量的含义；
2. 理解短期生产函数下总产量、平均产量和边际产量三者之间内在关系；
3. 掌握边际报酬递减规律的含义；
4. 了解生产的三个阶段。

★能力目标

1. 能够根据企业的生产函数表格画出总产量、平均产量和边际产量曲线；
2. 会运用边际报酬递减规律分析实际经济问题；
3. 能根据生产的三个阶段确定一种生产要素的合理投入区间。

★素养目标

通过对企业短期生产的分析，培养学生经济学思维和效率意识。

引导案例

李明、张伟和王丽3人所成立的"绿野鲜踪农业科技有限责任公司"已经正式开始投入生产，他们的前期投入主要包括种子和化肥的采购、农具和机械设备的购置以及办公设备的采购，签约租赁了1亩①土地和1 000平方米的仓库用于产品的生产和储存，同时雇用了10名农业工人、3名技术人员和5名销售人员。随着企业的正式投产和产量的不断扩大，他们3人发现所雇用的工人已经不够，严重影响企业的正常运转。短期内企业无法增加土地和机器设备等的资本投入，但是可以灵活增加工人的雇用人数。那么，"绿野鲜踪农业科技有限责任公司"应该什么时候增加工人的数量，什么时候不再招聘工人，才能让企业的产量最大化呢？

知识学习

本节假定企业处于生产的短期，并着重考察只有一种生产要素可变的情形。例如，某印刷企业，其所拥有的印刷机器是固定的，但印刷工人的数量是可以变动的，此时，该企业必

---

① 1亩=666.7平方米。

须对生产多少印刷品、雇用多少工人进行决策。因此,需要讨论短期生产函数。

一、总产量、平均产量和边际产量

假定企业只使用劳动和资本两种投入,并且处于生产的短期。为了更加明确,在此进一步假定,在该时期内企业可以根据生产的需要随时调整劳动投入数量,而无法调整资本投入量。所以,在这一生产过程中,劳动是可变要素投入,而资本的投入量保持不变,为不变(固定)要素投入。于是,式(3-5)给出了这里要考察的短期生产函数,其形式为:

$$Q=f(L,\bar{K}) \tag{3-5}$$

它反映了既定资本投入量 $\bar{K}$ 下,一定数量的劳动投入与它们所能生产出的最大产量之间的对应关系。

通过一种可变要素投入与产出之间的对应关系,可以定义三个重要的产出概念:总产量(TP)、平均产量(AP)和边际产量(MP)。

短期内,总产量(Total Product,TP)是指在其他生产要素投入量既定条件下,一种可变要素的投入所生产出来产量的总和。例如,在现有技术条件下,一家面包店里所有面包师生产面包的总量就是总产量,假设该面包店老板只雇用1个面包师,这个面包师每日能够生产出20个面包,那么该面包店当日总产量就是20个面包。如果该面包店老板雇用2个面包师,第二个面包师每日能够生产出26个面包,那么该面包店当日总产量就是46个面包。

平均产量(Average Product,AP)是指平均每单位该可变要素所生产出来的产量。仍以上述面包店的例子,它的平均产量是指每个工人生产面包的平均产量($AP=\dfrac{Q}{L}$)。即只雇用1个面包师时,每个工人的平均产量是20个面包;雇用2个面包师时,每个工人的平均产量是23个面包。

边际产量(Marginal Product,MP)是指增加(或减少)一单位该可变要素投入量所带来的产出变化量。在上述面包店的例子中,边际产量是指每增加1个面包师所生产的面包增量。即新增第一个面包师时面包产量增加了20个,此时边际产量就是20个面包;而新增第二个面包师时面包产量增加了26个,此时的边际产量就是26个面包。

我们以劳动可变的情形为例,劳动的总产量是指一定的劳动投入量可以生产出来的最大产量,用 TP_L 表示。由于劳动投入是可以变动的,所以总产量也可以视为这一可变要素投入的一个函数。因此,劳动的总产量事实上就是生产函数式(3-5)的变形:

$$TP_L=f(L,\bar{K}) \tag{3-6}$$

劳动的平均产量是每单位劳动所生产的产量,记成 AP_L。用公式表示为:

$$AP_L=\dfrac{TP_L}{L} \tag{3-7}$$

最后一个概念是劳动的边际产量,它是指增加 1 单位的劳动投入量所带来的产出增加量,记成 MP_L。用公式表示为:

$$MP_L = \frac{\Delta TP_L}{\Delta L} \tag{3-8}$$

与边际效用类似,边际产量反映了总产量的变动率,或者说是变动速度。

需要指出,上述定义并不局限于劳动,对于任意的生产要素均可以定义总产量、平均产量和边际产量。但同时需要说明,上述概念隐含着"其他条件不变"的假设。

再举一个例子,考察某小型农场生产小麦的情形。该农场采用现有一般的生产技术,运用一定数量的农机机械,耕种 10 亩土地,种植小麦。表 3-1 给出了这一农场的劳动投入量与小麦产出量之间的关系。其中,第(1)列是该农场可能的劳动投入量;第(2)列是固定不变的土地投入量;第(3)列则是这两种投入量下所能生产的最大产量,即总产量;第(4)列是劳动的边际产量,它由第(3)列中产出的改变量除以第(1)列中劳动投入的改变量得到;第(5)列是劳动的平均产量,由第(3)列除以第(1)列相应的数值得到。

表 3-1 劳动投入的总产量、平均产量和边际产量

(1)劳动投入量 L /人	(2)土地投入量 N /亩	(3)总产量 Q /千克	(4)边际产量 MP_L /千克	(5)平均产量 AP_L /千克
0	10	0	—	—
1	10	1 000	1 000	1 000
2	10	2 500	1 500	1 250
3	10	3 500	1 000	1 166.7
4	10	4 300	800	1 075
5	10	4 700	400	940
6	10	4 800	100	800
7	10	4 800	0	685.7
8	10	4 700	-100	587.5

二、边际报酬递减规律

在企业短期生产中普遍存在着一种现象,即边际报酬递减规律。

(一)边际报酬递减规律的含义

边际报酬递减规律是指在技术水平保持不变的条件下,当把一种可变的生产要素连同其他一种或几种不变的生产要素投入生产过程之中,随着这种可变的生产要素投入量的逐渐增加,最初每增加 1 单位该要素所带来的产量增加量是递增的;但当这种可变要素投入量增加到

一定程度之后，增加 1 单位该要素所带来的产量增加量是递减的。简言之，就是在其他条件不变的情况下，一种可变投入在增加到一定程度之后，它所带来的边际产量递减。

边际报酬递减规律揭示了投入与产出之间的客观联系，对于我们研究企业的投入、产出关系是很重要的。它告诉我们，并不是任何投入都能带来最大的收益，更不是投入越多，收益就一定越大。这一规律在农业生产中最为典型。例如，对给定的 10 公顷稻田来说，在技术水平和其他投入不变的前提下，考虑使用化肥的效果。如果仅仅使用 1 千克化肥，可想而知它带来的总产量增加量，即边际产量是很小的，可以说是微不足道的。但随着化肥的使用量增加，其边际产量会逐步提高，直至达到最佳的效果，即最大的边际产量。但是必须看到，若超过化肥的最佳使用量后，还继续增加化肥的使用量，就会对水稻的生产带来不利影响，此时化肥的边际产量就会下降。过多的化肥甚至会烧坏庄稼，导致负的边际产量。

◇小知识

边际产量递减的原因

在任何产品的生产过程中，可变要素投入量和固定要素投入量之间都存在一个最佳的组合比例。开始时，由于可变生产要素的投入量为零，而固定生产要素投入量维持不变，因此，生产要素的组合比例远远没有达到最佳状态。随着可变生产要素投入量的增加，生产要素的投入量逐步接近最佳的组合比例，相应的可变生产要素的边际产量呈现出递增的趋势。一旦生产要素的组合达到最佳组合比例时，可变市场要素的边际产量达到最大值。在此之后，随着可变生产要素投入量的继续增加，生产要素投入量的组合越来越偏离最佳组合比例，相应的可变生产要素的边际产量呈现出递减的趋势。

边际报酬递减规律其实很直观：1 亩田，1 个人种可以生产 400 斤[①]稻子，2 个人种可以生产 900 斤，如果化肥、农药等其他要素投入也都不变，那么再增加 1 个人，产量会增加，但是不会再增加 500 斤，可能只有 200 斤；继续增加人手，总产量将不仅不增加，甚至还要减少，例如达到 1 万个人，稻子产量将不增反减，产量会为零，因为秧苗早已经被人踩坏了。

(二) 边际报酬递减规律的条件

一般认为，边际报酬递减规律并不是根据经济学中的某种理论或原理推导出来的规律，它只是根据对实际的生产和技术情况观察所做出的经验性概括，反映了生产过程中的一种纯技术关系。因此，边际报酬递减规律只有在具备下述三个条件时才会发生作用。

---

① 1 斤 = 500 克。

1. 生产技术水平保持不变

边际报酬递减规律只能在生产过程中所使用的技术没有发生重大变革的前提下才成立。如果出现技术进步，将使生产要素的效率提高，短期内可能使可变生产要素的边际产量增加。例如，水稻杂交技术使得水稻产量得到极大的提高，如果在增加劳动投入的同时采用这种技术，将可能使得原本递减的边际产量转而增加。应注意，尽管技术进步可能使可变生产要素的边际产量增加，但它只是延缓了可变要素边际产量递减的出现，并不是改变了边际报酬递减的规律。

2. 除一种投入要素可变外，其他投入要素均固定不变

边际报酬递减规律只有在其他生产要素投入数量保持不变的条件下才可能成立。与技术水平保持不变一样，其他生产要素投入量保持不变也是边际报酬递减规律成立的前提条件。例如，在农场生产小麦的例子中，我们假设土地投入量是保持不变的。试想一下，如果在增加劳动投入的同时，也增加耕种面积，那么小麦的边际产量就不一定递减。在经济学中，如果不是一种生产要素的投入可变，而是各种生产要素的投入都可变，由此引出的产量变化情况就不适用边际的概念，而将其归属为"规模报酬"的概念。

3. 可变的生产要素投入量必须超过一定点

边际产量递减在可变要素投入增加到一定程度之后才会出现。边际产量并非一开始就会出现递减，原因在于生产过程中存在着固定的不变要素投入，在可变要素投入数量很低时，不变要素投入相对过剩，增加1单位可变要素投入可以使不变生产要素得到更加有效的使用，因而边际产量也会增加。但随着可变要素投入不断增加，不变要素投入相对不足，从而对产量增加形成制约。在这种情况下，可变要素的边际产量就会出现递减。因此，边际报酬递减规律要在可变要素投入增加到一定程度之后才会发挥作用。

基于边际报酬递减假定，在技术水平和其他要素投入都保持不变的条件下，随着一种可变要素投入的增加，边际产量会出现先增后减的变动趋势，这就迫使企业不得不对可变要素投入的范围做出选择。

三、总产量、平均产量和边际产量之间的关系

边际报酬递减规律不仅决定了边际产量随着可变要素投入量变动的趋势，而且也决定了总产量和平均产量的变动趋势，并使它们三者之间的关系更加明晰。

参照表3-1中的数据，可以描绘出总产量、平均产量和边际产量随着可变要素投入变动而变动的曲线，如图3-1所示。图中，横轴表示可变要素劳动的投入数量 L，纵轴表示产量 Q，相应的总产量、平均产量和边际产量分别由 TP_L 曲线、AP_L 曲线和 MP_L 曲线表示。

考察这三条曲线不难发现下述一系列特征：

1. 边际产量曲线呈现先增加后递减的趋势

在边际报酬递减规律的作用下，劳动的边际产量曲线呈现先增加后递减的趋势。在图 3-1 中，在劳动投入量未达到 L_0 之前，随着劳动投入量的增加，劳动的边际产量增加；当投入量超过 L_0 之后，劳动的边际产量呈递减趋势。在递减过程中，劳动的边际产量通常仍大于 0；但当劳动投入增加到 L_2 时，边际产量为 0；当劳动投入量继续增加，超过了 L_2 之后，劳动的边际产量为负值，这表明增加 1 单位劳动投入不仅不能使得产出增加，反而还会使得总产量减少。

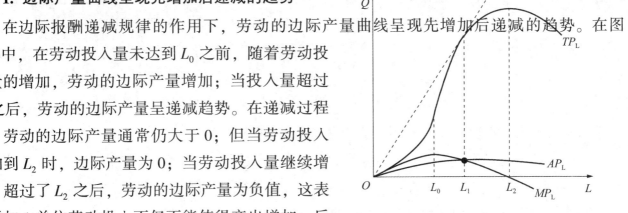

图 3-1　总产量、平均产量和边际产量曲线

2. 总产量曲线也会呈现先增加后递减的趋势

相应于边际产量先增加后递减以及边际产量由正值转为负值，总产量曲线也会呈现出先增加后递减的趋势。这是因为，在边际产量大于 0 时，增加 1 单位劳动就会带来产出增加，所以总产量会随着劳动投入增加而递增；相反，若边际产量小于 0，增加 1 单位劳动投入将使得总产量减少。因此，当劳动投入从 0 逐渐增加到 L_2 时，边际产量大于 0，总产量曲线向右上方倾斜；在劳动投入量超过 L_2 之后，边际产量小于 0，总产量曲线向右下方倾斜；而当劳动投入恰好为 L_2 时，边际产量为 0，总产量曲线达到最高点。

边际产量也反映了总产量变动的速度。在边际产量为正值并且递增的阶段，随着劳动投入量的增加，总产量增加的速度会越来越快；当边际产量递减时，总产量增加的速度越来越慢。在图 3-1 中，随着劳动投入量由 0 逐渐增加到 L_0，总产量曲线越来越陡峭，之后，总产量曲线越来越平缓，直到劳动投入量为 L_2 时总产量曲线达到最高点。

3. 平均产量曲线呈现先增加后递减的趋势

对应于上述总产量曲线，劳动的平均产量曲线是先增加后递减的。从几何图形上很容易看到这一点。对应于特定的劳动投入量，平均产量等于相应的总产量除以劳动投入量，所以它恰好是从原点出发到总产量曲线上相应点的一条射线的斜率值。很显然，由于总产量曲线开始时递增速度越来越大，所以这条射线的倾斜程度最初也会越来越大。当该射线恰好与总产量曲线相切时，平均产量达到最大，此时对应的劳动投入量为 L_1。这之后，平均产量逐渐递减。所以，平均产量曲线具有先增加后递减的特征。不过，只要总产量大于 0，平均产量也一定大于 0，所以平均产量曲线总是在横轴的上方。

4. 边际产量曲线与平均产量曲线相交于平均产量曲线的最大值点

边际产量曲线与平均产量曲线相交，并且交于平均产量曲线的最大值点。由于边际产量最初大于平均产量，但随着劳动投入的增加，边际产量先增加后递减直至为负值，而只要总产量大于0，平均产量总为正值，所以边际产量曲线与平均产量曲线相交。同时注意到，当边际产量大于平均产量时，增加1单位劳动所增加的产量超过平均水平，因而增加该单位劳动将使得平均产量增加；相反，如果边际产量小于平均产量，增加1单位劳动将使得平均产量趋于减少。这就是说，在平均产量递增阶段，边际产量一定大于平均产量，而在平均产量递减阶段，边际产量一定小于平均产量。因此，平均产量曲线与边际产量曲线一定相交于平均产量曲线的最大值点，如图3-1中劳动投入量 L_1 对应的平均产量点。

简单地讲，总产量、平均产量和边际产量之间的关系可归纳出如下特点：

（1）在资本要素投入不变的情况下，随着劳动要素投入的增加，最初总产量、平均产量和边际产量都是递增的，但各自增加到一定程度之后就分别递减。所以，总产量曲线 TP_L、平均产量曲线 AP_L 和边际产量曲线 MP_L 都是先上升后下降的倒"U"形曲线。

（2）当边际产量为零时，总产量达到最大。

（3）边际产量曲线与平均产量曲线相交于平均产量曲线的最高点。在相交前，边际产量大于平均产量，平均产量是递增的；在相交后，边际产量小于平均产量，平均产量是递减的。

四、生产的三个阶段和一种生产要素的合理投入区间

根据总产量、平均产量、边际产量曲线及其相互关系，可以确定劳动这一可变要素投入量的合理区域。首先将劳动投入的范围区分为三个连续的不同阶段，如图3-2所示：劳动投入量由0到 L_1 为第Ⅰ阶段，由 L_1 到 L_2 为第Ⅱ阶段，超过 L_2 之后为第Ⅲ阶段。其中，劳动投入量 L_1 对应着边际产量与平均产量曲线的交点，即平均产量的最大值点；L_2 对应着边际产量等于0的点，即总产量最大值点。

假定企业可以选择任意的劳动投入量，那么它会选择多少劳动作为投入呢？

第Ⅰ阶段是平均产量递增阶段（区间为图3-2中的 $O \sim L_1$ 阶段）。在这一阶段，劳动的边际产量大于平均产量。这意味着，新增加1单位劳动所获得的产量比现有劳动的平均水平都要高，因此劳动的平均产量始终是增加的。当劳动投入从0增加到 L_1 时，平均产量从0到最大。劳动的边际产量大于平均产量，劳动的总产量也是增加的。这说明：在这一阶段，可变要素劳动的投入量相对过少。生产者只要增加可变要素劳动的投入量，就可以增加总产量。因此，任何理性的生产者都不会在这一阶段停止生产，而是连续增加可变要素劳动的投入量，以增加总产量。从某种意义上说，该阶段是生产要素的不合理投入区。

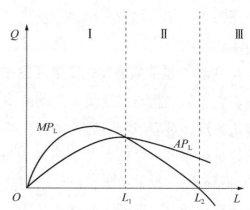

图3-2 生产的三个阶段和一种可变要素的合理投入区间

第Ⅱ阶段是平均产量递减阶段(区间为图3-2中的L_1~L_2阶段)。在这一阶段，劳动的平均产量开始减少，劳动的边际产量小于劳动的平均产量，劳动的总产量继续增加，达到最大值(此时，边际产量为0)。这说明：在这一阶段，增加劳动投入量仍然可以使边际产量大于零，从而使总产量增加。

第Ⅲ阶段是总产量递减阶段(区间为图3-2中的L_2以后阶段)。在这一阶段，劳动的边际产量为负，劳动的总产量开始递减。这说明：在这一阶段，劳动的投入量相对过多。这时，即使劳动要素是免费的，理性的生产者也会减少劳动的投入量，从而防止总产量减少。

从以上分析可以看出，对于生产者而言，为了达到技术上的效率，应该把劳动投入量保持到第Ⅱ阶段为宜，即使得平均产量为最大的L_1与使得边际产量为0的L_2之间的范围内。在这一阶段上，劳动的投入使得平均产量大于边际产量，但又使得边际产量大于0。这一区域被称为可变生产要素的合理投入区，在这个区间内，不变要素投入和可变要素投入两者结合的效率最好。

需要指出，生产要素的合理投入区只给出了可变要素投入的合理范围，却并不能说明该要素的最优投入量。因此无法回答劳动投入量应该在第Ⅱ阶段哪一点的问题，这要看生产要素的价格。如果相对于资本的价格而言，劳动的价格较高，则劳动投入量靠近L_1对生产者比较有利；如果相对于资本的价格而言，劳动的价格较低，则劳动投入量靠近L_2对生产者较为有利。总之无论如何，生产者都不能将生产维持在第Ⅰ阶段或者是推进至第Ⅲ阶段。

典型例题

1.(单选)使用50单位的劳动，一个厂商可以生产出1 800单位的产量，使用60单位的劳动，一个厂商可以生产出2 100单位的产量，那么此时劳动的边际产量是(　　)。

A. 3　　　　　　B. 30　　　　　　C. 35　　　　　　D. 36

【答案】　B

【解析】　边际产量为产量增加量和劳动投入增加量之比，即 $MP_L = \dfrac{2\,100 - 1\,800}{60 - 50} = 30$。

2.(单选)生产的第Ⅲ阶段不是最优生产区间，原因是(　　)。

A. 固定资本没有得到充分利用　　　　B. 边际产量大于0

C. 边际产量小于0　　　　　　　　　　D. 劳动要素不是免费的

【答案】　C

【解析】　在生产的第Ⅲ阶段，边际产量小于0。这说明，相对于固定资本量而言，此阶段的劳动投入量过多；换言之，减少劳动投入量是有利的。因此，在第Ⅲ阶段，即使劳动要素是免费供给的，理性的生产者也不会增加劳动投入量，而是通过减少劳动投入量将生产收缩退回到第Ⅱ阶段，由此扭转极其不利的生产局面。

第四节 短期成本分析

学习目标

★知识目标

1. 理解经济学中的成本；
2. 掌握显性成本和隐性成本的概念；
3. 掌握短期成本的概念与分类；
4. 理解总成本、平均成本及边际成本的关系。

★能力目标

1. 能够区别经济成本与会计成本、经济利润与会计利润；
2. 能够根据公式计算平均成本、平均不变成本、平均可变成本和边际成本；
3. 能根据短期成本曲线描述总成本、平均成本及边际成本的关系。

★素养目标

通过对企业的短期成本分析，培养学生的经济学素养、逻辑思维素养以及应用能力素养。

引导案例

李明、张伟和王丽3人所成立的"绿野鲜踪农业科技有限责任公司"已经正式投入生产。随着业务的逐渐增长，负责财务方面的张伟开始考虑如何更有效地管理成本，以确保公司的盈利能力。在公司运营过程中，张伟发现除了明显的原材料（种子和化肥等）采购和租金支出外，还有一些不那么直观的成本，比如他个人的时间和精力投入（作为创业者，他放弃了其他工作机会）、广告宣传费用（虽然是一次性投入，但分摊到每年仍有成本），以及因选址不当可能导致的收成不利（潜在损失）。同时，为了应对即将到来的农业收成旺季，公司计划增加人手和增购机械设备，同时考虑是否额外租赁临时仓库用于农产品的储存，他不得不分析这些决策对公司短期成本的影响。那么，作为公司的财务负责人，张伟应该如何通过控制各类成本来提高盈利能力呢？

知识学习

企业生产需要一定的要素投入，而投入又需要花费成本，所以企业生产一定数量的产品对应着一定的成本。对于任何生产者来说，从事生产经营活动的目的，都是追求利润最大化。因此，企业不仅需要用生产函数工具来分析处理生产要素投入与产量之间的技术关系，还要运用成本函数工具来分析调整生产要素投入成本与产量之间的函数关系。本节主要介绍几种基本的成本概念，用以描述短期生产中总成本、平均成本、边际成本的关系、曲线和变化规律。只有真正理解成本以及与成本有关的概念，才能更好地探讨生产者行为。

一、经济学中的成本

企业的成本又称生产成本，是指在一定时期内，企业生产一定数量产品所使用的要素费用。经济学家分析成本的目的在于考察企业的决策，进而分析资源配置的结果及效率，所以经济学中对成本的使用重在衡量稀缺资源配置于不同用途上的代价。从不同的角度出发，可以将成本分成不同的类型。

(一) 机会成本与沉没成本

1. 机会成本

机会成本(Opportunity Cost)是指在资源稀缺的情况下，人们选择利用某些资源用于一种特定用途而不得不放弃其他机会所带来的成本，通常由这项资源在其他用途中所能得到的最高收入加以衡量。产生机会成本的原因是：经济学研究中的一个重要假设就是资源稀缺性，生产要素是稀缺的而用途却具竞争性(或称用途的多样性)。机会成本的存在，提醒要素的所有者要尽可能有效地使用有限的经济资源。

生活中关于机会成本的例子很多，也在不断影响着人们的经营决策。例如，小强有一笔20万元的资金，他可以选择将这笔钱进行以下投资：①开商店，预估1年可赚取利润2万元；②存入银行获取利息收入，预估1年可获得定期利息收入6 000元；③购买国债，预计1年可获得收益1万元。经过比较，小强选择了将这20万元钱用于购买国债，最终获利1万元。从经济学角度来看，小强购买国债这一投资行为的机会成本为2万元。因为小强如果将这20万元用于其他投资，能获得的最高收入是开商店可获得的利润2万元，那么这2万元即为小强投资国债的机会成本。

2. 沉没成本

在经济学中，成本还可以区分为可回收成本与沉没成本两种类型。在已经发生的成本中，有些可以通过出售或出租方式在很大程度上加以回收，属于可回收成本；有些则不可能回收，属于沉没成本(又称沉淀成本)。沉没成本(Sunk Cost)是指已经支出且无法收回的成本。在经济生活中，沉没成本的例子也很多，比如，企业购置的无法转让给他人的专用设备因转产而闲置，银行的呆账、坏账等。这类成本一旦支出，便无法回收。或者说，即便企业退出生产也无法使沉没成本消失。所以，沉没成本不应该影响企业未来的生产决策。

> **小知识**
>
> **用经济学思维来做决策**
>
> 经济学家在决策时对于成本的考虑可能与普通人的日常思维方式有一点不同：他们重视普通人可能会忽略的机会成本，而忽略普通人可能不愿忽略的沉没成本。用经济学思维来指导决策，应该向前看——对机会成本要"斤斤计较"；还应该既往不咎——对沉没成本则要"随它去"，不让沉没成本影响关于未来的生产或销售决策，避免一错再错。

(二) 显性成本与隐性成本

企业生产过程中花费的成本有时表现为明显的支出，有时则由隐含的支出来确定。因此，从生产费用角度，企业生产成本可以分为显性成本和隐性成本两种。

1. 显性成本

显性成本是指企业为生产一定数量的产品购买生产要素所花费的实际支出，一般指的是会计账目上作为成本项目计入账上的各种支出费用。它包括厂商支付给雇员的薪金、购买设备、购买原材料和辅助材料支付的费用，还包括借入资本的利息等，它也被称作会计成本。

2. 隐性成本

隐性成本是指企业使用自己拥有但并非从市场上购买的生产要素的机会成本。例如，假定企业使用自己拥有的办公大楼，那么在会计人员看来，如果大楼没有损耗，当期就没有实际支出，因而没有成本。但是在经济学家看来，如果将大楼出租，将会带来租金，企业自己使用无疑损失了将大楼出租获取租金的机会。如果在分析期内这栋办公大楼最多可以获得100万元的租金收入，那么这100万元就是企业自己使用办公大楼的机会成本，即企业的隐性成本。

(三) 会计成本与经济成本

1. 会计成本

会计成本是会计学意义上的成本，它是指企业在经营过程中所发生的各项开支，这些开支也是支出货币的记录，并在会计账目上都能显示出来，因而会计成本也可以叫作历史成本。通常所说的成本一般是指会计成本。

会计成本用于经济决策，有以下不足：

(1) 会计成本往往只能说明过去，不能说明将来。

(2) 会计成本往往含有一些人为因素。比如固定资产折旧方法，在特定某一时间段资产转移到成本的金额就不同。

(3) 会计成本不能准确反映厂商的生产代价。比如将钱用于购买材料，就要放弃将这笔钱存进银行获得的利息收入。

2. 经济成本

经济成本是指厂商生产产品或提供劳务时对使用的生产要素所做的支付。它包括显性成本和隐性成本，也称为总机会成本。

经济学中使用的成本概念与通常的会计成本有着明显的不同。如无特别说明，经济学中使用按"机会"衡量的成本，并称之为经济成本，以示与会计成本的区别。因此，企业的生产成本可表示为：

$$经济成本 = 显性成本 + 隐性成本$$

由于经济学家眼中的成本概念与会计成本有所不同，所以在企业销售一定数量的产品获得的收入相同的条件下，按经济成本和会计成本计算，所得到的企业利润就会存在差异。与经济成本和会计成本的区别相一致，企业的利润也区分为经济利润和会计利润。

经济利润是指企业销售产品获得的收益与经济成本之间的差额，即：

$$经济利润 = 收益 - 经济成本$$

会计利润则是指企业销售产品获得的收益与会计成本之间的差额，即：

$$会计利润 = 收益 - 会计成本$$

二者的主要差异在于对成本的内涵理解不同，其中经济成本包含隐性成本支出，而会计成本只记录实际支出。所以，会计利润通常会超过经济利润。特别是由于企业从事经营活动获得的正常利润构成了经济成本的一部分，所以，经济利润也必然是在正常利润水平之上的那一部分利润，因而经济利润更像人们日常理解的超额利润。此时会计利润与经济利润之间的关系可用下列等式表达：

$$会计利润 = 经济利润 + 正常利润$$

那么，企业的生产成本到底是如何决定的呢？一般而论，企业的生产成本主要取决于三个方面的因素：生产技术、生产要素价格和企业对生产要素数量的选择。不难理解，企业所使用的技术水平越高，生产既定的产量所需的成本就越低；企业使用生产要素的价格越高，生产成本就越高；企业对生产要素的选择越合理，生产成本就越低。但是，在生产技术和要素价格既定的条件下，企业对生产要素数量的选择受到时间的制约，从而使得短期成本和长期成本会有所不同。

二、短期成本

短期内，对应于产量的变动，企业使用的生产要素被区分为可变投入和不变投入，企业只能对可变要素的投入数量进行调整。相应于生产要素的不变与可变的区分，企业的生产成本也有不变成本和可变成本的区分，进而可以相应于产量定义平均成本和边际成本，这些重要的短期成本概念包括在下面的三组定义之中。

(一)总成本

总成本,是指企业为生产既定产量所需要的生产要素投入的费用。因为短期中生产要素区分为可变要素和不变要素,因此,短期成本也相应区分为短期固定成本和短期可变成本,这两部分的和构成了企业的短期总成本。

不变成本又称固定成本,是指企业在短期内必须支付的不能调整的生产要素费用。短期内,不变成本对应着不变投入的费用,是不能调整的,是固定的,它不随产量变动而变动。例如,厂房的租金、设备的折旧和保险费等。因此,短期不变成本是一个常数。

可变成本是指企业在短期内必须支付的能够调整的生产要素费用。短期内,可变成本对应着可变投入的费用,它随着企业产量变动而变动,是可以调整的,是可变的。例如,生产所需的原材料,燃料的支出以及生产工人的工资等。

用 TC、FC 和 VC 分别表示总成本、不变成本和可变成本,则有:

$$TC = FC + VC \tag{3-9}$$

(二)平均成本

依照某一产量下的总成本、不变成本和可变成本,可以定义相应的平均成本、平均不变成本和平均可变成本的概念。

平均成本是指每单位产量所花费的总成本,用公式表示为:

$$AC = \frac{TC}{Q} \tag{3-10}$$

平均不变成本是指每单位产量分摊到的不变成本,用公式表示为:

$$AFC = \frac{FC}{Q} \tag{3-11}$$

平均可变成本是指每单位产量所花费的可变成本,用公式表示为:

$$AVC = \frac{VC}{Q} \tag{3-12}$$

平均成本、平均不变成本以及平均可变成本三者之间的关系:

$$AC = AFC + AVC \tag{3-13}$$

(三)边际成本

上述成本相应于产出的改变量可以定义边际成本。边际成本是指增加1单位产量所增加的成本。由于不变成本不随产量变动而变动,随着产量的增加,不变成本的改变量等于0,所以总成本的改变量完全来源于可变成本。因此,边际成本用公式可以定义为:

$$MC = \frac{\Delta TC}{\Delta Q} = \frac{\Delta VC}{\Delta Q} \tag{3-14}$$

式(3-14)中,ΔQ 表示企业的产量改变量,ΔTC 和 ΔVC 分别表示因产量改变而导致的总成本改变量和可变成本改变量,它们二者相等。表3-2为总成本、平均成本及边际成本的关系。

表 3-2　总成本、平均成本及边际成本的关系

名称	定义	英文简称及公式
不变成本	不随产量变动而变动的成本	FC
可变成本	随产量变动而变动的成本	VC
总成本	企业在生产中使用的所有要素的市场价值	$TC = FC + VC$
平均不变成本	不变成本除以产量	$AFC = \dfrac{FC}{Q}$
平均可变成本	可变成本除以产量	$AVC = \dfrac{VC}{Q}$
平均成本	总成本除以产量	$AC = \dfrac{TC}{Q} = AFC + AVC$
边际成本	每多增加一单位产量所带来的总成本的增量	$MC = \dfrac{\Delta TC}{\Delta Q} = \dfrac{\Delta VC}{\Delta Q}$

三、短期成本曲线

为了分析各类短期成本的变动规律及其关系,先列出表3-3。

表 3-3　各类短期成本

产量 Q (1)	固定成本 FC(2)	可变成本 VC(3)	总成本 TC(4)= (2)+(3)	边际成本 MC(5)	平均不变成本 AFC(6)= (2)/(1)	平均可变成本 AVC(7)= (3)/(1)	平均成本 AC(8)= (6)+(7)
0	120	0	120			0	
1	120	34	154	34	120	34	154
2	120	63	183	29	60	31.5	91.5
3	120	90	210	27	40	30	70
4	120	116	236	26	30	29	59
5	120	145	265	29	24	29	53
6	120	180	300	35	20	30	50
7	120	230	350	50	17.14	32.86	50
8	120	304	424	74	15	38	53
9	120	420	540	116	13.33	46.67	60

企业的生产成本以产量为前提条件，所以这些成本也会随着产量的变动表现出一定的规律性特征。为了便于分析短期成本的变动特征，继续假定企业使用劳动 L 和资本 K 两种生产要素，并且在短期内劳动是可变投入，而资本的投入量保持不变，取 $K=\bar{K}$。同时假定劳动和资本投入的价格 W 和 r 保持不变。

（一）不变成本、可变成本和总成本曲线

短期内，企业的不变成本、可变成本和总成本曲线，如图3-3所示。因为不变成本不随产量的改变而变动，即使产量为零时，仍存在固定成本，所以不变成本曲线 FC 是一条平行于产量轴的直线。企业的可变成本会随着产量的增加而递增，所以可变成本曲线 VC 是从原点出发的一条向右上方倾斜的曲线。这是因为，随着产量的增加，所需要的劳动投入数量相应地增加，从而在劳动价格既定的条件下，企业的可变成本也会增加。至于总成本，它等于不变成本与可变成本之和。由于不变成本为常数，且大于零，所以总成本曲线必然也大于零，同时它与可变成本曲线 VC 的变动规律相同。因而总成本曲线 TC 也是一条向右上方倾斜的曲线，只是出发点不同而已，两者之间的距离就是固定成本。

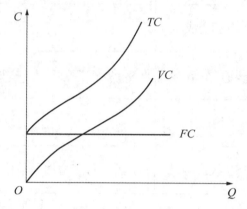

图 3-3　不变成本、可变成本和总成本曲线

需要说明的是，总成本曲线和可变成本曲线虽然都向右上方倾斜，但它们并不是一条直线，其变动率取决于边际成本的大小。其中，可变成本曲线从原点出发，表示没有产量时就没有可变成本。总成本曲线从固定成本的起始点出发，表示产量为零时，总成本等于固定成本。可变成本曲线和总成本曲线变动规律相同，都在最初比较陡峭，然后较为平坦，最后又比较陡峭。

（二）平均不变成本、平均可变成本和平均成本曲线

短期内，企业的平均不变成本、平均可变成本和平均成本曲线，如图3-4所示。在这三条曲线中，随着产量的逐渐增加，平均不变成本曲线 AFC 递减，平均可变成本曲线 AVC 以及平均成本曲线 AC 则都呈现出先递减后增加的 U 形。

容易理解，因为不变成本是一个常数，随着产量的增加，平均每单位产量分摊到的不变成本逐渐降低，所以平均不变成本曲线是一条向右下方倾斜的曲线，并且随着产量无限增大，其数值也逐渐趋于 0。

平均可变成本曲线 AVC 之所以呈现 U 形，主要源于生产要素的边际报酬递减规律。为了说明这一点，考察只有劳动可变的生产过程。在这一例子中，$VC = W \cdot L$，于是根据定义，平均可变成本为：

$$AVC = \frac{VC}{Q} = \frac{W \cdot L}{Q} = \frac{W}{Q/L} = \frac{W}{AP_L} \qquad (3-15)$$

由式(3-15)知道，在要素价格 W 不变的条件下，平均可变成本与可变要素劳动的平均产量呈反方向变动关系。回忆图 3-1 的说明过程可以知道，在边际报酬递减规律的作用下，随着劳动投入量的增加，平均产量先增加后递减，呈现倒 U 形，所以平均可变成本曲线必然呈现出先减少后增加的 U 形。

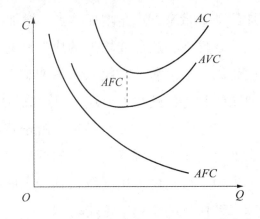

图 3-4　平均不变成本、平均可变成本和平均成本曲线

上述结果表明，随着劳动投入量的增加，如果平均每单位劳动所生产的产量是递增的，那么反过来说，每单位产量所需要的劳动就是递减的，在劳动的工资率既定的条件下，企业花费在劳动上的可变成本也会相应地减少；如果平均每单位劳动所生产的产量是递减的，那么情况正好相反。因此，在边际报酬递减规律的作用下，平均可变成本曲线呈现 U 形。

平均成本曲线 AC 的形状可以由平均不变成本曲线 AFC 和平均可变成本曲线 AVC 得到说明。事实上，由于平均成本等于平均不变成本与平均可变成本之和，所以它的形状完全由后两者所决定。随着产量增加，由于平均不变成本递减，而平均可变成本先递减后递增，因而，在平均可变成本曲线递减阶段，平均成本曲线一定递减。同时注意到，尽管在产量超过平均可变成本最低点之后平均成本仍会下降，但由于平均成本高于平均可变成本，并且平均不变成本会逐渐趋向于 0，所以平均成本必然在平均可变成本曲线的上方，并最终呈现出与后者相近的形状。因此，平均成本曲线也会像平均可变成本曲线一样，呈现先递减后递增的 U 形。

(三)边际成本曲线

短期内，企业的边际成本曲线如图 3-5 所示。可见，边际成本曲线 MC 也呈现先递减后递增的 U 形。

边际成本曲线的形状也可以通过只有劳动可变的例子得到说明。根据定义：

$$MC = \frac{\Delta VC}{\Delta Q} = \frac{W \cdot \Delta L}{\Delta Q} = \frac{W}{\Delta Q/\Delta L} = \frac{W}{MP_L} \qquad (3-16)$$

由式(3-16)可以看出，在劳动的工资率 W 保持不变的条件下，企业的边际成本与劳动的边际产量成反比。但在边际报酬递减规律的作用下，劳动的边际产量先递增后递减。因而这也就决定了短期边际成本必然随着产量增加先递减后递增。

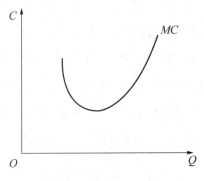

图 3-5　企业的边际成本曲线

式(3-16)表明，企业的边际成本与可变要素的边际产量呈反方向变动。事实上，一方面，

增加劳动所带来的产量增加越多，增加1单位的产量所需要增加的劳动投入量越小。在工资率既定的条件下，所需要增加的成本就越低。另一方面，随着产量的增加，所需要的劳动投入量就越大。但随着劳动投入量的增加，在边际报酬递减规律的作用下，边际产量呈现先递增后递减的趋势，这也就决定了边际成本曲线呈现出先递减后递增的 U 形特征。

已知边际成本的 U 形特征，就很容易理解图 3-3 中总成本曲线和可变成本曲线的形状了。事实上，由于边际成本是它们的变动率，所以，无论是总成本曲线还是可变成本曲线，在上升过程中，最初增加速度越来越慢，曲线越来越平缓，但之后随着产出数量增加，其增加速度越来越快，曲线越来越陡峭。

四、短期成本曲线之间的关系

我们已经学习了短期内企业的三条成本曲线（不变成本、可变成本和总成本曲线）、三条平均成本曲线（平均不变成本、平均可变成本和平均成本曲线）以及边际成本曲线随着产量变动而变动的基本特征，但它们并不是孤立存在的，而是相互联系的。这些成本在不同的生产阶段上表现出来的变动特征，主要由边际成本所决定。

（一）总成本和可变成本曲线与边际成本曲线之间的关系

首先，边际成本是总成本和可变成本的改变率，所以它反映了它们的变动速度。根据定义，边际成本是增加1单位产量所增加的总成本，因而边际成本越小，总成本增加的速度就越慢。反之，边际成本越大，总成本增加的速度就越快。因此，在边际成本递减的阶段，总成本增加的速度递减，即总成本曲线越来越平缓；而在边际成本递增阶段，总成本增加的速度越来越快，即总成本曲线越来越陡峭。

由于边际成本也是可变成本的变动率，所以上述分析同样适合分析边际成本与可变成本曲线之间的关系。

图 3-6 反映了短期内总成本和可变成本曲线与边际成本曲线之间的关系。根据图 3-6(b)中的边际成本曲线，起初在边际报酬递减规律的作用下，随着企业的产量逐渐增加，企业的边际成本递减；当产量达到 Q_0 时，边际成本最低；之后，边际成本递增。对应于满足这一特征的边际成本曲线，在产量由 0 逐渐增加到 Q_0 时，企业的总成本和可变成本虽然增加，但增加速度越来越慢，两条曲线也就越来越平缓；当产量超过 Q_0 之后，总成本和可变成本曲线增加速度越来越快，两条曲线也就越来越陡峭，如图 3-6(a)所示。

（二）平均成本曲线和平均可变成本曲线与边际成本曲线之间的关系

图 3-7 反映了短期内平均成本曲线和平均可变成本曲线与边际成本曲线之间的关系，表现为：边际成本曲线与平均成本曲线和平均可变成本曲线相交，并且分别交于它们的最低点。

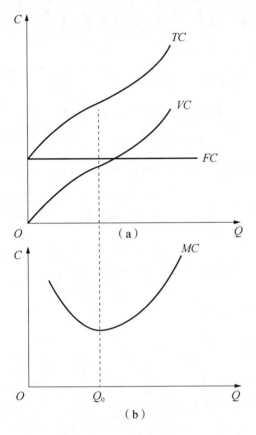

图 3-6 边际成本与总成本和可变成本曲线之间的关系

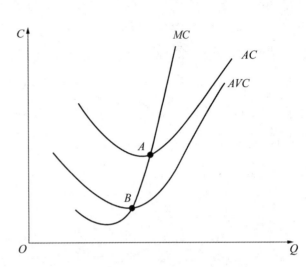

图 3-7 边际成本曲线与平均成本和平均可变成本曲线之间的关系

短期内,边际成本曲线 MC 与平均成本曲线 AC 相交于 A 点,且 A 点是平均成本曲线 AC 的最低点。在 A 点,边际成本等于平均成本,即 $MC=AC$;在 A 点的左侧,由于在平均成本曲线下降阶段,新增加 1 单位产量所增加的成本低于原有的平均成本,所以边际成本曲线在平均成本曲线的下方,表明边际成本小于平均成本,即 $MC<AC$;在 A 点的右侧,处于平均成本曲线递增的阶段,此时边际成本曲线在平均成本曲线的上方,表明边际成本大于平均成本,即 $MC>AC$。

此外,短期内边际成本曲线 MC 与平均可变成本曲线 AVC 相交于 B 点,且 B 点是平均可变成本曲线 AVC 的最低点。在 B 点,边际成本等于平均可变成本,即 $MC=AVC$;在 B 点的左侧,平均可变成本曲线下降,边际成本曲线位于平均可变成本曲线之下,表明边际成本小于平均可变成本,即 $MC<AVC$;在 B 点的右侧,平均可变成本曲线上升,边际成本曲线位于平均可变成本曲线之上,表明边际成本大于平均可变成本,即 $MC>AVC$。

在 A 点,边际成本等于平均成本。如果此时单位商品的价格等于平均成本,就也等于边际成本,即 $MC=AC=P$,那么企业的总成本就恰好全部能够得到补偿。所以,微观经济学把 A 点称为收支相抵点。在 B 点,边际成本等于平均可变成本。如果此时单位商品的价格等于平均可变成本,即 $MC=AVC=P$,那么企业的可变成本可以得到补偿,但固定成本是得不到补偿的。进一步探究,如果企业在低于 B 点进行生产,则不仅固定成本不能得到补偿,连可变成本也不能全部得到补偿,这时企业的理性决策就应该是停止生产。所以,B点也被称为停止营业点。

(三)短期成本曲线与短期产量曲线之间的关系

理清边际成本和平均可变成本分别与边际产量和平均产量之间的关系将有助于理解上述短期成本之间的关系。回想式(3-15)和式(3-16)的证明,边际成本 MC 与边际产量 MP 呈反方向变动的关系,平均可变成本 AVC 与平均产量 AP 之间呈反方向变动关系,并且在平均产量最大值点上,即边际产量与平均产量相交时,平均可变成本也一定处于最低点,此时,边际成本与平均可变成本曲线相交,如图3-8所示。在图3-8(a)中,当劳动投入为 L_1 时,平均产量达到最大,相应产量记为 Q_1。于是,在图3-8(b)中,对应于产量 Q_1,平均可变成本最小,此时边际成本与平均可变成本曲线相交。也就是说,从图形形状来看,图(b)恰好是图(a)的一个整体反转180°。

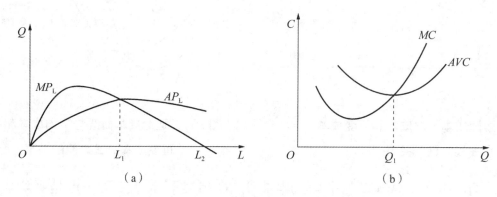

图3-8 成本曲线与产量曲线之间的关系

总之,短期成本来源于短期生产,而边际报酬递减规律决定了短期产量曲线的基本特征,所以也就间接决定了企业短期成本曲线变动的特征以及这些成本之间的相互关系。

◇小知识

短期成本对企业短期经营决策的意义

在现实生活中,我们经常看到一些游乐场所有时期生意清淡、门可罗雀,但仍在苦苦经营,尽管这时游乐场的票价已经相当低,甚至低于成本,但为什么他们还要这样做呢?通过对企业短期成本的分析有助于我们理解这一现象,同时也说明短期成本对企业短期经营决策的意义。

在短期中，游乐场经营的成本包括固定成本与可变成本。假设游客进入游乐场一次的平均成本为200元，其中固定成本为150元，可变成本为50元。当玩一场的价格高于200元时，收益大于平均成本，经营显然可以盈利；当价格为200元时，收益等于成本，这时该价格称为收支相抵点，仍然可以经营；当价格低于200元时，收益低于成本。此时似乎游乐场应该停止营业。但当我们知道短期中的成本有固定成本和可变成本时，决策就不同了。如果游乐场每场的价格现在定为100元，是否该继续经营呢？它的可变成本为50元，当价格为100元时，在弥补可变成本50元之后，仍可剩下50元，当然比一点也不弥补要好。因此，这时仍然要坚持营业。这时企业考虑的不是利润最大化，而是损失最小化——能弥补多少固定成本就弥补多少。

当价格下跌到与可变成本相等的50元时，游乐场经营与不经营都是一样的。经营正好可以弥补可变成本，不经营则这笔可变成本不用支出。因此，那个等于平均成本的点就是停止营业点，在这一点上，经营与不经营是一样的。但在这一点以上，因为价格高于平均可变成本，可以继续经营；在这一点以下，由于价格低于平均可变成本，游乐场无论如何都不能经营。生意清淡的游乐场仍在继续经营，说明这时价格仍高于平均可变成本。这就是它不停止营业的原因。

有许多行业是固定成本高而可变成本低，例如，旅游、饭店、游乐场所等。所以现实中这些行业价格可以降得很低。但这种低价格实际上仍然高于平均可变成本。因此，营业仍然比不营业有利，至少可以弥补部分固定成本，实现损失最小化。

典型例题

1.（单选）经济学中的利润是指（　　）。

A. 收益与显性成本之差　　　　　　B. 收益与隐性成本之差

C. 收益与经济成本之差　　　　　　D. 收益与会计成本之差

【答案】　C

【解析】　经济利润是指企业销售产品获得的收益与经济成本（显性成本和隐性成本之和）之间的差额，简称为企业的利润，经济利润＝收益－经济成本。

2.（单选）MC 曲线达到最低点时（　　）。

A. MP 最大　　　B. AVC 最小　　　C. TC 最大　　　D. AC 最小

【答案】　A

【解析】　在短期生产中，边际产量的递增阶段对应的是边际成本的递减阶段，边际产量的递减阶段对应的是边际成本的递增阶段，与边际产量的最大值相对应的是边际成本的最小值。

本章练习

一、单项选择题

1. 在其他投入保持不变的条件下,由于新增 1 单位的投入而多生产出来的产量或产出称为(　　)。

    A. 总产量　　　　　B. 平均产量　　　　　C. 边际产量　　　　　D. 固定产量

2. 小赵在两个工作机会中犹豫,工作 A 月薪 8 000 元,工作 B 月薪 6 000 元,但工作 B 有更多的晋升机会。如果小赵选择了工作 A,他选择工作 A 的机会成本是(　　)。

    A. 6 000 元　　　　　　　　　　　　　　　B. 工作 B 的晋升机会

    C. 6 000 元加上工作 B 的晋升机会　　　　　D. 2 000 元

3. 企业购买或租用的生产要素所实际支付的货币支出属于(　　)。

    A. 显性成本　　　　　B. 隐性成本　　　　　C. 正常利润　　　　　D. 可变成本

4. 某企业生产机器设备,每生产 1 单位产品所消耗的平均固定成本为 100 元,消耗的平均可变成本为 60 元,一天共生产 200 件产品,那么单位产品消耗的平均总成本为(　　)。

    A. 60　　　　　　　　B. 100　　　　　　　　C. 160　　　　　　　　D. 320

5. 当某企业的产量为 4 个单位时,其总固定成本、总可变成本分别是 1 400 元和 800 元,则该企业的平均总成本是(　　)元。

    A. 150　　　　　　　　B. 200　　　　　　　　C. 350　　　　　　　　D. 550

6. 下列关于成本的计算公式表示错误的是(　　)。

    A. $MC=TC/Q$　　　B. $AVC=TVC/Q$　　　C. $AFC=TFC/Q$　　　D. $ATC=TC/Q$

7. 关于短期总成本曲线的说法,正确的是(　　)。

    A. 总成本曲线从原点开始,随产量的增加而逐步上升

    B. 总成本曲线不随产量的变动而变动

    C. 总成本曲线从纵轴一个截点即产量为零时总成本等于固定成本的那个点开始,随产量的增加而逐步上升

    D. 总成本曲线从纵轴一个截点即产量为零时总成本等于可变成本的那个点开始,随产量的增加而逐步下降

8. 边际成本与平均成本的关系是(　　)。

    A. 边际成本大于平均成本时,边际成本上升

    B. 边际成本小于平均成本时,边际成本下降

    C. 边际成本大于平均成本时,平均成本上升

D. 边际成本小于平均成本时，平均成本上升

9. 当边际产量曲线与平均产量曲线相交时，（　　）。

A. 平均产量达到最小　　　　　　　　B. 平均产量达到最大

C. 平均产量递增　　　　　　　　　　D. 平均产量递减

10. 理性的生产者选择的生产阶段应是（　　）。

A. $MP>AP$ 阶段

B. MP 下降阶段

C. $AP<MP$ 阶段

D. MP 与 AP 相交之点起至 MP 与横轴交点止

二、多项选择题

1. 企业生产过程中所使用的各种生产要素一般被划分为（　　）。

A. 土地　　　　　B. 企业家才能　　　　C. 资本　　　　　D. 劳动

2. 下列关于总产量（TP）、边际产量（MP）、平均产量（AP）的说法，正确的是（　　）。

A. 当 $MP=0$ 时，TP 最大

B. MP 曲线与 AP 曲线相交之前，$MP>AP$，AP 上升

C. MP 曲线与 AP 曲线相交之后，$MP<AP$

D. MP 曲线与 AP 曲线交于 AP 曲线的最高点

3. 企业的主要组织形式包括（　　）。

A. 公司制企业　　　　　　　　　　B. 综合型企业

C. 合伙制企业　　　　　　　　　　D. 个人独资企业

4. 边际报酬递减规律发生作用的前提是（　　）。

A. 存在技术进步　　　　　　　　　B. 生产技术水平不变

C. 具有两种以上可变要素的生产　　D. 只有一种可变要素的生产

5. 在短期内，各种成本的变化规律是（　　）。

A. 平均固定成本随产量的增加而保持不变

B. 平均成本随产量的增加而递减，达到最低点后开始上升

C. 平均可变成本先于平均成本达到最低点

D. 平均可变成本随产量的增加而递减，达到最低点后开始上升

三、判断题（正确的填"√"，错误的填"×"）

1. 随着技术水平的变化，生产函数也会发生变化。（　　）

2. 只要边际产量减少，总产量一定也在减少。（　　）

3. 边际产量曲线一定在平均产量曲线的最高点与它相交。（　　）

4. 根据可变要素的总产量曲线、平均产量曲线和边际产量曲线之间的关系，可将生产划

分为三个阶段，任何理性的生产者都会将生产选择在第Ⅱ阶段。　　　　　　　(　　)

5. 随着产量的增加，短期固定成本先增后减。　　　　　　　　　　　　　　(　　)

6. 当其他生产要素不变时，一种生产要素投入量越多，产量越高。　　　　　(　　)

7. 厂商增加一单位产量时，所增加的总成本是边际成本。　　　　　　　　　(　　)

8. 当边际产量曲线与横轴相交时，总产量最小。　　　　　　　　　　　　　(　　)

9. 经济学家通常假定企业的生产目的是产量最大化。　　　　　　　　　　　(　　)

10. 当单个可变要素的投入量为最佳时，必然有平均产量大于或等于边际产量。(　　)

四、名词解释题

1. 边际报酬递减规律
2. 隐性成本
3. 边际成本
4. 生产函数

五、案例分析题

1. 下面是某企业一种可变生产要素的短期生产函数的产量表：

劳动数量	劳动的总产量	劳动的平均产量	劳动的边际产量
1		2	
2			10
3	24		
4		12	
5	60		
6			6
7	70		
8			0
9	63		

(1) 计算并填写表中空格。
(2) 在坐标图上画出劳动的总产量、平均产量和边际产量曲线。
(3) 该生产函数是否符合边际报酬递减规律？
(4) 划分劳动投入的三个阶段。

2. 下表是某厂商的短期成本表：

产量(Q)	总成本			平均成本			边际成本
	FC	VC	TC	AFC	AVC	AC	MC
0		0	1 200	—	—	—	—
1	1 200	600					
2	1 200		2 000				

（1）计算并填写表中空格。

（2）在坐标图上画出该企业的短期总成本、平均成本和边际成本曲线。

（3）试说明该企业的短期总成本、平均成本和边际成本三者之间的关系。

第四章

市场结构

在前面的章节中，我们讨论了消费者行为和生产者行为理论，主要是从供求两方力量决定均衡价格和均衡产量方面的行为分析，但没有结合具体的市场类型分析对企业产品的定价定产量的影响。现实中，企业的生存和发展都离不开市场。市场是一个有机的整体，随着市场经济的发展越来越复杂，因而市场中垄断与竞争的程度，对企业的行为会产生重要的影响。一方面，企业面临的市场需求曲线在不同的市场结构中有一定的差别；另一方面，企业的供给曲线除了取决于生产函数和成本函数以外，也与其所处的市场结构有关。可见，市场的情况不同，企业的竞争激烈程度就不同，从而采用的定价策略也会不同。为了更清楚地分析现实中的市场情况，我们就必须了解市场结构理论。

思维导图

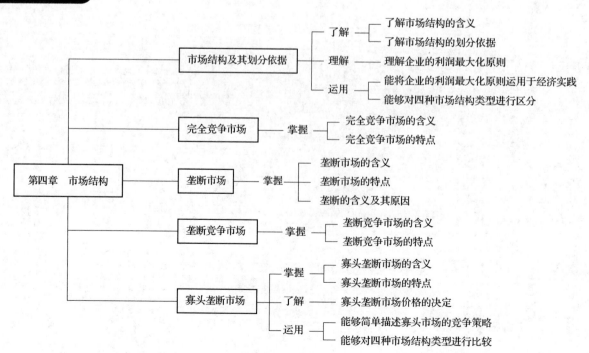

第一节 市场结构及其划分依据

学习目标

★知识目标

1. 了解市场结构的含义；
2. 了解市场结构及划分依据；
3. 理解企业的利润最大化原则。

★能力目标

1. 能够分析现实生活中各种市场结构的特点，并对其进行正确分类；
2. 能基于企业的利润最大化原则分析企业的经营决策。

★素养目标

树立正确的价值观，使学生认识到市场结构理论在促进经济发展、维护市场秩序方面的作用。

引导案例

小强所读的职业学校有新旧两个校区。旧校区内只有一家便利店销售矿泉水，且该店矿泉水售价比同类矿泉水高10%，但该便利店矿泉水的销售量仍然不错，始终维持在一定水平。新校区内则是规划开业了五家便利店，这五家店均有销售同一款某品牌矿泉水。试想一下，如果其中一家便利店提高这款品牌矿泉水的售价，比如将其涨价20%，那么学生们大概率会选择去其他四家便利店购买该款矿泉水。结果很可能是提高矿泉水售价的便利店将逐渐失去人气，销售额将大大落后于其他四家便利店。

又比如，同样的一听可乐，在超市售价2元，在便利店售价2.5元，在自助售卖机售价3元，在餐馆售价8元，在旅游景区内售价10元甚至是15元。根据可乐厂家反馈的销售量统计报表，我们发现同样规格的可乐尽管在不同的市场上售价差异如此巨大，但是销售量都很不错。

正如大家预见到的，这种一定区域内市场结构的差别会影响市场经营商品的定价与生产决策。矿泉水或者可乐，作为一种常见生活用品，特定区域内若是商家数量有限，市场供求关系发生变化，就有可能成为昂贵的商品。此时消费者要么用其他商品替代，要么只能"吃哑巴亏"。而随着特定区域内商家数量增加，作为理性人会合理选择，提高价格的商家最后很可能失去大量客户，损害自身长期利益。

知识学习

一、市场及市场类型

市场是企业生存和发展的基础，也是各个经济单位产生经济关系进行交易的制度框架。

（一）市场的含义

市场（Market）是由一些生产者和消费者为买卖某种商品而结成的相互联系的有机整体。简单说，市场就是把买卖商品的各方联系在一起的纽带。在市场的这一定义中，应注意以下几个关键词。

一是"买卖"。任何一个市场都离不开买者和卖者。没有买者和卖者也就没有市场，而买者和卖者的行为就是市场的需求和供给。不仅买卖双方的存在是市场存在的必要条件，而且买卖双方的数量也是区分各种不同市场类型的最重要的根据之一。数量的多少会影响市场的运行，会导致不同的运行效率。

二是"商品"。所谓商品，既可以是指某种具体的商品，如大米、猪肉等，也可以是指许多不同商品的集合，如劳动、资本和产出等。任何商品都有一个与其对应的市场，有多少种商品，就会有多少个市场。比如农产品的种类多种多样，有小麦、玉米、大豆、棉花、各类蔬菜水果等，那么相应地就有多种多样的农产品市场。当然，在现实生活中，存在的都是一些具体的市场，并没有诸如产出市场这样抽象的市场。因为产出是多种多样的，每一种产出都与其他产出很不相同，使用产出市场一词只是为了强调这些不同商品都有一个共同的特点——都是经济的产出而已。实际上，这些不同的产出并不能构成一个现实的有意义的市场。

三是"联系"。市场是将买者和卖者联系起来的纽带。这种联系包括三个方面：首先是买者之间的联系，所有的买者都应当对这个市场有一定程度的了解，然后有一定程度的参与；其次是卖者之间的联系，所有的卖者也应当对这个市场有一定程度的了解和一定程度的参与；最后是买者和卖者之间的联系，市场把买卖双方"拉"到一起，让它们进行自由的交换，各取所需，实现自己的愿望。因此，市场是这三种联系的总合。作为这种联系的形式或者手段，市场则可以是多种多样的。从原始的集市贸易到现代的证券交易所等所谓的"有组织"市场，从面对面的讨价还价到网络交易，都是市场这条联系纽带的具体表现。

四是进出市场的难易程度。有的市场进出比较容易，有的市场进出则相对困难，如进入会遇到严重的障碍，退出会遭受很大的损失。可以预见，进出市场的难易程度对企业和市场的长期均衡有很大影响。

(二)市场类型与行业

市场是一个有机的整体,随着市场经济的发展越来越复杂,从不同角度考察,市场可以划分为多种类型(见表4-1)。

表4-1 市场的类型

划分标准	市场类型
国家界限	国内市场、国际市场
地理位置	城市市场、农村市场
构成市场的要素	商品市场、资金市场、劳动力市场、技术市场、信息市场
商品用途	生活资料市场、生产资料市场
竞争形态	完全竞争市场、完全垄断市场、垄断竞争市场、寡头垄断市场
商品供货来源	工业品市场、农产品市场
商品形态	物质产品市场、服务产品市场
购买者	消费者市场、生产者市场、中间商市场

与市场概念紧密相连的另一个概念是行业。行业指的是所有生产和提供同一种商品的企业集合体。比如,所有生产自行车的企业形成了自行车行业,所有生产汽车的企业形成了汽车行业,同样所有生产服装产品的企业形成了服装行业。

市场与行业是相对应的,类型是一致的。一般认为,一个行业就是一个市场。

二、市场结构

市场结构(Market Structure)指的是某一个行业中垄断与竞争的程度。企业生产经营的最终目的在于追求利润最大化,所以为了应对不同的市场竞争和市场结构,企业必然采取不同的竞争目标、竞争手段和经营决策。因此,市场结构对企业的经营决策和经济行为必将产生重要的影响。

(一)市场结构的划分依据

划分市场结构最基本的标准在于市场的竞争程度和垄断程度,具体有以下四个方面:

1. 市场上厂商的数量

同一市场内厂商数量的多与少,决定了单个厂商对市场价格的影响程度。市场中厂商数量越多,单个厂商的产量在整个市场中所占的份额就越小,相应地对于市场价格的影响力也就越小。反之,如果单个厂商的产量在整个市场中所占的份额就越大,相应地对于市场价格的影响力也就越大。

2. 产品的差异性

产品差异性是指在同一市场中，各个厂商提供的产品虽然基本功能相同，但还存在着品质、性能、外观、品牌、售后服务等方面的不同，还包括消费者心理偏好方面也存在差异，从而使得不同厂商的产品之间不能完全替代，往往存在着不同程度、不同各方面的差别。

3. 市场参与者之间相互联系的紧密程度

市场参与者包括消费者、生产企业和投资者等各种市场中的经济主体。如果一个市场中消费者、生产企业和投资者等各种经济主体对自身及对方相关方面的信息和技术了解越多，即市场参与者之间相互联系的紧密程度很高，信息对称性越强，则市场的竞争程度就会越高；反之，在一个市场中，消费者、生产企业和投资者等相互了解的信息越少，信息的对称性越弱，市场的竞争程度就越低。

4. 市场进出难易程度

一个市场的进入门槛越低，进入的限制越少，新企业越容易进入，从而市场的竞争程度就越高。反之，一个市场的进入门槛越高，进入的限制越多，新企业的进入就越困难，从而这个市场的垄断程度就越高。

（二）市场结构的类型

根据上述划分依据，西方经济学家们在经济分析中将市场结构划分为完全竞争市场、垄断市场、垄断竞争市场和寡头垄断市场四种类型。其中，垄断、垄断竞争和寡头也被称为不完全竞争市场。由于在不同市场结构的条件下，企业所面临的对产品的需求状况不同，所以在分析企业的利润最大化决策时，必须区分不同的市场结构类型。

1. 完全竞争市场

如果在一个市场上，买卖双方的人数很多，买卖的商品完全相同，市场参与者之间的相互联系非常紧密，以至于每个参加者都具有充分的信息，进出该市场又不存在任何的障碍，那么，这就是一个"完全竞争市场"。在完全竞争市场中各个企业的产品在市场上所占的份额小到了可以忽略不计，因此各企业改变产量的行为对价格的影响也非常小，小到可以忽略不计，这类企业被称为"完全竞争企业"。简言之，如果在一个市场中所有的企业都是完全竞争的，该市场就被称为"完全竞争市场"。

应注意，一般认为完全竞争企业生产的产量在市场上与其毫无区别的产品中所占的份额微不足道。因此完全竞争企业应当具备以下两个特点：一是其产量在整个市场中相对很少；二是其产品与同一市场中其他企业的产品毫无区别。很显然，完全竞争企业和完全竞争市场只是理论上的抽象，在现实生活中并不真正存在。

2. 垄断市场

与完全竞争市场相反，如果在一个市场上，由于存在对进出的限制，只有一个卖主或买主，那就是"垄断市场"。在此考虑卖方垄断的情况：如果某一生产企业的产品在市场上所占的份额大到了"独占"整个市场的程度，这一企业就是所谓的"垄断企业"。在这种情况下，企业改变产量的行为对市场价格的影响也达到了最大。实际上，在垄断市场中，企业的产量就是整个市场的供给量，企业面临的需求函数就是整个市场的需求函数。因此，我们将垄断企业所处的市场称为"垄断市场"。

3. 垄断竞争市场

如果在一个市场上卖主和买主都很多，且对进出的限制很少，同时该市场中不同企业的产品并不完全相同，是具有差异化的，则这个市场就是"垄断竞争市场"。垄断竞争市场既具有"竞争"的特点，即市场中有很多的买主和卖主；又具有一定的"垄断"特点，即各企业的产品具有一定的差异性。在这种情况下，当企业的产量在整个市场中所占的份额非常之小，小到可以忽略不计；但同时该企业的产品与同一市场上其他企业的产品不完全相同，存在所谓的"产品差异"，这类企业被称为"垄断竞争企业"。由于垄断竞争企业生产的是差异化产品，哪怕企业规模相当小，其行为也可能会对价格有一定的影响。简言之，一个由垄断竞争企业组成的市场称为"垄断竞争市场"。

4. 寡头垄断市场

如果一个市场中卖主或者买主虽然不止一个，但数量也不是很多，只有少数几个，同时还存着严重的进出限制，这就构成一个"寡头市场"。在寡头市场中，寡头企业的产出占市场的份额尽管还没有大到像垄断企业那样独占整个市场，但也不像完全竞争企业或垄断竞争企业那样"微不足道"。一般认为，寡头企业在寡头市场上具有"举足轻重"地位，它们产出的市场份额相当大，因而其改变产量的行为对市场的价格具有非常显著的影响。

需要指出的是，在寡头市场中，寡头企业之间的产品既可以是"同质"的，也可以是有"差异"的。"同质"意味着，如同完全竞争企业的产品一样，寡头企业的产品也与同一市场中其他企业的产品之间存在着完全的替代性；"差异"则意味着，如同垄断竞争企业一样，寡头企业也具有一定程度的"垄断"。可见，寡头企业改变产量的行为对市场的价格有着"双重"影响：来自"市场份额"的影响和来自"产品差异"的影响。

◇小知识

寡头企业的难题

根据"市场份额"的标准，完全竞争企业和垄断竞争企业属于一个极端，垄断企业属于另外一个极端。在这两个极端之间存在大量的"中间"情况——企业占据市场的份额既不是小到可以忽略不计，也不是大到独占整个市场，即寡头企业。

> 寡头企业改变产量的行为到底能在多大程度上影响价格，除了取决于它们占据的"市场份额"之外，还取决于许多其他复杂的因素，特别是要取决于这些企业的行为对同一市场中其他企业的影响以及其他企业因此而做出的"反应"：一家寡头企业在改变自己的产量之后，其他寡头企业会不会也跟着进行改变？如果会的话，改变的程度又如何？这就是寡头企业要思考的复杂问题，这些复杂的问题在完全竞争、垄断竞争和垄断中并不存在。因为，在完全竞争和垄断竞争市场中，企业改变产量的影响被假定为小到可以忽略不计，故不会引起其他企业的反应；而在垄断市场，市场中根本就不存在"其他企业"，因此也没有必要考虑其他企业的反应。

表 4-2 归纳总结了上述四种市场类型及其划分依据。

表 4-2 市场类型及其划分依据

市场类型	厂商数量	产品差异	进出难易程度	厂商对价格的控制程度	类似市场举例
完全竞争	很多	完全无差别	很容易	没有	农产品，如粮食市场
垄断	一个	唯一的产品，且无相近的替代品	很困难，几乎不可能	价格制定者	公用事业，如水、电等市场
垄断竞争	很多	差别较大	比较容易	有一定的控制能力	一些轻工产品，如手机市场
寡头	少数几个	差别很小	比较困难	有较大的控制能力	钢铁、石油等市场

三、企业的利润最大化原则

第三章在谈及企业目标时，已经初步讨论了企业的利润最大化目标，即企业向市场提供产品或服务是为了在销售一定数量的产出之后获得尽可能多的利润。由此可得，企业利润等于销售产品的总收益与生产商品的总成本两者之间的差额（即：利润=总收益-总成本）。

下面我们将从企业利润最大化产量决定的视角，来分析企业利润最大化的一般原理。需要特别指出的是，西方经济学中提及的利润最大化，这里的利润指的是经济利润（或超额利润），而不是指作为机会成本一部分的正常利润。为了叙述方便以及避免混淆，我们统一用"利润"这个简短的词语来代表"经济利润"或"超额利润"。

那么，如何才能使企业利润达到最大？或者，需要满足什么样的条件才可以使利润达到最大？最直接的方法是根据利润的定义来进行分析。因为：

$$利润 = 收益 - 成本$$

用符号 π、R、C 分别表示利润、收益和成本，因为它们都是产量 Q 的函数，因此上式用符号可以表示为：

$$\pi(Q) = R(Q) - C(Q) \tag{4-1}$$

根据式(4-1)，所谓的利润最大化，就是要设法找到这样一个产量水平，使得在该产量水平上，收益和成本之间的差额达到最大。这是根据"总"的收益和"总"的成本来确定利润最大化。

相应地，也可以根据"边际"的收益和"边际"的成本来确定利润的最大化。用 π'、MR、MC 分别表示边际利润、边际收益和边际成本，它们同样也是产量 Q 的函数。则由式(4-1)，可推导出：

$$\pi'(Q) = MR(Q) - MC(Q) \tag{4-2}$$

从数学角度可知，当边际利润为零时，利润达到最大。根据式(4-2)，利润最大化条件可以表示为：

$$\pi'(Q) = MR(Q) - MC(Q) = 0$$

从而得到边际收益等于边际成本，表示为：

$$MR(Q) = MC(Q) \tag{4-3}$$

式(4-3)意味着，所谓的利润最大化，就是去求恰好使得边际利润为零或者边际收益等于边际成本的产量水平。这是根据边际收益和边际成本来确定利润最大化的方法。

典型例题

1. (单选)下列选项中，属于决定市场类型划分的主要因素之一的是(　　)。

A. 市场上买卖双方的数目　　　　　　B. 市场上企业规模的大小
C. 市场上产品生产的难易程度　　　　D. 市场的成熟程度

【答案】 A

【解析】 决定市场类型划分的主要因素有以下四个：第一，市场上买卖双方的数目；第二，企业所生产的产品的差别程度；第三，买方之间、卖方之间和买卖双方之间的联系；第四，企业进入或退出一个行业的难易程度。

2. (单选)区分垄断竞争市场和完全竞争市场的主要依据是(　　)。

A. 进入障碍的大小　　　　　　　　　B. 生产者的数目多少
C. 本行业内部的企业多少　　　　　　D. 各企业生产者的产品差别程度

【答案】 D

【解析】 本行业内各企业生产者的产品差别程度，这是区分垄断竞争市场和完全竞争市场的主要区别。

第二节 完全竞争市场

学习目标

★知识目标

1. 掌握完全竞争市场的含义；
2. 掌握完全竞争市场的特点。

★能力目标

1. 能够描述完全竞争市场中整个行业的供求曲线；
2. 能够描述完全竞争市场中单个厂商的需求与收益曲线；
3. 能对完全竞争市场进行简单的经济分析。

★素养目标

通过对完全竞争市场的分析，培养用经济学思维思考和分析现实中的经济问题。

引导案例

一般来说，鸡蛋市场的买者和卖者都是非常多的，且每个商家卖的鸡蛋都是大同小异的，都会认为所有的鸡蛋完全同质。平时1斤鸡蛋的价格就是8元。如果有哪一个卖者1斤鸡蛋卖9元，结果可想而知，他肯定卖不出去，因为市场价格就是8元。如果到了特别节日或者是鸡蛋供给紧张，1斤鸡蛋的市场价格涨到了10元，无论哪一个卖者都不会再以8元或者9元的价格出售。同样道理，如果这个时候有买者仍想以8元或者9元的价格购买，他肯定也买不到鸡蛋。在鸡蛋市场中，买卖双方是完全自由的，彼此间的了解和联系信息也都是完全公开透明的，买卖各方都是自由选择进入或退出该市场。这就是完全竞争市场，鸡蛋的价格是由供求决定的均衡价格，买者与卖者都只能是市场价格的被动接受者。

知识学习

一、完全竞争市场的含义

完全竞争（Perfect Competition）又称纯粹竞争（Pure Competition），是指一种不受任何阻碍和干扰的竞争。完全竞争市场（Perfect Competition Market）是指厂商众多，同时厂商提供的产品几乎同质化，且厂商进入或退出行业比较容易；厂商和购买者都是价格接受者，而不是决定者的市场。完全竞争市场由"看不见的手"进行调节，政府不做任何干预，也没有厂商间的"合作"。

二、完全竞争市场的特点

完全竞争市场具有特点：

(一) 市场上有大量的买者和卖者

由于市场上有无数的买者和卖者，所以，相对于整个市场的总需求量和总供给量而言，每一个买者的需求量和每一个卖者的供给量都是微不足道的，所占的市场份额都是极小的，就好比是一桶水中的一滴水。因此，任何一个买者买与不买，或买多买少，以及任何一个卖者卖与不卖，或卖多卖少，都不会对市场的价格水平产生任何影响。即任意一个买者或卖者单独的市场行为都不会引起市场的产量和价格的变化，他们都只能是市场既定价格的接受者。

(二) 产品是同质的

同一行业中的每一个厂商生产的产品是完全无差别的，提供的是标准化产品。市场上有许多厂商，对生产某一种产品来说，每个厂商生产的产品都是同质的，而且在产品的质量、性能、外形、包装等方面没有明显差别。对于消费者来说，无论购买哪一个厂商的产品都是同质的无差别的产品，各种产品相互之间具有完全的替代性，消费者无法根据产品的差别而形成偏好。

(三) 所有资源具有完全的流动性

这意味着任何一个厂商进入或退出市场完全由自己自由决定，不存在任何障碍。所有资源可以在各厂商之间和各行业之间完全自由地流动，这样，任何一种资源都可以及时地投向能获得最大利润的生产，并及时地从亏损的生产中退出。比如，当行业市场上有盈利时，就会吸引许多新的生产者进入这个市场，从而引起利润的下降直至消失。而当行业市场出现亏损时，又会使许多生产者退出这个市场，从而又会引起行业市场利润的出现和增长。在这样的过程中，缺乏效率的企业将被市场淘汰，取而代之的是具有效率的企业。因此从长期来看，生产企业只能获得正常的利润。

(四) 信息是完全的

市场信息通畅，市场参与者充分了解市场行情。无论是消费者还是生产者，抑或资源拥有者，都可以获得有关现在和将来市场情况的完整而充分的市场供求信息，并可以据此做出正确的决策。对生产者来说，充分的信息包括产品的生产方法、投入要素的价格、产品的价格等；对消费者来说，充分的信息包括消费者偏好、收入、产品的价格等。买卖双方的信息是对称的,市场上完全参照大家都了解的市场价格进行交易活动,不存在相互欺诈。

(五)买卖自由

市场上的买卖活动完全自由、公开,没有人为的限制。任何一个商品的提供者和购买者的买卖行为都是公开、自由的,市场价格随着整个市场的供给与需求的变化而变动。任何一个市场主体都不能通过权力、关税、补贴、配给或其他任何人为的手段来控制市场供需和价格。

在上述特点中,前两个特点是完全竞争市场构成的基本条件。事实上,现实生活中很难存在完全竞争市场,它只是一种理论假设,是一种理想的市场结构。一般来说,在现实生活中,只有农业生产等极少数行业是比较接近完全竞争市场类型的。因为农产品是由众多农户提供的,消费者也很多,农产品基本属于无差别产品,厂商可以自由进入或退出该行业。当然,随着农业科技的不断提升,部分农产品间的差异化程度会不断增加,加上不同人群的消费偏好不同,有些农产品市场的结构也会发生改变。

◇小知识

完全竞争市场的优缺点

西方经济学中认为,完全竞争市场是一个非常具有经济效率的市场。其优点有三:

(1)各厂商的产量都在理想产出下生产。所谓理想产出就是在最适宜的规模下生产的最适宜的产量。对生产者来说,表明在当前技术条件下能以最低的成本获得最大的正常利润;对消费者来说则能用最低的花费购买到所需的产品。

(2)社会的无谓损失达到最小。

(3)资源达到有效配置。

当然,完全竞争市场的缺点也是显而易见的,主要表现在以下两个方面:

(1)对企业进行研究和发展计划没有刺激力,因而不利于技术进步。

(2)不能充分反映价格竞争之外的非价格竞争,比如产品的技术含量、售后服务质量等。

三、完全竞争企业的需求曲线和收益曲线

分析完全竞争企业的需求曲线和收益曲线,必须区分整个行业与单个厂商的情况。

对整个行业来说,需求曲线 D 是一条向右下方倾斜的曲线,供给曲线 S 是一条向右上方倾斜的曲线。整个行业产品的价格就是由供求平衡点 E 所决定的。此时市场的均衡价格为 P_0,如图4-1所示。

对单个厂商来说,由于完全竞争市场上卖者和买者众多,没有任何一方能够操纵市场价

格,每个厂商是既定市场价格的接受者。因此,单个厂商所面临的市场价格就是整个行业所确定的均衡价格 P_0。在既定的价格 P_0 之下,无论该厂商怎么增加产量都不影响市场价格,这意味着单个厂商的产量可以无限扩大,市场对单个厂商产品的需求是无限的。因此,完全竞争市场对单个厂商的产品需求曲线是一条由既定市场价格出发的平行线 D,如图 4-2 所示。

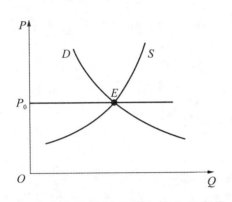

图 4-1 完全竞争市场中整个行业的供求曲线

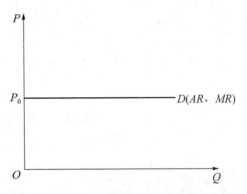

图 4-2 完全竞争市场中单个厂商的需求(边际收益、平均收益)曲线

进一步分析,由于完全竞争市场中单个厂商产量变动不会影响市场价格,其每增加一个单位产品产量所得到的收益(即边际收益 MR)总是与平均每单位产品的收益(即平均收益 AR)相等,都等于既定价格 P_0。因此就有:$P_0 = MR = AR$。如图 4-2 所示,单个厂商的需求曲线 D 既是价格曲线,也是该厂商的边际收益曲线 MR,还是它的平均收益曲线 AR。

将图 4-1 与图 4-2 结合起来观察,图 4-2 中单个厂商的需求曲线 D 是相对于图 4-1 中行业需求曲线 D 和供给曲线 S 的均衡点 E 所确定的均衡价格 P_0 而言的。如果图 4-1 中行业供求情况发生变化,形成新的均衡后,也就确定了新的均衡价格。所以,对于单个厂商来说,其需求曲线总是由整个行业的市场均衡价格决定的。

四、完全竞争企业的短期均衡

(一)企业利润最大化产量的决定

在完全竞争的条件下,由于企业的产品的边际收益等于产品的市场价格($MR = P$),故利润最大化产量的条件——产品的边际收益等于产品的边际成本($MR = MC$)变得相当简单,即产品的市场价格等于产品的边际成本,表示为 $P = MC$。

如图 4-3 所示,横轴 Q 表示产品的数量,纵轴 P 表示产品的价格,同时也表示相应的边际收益和边际成本。水平直线 MR 为产品的边际收益曲线,它恰好等于产品的价格。根据第三章中所学,边际成本曲线呈现为 U 形,表示边际成本随着产量的增加先下降然后上升。因此,利润最大化产量由边际收益曲线和边际成本曲线上升段的交点决定,为图 4-3 中的 A 点,相应地,与点 A 相对应的产量 Q_A 即为利润最大化的产量。

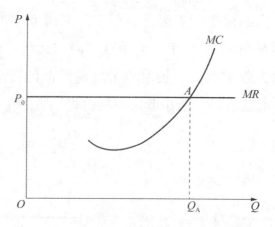

图 4-3　完全竞争企业短期利润最大化

📖 小知识

完全竞争企业短期利润最大化的推导

既然边际成本曲线呈现为 U 形，那么为什么完全竞争企业的利润最大化产量是由边际收益曲线和边际成本曲线上升段的交点决定，而不是由边际成本曲线下降段与边际收益曲线的交点决定呢？

在图 4-4 中描绘出了完整的边际成本曲线 MC，它与边际收益 MR 的交点有两个：点 A 和 B，与这两个交点相对应的产量分别为 Q_A 和 Q_B。

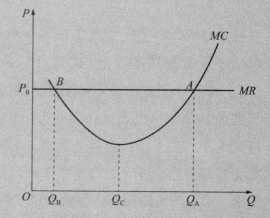

图 4-4　完全竞争企业短期利润最大化的推导

首先来看 Q_B 左右两边的情况。一方面，当产量比 Q_B 略小时，边际成本大于边际收益，此时，增加产量所增加的成本要大于所增加的收益。这意味着，与略小的产量相比，Q_B 处的利润要更小一些。另一方面，当产量比 Q_B 略大时，边际收益大于边际成本，此时，增加产量所增加的收益要大于所增加的成本。这意味着，与略大的产量相比，Q_B 处的利润也更小一些。可以认为，Q_B 是利润最小化的产量。

再来看 Q_A 左右两边的情况。一方面，当产量比 Q_A 略小时，边际收益大于边际成本，此时，增加产量所增加的收益要大于所增加的成本。这意味着，与略小的产量相比，Q_A 处的利润更大。另一方面，当产量比 Q_A 略大时，边际成本大于边际收益，此时，减少产量所减少的成本要大于所减少的收益。这意味着，与略大的产量相比，Q_A 处的利润也更大。由此可见，Q_A 是利润最大化时的产量。

简言之，在产品的边际收益曲线与边际成本曲线的两个交点中，左边的利润最小化的交点位于边际成本曲线向右下方倾斜的部分，右边的利润最大化的交点位于边际成本曲线向右上方倾斜的部分。实际上，对完全竞争企业来说，这个结果具有一般性，即它的利润最大化产量一定位于边际成本曲线最低点的右边。因此，经济学中在描绘完全竞争企业的边际成本曲线时，通常省略掉它的向右下方倾斜的部分，只画出曲线向右上方倾斜的部分。

(二) 企业利润最大化产量上的盈亏

现在要进一步讨论：当完全竞争企业按照水平的边际收益曲线与 U 形的边际成本曲线的交点决定的利润最大化产量进行生产时，到底是盈利还是亏损？

与利润最大化产量的决定不同，企业的生产是否盈亏，不再取决于边际收益和边际成本的比较，而是取决于平均收益和平均成本的比较。在利润最大化的产量水平上，企业有三种可能的情况：第一种是平均收益大于平均成本，此时企业盈利；第二种是平均收益小于平均成本，此时企业亏损；第三种是平均收益恰好等于平均成本，此时企业不盈不亏。

图 4-5 同时反映了这三种情况。图中 MC 和 AC 分别代表完全竞争企业的边际成本和平均成本曲线。

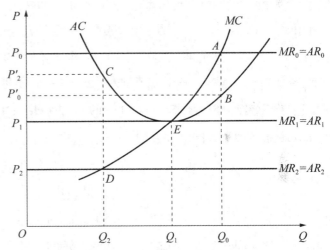

图 4-5 利润最大化产量上的盈亏

假定一开始时，产品的市场价格为较高的 P_0，即高于平均成本曲线的最低点，从而，相应的边际收益曲线和平均收益曲线都是位于 P_0 上的水平线 $MR_0=AR_0$。比较 MR_0 与边际成本曲线 MC 的交点 A 决定了利润最大化产量为 Q_0，在 Q_0 上，平均收益为产品的市场价格 P_0，但平均成本却是较低的 P'_0。此时，按利润最大化产量生产企业可以盈利。

其次，假定产品的市场价格为不高不低的 P_1，即恰好等于平均成本曲线的最低点，从而，相应的边际收益曲线和平均收益曲线都是位于 P_1 上的水平线 $MR_1=AR_1$，MR_1 与边际成本曲线 MC 的交点 E 决定了利润最大化产量为 Q_1。在 Q_1 上，平均收益为产品的市场价格 P_1，平均成本也恰好为 P_1。此时，按利润最大化产量生产企业既不亏也不盈。

最后，假定产品的市场价格为较低的 P_2，即低于平均成本曲线的最低点，从而，相应的边际收益曲线和平均收益曲线都是位于 P_2 上的水平线 $MR_2=AR_2$，MR_2 与边际成本曲线 MC 的交点 D 决定了利润最大化产量为 Q_2。在 Q_2 上，平均收益为产品的市场价格 P_2，但平均成本却是较高的 P'_2。此时，按利润最大化产量生产企业出现亏损。

综上所述，当产品的市场价格高于、低于和等于平均成本曲线的最低点时，企业按利润最大化产量生产的相应结果分别是盈利、亏损和不亏不盈。

(三) 完全竞争企业的短期产量决策

上面讨论了企业在利润最大化产量的盈亏情况。进一步思考，当出现亏损时，企业是否会决定继续生产呢？这时，还需引入平均可变成本 AVC 来分析。如图 4-6 所示，AVC 为厂商平均可变成本，P_0、P_1、P_2 分别三种市场需求价格，进而分别分析在不同的市场需求价格水平下，企业均衡时盈亏情况。

当市场价格为 P_0 时，短期边际成本曲线 SMC、边际收益曲线 MR_0、短期平均成本曲线 SAC 相交于点 H，此时，不亏不盈。H 点称为利润零点或短期收支相抵点。此时，企业按 $MR_0 = SMC$ 所确定的产量 OT 进行生产。在其他产量点上，企业都将出现亏损。

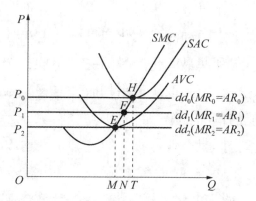

图 4-6　完全竞争企业的短期产量决策

当市场价格为 P_1 时，MR_1 和 SMC 相交于 F 点，这时 $SAC > P_1 > AVC$，企业亏损。但此时企业仍可生产，这是因为，价格大于平均可变成本 AVC，说明企业在补偿全部可变成本后，尚可以收回部分固定成本，这样可以使亏损额减少一些。

当市场价格为 P_2 时，MR_2 与 SMC 相交于 AVC 的最低点 E，这时 $SAC > P_2 = AVC$，即价格刚好等于平均可变成本，说明企业在该点生产恰好能够回收全部可变成本，但亏损了全部固定成本。此时无论生产与否都会损失全部固定成本，企业将会选择停产。因而平均可变成本曲线的最低点 E 称为短期停止营业点 (Shutdown Point)。

假使市场价格还在下降，比 P_2 还低时，如图 4-7 所示的价格 P。此时 MR 与 SMC 的交点 I 已经低于平均可变成本 AVC。这时，企业如果继续生产，不仅不能收回固定成本，还将损失继续部分生产投入的可变成本；但企业如果停止生产，最多就是损失固定成本。所以，理性的企业绝不会在这个范围内进行生产，因为越生产亏损就越大。

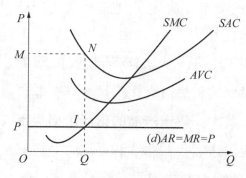

图 4-7　市场价格低于平均可变成本时完全竞争企业的产量决策

这里还需注意，以上理论是以假定全部产品都能完全销售为前提的。如产品不能全部销售，则价格再高，也不一定盈利。

典型例题

1. (单选)在完全竞争市场条件下,企业的需求曲线的形状是( )。

A. 水平
B. 向右上方倾斜
C. 向右下方倾斜
D. 垂直

【答案】 A

【解析】 在完全竞争市场上,由于企业是既定市场价格的接受者,所以,完全竞争企业的需求曲线是一条由市场价格决定的水平线。

2. (单选)对于完全竞争企业来说,如果它所面临的需求曲线为 $P=20$,那么它的边际收益曲线 MR 为( )。

A. $P=20$　　　　B. $Q=20$　　　　C. $P=20Q$　　　　D. $Q=20P$

【答案】 A

【解析】 完全竞争企业的边际收益曲线与需求曲线重合,即 $P=MR=AR$。

第三节　垄断市场

学习目标

★ 知识目标
1. 掌握不完全竞争市场下垄断的含义及其原因;
2. 掌握垄断市场的含义;
3. 掌握垄断市场的特点。

★ 能力目标
1. 能够区分垄断企业的类型;
2. 能够简单描述垄断企业的需求曲线与收益曲线;
3. 能够运用所学知识分析具体的垄断市场案例。

★ 素养目标
通过对垄断市场的分析,培养学生的社会责任感和公民意识,使学生认识到维护公平竞争市场环境的重要性,支持并遵守反垄断法律法规。

引导案例

A 地区的自来水公司宣布将本地区的自来水价格上涨 10%。消息一经发布,A 地区居民议论纷纷，表示不满。该地区自来水涨价政策实施一年后，数据显示，尽管自来水涨价了，但该地区居民自来水使用量并没有显著下降。另一方面，这一年来政府部门持续收到居民反映水价过高的意见，决定听取广大群众的呼声，考虑出台政令限制自来水公司的水价，使其回调至原来水平。

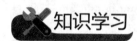

一、垄断及其原因

(一)垄断的含义

垄断(Monopoly)，亦称完全垄断，主要是指单个生产者或销售商对某种原料或产品的生产与销售具有完全的决定权。故而，垄断意味着在整个市场上"只此一家"。由于垄断企业是市场上独一无二的生产者，其产量在市场上的占有率为100%。

(二)垄断形成的原因

形成垄断的原因是多方面的，最根本的一个原因就是为了建立和维护一个合法的经济壁垒，从而阻止其他企业进入该市场，以便巩固其垄断地位。按形成垄断的原因划分，可以把垄断分为四类，即资源垄断、特许垄断、专利垄断和自然垄断。

1. 资源垄断

资源垄断是指如果某种产品的生产必须有某种关键性的资源，而这种关键性的资源又为某个企业所独有，则在这种情况下，该企业不仅垄断了这种关键性的资源，还可以垄断必须具备这种关键性资源的生产。例如，美国铝业公司曾长期保持对美国铝业生产的完全垄断经营；南非的戴比尔斯公司是钻石市场的垄断者，因为南非所有的钻石资源几乎全部被该公司占有，其产量占世界产量的80%以上。

2. 特许垄断

特许垄断是指政府利用行政或法律的强制手段，把生产某种产品的权利给予某个企业，而不允许任何其他企业染指。在现实生活中，这样的垄断也很常见，如许多公用事业企业就是这种类型的垄断企业。例如，美国政府特许的私人天然气公司。

3. 专利垄断

专利垄断是指某个企业拥有生产某种商品的专利权。专利垄断也同时被认为是资源垄断或特许垄断。从专利的授予方面来看，它是一种特许垄断，因为专利是政府赋予的一种权利；从专利的性质方面来看，它是一种资源垄断，因为和其他的生产要素一样，专利也是一种资源，拥有专利的企业可以利用它进行生产，也可以出售它以获得收益。例如，当玻璃纸刚刚发明出来时，美国的杜邦公司就是凭借专利权垄断了全部玻璃纸的生产。

4. 自然垄断

自然垄断是指一个企业能以低于两个或更多企业的成本为整个市场提供一种商品或劳务。自然垄断的产生常常与规模经济有关：某些行业的生产需要大量的资金和设备投入才能运行，并且一个厂商可以满足整个市场的供求需要。此时厂商投入的不变成本相当之大，而可变成本及边际成本又相当之小，使得厂商的平均成本在高产量水平上仍随着产量的增加而减少。若再有新的厂商投入大量资金和设备进入该行业，则所有厂商就都无法达成最低的成本。于是，厂商们为了减少成本，每个企业都将努力增加产量，并相应地降低价格，即所谓的价格战，结果是造成了大量资本流失。在我国，自来水、天然气、电力等公共事业范畴的公司属于自然垄断。比如，自来水公司为了某地区居民的正常生活，必须铺设遍及该地区的水管网。若是再有一两个厂商想提供这种服务，新进入厂商再铺设一套水管网，付出大量成本，且在居民用水总量基本不变的情况下，整个行业的利润必将下降。

可见，不同的垄断形成了不同的垄断性质，有的垄断是由人为形成的，有的垄断则由自然条件形成的；有的是合理的，有的是不合理的。

二、垄断市场

（一）垄断市场的含义

垄断市场，也称为完全垄断市场，是指市场上只有唯一的厂商提供某种商品，该产品没有相近的替代品，且拥有众多消费者。垄断企业不但决定了商品的供给量，还决定了商品的供给价格。

完全垄断市场和完全竞争市场一样，都是极端市场，在现实生活中并不存在，只能找到相似的情况。但在特定情况下，经常会出现供给厂商只有一个的情况，这时的状态相当于完全垄断。例如，旅游景区内仅有的饭馆。

（二）垄断市场的特点

垄断市场具有以下特点：

1. 厂商唯一并控制了某一商品的供给

完全垄断企业排斥所有竞争对手，独自控制了整个行业的供给，是行业的唯一供给者，因而企业行为就是行业行为。

2. 厂商控制了商品的价格，是价格的制定者

完全垄断企业控制了整个行业的供给，也就很容易控制整个行业的价格，成为某产品价格的制定者。垄断企业可以有两种经营方式：以较高的价格出售较少的商品，或者以较低的价格出售较多的商品。

3. 厂商生产的商品不存在任何相近的替代品

由于垄断企业是市场上唯一的产品供给者，市场上不存在其他任何相近的替代品。消费者对于垄断企业生产的商品，不论其价格高低或质量好坏，只能接受，别无选择。

4. 垄断市场上存在进入障碍

由于生产所需的要素资源完全由垄断企业拥有，其他任何厂商不可能进入该行业或进入极为困难。

◇ 小知识

完全垄断市场形成的原因

完全垄断市场形成的原因有很多，但最根本的原因就是为了阻止其他企业进入市场作为市场唯一的供给者，垄断企业可以完全控制市场中某一商品的供给数量和价格，从而实现利润的长期垄断。具体地说，完全垄断市场形成的主要原因有以下几个方面：

1. 行政与法律的限制

政府对某些行业实行完全垄断的法律限制。政府通过特许经营权，给予某些企业独家经营特定商品的权利或独家许可从事特定劳务的权利。政府为这些行业"创造"了排他性，避免潜在竞争者进入，形成合法垄断。政府实施法律和行政限制形成行业完全垄断，主要基于以下几方面的考虑：一是必须严格控制的产品，如特殊药品等；二是基于国家财政和税收收入考虑的行业，如烟草等利润丰厚的商品；三是涉及国家安全的行业，如军工企业等。

2. 保护专利的需要

政府授予发明者专利的保护，形成完全垄断的基础保障。厂商拥有某一产品的技术专利或商品专利，专利有效期内就形成了对该厂商的技术或商品保护从而厂商可以完全垄断商品生产和销售。简言之，就是关键资源被一家厂商独占。比如专利权商标权等都是政府为鼓励创新和原创给予发明者的支持。

3. 规模经济的需要

某些行业从规模经济整体出发，不适合有更多厂商进入，否则生产经营效率将大打折扣。简单说，就是一个行业内，如果有一个企业能够比别的企业生产更多的商品，那么它的平均成本就低于其他企业，这个企业就能在扩大产量的同时降低商品的价格，最终使其他企业在本行业无利可图而退出。于是，该企业就垄断了这个行业，即形成了自然垄断。一般而言，大规模的公用事业，如通信、供电、高速公路等都是由生产的技术特性造成规模经济形成的自然垄断。

三、垄断企业的需求曲线和收益曲线

(一)需求曲线

在垄断市场上,一家企业就是整个行业。因此,市场的需求曲线就是垄断企业所面临的需求曲线,它是一条向右下方倾斜的曲线,如图4-8所示。

垄断企业是价格的制定者,可以通过减少销售量来提高市场价格,在其产量水平较高时,市场价格也随之下降。这一点与完全竞争企业是价格的接受者不同。

(二)收益曲线

在垄断市场上,垄断企业是价格的制定者,它所面临的需求曲线决定了商品的卖价。垄断企业以什么样的价格销售商品,消费者就得以什么样的价格购买。因此,垄断企业平均每单位商品获得的收益(平均收益)也就等于该商品的需求价格,即平均收益曲线 AR 与其所面临的需求曲线 d 为同一条曲线,二者重合,如图4-9所示。

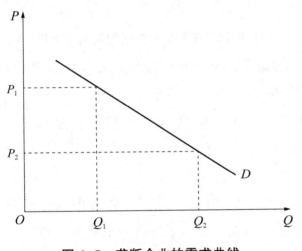

图4-8 垄断企业的需求曲线

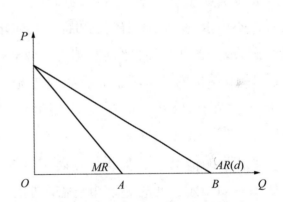

图4-9 垄断企业的平均收益曲线和边际收益曲线

进一步分析垄断企业的边际收益变化情况。在垄断市场上,企业想要卖出更多的商品就必须降低价格,因而边际收益就会减少。所以边际收益曲线 MR 不会与需求曲线重合,而是位于需求曲线(也是平均收益曲线)的下方,也是一条向右下方倾斜的曲线(见图4-9)。

四、垄断企业的短期均衡

(一)利润最大化产量和价格

在垄断市场上,垄断企业可以通过对产量和价格的控制来实现利润最大化。但在短期内,与完全竞争企业类似,垄断企业对产量的调整也受到了限制,这种限制来自无法调整的固定要素(厂房、设备等),因而只能在既定规模的限制条件下实现利润的最大化。

根据企业利润最大化原则,垄断企业自然也根据边际收益等于边际成本($MR=MC$)的原则来决定利润最大化产量,这也是垄断企业实现短期均衡的条件。如图4-10所示,垄断企业的既定规模由短期的边际成本曲线 MC 和平均成本曲线 AC 表示。它面临的需求曲线(亦即市场的需求曲线)为 d。如前所述,d 既是平均收益曲线 AR,又决定了相应的边际收益曲线 MR。

边际收益曲线 MR、边际成本曲线 MC 和需求曲线 d 共同决定了垄断企业的短期均衡:首先,边际收益曲线 MR 与边际成本曲线 MC 的交点决定了利润最大化产量 Q_0,在 Q_0 上,边际收益和边际成本都等于 P_2;其次,利润最大化产量 Q_0 和需求曲线 d 决定了相应的利润最大化价格 P_0。

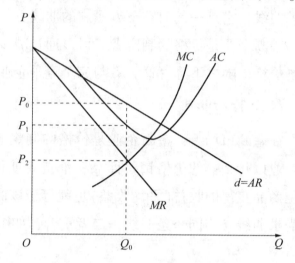

图 4-10 垄断企业的短期利润最大化

(二)企业利润最大化产量上的盈亏

当利润最大化产量确定后,垄断企业短期内难以完全适应市场需求,就可能出现供大于求或者供不应求的状况,当然也可能出现供求相等的状况,从而相应地出现亏损、盈利(获得垄断利润)或是盈亏平衡(平衡意味着企业获得正常利润)。

图4-10给出的是垄断企业盈利的情况:在利润最大化产量 Q_0 上,平均收益为 P_0,平均成本为 P_1;由于 $P_0>P_1$,故存在垄断利润,其大小等于 $(P_0-P_1)Q_0$。这也是垄断市场的一般情况。

考虑相反的情况。当垄断企业确定利润最大化产量 Q_0 时成本过高,或者市场需求过低时,如图4-11所示,此时整条市场需求曲线 d(也是平均收益曲线)都低于平均成本曲线 AC。也就是说,平均收益为 P_0,平均成本为 P_1;由于 $P_0<P_1$,垄断企业出现亏损。与完全竞争企业一样,在短期亏损的情况下,垄断企业是否停产,还要看平均收益与平均可变成本的相对大小。如果平均收益大于平均可变成本,则继续生产,否则就停产。

当然,由技术条件决定垄断企业的成本和由市场条件决定的收益也可能使利润最大化时的平均收益和平均成本恰好相等,从而使垄断企业盈亏平衡,获得正常利润,如图4-12所示。垄断企业的 MR 曲线与 MC 曲线的交点 M 决定了利润最大化产量为 Q_M,此时,平均收益曲线 AR 与平均成本曲线 AC 相切于 G 点,平均收益为 P_G,平均成本也为 P_G;垄断企业获得了正常利润,而非垄断利润。

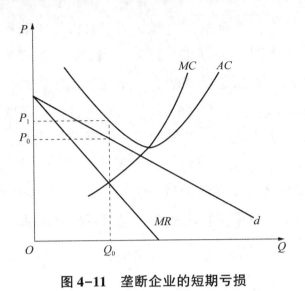

图 4-11 垄断企业的短期亏损

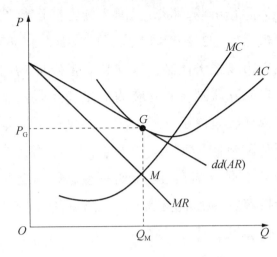

图 4-12 垄断企业的盈亏平衡

不过，与完全竞争企业的长期均衡不同，垄断企业的这种不亏不盈只是出于偶然的巧合，而非必然的结果。

五、政府对垄断采取的办法

在经济发展过程中，由于技术进步、市场扩大以及企业为获得规模经济而进行的横向或纵向的兼并，企业的规模会越来越大。当企业的规模扩大到一定程度时就会引起市场的垄断，此时企业就可以通过提高价格和限制产量来获取超额利润，从而降低了社会福利，引发市场失灵。因此，政府必须采取措施来制约垄断的发展。

(一) 价格管制

价格管制是指政府控制垄断企业产品的价格。这种方法主要用于自然垄断行业，其原则有三种：一是边际成本定价，即要求垄断企业按产品的边际成本确定价格；二是平均成本定价，即要求垄断企业按产品的平均成本定价，同时实行政府补贴以维持企业能够正常经营；三是确定一个合理的资本回报率，要求垄断企业按成本加这种回报率定价。当然，政府为了防止企业定价过高，还可以采用价格上限的政策，即规定一个企业不能超过的最高价，在此之下由企业自行定价。

(二) 实施反垄断法

西方国家关于反垄断的立法已有很长历史。17 世纪初英国已有关于反垄断的法学著作和判例，到 19 世纪末西方主要国家主要通过出台一系列反托拉斯法案来遏制垄断。例如，美国国会在 1890—1950 年间就通过了一系列重要的反托拉斯法案，其中包括《谢尔曼法》(1890年)、《联邦贸易委员会法》(1914 年)、《罗宾逊-帕特曼法》(1936 年) 及《塞勒-凯弗维尔法》(1950 年) 等。美国反托拉斯法的影响巨大，目前世界各国的反垄断法都受到美国自 19 世纪末以来的反托拉斯法律思想的影响。

为防止市场垄断对我国市场经济运行秩序的冲击，近年来，我国加大了对市场垄断行为的治理力度。2020年12月召开的中央经济工作会议提出，反垄断、反不正当竞争，是完善社会主义市场经济体制、推动高质量发展的内在要求，要强化反垄断，防止资本无序扩张。针对近年来互联网行业发展的乱象和互联网企业的垄断行为，会议提出要完善平台企业垄断认定、数据收集使用管理、消费者权益保护等方面的法律规范，加强规制，提升监管能力，有效预防和规制微观经济中的垄断行为，维护市场公平竞争秩序，保障消费者合法权益。2021年2月，国家市场监督管理总局制定发布了《国务院反垄断委员会关于平台经济领域的反垄断指南》，为制止和预防平台经济领域垄断行为、保持中国特色社会主义市场经济的平稳有序运行提供了有力保障。

（三）国有化

国有化是指对垄断性的企业实行国有，由政府经营。

上述方法各有利弊，实行起来也不容易。比如，无论采用哪种原则定价，都取决于成本，管理部门难以准确确定成本，垄断者则可以运用瞒天过海的方式加大成本。再如，反垄断法的实施取决于法院裁决，而法院的裁决结果取决于各种因素，这就使得对垄断的制止未必能奏效。最后，国有化的实践恰恰证明它是低效率的。因此，20世纪80年代之后，西方各国又把国有化的企业进行了私有化。正因为反垄断的困难，经济学界和政界对于应不应该用政府的方式来反垄断，以及如何反垄断这些问题始终存在分歧。

典型例题

1.（单选）下列不能成为进入一个垄断行业壁垒的是（　　）。

A. 垄断利润　　　　B. 立法　　　　C. 专利权　　　　D. 资源控制

【答案】A

【解析】垄断行业壁垒就是指新企业要进入垄断行业时会遇到的困难，专利权、资源控制、法律政策、资金等都可能是壁垒，垄断利润无法成为垄断行业壁垒。

2.（单选）以下最不可能成为垄断者的是（　　）。

A. 某个小镇上唯一的医生　　　　　　B. 可口可乐公司
C. 某地区的电力公司　　　　　　　　D. 某地区的自来水公司

【答案】B

【解析】垄断意味着在整个市场上"只此一家"，按形成垄断的原因可以把垄断分为资源垄断、特许垄断、专利垄断和自然垄断四类。A属于资源垄断，C、D属于自然垄断，而可口可乐公司因其产品特点无法形成完全垄断，故而成不了垄断者。

第四节 垄断竞争市场

学习目标

★知识目标
1. 掌握垄断竞争市场的含义；
2. 掌握垄断竞争市场的特点。

★能力目标
1. 能够运用所学知识分析实际经济中的垄断竞争市场案例；
2. 能够描述垄断竞争企业的需求曲线与收益曲线；
3. 能区分垄断竞争企业与完全竞争企业、垄断企业的区别。

★素养目标
通过对垄断竞争市场的分析，认识到垄断竞争市场结构对经济和社会的影响，培养学生作为经济主体的社会责任感，从而形成正确的道德观和价值观，批判不正当竞争行为。

引导案例

小强打算购买一台5 000元左右的笔记本电脑用于学习。他去逛了学校附近的电子城，发现电子城里销售笔记本电脑的品牌商家众多，有联想、戴尔、惠普、华为、苹果和华硕，等等。逛了一圈下来，小强发现这些笔记本电脑的品牌厂商之间存在着激烈的竞争关系，销售们都很积极地向进店咨询的顾客推荐畅销机型。

经过询问了解，这些笔记本电脑品牌都有符合小强需求的机型。对比之后小强发现，各品牌的笔记本电脑中符合他要求的机型基本硬件配置几乎都相同，但配置各有特色，定价也存在差异。例如，联想笔记本电脑配备的是最新的处理器，同时支持内存和存储的升级，可供小强将来进一步提升电脑性能，售价5 000元；惠普笔记本电脑配备的是高分辨率、高色域和高刷新率的显示屏，还有丰富的接口配置，可供小强连接多种外部设备，售价4 800元；华为笔记本电脑支持多屏协同功能，可以与华为手机、平板等设备无缝连接，可供小强方便地实现文件互传，售价5 400元……小强一时难以抉择，他决定回家再与家人商量一下。

知识学习

一、垄断竞争市场的含义

垄断竞争市场(Monopolistic Competition Market)是指一个市场中有许多企业生产和出售相似但不同质商品的市场结构，是既有竞争因素又包含垄断因素的一种市场类型。在垄断竞争市场上存在许多企业，其中每一个企业在整个市场中所占的份额都微不足道；由于它们生产的产品还略有差异，因而企业可以自主定价，消费者能从众多商品中选择自己最喜欢的商品。这里所说的差异，不仅包括商品的质量、规格、品牌，还包括购物环境、售后服务等。总之，如果在消费者看来，某一企业生产的产品与同一市场中的其他产品并不完全相同，则该企业生产的就是"差异产品"。

可以把垄断竞争企业看成完全竞争企业的一个"发展"。因为，垄断竞争企业就是具有产品差异的完全竞争企业。一个完全竞争企业，如果在发展的过程中逐渐形成自己产品的差异性，就可以"升格"为垄断竞争企业；反之，一个垄断竞争企业，如果在发展的过程中逐渐失去了自己产品的差异性，也会"降格"为完全竞争企业。

西方经济学一般认为，垄断竞争市场介于完全竞争市场与完全垄断市场之间，更凸显"竞争"特征，是在现实生活中最为常见的市场。比如，在超市中经常会见到数十种甚至上百种不同品牌的洗发水，生产这些洗发水的厂商就构成了垄断竞争市场。同样，让人眼花缭乱的还有牙膏、化妆品、洗衣液等，它们的生产厂商也都是垄断竞争厂商。

二、垄断竞争市场的特点

垄断竞争市场具有以下特点：

（一）市场产品是有差异性的

即垄断竞争市场中同一行业的每个厂商生产的产品都具有自己的特色，不同厂商的产品之间存在着差异。这种差异可能是因为设计、生产技术或原材料不同，也可能是因为产品外观形状、包装、品牌等不同而产生的，甚至厂商的地理位置、服务态度以及消费者偏好的不同也构成产品差异的一个方面。产品差异的存在，使不同厂商在销售产品时形成了一定的垄断，且差异越大，垄断程度就越高。

（二）市场上存在大量厂商，厂商间存在激烈的竞争

垄断竞争市场中存在许多厂商，这些厂商都可以生产和销售有差异性的商品，消费者的选择面比较广。但是，不同厂商生产的产品又是相似的，它们之间具有很大的替代性，从而导致不同厂商之间存在着激烈的竞争，且产品的替代性越高，厂商间的竞争越激烈。

(三)厂商对市场价格有影响，但作用有限

由于垄断竞争市场中厂商数量多，它们都能对市场价格产生一些影响，但这种影响是有限的。这些厂商对产品的定价是独立的，并不互相勾结以控制市场价格。同时由于厂商数量众多，一个厂商的决策不会引起竞争对手过多关注。

(四)厂商进出市场较容易

一般说来，垄断竞争市场中的厂商规模都不会太大，因为进出行业的障碍不大。同时由于产品存在替代性，某一厂商的商品对其他厂商商品价格或供给没有直接影响，厂商可以自由进入或退出市场。

在现实生活中，垄断竞争是一种普遍现象，尤其在日用工业品、手工业、零售业和服务业中表现更为明显，比如书籍、餐馆、点心等。

◇小知识

垄断竞争市场的优缺点

对消费者而言，垄断竞争市场的优点是，产品是多样化、有差异性的，可以满足不同消费者的不同兴趣和偏好等；缺点在于厂商有一定的定价能力，消费者要付出比较高的价格购买到差异化的商品，不利于消费者在收入既定条件下购买到更多数量的商品。

对生产者而言，有利之处在于垄断竞争可以促进企业技术创新；而弊端则是生产资源、设备往往得不到充分的利用，企业没有实现最佳的产出，从而造成了资源的浪费。

三、垄断竞争企业与完全竞争企业、垄断企业的区别

(一)垄断竞争企业与完全竞争企业的区别

垄断竞争企业与完全竞争企业的区别从表面上看是"微不足道"的，但这一微不足道的区别却导致了两个市场中企业在行为以及后果上的重大不同。在完全竞争市场中，完全竞争企业面临的是一条水平的需求曲线，代表着企业改变产量的行为不影响价格。但在垄断竞争市场中，垄断竞争企业改变产量的行为却会对价格产生一定的影响。这是因为，尽管垄断竞争企业的产量占整个市场的"份额"很小，但这个很小的份额却是"独特"的有差异的产品。由于产品的差异性，垄断竞争企业可以像垄断企业那样，对价格施加一定程度的影响。

(二)垄断竞争企业与垄断企业的区别

尽管垄断竞争企业生产的是差异产品，但它却并不是真正的垄断者。对于垄断企业来说，其产品是完全不同于其他企业的产品，具有不可替代性；而垄断竞争企业的产品与同一市场

上的其他产品之间存在着极高的"替代性"。设想一下,如果垄断竞争企业产品的替代性与垄断企业一样小,则垄断竞争企业就将变成垄断企业;反之,如果垄断企业产品的替代性与垄断竞争企业一样大,则垄断企业也就成了(在某个更大的市场上)垄断竞争企业。可以说,正是产品替代程度上的重大区别,使得垄断竞争企业的行为对价格的影响较之垄断企业来说可以算是"小巫见大巫"。

四、垄断竞争企业的需求曲线和收益曲线

(一)需求曲线

由于垄断竞争企业可以在一定程度上控制自己产品的价格,即通过改变自己所生产的差异化产品销售量来影响商品的价格,所以,垄断竞争企业所面临的需求曲线也是向右下方倾斜的,如图4-13所示。

不同的是,对垄断竞争企业来说面临着两条需求曲线,这涉及该企业与行业中其他企业的关系。当该垄断竞争企业改变自己产品的价格,而行业中其他与之竞争的厂商并不随之改变价格,该企业的销售量就会大幅变动。因为它的价格变化会导致大量的需求变化。因此,该垄断竞争企业的需求曲线 D_1 比较平坦,经济学中也将这条比较平坦的需求曲线称为垄断竞争企业的主观需求曲线。

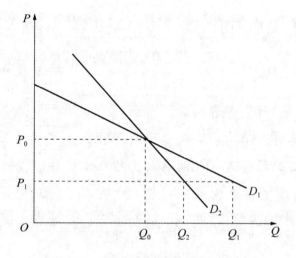

图4-13 垄断竞争企业的需求曲线

反之,当该企业改变自己产品价格时,行业中其他与之竞争的厂商出于自身利润最大化的目标,也会随之改变价格,那么,该垄断竞争企业的销售量将变化不大。此时,其面临的需求曲线 D_2 就比较陡峭,经济学中将这条比较陡峭的需求曲线称为垄断竞争企业的有效需求曲线。主观需求曲线比有效需求曲线平坦得多,这是垄断竞争企业需求曲线的重要特征。

进一步分析可以发现,垄断竞争企业面临的主观需求曲线和有效需求曲线反映的仅仅是两种极端情况,即其他企业的价格要么根本不改变,要么同时且同等程度地改变。在现实生活中,垄断竞争市场中往往是一部分厂商改变价格,另一部分厂商不改变价格,因此针对每一种竞争企业行为的可能性,都有一条垄断竞争企业面临的需求曲线,但这些需求曲线都介于两种极端情况之间,反映在几何图形上,就是这些可能的需求曲线都介于 D_1 和 D_2 之间。

(二)收益曲线

基于以上分析,在垄断竞争市场中,垄断竞争企业的收益曲线到底应当由哪一条需求曲

线来决定呢？答案是应当由较为平坦的 D_1 需求曲线来决定。这是因为，垄断竞争企业在整个市场上占的份额非常小，因为它的行为不会引起其他企业的反应。据此，垄断竞争企业在改变自己的价格（或产量）时，可以合理地认为其他企业并不会跟着改变价格（或产量）。换句话说，垄断竞争企业可以把其他企业的价格（或产量）视为固定不变的。于是，它所面临的需求曲线就是 D_1 而非 D_2 或其他曲线。

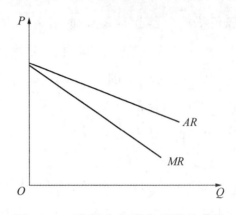

图 4-14 垄断竞争企业的收益曲线

所以，垄断竞争企业的平均收益曲线为 $AR=D_1$，边际收益曲线为 MR，如图 4-14 所示。与其他任何企业一样，垄断竞争企业的平均收益总是等于价格，从而平均收益曲线总是与其面临的需求曲线重合；而 MR 曲线始终位于 AR 曲线的下方。

五、垄断竞争企业的短期均衡

（一）利润最大化的决定

垄断竞争企业的短期利润最大化情况如图 4-15 所示。在图 4-15 中，边际收益曲线 MR 和边际成本曲线 MC 在点 E 处相交，点 E 决定的利润最大化的产量和价格分别为 Q_0 和 P_0。在此利润最大化产量上的平均收益为 P_0，平均成本为 P_1，由于 $P_0>P_1$，故该垄断竞争企业存在利润，其大小为 $(P_0-P_1)Q_0$。

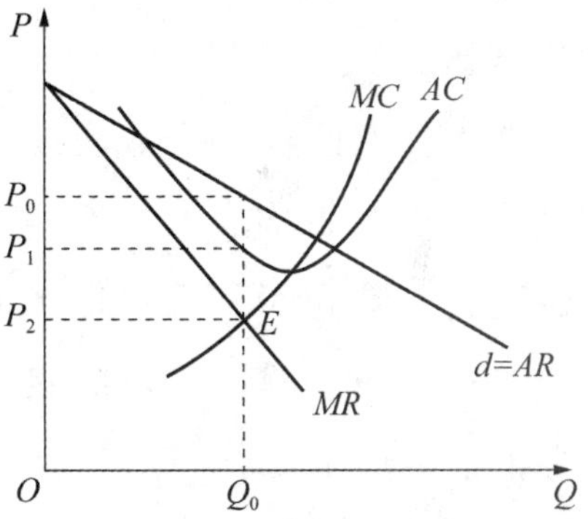

（二）垄断竞争企业短期均衡的调整

不同于垄断市场，在垄断竞争情况下企业短期利润最大化的实际调整过程要复杂得多。短期内，垄断竞争企业一般对自己的产量不会做出大规模的调整，而是对自家产品的销售价格进行变化，以实现利润最大化。

图 4-15 垄断竞争企业的短期利润最大化

在图 4-16 中，假定开始的时候，垄断竞争企业的需求曲线为 d_1，边际收益曲线为 MR_1，企业的销售价格为 P_1，此时市场需求量为 Q_1。根据利润最大化原则，当 $MR_1=MC$ 时企业实现利润最大化，此时利润最大化的产量为 Q_1'。然而，在 Q_1' 的产量上，由市场需求 d_1 决定的市场价格应为 P_2。由于 $P_1>P_2$，故 P_1 不是该垄断竞争企业的最佳定价。为了能够实现利润最大化，该企业将会实行降价策略，将价格由 P_1 降至 P_2，从而实现市场需求量从 Q_1 增加至 Q_1'。

但是，在垄断竞争市场中，该垄断竞争企业的降价会引起竞争对手的反应，它们也会采取降价措施，结果使该企业的实际需求量只是由 Q_1 增加到了 Q_2，同时由于替代效应，该企业的主观需求曲线也由 d_1 下移至 d_2。此时，边际收益曲线为 MR_2，它与边际成本曲线 MC 的交点决定了新的利润最大化产量时对应的价格应为 P_3。由于 $P_3<P_2$，故该企业仍有降价的空间，应将价格从 P_2 降至 P_3。这次降价将再次引起竞争对手的反应，对手也同样继续采取降价策略。这样反复下去，直到该垄断竞争企业的需求曲线下移到 d_e

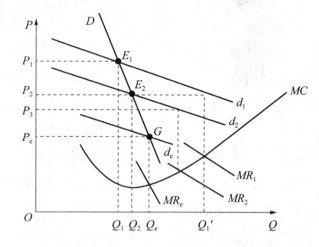

图 4-16 垄断竞争企业的短期均衡调整

为止，此时该企业 MR_e 与 MC 的交点 G 正好处于需求曲线 d_e 上，即利润最大化时企业的定价与产量恰好符合市场需求，该企业达到了短期均衡。同时，其他竞争对手亦实现了利润最大化，整个垄断竞争市场都达到了短期的均衡。连接 E_1、E_2 和 G 点形成的需求曲线 D 即为整个垄断竞争市场的需求曲线。

由此可见，垄断竞争企业的短期均衡条件是：由企业需求需求 d 与市场需求曲线 D 的交点所决定的现实产量恰好等于由边际收益曲线 MR 与边际成本曲线 MC 的交点所决定的利润最大化产量。

当然，垄断竞争企业实现短期均衡，并不表明他此时一定是盈利的，还应该根据该企业的销售价格和平均成本之间的关系来判断。如果销售价格高于平均成本时，此时垄断竞争企业盈利，存在超额利润；如果销售价格低于平均成本时，企业为亏损；如果销售价格等于平均成本。可见，除了需求曲线的变化外，垄断竞争企业的短期均衡是和垄断企业的均衡十分相似的。

六、垄断竞争市场上的非价格竞争

价格竞争是市场中厂商经常采用的一种竞争方式，垄断竞争市场上的价格竞争也很普遍，但价格竞争存在许多缺陷。比如，产品的售价太低，厂商无法收回成本，会出现资金短缺，此时厂商为降低成本往往会降低产品或服务的质量。另外，价格竞争容易被效仿，降价虽然短期内可能会提高销售量，但容易招致竞争对手的报复，无法持续维持高利润，甚至会引发恶性竞争，这对整个行业的长远发展都是不利的。

非价格竞争已经成为当前垄断竞争企业采用的主要竞争方式之一。非价格竞争的主要手段就是在产品的品质上下功夫，使其更好地吸引消费者，也称为品质竞争。比如，某品牌冰箱推出了新型的节能无氟冰箱，迎合了消费者对环保型产品的需求，使得企业在价格不变的情况下，产销量实现大幅增长。另一种非价格竞争的手段是广告竞争，即从影响消费者对产品的心理感觉上下功夫。比如，邀请某知名明星作为产品的代言人，提升品牌知名度，从而招揽来更多的消费者，保持了较高的市场占有率。在垄断竞争市场上，广告竞争与品质竞争相互补充。品质竞争是努力造成产品的差别，以适应不同消费者的需要；广告竞争则是利用广告宣传，试图使消费者的需求适应产品的差别。

非价格竞争一方面强化了市场竞争。垄断竞争企业为扩大销售量，会加大产品的研发力度、改进产品性能，不断提高售后服务质量，采取广告攻势、树立品牌形象等多种非价格竞争手段提供差异化产品，培养和提高消费者对产品的忠诚度，以期获得更高的利润。另一方面，非价格竞争又增强了消费者对某种品牌的依赖，使得垄断竞争企业提高了产品的垄断能力，相应地提高了其对价格的控制能力。

典型例题

1.（单选）在垄断竞争市场中（　　）。

A. 只有为数很少几个厂商生产有差异的产品

B. 有许多厂商生产同质产品

C. 只有为数很少几个厂商生产同质产品

D. 有许多厂商生产有差异的产品

【答案】　D

【解析】　垄断竞争的特点是在垄断竞争市场上，存在许多企业，其中每一个企业在整个市场中所占的份额都微不足道，而且它们所生产的产品略有差异。

2.（单选）下列哪一个是垄断竞争行业的特征（　　）。

A. 企业规模相同，数量较少　　　　　　B. 不存在产品差异

C. 企业规模较大，数量很少　　　　　　D. 进出该行业相对容易

【答案】　D

【解析】　垄断竞争的特点是在垄断竞争市场上，存在数量较多的企业，其中每一个企业在整个市场中所占的份额都微不足道，而且它们所生产的产品略有差异，进出该行业也相对容易。

第五节　寡头垄断市场

学习目标

★ 知识目标

1. 掌握寡头垄断市场的含义；
2. 掌握寡头垄断市场的特点；
3. 了解寡头垄断市场产量及价格的决定。

★ 能力目标

1. 能够简单描述寡头市场的竞争策略；
2. 能够对完全竞争市场、垄断市场、垄断竞争市场和寡头市场进行区分比较；
3. 能够运用寡头垄断模型分析具体的市场案例，预测厂商行为和市场结果。

★ 素养目标

通过对寡头垄断市场的分析，培养学生对公平竞争和企业社会责任的道德意识；增强学生对现实经济问题的关注，培养其解决实际经济问题的责任感。

引导案例

正值开学季，校园内新生们正被国内三大通信运营商——中国电信、中国移动和中国联通推出的校园卡套餐宣传所吸引。到底该选用哪个运营商呢？新生小吴、小美和小江各有看法。小吴觉得，电信的套餐价格虽高，但包含的通话时长、短信条数和流量都非常充足；而小美认为，自己有用笔记本电脑看电影的需求，移动的套餐包含可上门在宿舍安装一条宽带，价格适中；小江则认为，自己平时用手机较少，只要月租便宜的就好，联通比较适合自己。最后，三位新同学分别按照自己的想法办理了不同的校园卡套餐。

知识学习

一、寡头垄断市场的含义

寡头垄断市场（Oligopoly Competition Market）介于垄断竞争市场与完全垄断市场之间，是指由少数几个大的厂商控制着全部或者大部分产品的生产和销售的市场结构。与垄断竞争市场相比，寡头垄断市场的"垄断"特征更加凸显。现实中，寡头垄断常见于重工业行业，如汽车、石油、钢铁、机械、造船、飞机制造等行业。

与形成垄断的原因类似，形成寡头垄断的原因也包括资源控制、政府特许、专利技术和规模经济等。例如，某种产品的生产需要某种关键性的生产资源，而这种关键性的生产资源的大部分为少数企业所控制。又比如，政府利用行政或法律的手段，把生产某种产品的权利给予少数企业。再如，某些产品的生产具有相当大的规模经济，使得只有少数大企业才可以充分地利用规模经济的效率。在所有这些情况下，这些少数企业都有可能成为所谓的寡头企业。

所以，可将寡头垄断市场的主要表现归纳为：某类产品的市场份额全部由少数几家寡头企业瓜分，寡头企业可以自主定价但又受到政府部门的监管约束，在有限的产品范围内消费者可以自由选择。

二、寡头垄断市场的特点

寡头垄断市场的特征主要有四个：

(一)厂商数量极少

寡头垄断市场中一般只有极少数的大生产商。寡头垄断企业在一定程度上控制产品价格和绝大部分的市场份额，每个寡头企业在市场中都具有举足轻重的地位，对其产品价格具有相当的影响力。如中国通信市场三大寡头：中国电信、中国移动、中国联通；又如美国汽车市场就由通用、福特和克莱斯勒三家企业控制；电气设备主要由通用电气和威斯汀豪斯电气公司两家企业控制。

(二)产品既可同质也可存在差别

如果在寡头垄断市场上的产品完全同质，没有差别，彼此依存程度很高，称为纯粹寡头，比如钢铁、水泥等行业。如果寡头垄断市场上的产品是异质的，存在差别，彼此依存程度较低，称为差别寡头，比如汽车、重型机械、轮船制造等行业。差别寡头市场中的产品用途类似，但存在许多型号，且在质量、外观以及售后服务等方面均有差异。

(三)厂商之间相互依赖又竞争激烈

在寡头垄断的情况下，企业行为最重要的特点是相互依赖，即存在一个连续不断的"影响-反应"的链条，寡头企业最初行动的结果到底如何，要取决于其他企业的反应情况。这也导致了寡头企业的价格和产量的决定成为一个很复杂的问题。主要原因在于，寡头垄断市场中厂商数量很少，每个寡头企业的产量在市场的总产量中都占有较大的比重，价格和产量的变动都会对竞争对手乃至整个行业的产量和价格产生举足轻重的影响。因而，寡头企业在进行决策的时候，必须考虑到其他寡头企业可能的反应，然后才能在考虑到这些反应方式的前提下采取最有利的行动,即考虑这一系列相互作用的"影响-反应"过程。这使得寡头垄断企业的决策在结果上有很大的不确定性。在此意义上,寡头垄断市场的竞争比其他三种市场都更为激烈。

(四)厂商进出不易

寡头垄断市场中厂商决定进入或退出都很困难。首先,因为寡头垄断行业突出的特点就是大规模投入、大规模生产、高科技支撑,这样苛刻的条件使得一般的厂商根本难以进入;且寡头企业在规模、资金、信誉、市场、原料、专利等方面具有优势,新进入的企业也难以与原有企业匹敌。其次,在这些行业领域的寡头企业往往都经营了几十年甚至上百年的时间,彼此间早已相互依存、休戚相关,使得原有企业也难以退出。

三、寡头垄断市场上产量或价格的决定

在寡头垄断市场中,寡头企业之间有可能存在相互之间的勾结,也可能不存在勾结。在这两种情况下,产量或价格的决定是有差别的。

在各寡头企业之间存在勾结时,产量及价格是由各寡头企业之间协商确定。而协商确定的结果更有利于谁,取决于各寡头企业的实力大小。当然,这种勾结往往是暂时的,不稳定的,当各寡头企业的实力发生变化后,就会要求重新确定产量和瓜分市场,从而引起激烈的竞争。

在不存在勾结的情况下,各寡头企业是根据其他寡头企业的产量或价格决策来调整自己的产量或价格,以达到利润最大化的目的。但是,各寡头企业在决策时只能知道自己的产量和价格,并不知道其他寡头企业的产量和价格,这就是寡头企业在决策时面临的困境。由于寡头企业之间存在一个连续不断的"影响-反应"的链条,寡头企业定价和定产的决策要基于对他的竞争者行为的策略性考虑,此时就需要一个基本法则来指导决策。纳什均衡(Nash Equilibrium)被认为是在寡头垄断市场厂商进行决策的均衡的基本法则。所谓纳什均衡,是指在给定竞争者的行为以后,各厂商采取它所能采取的最好的行为,并且没有理由改变它们的价格和产量。当然,竞争者们也会在给定该厂商的行为后采取它们所能采取的最好的行为。即在寡头垄断市场中,各厂商考虑到它的竞争者,并假设它的竞争者也会同样做。

为了更好地弄清寡头垄断市场中寡头企业如何进行产量或价格的决策,经济学家做出了多个不同假设的模型进行分析,得出了不同的结果。以下将介绍几个经典的寡头模型。

(一)寡头垄断市场产量的决定:古诺模型

法国经济学家奥古斯汀·古诺(Augustin Cournot)1838年引入了一个简单的双寡头模型,即两个厂商相互的竞争模型。古诺模型(Cournot Model)有以下基本假设:

第一,两个厂商生产同样的产品,即产品同质,并且都知道市场需求;

第二,为了简化条件,假设两个厂商面临共同的线性市场需求曲线,且厂商的边际成本均为常数;

第三,两个厂商分享市场,且每个厂商的产量都是独立变量,都认为自己变动产量时对方不会变动产量,两个厂商的产量总和将影响市场价格;

第四,两个厂商对彼此的情况了如指掌,并且都是根据对手的行动同时做出反应,决定生产多少;

第五,每个厂商都通过调整产量(而不是价格)来实现利润最大化。

古诺模型的本质是各寡头企业将它的竞争者的产量水平当作是固定的,然后决策自己生产多少。举个简单的例子来说明古诺模型中寡头企业是如何进行产量决策的。市场中存在两个寡头厂商:厂商1和厂商2。表4-3列出的是厂商1在考虑厂商2的产量既定的前提下,同时做出的基于自身面临的市场需求、采取边际成本等于边际收益时使利润最大化的产量决策。

表4-3 古诺模型中厂商1的产量决策

厂商1认为的厂商2的产量	厂商1的产量决策
0	50
50	25
75	12.5
100	0

根据表4-3,可以看出厂商1的利润最大化产量是它认为厂商2将生产产量的减函数,该函数称为厂商1的反应曲线,记为$Q'_1(Q_2)$,如图4-17所示。对厂商2进行同样的分析(即在给定厂商1将生产产量的各种假定下,确定厂商2的利润最大化产量),结果也可以得到一条厂商2的反应曲线$Q'_2(Q_1)$。因为两个厂商的成本不同,边际成本曲线也不同,所以厂商2的反应曲线$Q'_2(Q_1)$在几何图形的表现上将与厂商1的反应曲线$Q'_1(Q_2)$不同。例如,厂商2的反应曲线如图4-17所示。

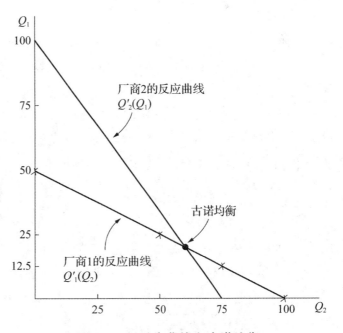

图4-17 反应曲线和古诺均衡

厂商1和厂商2均根据自己的反应曲线定产,在两条反应曲线相交时两个厂商的产量实现了均衡。这组产量水平称为古诺均衡。在这均衡中,两个厂商正确假定了竞争对手将生产的产量,并相应地最大化了自己的利润。此时,两个厂商都不会有改变产量的冲动。

(二)寡头垄断市场价格的决定

1. 价格领导模型

有时,在寡头垄断企业之间会形成一种暗中的默契,即价格领导,以避免价格战。

价格领导模型(Price Leadership Model)假设,在一个寡头垄断市场中存在一家实力雄厚的大企业,它要么是行业中最具实力、成本最低的企业,要么是市场信息灵通,在同行中被公认为是定价能力最强的企业,这家企业就成为主导企业或领导者。除了主导企业之外还有一家或多家小企业,这些企业是追随者。行业中由主导企业制定价格,追随者自动追随;改变价格的决定也由主导企业做出,追随者跟随主导企业同时或同等程度地改变价格。

在这种情况下,由于所有追随者都让自己的价格与主导企业制定的价格"保持一致",因此对这些追随者企业来说,市场价格是既定的,就像完全竞争市场中价格既定一样,换句话说,这些追随者企业都是"完全竞争"的,它们按照完全竞争的原则确定自己的产量。

而对主导企业而言,它为市场制定价格,并让追随者们在这一价格上出售任意数量的产品,自己则提供市场需要的剩余部分,而不管这个部分是多少。在这里,假定主导企业制定的价格不会过高,而追随者企业的生产能力又相对有限,因而它们在主导企业制定的价格水平上不能够完全满足市场的需要。因此,主导企业是按照市场需求与追随企业供给之差来确定自己的利润最大化产量。

◇小知识

作为价格领袖的寡头企业的三种类型

价格领导模型假设市场中存在一家实力雄厚的大企业作为价格领袖来制定价格。那么,作为价格领袖的寡头厂商一般有三种类型。

1. 支配型价格领袖。领先确定价格的企业是本行业中最大的、最有支配地位的寡头企业。它在市场上占有份额最大,因此对价格的决定举足轻重。它根据自己利润最大化的原则确定产品价格及其变动,其余规模较小的寡头则根据这种价格来确定自己的价格以及产量。

2. 效率型价格领袖。领先确定价格的企业是本行业中成本最低,从而效率最高的寡头企业。它对价格的确定也使其他厂商不得不随之变动。

3. 晴雨表型价格领袖。这种寡头企业并不一定在本行业中规模最大,也不一定效率最高,但它在掌握市场行情变化或其他信息方面明显优于其他寡头企业。这家寡头企业价格的变动实际是首先传递了某种信息,因此,它的价格在该行业中具有晴雨表的作用,其他寡头企业会参照这家企业的价格变动而变动自己的价格。

2. 斯威齐模型

斯威齐模型，也称为折拐的需求曲线模型（Kinked Demand Curve Model），是一种用来解释寡头垄断市场中的价格刚性现象的模型，由美国经济学家保罗·斯威齐（Paul Sweezy）于1939年提出。

斯威齐模型假设，当寡头企业改变价格时，其他企业的反应具有"不对称"的特点。具体表现为：假设现行价格为 P_0，当某寡头企业降低价格时，它的竞争对手为了不减少销售量也会跟着降低价格，使该寡头企业的销售量并不因降价而增加许多，故而需求曲线应该比较陡峭；但是，当寡头企业提高价格时，它的竞争对手为了增加自己的销售量并不会跟着提高价格，而是维持原来的价格不变，这将使该寡头企业的销售量减少很多，故而需求曲线应当比较平缓。于是，该寡头企业面临的需求曲线就会在现行价格 P_0 处发生"折拐"，如图4-18中的曲线 ABC 所示。

根据折拐的需求曲线 ABC，可推导出需求曲线上半段 AB 对应的边际收益曲线 AB_1，和需求曲线下半段 BC 对应的边际收益曲线 B_2G，即这条边际收益曲线是间断的，在 P_0 处不连续。由此可以解释人们在寡头垄断市场上观察的一种现象：寡头企业的价格往往具有刚性。即寡头企业成本的变化和需求在一定范围之内（线段 B_1B_2 的区间）的变化，不会引起价格的变化。这是因为在 B_1B_2 的区间内，即使边际成本增加，但它仍然在同样的产量水平上与边际收益相等，所以价格不变，利润最大化的产量和价格仍然为 Q_0 和 P_0。

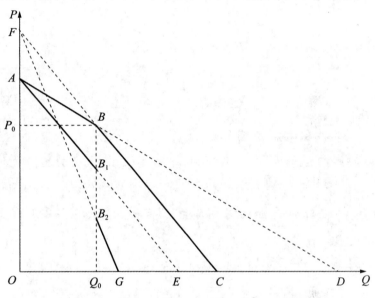

图4-18　折拐的需求曲线和间断的边际收益曲线

斯威齐模型用拐折的需求曲线对寡头垄断市场的价格刚性做了解释，但由于其他厂商价格"不跟涨"的假设在现实中难以成立，也由于其对如何确定已定的价格没有做出解释（只说明了厂商希望现在的市场价格保持稳定，却没有说明现行市场价格是怎么来的，为什么不是其他价格），这是该模型的不足之处。

3. 卡特尔

前面关于寡头垄断市场的模型均隐含着一个假定，即寡头企业相互之间没有串通或共谋的情况。换句话说，这些寡头企业的行为都是"独立"的——尽管它们在进行独立的决策时需要考虑其他寡头企业的反应以及这些反应对自己的影响。

然而，在现实生活中，人们常常看到一些寡头企业公开地或秘密地勾结在一起，共同制定价格、限定产量和瓜分利润。勾结的好处是十分明显的，因为联合行动可以排除寡头企业之间的相互竞争，从而获得对市场的垄断，得到垄断利润，而且，这一垄断利润将大大高于每一个寡头企业单独行动时所得的利润之和，然后再在它们之间分配产量（销售量）以瓜分这些垄断利润。在寡头市场上，达成勾结的可能性很大。这是因为，在寡头市场上只有少数几家相互依赖的大企业，串通或共谋要相对容易一些，而在包括大量小企业的完全竞争或垄断竞争市场上形成联合则要困难许多。

当若干个企业之间进行公开的勾结，达成公开且正式的协议，试图控制整个市场的利润最大化产量和价格时，这些企业的总和就是所谓的"卡特尔"(Cartel)。换句话说，卡特尔就是勾结在一起的一群企业，像一个垄断企业一样行动，追求总的利润的最大化。如果有足够多的厂商遵守卡特尔的协定，并且市场需求相当缺乏弹性，卡特尔就可以将价格提高到大大高于竞争的水平。国际上的石油输出国组织(OPEC)就是一个典型的卡特尔组织，它在十多年间成功地将世界石油价格提高到远远高于本来会有的水平。

◇小知识

卡特尔成功的条件

卡特尔常常是国际性的。美国的反托拉斯法禁止美国公司串通，但其他国家的反托拉斯法则要温和得多，且有时并没有被很好地实施。更进一步，没有办法能防止国家，或由外国政府拥有或控制的公司形成卡特尔。例如，在20世纪70年代中期，国际铝矾土联合会(IBA)将铝矾土价格提高4倍。有些卡特尔则取得了较长期的成功。比如，从1928年到20世纪70年代早期，一个被称为水银欧洲(Mercurio Europe)的卡特尔将水银价格保持在接近于垄断水平；而另一个国际卡特尔从1878—1939年一直都垄断着全球碘市场。

但是，其实大多数卡特尔都没能提高价格。一个国际铜卡特尔一直运作到今天，但它从未对铜价有过显著的影响。还有试图抬高锡、咖啡、茶和可可价格的卡特尔也都失败了。

为什么有些卡特尔成功而大多数却失败了？其实，卡特尔成功需要具备两个条件：第一，一个稳定的卡特尔组织必须在其成员对价格和生产水平达成协定并遵守该协定的基础上形成。尽管卡特尔成员在形成协定之前可以相互商议，但不同的成员可能有着不同的成本、不同的市场需求，甚至是不同的目标，因而它们可能想要不同的价格水平，这就使得达成协定并不容易。此外，卡特尔的各成员将受到通过略微降价以夺取比分配给它的更大的市场份额来"欺骗"其他厂商的诱惑。

成功的第二个条件是垄断势力的潜在可能。即使一个卡特尔能解决它的组织上的问题，但如果它面临的是一条高度弹性的需求曲线，它就只有很小的提价的余地。潜在的垄断势力可能是成功的最重要条件，如果合作的潜在利益是大的，卡特尔成员就会有更大的解决它们组织上的问题的意愿。

尽管卡特尔可以通过联合行动获得垄断利润，但是如何在成员之间分配垄断利润却是一个难题。由于卡特尔的利润最大化产量和价格是给定的，成员之间的利润分配就取决于产量或销售量的分配。利润最大化的分配方式当然是按照使每个企业的边际成本都相等的办法在各企业中分配产出。如果边际成本不相等，卡特尔总可以通过在各企业中重新分配产量的办法来减少卡特尔的成本，增加总的利润。然而，这种理想的利润分配方式常常难以实现。现实中常见的分配标准包括：① 按企业影响力的大小；② 按企业过去的销售水平；③ 按企业的生产潜力；④ 按企业所在的区域或国家。

卡特尔的最大问题是它的不稳定性——它总是面临其成员的欺骗，即不遵守已经达成的价格和产量协议。这种不稳定性的根源在于：假定其他企业均坚持卡特尔价格，则某个企业改变价格时其需求曲线将有相当大的弹性。因此，该企业稍微降低价格就可以大大增加销售量，从而获得更多的利润。由此可见，卡特尔的成员天生就有秘密降价或公开退出的动机。如果一个企业秘密降价或公开退出了，其他企业往往也会跟上。这样，卡特尔就将不复存在。

四、四种市场类型的比较

在技术水平不变的"静态"视角下，一般认为完全竞争市场是有效率的，不完全竞争市场（包括垄断市场、垄断竞争市场和寡头垄断市场）则缺乏效率。而且，在不完全竞争市场中，垄断的程度越高，越缺乏效率。

从成本与价格的角度来比较，在完全竞争市场中完全竞争企业的成本最小、价格最低。从产量的角度来比较，就单个企业而言，完全竞争企业的产量不一定大于不完全竞争企业，无法进行比较；但就整个行业而言，完全竞争行业的产量则一定大于不完全竞争行业的产量。这是因为，不完全竞争市场的价格往往高于完全竞争的市场价格，使不完全竞争市场的产量低于完全竞争市场的产量。

◇小知识

不同市场结构的长期静态比较

在技术水平不变的静态视角下，从长期来看，完全竞争企业和垄断竞争企业实现长期均衡的条件是长期平均成本总是等于市场价格，因此这两种类型的企业仅存在正常利润，而没有经济利润。而垄断企业和寡头垄断企业实现长期均衡时的市场价格通常大于长期平均成本，因而这两种类型的企业不仅有正常利润，而且有经济利润。经济学家认为，如果在某一行业中存在经济利润，即意味着社会分配给该行业的资源太少，不能满足社会的需要。造成资源分配不均的原因通常是由于该行业存在进入障碍。试想一下，如果不存在进入障碍，行业中经济利润的存在就会吸引新企业的进入，直到经济利润消失。此时，该行业实现了资源的最优配置。

另外，根据企业利润最大化原则可得，完全竞争企业实现长期均衡时长期边际成本也总是等于市场价格，而不完全竞争企业实现长期均衡时市场价格总是大于长期边际成本。由此再次说明，完全竞争市场是有效率的，不完全竞争市场则缺乏效率。

完全竞争市场、垄断市场、垄断竞争市场和寡头垄断市场的比较如表4-4所示。

表4-4 四种市场类型的比较

比较项目	完全竞争市场	垄断市场	垄断竞争市场	寡头垄断市场
需求曲线	水平线 完全弹性	向右下方倾斜 陡峭	向右下方倾斜 较平坦	向右下方倾斜 较陡峭
供给曲线	向右上方倾斜	无	无	无
短期均衡	$SMC=MR=P$	$SMC=MR$	$SMC=MR$	—
均衡价格	最低	最高	较低	较高
均衡数量	最大	最小	较大	较小
短期利润	均可能存在盈利、亏损或是平衡的情况			
经济效率	最高	最低	较高	较低

小知识

不同市场结构的动态比较

在"动态"视角下对不同市场结构进行比较，就要考虑技术进步的影响，因而比较得出的结论可能就与静态视角下的比较结论有很大不同。一方面，相对于完全竞争企业，不完全竞争企业对技术进步的追求欲望更加强烈，在不完全竞争企业实现技术进步往往要比完全竞争企业更快一些；另一方面，不完全竞争企业中更快的技术进步则会抵消掉其静态的低效率甚至还有富余，从而使不完全竞争企业综合的效率超过完全竞争企业。

不完全竞争企业实现技术进步比完全竞争企业更快，可以从技术创新的成本和收益两个方面来说明。一方面，就技术创新的成本而言，许多重大的技术创新都需要投入巨额的研发资金，一般只有在不完全竞争市场中利用对市场的垄断获得超额垄断利润的垄断企业、寡头垄断企业等大企业才有实力为技术创新的研发与实施提供资金保障。另一方面，就技术创新的收益而言，在完全竞争市场中由于任何企业都无法控制市场，信息完全透明，即便某个完全竞争企业通过自身的努力实现了技术创新，市场中别的企业马上就会跟进，对新技术进行模仿和利用，技术创新的好处就会很快地被完全竞争企业瓜分。这就使得完全竞争企业进行技术创新的动力不足。由此可见，不完全竞争企业进行技术创新的可能性要比完全竞争企业大得多，因此前者实现技术进步也要比后者快得多。

典型例题

1. (单选)下列行业中,最接近寡头市场的是( )。

A. 铁路运输行业　　　B. 汽车行业　　　　C. 零售业　　　　D. 天然气行业

【答案】 B

【解析】 寡头市场又称寡头垄断市场,是指少数几家企业控制整个市场的产品生产和销售的一种市场组织。汽车行业一般由少数几家企业控制整个行业,符合寡头市场的特征。

2. (单选)寡头垄断厂商的产品( )。

A. 同质的　　　　　　　　　　　　　　B. 有差异的

C. 既可以是同质的,也可以是有差异的　　D. 以上都不对

【答案】 C

【解析】 寡头垄断厂商之间,可能是竞争关系,也可能是串谋关系,所以其产品可以是同质的,也可以是有差异的。

本章练习

一、单项选择题

1. 一个行业内部买方和卖方的数量及其规模分布、产品差别的程度和新企业进入该行业的难易程度的综合状态称为( )。

A. 组织结构　　　B. 市场结构　　　C. 企业类型　　　D. 组织形式

2. 现实生活中,某些农产品如玉米、小麦等的市场近似于( )。

A. 完全竞争市场　　　　　　　　B. 垄断竞争市场

C. 寡头垄断市场　　　　　　　　D. 完全垄断市场

3. 整个行业只有唯一供给者的市场结构是( )。

A. 完全垄断市场　　　　　　　　B. 完全竞争市场

C. 寡头垄断市场　　　　　　　　D. 垄断竞争市场

4. 下列不属于垄断竞争市场特征的是( )。

A. 同行业中只有少数的生产者　　　　B. 生产者对价格有一定程度的控制

C. 企业进入或退出市场比较容易　　　D. 同行业各个企业生产的产品存在一定差别

5. 完全垄断企业进行产量和价格决策的基本原则是( )。

A. 边际成本大于边际收益 B. 边际成本小于边际收益
C. 边际成本等于边际收益 D. 边际成本不等于边际收益

6. 自然垄断与( )有着密切的关系。

A. 国家法令　　　　B. 经济规模　　　　C. 规模经济　　　　D. 产品质量

7. 完全竞争厂商的水平的需求曲线意味着该厂商( )。

A. 是一个价格制定者 B. 是一个价格接受者
C. 拥有垄断权力 D. 无法控制其产量

8. 如果厂商的边际收益大于边际成本，则应该( )。

A. 停止生产 B. 维持生产
C. 增加产量 D. 减少产量

9. 在完全竞争市场上，厂商短期均衡条件是( )。

A. $P=AR$　　　　B. $P=MR$　　　　C. $P=MC$　　　　D. $P=AC$

10. 最需要进行广告宣传的市场是( )。

A. 完全竞争市场 B. 垄断竞争市场
C. 寡头垄断市场 D. 完全垄断市场

二、多项选择题

1. 完全竞争市场具有的特征有( )。

A. 每个生产者和消费者都只能是市场价格的接受者，而非决定者

B. 生产者是市场价格的决定者，而非接受者

C. 买卖双方对市场信息都有充分的了解

D. 企业生产的产品是同质的，即不存在产品差别

2. 形成完全垄断的条件有( )。

A. 政府垄断 B. 自然垄断
C. 社会垄断 D. 对某些产品的专利权而形成的完全垄断

3. 寡头垄断市场的主要特征包括( )。

A. 在一个行业中，只有很少几个企业进行生产

B. 它们所生产的产品有一定的差别或者完全无差别

C. 它们对价格有较大程度的控制

D. 企业可以自由进入或退出市场

4. 在完全竞争市场上，企业的下列曲线在同一条线上的是( )。

A. 平均收益曲线 B. 边际收益曲线
C. 无差异曲线 D. 需求曲线

5. 对一个行业市场结构分类的主要依据有( )。

A. 本行业内部生产者数目 B. 本行业内部各个生产者的产品差别程度
C. 生产技术差别程度 D. 进入障碍的大小

三、判断题(正确的填"√"，错误的填"×")

1. 垄断厂商可以任意定价。（   ）
2. 由于寡头之间可以进行勾结，所以他们之间并不存在竞争。（   ）
3. 既有垄断又有竞争，既不是完全竞争又不是完全垄断而接近于完全竞争的市场结构是垄断竞争市场。（   ）
4. 由少数几个企业控制一个行业供给的市场结构，属于完全垄断市场。（   ）
5. 依照竞争程度进行排序，完全竞争市场上的竞争程度最低。（   ）
6. 垄断竞争市场上生产者之间可以实施价格协议制度。（   ）
7. 协议价格制和价格领袖制都是寡头垄断市场上的价格形成模型。（   ）
8. 在完全垄断市场中只有一个生产者，生产者是价格的接受者。（   ）
9. 南非的钻石公司戴比尔斯，一度控制了世界钻石生产的80%左右，它的市场份额并不是100%，但是也大到足以对世界钻石价格产生重大影响，这种垄断属于自然垄断。（   ）
10. 边际成本等于边际收益可称作利润最大化的均衡条件。（   ）

四、名词解释题

1. 市场结构
2. 完全竞争市场
3. 自然垄断
4. 寡头垄断市场

五、案例分析题

1. 阅读以下四种经济现象，回答问题。

经济现象1：大一新生小明和小王入学后急着购买电话卡，校园内移动和联通两大运营商都在做活动。小明选择了联通，而小王选择了移动。

经济现象2：要开学了，妈妈催小明去剪头发。小明提出要去BB理发店剪头发。妈妈说，学生剪头发去那么贵的理发店干什么？妈妈执意要小明去家楼下AT理发店剪头发。小明却一直据理力争，不愿妥协。

经济现象3：某地区行政部门决定对当地天然气涨价，以降低居民总用量。出乎意料的是，居民用量并未随着天然气价格上涨而下降。与此同时，居民对政府涨价行为颇有不满。

经济现象4：妈妈带小明去菜市场，小明看到爱吃的花菜甚是高兴，于是想买。妈妈咨询价格后跟小明说，这里花菜太贵，妈妈带你去另一处买。

(1)请说明经济现象1~4所体现的行业分别属于什么市场结构。

(2)请描述经济现象4所体现行业市场结构的基本特征。

(3)试分析经济现象2和4所体现行业市场结构的主要区别。

2. 阅读案例,回答问题。

小刚考虑买套新房为自己组建小家庭做准备。单位附近正好有五个新楼盘,开发商分别是BL地产、SM地产、ZJ地产、WK地产和HY地产。经过询问了解,五个楼盘都有符合他需求的95平方米的房源,然而五家公司的价格都不一样,BL地产比ZJ地产每平方米贵2 200元,比SM地产每平方米贵1 000元,比WK地产每平方米便宜600元,比HY地产每平方米贵1 200元。面对相同的区域、类似的户型和不同的价格,他决定回家与家人商量一下。

(1)以上案例中的行业属于什么市场结构?该市场结构有哪些主要特征?

(2)结合生活实例以及衣食住行的各个方面,列举出5个属于该案例中行业市场结构的例子。

参考答案

上篇　经济学基础

第一章　商品的需求、供给与均衡价格

一、单项选择题

1~5　DCDAA　6~10　ABCBC

二、多项选择题

1. BC　2. ABC　3. ABCD　4. AB　5. ABD

三、判断题

1~5　×√√××　6~10　√×√×√

四、名词解释题

1. 需求：是指在某一特定时期内市场上所有消费者在各种可能的价格水平下愿意并且能够购买的商品数量。

2. 供给规律：是指商品的供给量与价格之间存在正向依存关系。在其他条件不变的情况下，商品价格上升时，生产者愿意并且能够提供的商品数量增加；相反，商品价格下降时，生产者愿意并且能够提供的商品数量减少。

3. 保护价格：也叫支持价格或最低限价，是指政府为了支持某一产品的生产而对该产品的价格规定的一个高于均衡价格的最低价格。

4. 需求价格弹性：是指商品的需求量对于价格变动做出反应的敏感程度。它通常用需求量变动的百分比对价格变动的百分比的比值来表示。

五、案例分析题

1. 请结合供求理论分析疫情初期口罩价格暴涨的原因。(请用供求曲线的位移画图分析)

答：疫情暴发初期人们对口罩的需求迅速增加，需求曲线会向右移动，但是短期内口罩的生产能力无法迅速提升，即口罩的供给会保持不变，供给曲线不发生移动，此时口罩的需求会远远大于供给，导致口罩的均衡价格上涨，从而出现疫情初期口罩价格暴涨的现象。(图形略)

2. 请结合供求理论分析疫情后期口罩价格回落的原因。(请用供求曲线的位移画图分析)

答：随着疫情的发展，口罩的生产能力不断提升，口罩的供给量增加，供给曲线会向右移动。可能由于疫情的逐步控制和人们逐渐适应新的生活方式，人们对口罩的需求会有所减少，需求曲线会向左移动，此时口罩的供给会大于需求，导致口罩的均衡价格下降，从而出现疫情后期口罩价格回落的现象。(图形略)

3. 疫情初期，政府为了遏制口罩价格过快上涨采取了限制口罩价格的行政措施，请分析该措施对当时的口罩市场可能产生什么影响。

答：政府采取限制口罩价格的行政措施，是一种最高限价行为，由于最高限价低于市场均衡价格，会使得口罩的需求量大于供给量，市场会出现供不应求的超额需求状况，可能出现口罩短缺和抢购现象，也可能导致口罩在黑市上高价出售，或引发非法交易活动等。

第二章 消费者选择

一、单项选择题

1~5 BADDA 6~10 ADDAC

二、多项选择题

1. ACD 2. BCD 3. BCD 4. BCD 5. AD

三、判断题

1~5 ××××× 6~10 √××××

四、名词解释题

1. 效用：是指消费者通过消费商品或服务所获得的满足程度。

2. 边际效用递减规律：是指在一定时间内，随着消费某种商品数量的不断增加，消费者从中得到的总效用是在增加的，但是是以递减的速度增加的，即边际效用是递减的。

3. 边际替代率：是指在维持满足程度(即效用水平)不变的前提下，消费者增加一单位的某一种物品所需放弃的另一种物品的消费数量的比率。

4. 预算约束线：又称为预算线或消费可能性曲线，是指在消费者的收入和商品价格既定的条件下，消费者的全部收入所能购买到的两种商品的不同数量的各种组合。

五、计算题

1. (1) 消费者的总效用；

答：因为 $X=16$，$Y=14$，$TU=4X+Y$，所以 $TU=4×16+14=78$。

(2) 如果因某种原因消费者只能消费 4 个单位的 X 产品，在保持总效用不变的情况下，需要消费多少个单位的 Y 产品？

答：要保持总效用不变，即保持效用为 78 不变，在消费者只能消费 4 个单位 X 产品下，有 $4×4+Y=78$，解得 $Y=62$。因此，需要消费 62 个单位的 Y 产品。

2. (1) 消费者的收入；

答：图中的横截距表示消费者的收入全部购买商品 1 的数量为 30 单位，且已知 $P_1=2$ 元，所以，消费者的收入 $M=2×30=60$ 元。

(2) 商品 2 的价格 P_2；

答：图中的纵截距表示消费者的收入全部购买商品 2 的数量为 20 单位，且由(1)已知收入 $M=60$ 元，所以，商品 2 的价格 $P_2=M/20=3$ 元。

(3) 预算约束线方程；

答：由于预算线的一般形式为：$P_1X_1+P_2X_2=M$

所以，由(1)、(2)可将预算线方程具体写为 $2X_1+3X_2=60$。

(4) 预算约束线的斜率；

答：预算线的斜率 $k=-P_1/P_2=-\dfrac{2}{3}$。

(5) 点 E 的 $MRS_{1,2}$ 的值。

答：在消费者效用最大化的均衡点 E 上，有 $MRS_{12}=P_1/P_2$，即无差异曲线的斜率的绝对值即 MRS 等于预算线的斜率绝对值 P_1/P_2，因此，$MRS_{12}=P_1/P_2=\dfrac{2}{3}$。

第三章 企业的生产和成本

一、单项选择题

1~5 CCACD 6~10 ACCBD

二、多项选择题

1. ABCD 2. ABCD 3. ACD 4. BD 5. BCD

三、判断题

1~5 √×√√× 6~10 ×√××√

四、名词解释题

1. 边际报酬递减规律：又称边际收益递减规律，是指在其他技术水平不变的条件下，在连续等量地把一种可变要素增加到其他一种或几种数量不变的生产要素上去的过程中，当这种可变生产要素的投入量小于某一特定的值时，增加该要素投入所带来的边际产量是递增的；当这种可变要素的投入量连续增加并超过这个特定值时，增加该要素投入所带来的边际产量是递减。

2. 隐性成本：是指相对于显性成本而言的，是指厂商本身所拥有的且被用于该企业生产过程中的那些生产要素的总价格。

3. 边际成本：是指每新增1单位生产的产品(或者购买的产品)带来的总成本的增量。

4. 生产函数：是指在一定时期内，在技术水平不变的情况下，生产中所使用的各种生产要素的数量与所能生产的最大产量之间的关系。

五、案例分析题

1.(1)计算并填写表中空格。(加粗的数字为填空答案)

劳动数量	劳动的总产量	劳动的平均产量	劳动的边际产量
1	**2**	2	**0**
2	**12**	**6**	10
3	24	**8**	**12**
4	**48**	12	**24**
5	60	12	12
6	**66**	11	6
7	70	**10**	**4**
8	**70**	8.75	**0**
9	63	7	−7

(2)在坐标图上画出劳动的总产量、平均产量和边际产量曲线。

答：图略。

(3)该生产函数是否符合边际报酬递减规律？

答：符合，在劳动数量从1增加到4的过程中，劳动的边际产量是递增的，在劳动数量从5增加到9的过程中，劳动的边际产量是递减的，因而该生产函数符合边际报酬递减规律。

(4)划分劳动投入的三个阶段。

答：劳动投入的第一阶段为劳动数量从1到5，在劳动投入量为5时，劳动的边际产量曲线与平均产量曲线相交于平均产量的最大值；劳动投入的第二阶段为劳动数量从6到8，在劳动投入量为8时，边际产量为0，总产量达到最大值；劳动投入的第三阶段为超过8的劳动数量，此时，边际产量为负数，总产量开始递减。

2.(1)计算并填表中空格。(加粗的数字为填空答案)

产量(Q)	总成本			平均成本			边际成本
	FC	VC	TC	AFC	AVC	AC	MC
0	**1 200**	0	1 200	—	—	—	—
1	1 200	600	**1 800**	**1 200**	600	1 800	600
2	1 200	**800**	2 000	**600**	400	1 000	200

(2)在坐标图上画出该企业的短期总成本、平均成本和边际成本曲线。

答：图略。

(3)试说明该企业的短期总成本、平均成本和边际成本三者之间的关系。

答：三者之间的关系如下：

①边际成本与平均成本的关系：当边际成本低于平均成本时，平均成本会下降；当边际成本高于平均成本时，平均成本会上升。

②边际成本与总成本的关系：边际成本决定了总成本的增长速度。随着产量的增加，如果边际成本保持不变或下降，总成本的增长速度会减缓；如果边际成本上升，总成本的增长速度会加快。

③平均成本与总成本的关系：平均成本是总成本除以产量，它反映了单位产量的成本。

第四章　市场结构

一、单项选择题

1~5　AAAAC　6~10　CBCCB

二、多项选择题

1. ACD　2. ABD　3. ABC　4. ABD　5. ABD

三、判断题

1~5　××√××　6~10　×√××√

四、名词解释题

1. 市场结构：指的是某一个行业中垄断与竞争的程度。市场结构划分为完全竞争市场、垄断市场、垄断竞争市场和寡头垄断市场四种类型。

2. 完全竞争市场：是指厂商众多，同时厂商提供的产品几乎同质化，且厂商进入或退出行业比较容易；厂商和购买者都是价格接受者，而不是决定者的市场。

3. 自然垄断：是指一个企业能以低于两个或更多企业的成本为整个市场提供一种商品或劳务。它的产生常常与规模经济有关。

4. 寡头垄断市场：是指由少数几个大的厂商控制着全部或者大部分产品的生产和销售的市场结构，介于垄断竞争市场与完全垄断市场之间。

五、案例分析题

1.（1）请说明经济现象1~4所体现的行业分别属于什么市场结构。

答：经济现象1为寡头垄断市场；经济现象2为垄断竞争市场；经济现象3为垄断市场；经济现象4为完全竞争市场。

（2）请描述经济现象4所体现行业市场结构的基本特征。

答：经济现象4为完全竞争市场，该市场结构的特征为：

①市场上有大量的买者和卖者，任意一个买者或卖者单独的市场行为都不会引起市场的产量和价格的变化，他们都只能是市场既定价格的接受者。

②产品是同质的，同一行业中的每一个厂商生产的产品是完全无差别的，提供的是标准化产品，各种产品相互之间具有完全的替代性，消费者无法根据产品的差别而形成偏好。

③所有资源具有完全的流动性，任何一个厂商进入或退出市场完全由自己自由决定，不存在任何障碍。

④信息是完全的，市场参与者充分了解市场行情，可以获得有关现在和将来市场情况的完整而充分的市场供求信息，并可以据此做出正确的决策。

⑤买卖自由，市场上的买卖活动完全自由、公开，没有人为的限制，任何一个市场主体都不能通过权力、关税、补贴、配给或其他任何人为的手段来控制市场供需和价格。

（3）试分析经济现象2和4所体现行业市场结构的主要区别。

答：经济现象2为垄断竞争市场；经济现象4为完全竞争市场。

两者的主要区别体现在以下四个方面：

①厂商数量：完全竞争市场中存在大量的小厂商，但每个厂商的市场份额都非常小；垄断竞争市场中虽然也有较多的厂商，但数量比完全竞争市场少，且每个厂商拥有一定的市场份额。

②产品差异化：完全竞争市场中的产品是完全同质的，即消费者认为这些产品是完全相同的；而垄断竞争市场的产品存在差异化，消费者对不同厂商的产品有不同的偏好。

③价格控制能力：完全竞争市场中的所有厂商均为市场价格接受者，表现为完全竞争企业面临的是一条水平的需求曲线；而垄断竞争市场中的厂商有一定的价格控制能力，可以通过改变自己所生产的差异化产品销售量来影响商品的价格，表现为垄断竞争企业面临的需求曲线向右下方倾斜。

④市场进入和退出：完全竞争市场中厂商可以自由进入或退出市场，没有进入壁垒；垄断竞争市场中虽然厂商也可以相对容易地进入或退出市场，但由于产品差异化、品牌忠诚度等因素，存在一定的进入壁垒。

2.(1)请问以上案例中的行业属于什么市场结构？该市场结构有哪些主要特征？

答：案例中的行业属于垄断竞争市场。该市场结构具有以下主要特征：①市场产品是有差异性的；②市场上存在大量厂商，厂商间存在激烈的竞争；③厂商对市场价格有影响，但作用有限；④厂商进出市场较容易。

(2)结合生活实例以及衣食住行的各个方面，列举出5个属于该案例中行业市场结构的例子。

答：生活中属于垄断竞争市场的有：①食品加工业，如各种不同品牌的面包、饼干、方便面等，每个品牌都有其独特的口味或特色；②餐饮业，如各种不同风味的餐馆，每家餐馆提供的菜品和服务都有所不同；③服装业：不同品牌的服装，设计、材质、品牌形象等方面都有所区别；④个人服务业：如理发、美容、按摩等，每个服务提供者都有其独特的手法和风格；⑤化妆品行业：各种不同品牌和功效的护肤品和化妆品。

福建省中等职业学校学生学业水平考试

经济与管理基础
（全两册）
管理学基础

中职经济与管理编写组　编

北京理工大学出版社
BEIJING INSTITUTE OF TECHNOLOGY PRESS

版权专有　侵权必究

图书在版编目(CIP)数据

经济与管理基础：全两册 / 中职经济与管理编写组编. -- 北京：北京理工大学出版社，2025.1.
ISBN 978-7-5763-4941-2

Ⅰ.F2

中国国家版本馆 CIP 数据核字第 2025VM8610 号

责任编辑：李慧智		**文案编辑**：李慧智	
责任校对：王雅静		**责任印制**：施胜娟	

出版发行 / 北京理工大学出版社有限责任公司
社　　址 / 北京市丰台区四合庄路 6 号
邮　　编 / 100070
电　　话 / (010) 68914026 (教材售后服务热线)
　　　　　　(010) 63726648 (课件资源服务热线)
网　　址 / http://www.bitpress.com.cn

版 印 次 / 2025 年 1 月第 1 版第 1 次印刷
印　　刷 / 定州市新华印刷有限公司
开　　本 / 889 mm×1194 mm　1/16
印　　张 / 21.75
字　　数 / 431 千字
定　　价 / 75.00 元 (全两册)

图书出现印装质量问题，请拨打售后服务热线，负责调换

前言
PREFACE

福建省中等职业学校学业水平考试是根据国家教育部颁布的中等职业学校教学标准和省教育厅下发的中等职业学校学生毕业要求,由福建省教育厅组织的统一考试。该考试成绩是中职生取得毕业证书的关键因素,也是职教高考录取的重要依据,是高校科学选拔人才的基础。

为帮助考生全面理解和掌握福建省教育厅2024年9月公布的《福建省中等职业学校学业水平考试〈经济与管理基础〉科目考试说明》,我们特组织长期深耕在教学一线、具有丰富教学经验的教师,依据最新考试说明,并基于福建省中等职业学校学业水平考试的特点及中职学生的学情精心编写了本书。本书包括经济学基础和管理学基础两部分。其中,经济学基础部分主要考查微观经济学的内容,包括商品的需求、供给与均衡价格,消费者选择,企业的生产和成本,市场结构四个部分;管理学基础部分主要以管理过程的决策、组织、领导、控制、创新这五大管理职能为线索,让学生在系统地理解和掌握管理学基本理论、内容、方法与技能的基础上,能够分析和解决现实中的管理问题,将管理学的知识内化为管理思维和管理素养。

本书主要特色:

1. 紧扣考纲,知识层次分明。每章考试大纲以思维导图的形式呈现了解、理解、掌握三个层次内容,每节三维学习目标明确,有助于考生掌握最新考情,抓住学习重点,高效备考。

2. 引导案例,激发学生学习内驱力。在每节知识学习前,以引导案例吸引学生思考,营造积极的学习氛围,将枯燥的经济学、管理学知识与生活中的小案例结合,有助于学生对抽象知识的理解。

3. 小知识,拓展学生专业面。对于考试说明未做要求,但又是经济学、管理学学科重要内容的知识点,以小知识的形式穿插在本书中,帮助学生深入理解相关知识,拓展专业知识面,加强学生对疑难问题的辨析。

4. 聚焦考点,以典型例题来明确、每章练习来强化。本书聚焦各章节考点,以典型例题来强化考生对考点的掌握,还设置了对应的每章练习,涵盖单项选择题、多项选择题、判断题、名词解释题、简答题、案例分析题等题型，帮助学生学练结合，加深对基础知识的理解，做到高效冲刺。

在本书编写过程中，我们参考了大量的文献资料，对这些资料的作者和编者表示衷心的感谢。另有部分资料来源于网络，我们未能确认原始出处，对此，我们深表歉意。由于编写者水平有限，编写时间紧迫，书中如有疏漏和不当之处，敬请指正。

中职经济与管理编写组

2024 年 12 月

目录 CONTENTS

下篇 管理学基础

第一章 管理与管理理论 ········ 3
- 第一节 管理的内涵 ········ 4
- 第二节 管理的本质 ········ 9
- 第三节 管理的基本原理 ········ 13
- 第四节 管理思想 ········ 18
- 本章练习 ········ 27

第二章 决策 ········ 33
- 第一节 决策概述 ········ 34
- 第二节 组织内外部环境分析 ········ 42
- 第三节 计划概述 ········ 49
- 第四节 计划的推进 ········ 55
- 本章练习 ········ 59

第三章 组织 ········ 65
- 第一节 组织设计 ········ 66
- 第二节 组织结构 ········ 76

第三节　组织整合 …………………………………………………………………… 84
　　第四节　组织文化 …………………………………………………………………… 90
　　本章练习 ………………………………………………………………………………… 95

第四章　领导 …………………………………………………………………………… 101

　　第一节　领导的内涵与特征 ………………………………………………………… 102
　　第二节　领导者理论 ………………………………………………………………… 106
　　第三节　激励概述 …………………………………………………………………… 117
　　第四节　行为基础理论 ……………………………………………………………… 119
　　第五节　过程激励理论 ……………………………………………………………… 124
　　第六节　沟通与沟通类型 …………………………………………………………… 131
　　第七节　沟通障碍及克服 …………………………………………………………… 135
　　本章练习 ………………………………………………………………………………… 140

第五章　控制 …………………………………………………………………………… 146

　　第一节　控制概述 …………………………………………………………………… 147
　　第二节　控制的过程 ………………………………………………………………… 154
　　本章练习 ………………………………………………………………………………… 161

第六章　创新 …………………………………………………………………………… 167

　　第一节　管理创新的内涵 …………………………………………………………… 168
　　第二节　管理工作的维持与创新 …………………………………………………… 172
　　第三节　不同方式的管理创新 ……………………………………………………… 176
　　本章练习 ………………………………………………………………………………… 179

参考答案 ………………………………………………………………………………… 183

下篇 管理学基础

第一章

管理与管理理论

　　管理渗透于我们生活的每一个角落，从原始社会简单的部落管理到错综复杂的现代企业管理，以及家庭管理、班级管理等，管理的智慧无处不在。本章我们将揭开管理的神秘面纱，深入探索管理的内涵、本质及其基本原理。首先，我们将剖析管理的概念与基本特征，看看它究竟是怎样通过计划、组织、领导和控制这些神奇的手段，将资源巧妙地拼凑起来，达成我们的心愿和目标。紧接着，我们会深入探讨管理的本质，你会发现，管理既像是一门严谨的科学，有着自己不变的规律和原则；又如同一门充满魅力的艺术，懂得在不同情境下灵活施展身手。在这个基础上，我们还会为你呈现管理的基本原理，比如人本原理，它教会我们珍视每个人的价值；系统原理，让我们明白整体协调的力量；效益原理，提醒我们时刻关注投入与产出的平衡；还有适度原理，告诫我们做事要拿捏好分寸。

　　最后，我们将像探险家追寻古老文明的遗迹一样，窥探为管理学大厦奠基的古典管理理论，带你一起走进泰勒的科学管理世界，感受法约尔一般管理的宽广视野，还会攀登韦伯科层组织的理论高峰。这些经典理论不仅是管理学宝贵的财富，更是我们理解和应对现代管理挑战的智慧源泉。

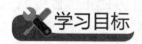

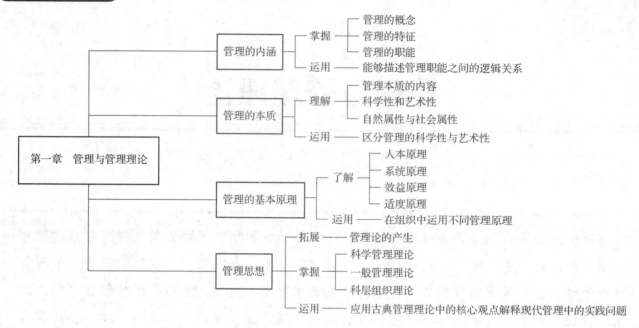

第一节 管理的内涵

学习目标

★知识目标
1. 掌握管理的内涵,包括管理的概念、基本特征和管理工作的内容;
2. 了解不同学者对管理定义。

★能力目标
能够描述管理的各项职能以及之间的逻辑关系。

★素养目标
1. 引导学生了解管理工作要实现组织成员的社会价值,培养学生的同理心和人际交往能力;
2. 通过学习明确人在管理过程中的主体地位,提升学生的主动性和创造性。

引导案例

某职业学校电商一班近期班级凝聚力下降,学生们对班级活动缺乏兴趣,课堂纪律也有所松懈,班主任钟老师决定通过优化班干部管理来改善。他发现班干部职责不明、沟通不畅、态度消极。于是钟老师采取了明确职责、加强培训、设立激励机制和促进团队合作等措施。

经过这些管理手段的实施,班级氛围和凝聚力显著提升,学生们对班级活动更感兴趣,课堂纪律也得到改善。

钟老师通过一系列的管理措施,成功解决了班干部管理中的问题,提升了班级的整体氛围和凝聚力。这背后正是管理在发挥作用。

知识学习

管理的起源可以追溯到古代文明时期,我国先秦时代儒家就提出了"以人为本"的管理思想。18世纪末19世纪初,随着工业革命的兴起和大规模工业生产方式的出现,管理思想开始逐渐萌芽。1911年,弗雷德里克·泰勒("科学管理之父")出版了《科学管理原理》一书,标志着管理学的诞生。随后经过人际关系与行为科学理论、系统理论与决策理论、权变理论等多个阶段的发展,管理学逐渐成为一门独立的学科,并在不断适应社会、技术和经济变化的过程中持续发展。

一、管理的概念

泰勒在其著作《科学管理原理》中对管理有着明确的定义和深刻的阐述,泰勒认为"管理就是确切地知道你要别人干什么,并使他用最好的方法去干",这个定义简洁而深刻地揭示了管理的核心要素:

明确的目标和最优的方法。管理者需要清楚地知道工作的目标和要求,确保每个员工都明确自己的职责和任务;管理者需要找到并执行最优的工作方法,以提高工作效率和质量。

管理是一个多维度、多层次的概念,不同学者和专家从各自的研究角度和实践经验出发,给出了多种定义,如表1-1所示。

表1-1 学者和专家关于"管理"的定义

姓 名	地 位	观 点
彼得·德鲁克	"现代管理学之父"	管理是一种工作,它有自己的技巧、工具和方法;管理是一种器官,是赋予组织以生命的、能动的、动态的器官;管理是一门科学,一种系统化的并到处适用的知识;同时,管理也是一种文化
赫伯特·西蒙	诺贝尔经济学奖得主	在《管理决策新科学》中明确指出"管理就是决策",决策贯穿于整个管理过程
曾仕强	"中国式管理之父"	管理是修己安人的历程。修己代表个人的修治,管理者能够以身作则,通过做人做事的具体表现来促进大家的安宁。安人是管理的最终目的,在组织内部营造一种和谐、稳定、积极向上的氛围,让每个人都能够安心工作、乐于奉献

综合多种观念和定义可以认为,管理就是为了有效地实现组织目标,由专门的管理人员

利用专门的知识、技术和方法对组织活动进行决策、组织、领导、控制并不断创新的过程。

二、管理的特征

(一)管理的目的是有效地实现组织预定的目标

管理可以看作是组织以较少的资源消耗来实现组织目标的一种工具或手段。作为工具或手段，意味着任何管理者都可以运用它来为自己服务。另一方面，管理者自身的风格、秉性会深深地烙印在管理的过程中，不同管理者呈现出来的管理风格各不相同。

(二)管理的主体是具有专门知识、利用专门技术和方法来进行专门活动的管理者

管理活动是社会生产过程中分离出来的一种专门活动，管理者是一种专门的职业，不是任何人都可以成为管理者的，只有具备一定素质和技能的人，才有可能从事管理工作。比如职业经理人指的是从事企业经营管理的专业性人才，他们懂得很多管理的知识，会用各种管理的方法和技术。

(三)管理的客体是组织活动及其参与要素(人、物、事等)

组织需要通过特定的活动来实现其目标，就必须开展各种活动，活动的过程是不同资源消耗和利用的过程。管理就是要研究怎么把这些资源用得最好，怎么安排活动最合理。比如一个餐厅的管理，就要考虑怎么买菜谁去买、做什么菜谁去做、怎么服务客人等活动，才能让餐厅生意好。

(四)管理是一个包括多阶段、多项工作的综合过程

决策虽然在管理中占有十分重要的地位，但是管理不仅是决策。管理者制定正确的决策后，还要组织决策的实施，激发组织成员的工作热情，追踪决策的执行进展，并根据内外环境的变化进行决策调整。因此，管理是一个包括决策、组织、领导、控制以及创新等一系列工作的综合过程。

三、管理的职能

为了提升组织资源利用的效率，管理者必须首先为组织的资源运用活动确定正确的方向(决策)，随后根据目标活动的需求设计合理的职位体系，并招募合适的员工(组织)。将招募的员工安排到合适的岗位后，管理者需努力促使他们持续展现出积极的行为(领导)。由于成员的行为可能并不总是符合组织的预期，因此需要进行及时的追踪和检查(控制)。资源利用的效率在很大程度上取决于活动方法或技术的合理性，随着人们对客观世界认识能力的提升，活动方法需要不断改进。实际上，不仅活动方法，组织活动的方向、人员安排也应随着活动环境与条件的变化而及时调整或创新。因此，组织必须通过管理努力确保始终让正确的人在

正确的岗位上使用正确的方法从事正确的工作。管理包括决策、组织、领导、控制及创新等一系列活动，如图 1-1 所示。

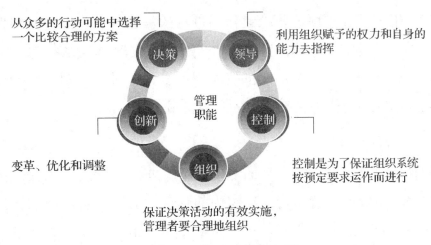

图 1-1　管理职能示意图

(一) 决策

决策是管理者在组织未来可能采取的众多行动方案中，选择一个相对合理方案的管理活动过程。为了确定正确的行动方向和合理的目标，管理者需要评估组织外部环境的特征及其变化趋势，并分析组织内部客观上拥有的资源状况以及主观上利用资源的能力。在制定正确的决策后，管理者还需详细分析实现决策目标所需采取的具体行动，以及这些行动对组织各部门和环节在未来各个时期工作的具体要求。因此，编制行动计划实质上是将决策目标在时间和空间上分解到组织的各个部门和环节，为每个部门、每个成员的工作提出具体要求。

(二) 组织

为了确保决策的有效实施，管理者需根据目标活动的需求设计合理的组织结构，包括在目标活动分解的基础上分析所需设置的岗位，即职务设计；根据一定的标准将不同岗位组合成不同的部门，即机构设计；根据业务活动及其环境的特点规定不同部门在活动过程中的相互关系，即结构设计；根据不同岗位所从事的活动要求或组织现有成员的素质特征，将适当的人员安置在组织结构的适当岗位上，即人员匹配。在此基础上，管理者向各岗位上的员工发布工作指令，并提供必要的物质和信息条件，以启动并维持组织的运作。在组织运作过程中，管理者需借助不同手段和方法，整合正式组织与非正式组织、直线与参谋及不同层级管理人员的贡献，并根据业务活动及其环境特点的变化，研究与实施组织结构的调整和变革。

(三) 领导

领导是指管理者利用组织赋予的权力和自身的能力，指挥和影响下属为实现组织目标而努力工作的管理活动过程。有效的领导要求管理人员在合理的制度(领导体制)环境中，凭借自身优秀的素质，采用适当的方式，针对组织成员的需要及特点，采取一系列措施去提高和维持组织成员的工作积极性。

(四) 控制

控制是为了确保组织系统按预定要求运作而进行的一系列工作，包括根据预先制定的标准检查和监督各部门、各环节的工作，判断工作结果与目标要求是否一致。若存在偏差，则需分析偏差产生的原因及偏差对目标活动的影响程度，并针对原因制定并实施纠正偏差的措施，以确保决策活动的顺利进行和决策目标的有效实现。

(五) 创新

组织活动是一种面向外部、面向未来的活动。组织外部环境及组织内部可利用的资源是持续变化的。即便环境与资源保持不变，组织中的管理者对资源与环境的认识也可能发生变化。这些变化要求组织内部的活动技术与方法不断变革，组织活动与人员安排不断优化，甚至组织活动的方向、内容与形式也需要不断地进行调整。这些变革、优化和调整是通过管理的创新职能来实现的。

◇ 管理故事

科学管理助力 WM 科技进军蓝海行业

WM 科技洞察到低空经济潜力，决定进军无人机物流。经过深入调研，公司高层果断决策，投入巨资并组建专业团队，制定详细战略规划和实施路线图。为此，公司调整组织结构，成立无人机物流事业部，加强产学研合作，优化供应链管理，构建高效协同的工作体系。项目实施中，WM 科技建立严格的项目管理体系，包括进度监控、成本控制和质量保障，通过定期评审会议及时解决问题。公司还评估并应对技术、市场、政策等风险，确保项目顺利推进。

作为低空经济先行者，WM 科技重视创新，投入大量资源研发无人机技术，探索新商业模式和应用场景。与电商平台合作开展无人机快递试点，提供便捷配送服务，并致力于研发低能耗、低噪声产品，关注环保和可持续性发展。WM 科技通过明智决策、高效组织、有力领导、严格控制和持续创新，成功进军低空经济领域，取得显著成果。这充分展现了管理职能在企业发展中的重要作用，为低空经济注入新活力。

典型例题

1. (单选) 某大型企业在行业内一直以技术领先、制度规范、人才济济、运营高效而颇受好评。但近年来该企业业绩却持续下滑，士气低落，管理人员与技术人员的流失逐年增多。从管理职能的角度出发，该企业最有可能存在问题的地方是(　　)。

A. 计划职能　　　B. 组织职能　　　C. 领导职能　　　D. 控制职能

【答案】 C

【解析】 有效的领导要求管理人员采取一系列措施去提高和维持组织成员的工作积极性。题干中员工士气低落、人员流失，说明没有重视人的因素，领导不足。

2.（单选）管理的主体是（　　）。

A. 工作　　　　　B. 技术　　　　　C. 组织　　　　　D. 管理者

【答案】 D

【解析】 管理的主体是具有专门知识、利用专门技术和方法进行专门活动的管理者。

3.（多选）关于管理的内涵，下列正确的有（　　）。

A. 管理的本质是利益最大化

B. 管理的目的是有效地实现组织预定的目标

C. 管理的客体是组织活动及其参与要素

D. 管理是一个包括多阶段、多项工作的综合过程

【答案】 BCD

【解析】 A 选项不对，其他都对。还有一项是管理的主体是具有专门知识、利用专门技术和方法来进行专门活动的管理者。

第二节　管理的本质

学习目标

★知识目标

1. 理解管理的本质；
2. 理解管理的科学性和艺术性；
3. 理解管理的自然属性与社会属性。

★能力目标

能够区分管理的科学性与艺术性。

★素养目标

通过对管理科学性和艺术性、自然属性和社会属性的学习，引导学生用辩证的眼光全面看待和分析问题。

引导案例

作为一位出色的足球队教练，你正准备带领球队参加一场重要的比赛。在比赛前，你不仅要考虑战术布置、球员位置这些技术层面的问题，还要关注每位球员的心理状态、团队士气以及如何激发每个人的最大潜能。这就好比是一个微缩版的管理场景。

首先，作为教练，你管理的对象是人——那些有着不同技能、个性特征和情绪状态的球员。得了解他们，知道谁能在关键时刻挺身而出，谁需要更多的鼓励和支持。其次，比赛场上情况瞬息万变，球员们的表现也会受到各种因素的影响，比如紧张、体力下降或是对手的策略变化。这时，你需要及时调整战术，协调球员之间的配合，确保整个团队能够朝着共同的目标前进。再者，教练工作既需要科学的训练计划、战术分析，也需要艺术性的激励方式、临场应变。比如，如何在落后时鼓舞士气，在领先时保持冷静，这些都是管理艺术性的体现。

知识学习

一、管理本质的内容

（一）管理是对人或人的行为的管理

管理者的工作主要是对人的管理，管理者的成功、管理者的职业生涯发展，不仅深受个人素质、能力及努力程度的影响，更在于他们具备慧眼识才、知人善任的能力，以及激发并持续维持团队积极性的卓越技巧。"千里马常有，而伯乐不常有"，优秀的人才或许很多，但能够识别并有效运用这些人才的管理者显得更为珍贵。

（二）管理的本质是对人的行为进行协调

由于个体在认知和行动能力上存在的局限性，员工在参与组织活动时，其行为往往难以完全契合组织的期望与要求。因此，管理者的首要职责在于积极引导组织成员，确保他们的行为与组织目标保持高度一致。不同成员在不同时间和情境下所展现的行为，尽管单独看都符合组织规范，但从整体视角审视，这些行为及其对组织的贡献却可能出现不协调或失衡。这就要求管理者不仅要关注个体行为，更要从全局出发，巧妙协调并整合各成员在组织活动中的行为与贡献，以实现组织的整体最优。

协调组织成员的行为是以组织成员愿意接受协调和组织成员的行为具有可协调性为前提。可协调性是指组织成员能够根据管理者的指令或要求表现出相应行为。管理者与作为被管理者的组织成员的关系是互动的。行为可协调性的前提是行为的可预测性。管理者之所以能对组织中不同成员的行为进行有效的协调，是因为他自己和作为协调对象的组织成员的行为都具有一定程度的可预测性。

一家科技创新型公司致力于开发最新的软件产品。但是有的员工非常擅长技术创新，却不太注重项目的时间管理；而另一些员工则非常注重细节和流程，但在创新方面稍显不足。如果每个员工都按照自己的方式行事，虽然他们的行为在某种程度上都符合组织要求，但从整体上看，可能会导致项目进展的不平衡，甚至影响最终的产品交付。这时，管理者的角色就显得尤为重要，可以鼓励技术创新型员工在保持创造力的同时，更加注重项目的时间节点；也可以引导注重细节的员工在保持严谨的同时，尝试更加开放和创新的工作方式。

二、管理的科学性和艺术性

科学性是管理的基础，它为管理者提供了分析问题和解决问题的科学方法论。管理者需要掌握科学的管理知识，以便对组织中存在的管理问题提出可行的、正确的解决方法。如果没有科学的管理知识，管理者就只能依靠经验、直觉或运气来进行管理，这往往会导致管理效果不佳或失败。

管理的艺术性则强调管理的实践性、创造性和灵活性。没有一成不变的模式和方法，管理者需要根据具体情况灵活运用管理理论和方法，因地制宜地采取措施。管理活动的有效性在很大程度上正是取决于管理者能否艺术地运用科学的理论、手段和方法。管理的艺术性还体现在管理者对人格魅力、灵感和创新的运用上。海尔公司的张瑞敏在面对"洗衣机洗水果"的客户需求时，能够敏锐地洞察到市场需求的变化，并果断决策开发能够洗地瓜的洗衣机，这就是管理艺术性的体现。

◇管理故事

海尔的砸冰箱事件

在海尔集团创业初期，由于产品质量问题，生产出来的冰箱存在瑕疵。面对这一情况，海尔的创始人张瑞敏做出了一个惊人的决定——砸掉所有不合格的冰箱。

张瑞敏通过砸冰箱这一行为，向全体员工传达了质量至上的理念。这种极端的方式虽然残酷，但却深刻地印在了每个员工的心中，使得海尔在后续的生产过程中，对质量把控极为严格。在当时的情况下，海尔面临着严重的质量危机，如果不及时处理，可能会影响企业的声誉和生存。张瑞敏通过砸冰箱这一行为，果断地解决了危机，并赢得了市场的信任。

"砸冰箱事件"生动地展示了管理的艺术性，即管理者在面对复杂情况时，需要运用灵活多变的管理手段和方法，以达到最佳的管理效果。张瑞敏通过砸冰箱这一行为，不仅解决了企业的质量危机，还塑造了独特的企业文化，为海尔的后续发展奠定了坚实的基础。

管理理论和管理工具(手段和方法)是科学的,而管理实践则明显地表现出艺术性的特征,管理的科学性与艺术性是相互补充、相辅相成的。科学性为艺术性提供了基础和指导,而艺术性则是科学性的突破和创新。在实际的管理活动中,成功的管理者往往能够将管理的科学性与艺术性有机结合起来。他们既能够遵循管理的客观规律,又能够根据实际情况灵活应变,采取创新性的管理措施和方法。这种科学性与艺术性的统一,使得管理活动更加高效、更加富有成效。实际上,管理活动的有效性在很大程度上正是取决于管理者能否艺术地运用及在何种程度上艺术地运用那些科学的理论、方法和手段。

三、管理的自然属性与社会属性

管理是对组织中人的活动进行整合和协调。组织活动过程是一系列资源的组合过程。这些资源及其利用方法都与一定的技术相联系。不同的时代背景下技术发展水平不同,对整合资源利用过程的管理也必然体现出不同的特征。这些特征与管理的自然属性相关。在不同社会制度背景下对不同类型组织的不同活动的管理会表现出相似的自然属性特征,在不同背景实践中抽象出的与之相关的管理理论与方法也因此具有一般的借鉴意义。

管理为管理主体的利益服务,管理主体为实现其预期目的而需借助手段的特点决定了管理具有特殊的社会属性。管理社会属性的特征决定了在特殊背景下产生的理论与方法总是与这个特殊背景有着密不可分的关系,其他社会背景下的组织借鉴和运用这些理论和方法时必须考虑到社会制度、主体性质、服务目的以及主客体关系等方面的差异。

管理的二重性即与组织生产力和社会化大生产相联系的自然属性,与生产关系和社会制度(上层建筑)相联系的社会属性。管理的自然属性主要取决于生产力发展水平和劳动社会化程度。管理的社会属性主要取决于社会生产关系的性质和社会制度。管理的自然属性和社会属性原理便是管理的二重性原理。

典型例题

1.(单选)管理作为一个活动过程,其中存在着一系列基本的客观规律,这体现了管理的( )。

A. 应用性　　　　B. 实践性　　　　C. 科学性　　　　D. 艺术性

【答案】 C

【解析】 "客观规律"体现了管理的科学性。

2.(判断)不同的时代背景下,技术发展的不同对整合资源利用过程的管理必然体现了不同特征。这些特征与管理的社会属性相关。

【答案】 错误

【解析】 这些特征与管理的自然属性相关。

3.(单选)管理是一门艺术,这是强调管理的( )。

A. 复杂性　　　　B. 有效性　　　　C. 实践性　　　　D. 精确性

【答案】 C

【解析】 科学性强调客观规律,艺术性强调实践性。

第三节　管理的基本原理

学习目标

★知识目标

1. 了解管理的基本原理,包括人本原理、系统原理、效益原理、适度原理;
2. 了解不同管理原理的含义及在组织中的运用。

★能力目标

能够分析实际的管理案例中蕴含的管理基本原理。

★素养目标

1. 通过人本原理的学习,引导学生理解并尊重人的价值和尊严,培养人文关怀和社会责任感;
2. 启发学生从整体上理解和分析问题,提升全局思维能力和系统分析能力。

引导案例

一家咖啡馆老板深知员工是服务的核心,因此他关心每一位员工的需求,用温暖和激励点燃他们内心的服务热情,从而让他们绽放出最灿烂的笑容,为顾客提供最贴心的服务。他还定期对员工进行培训,不仅提升他们的专业技能,还增强他们的团队协作意识,给顾客带来愉悦的用餐体验。同时为了吸引更多的顾客,咖啡馆巧妙策划了一系列优惠促销活动,以提升经营效益。

这家咖啡馆能在竞争激烈的市场中脱颖而出,其管理智慧是不可或缺的灵魂所在,其中蕴含的正是管理的基本原理。

知识学习

管理的基本原理是对管理工作实质内容进行科学分析后形成的基本真理，是对现实管理现象的抽象概括，对一切管理活动具有普遍的指导意义，是管理者在组织管理活动的实践中必须依循的基本规律。这些规律主要有人本原理、系统原理、效益原理以及适度原理。

一、人本原理

组织是由个体构建而成的集体，其一切活动均由人来驱动和实施。因此组织活动的管理本质上既涵盖对人的管理，也涉及通过人来推进管理。在这个框架中，人不仅是组织的核心要素，也是管理工作的焦点所在，从而确立了人本原理在管理理论中的首要地位。

以人为中心的人本原理管理理念，强调在组织活动的管理中应坚持"依赖人管理"与"为人管理"的双重原则。依赖人管理，一方面提倡被管理者积极参与管理过程，包括组织活动方向、目标及内容的确定、执行与监控，确保他们的声音被充分听取和考虑；另一方面，它强调应根据人的独特性与需求来定制管理策略，注重管理的人性化，以充分发挥每个人的潜能。

为了人的管理是指管理的根本目的是为人服务的，既是对组织目标的追求，也是对个体价值的尊重与实现。例如美的公司不仅关注员工的职业发展，还通过举办集体婚礼、设立"美爱"帮扶基金等方式增强员工的凝聚力和归属感。美的公司通过关注员工需求、提升员工福利、鼓励员工参与和创新等方式，不仅促进了企业的可持续发展，也实现了员工个人价值和社会价值的双重提升。

二、系统原理

（一）系统的概念

系统是指由若干相互依存、相互作用的要素或子系统组合而成的具有特定功能的有机整体。系统原理要求从组织整体的系统性出发，按照系统特征的要求从整体上把握系统运行的规律，对管理各方面的前提做出系统的分析，进行系统的优化，并依照组织活动的效果和社会环境的变化，及时调整和控制组织系统的运行，最终实现组织目标。

（二）系统的特征

人造、开放、动态的社会经济组织系统虽然存在多种形式，但一般来说具有以下共同特征：

（1）整体性。整体性是系统的基本特征，主要表现在两个方面：从构成上来看，系统是由若干既相互联系又相互区别的要素（子系统）构成的整体。从功能上来看，系统的整体功能实现依赖于要素的相互作用。

（2）相关性。相关性是指系统各要素之间相互制约、相互影响、相互依存的关系。

(3)有序性。系统的有序性是指系统在相对稳定的结构状态下有序运行。主要表现在两个方面：第一，系统内各要素相互作用的层次性，即构成系统的各要素在不同的层次上发挥作用；第二，系统要素相互作用的方向性，即系统各要素在纵向的各层次之间和横向的各环节之间朝一定的方向交互作用。

(4)与外部环境的互动性。系统与外部环境的关系是互动的：一方面，系统要根据环境的特点及变化选择并调整自己的活动；另一方面，系统会通过自己的活动去影响和改造环境，使环境朝有利于自己的方向变化。

(三)组织管理应注意的问题

(1)管理活动所要处理的每一个问题都是系统中的问题，即系统的整体性。因此，解决每一个具体的问题，不仅要考虑该问题的解决对直接相关的人和事的影响，还要顾及对其他相关因素的影响；不仅要考虑对目前的影响，还要考虑对未来可能产生的影响。只有把局部与整体、内部与外部、目前与未来统筹兼顾、综合考虑，才能妥善地处理组织中的每一个问题，避免顾此失彼。

(2)管理必须有层次观点。组织及其管理活动是一个多元、多级的复杂系统。在这个系统中，不同层次的管理者有着不同的职责和任务，即系统的有序性。各管理层次必须职责清楚、任务明确，并在实践中各司其职，各行其权，各负其责，以正确发挥各自的作用，实现管理的目标。如果管理工作层次不清、职责不明，或者虽然层次分明，但上级越权指挥、下级越权请示，不按组织层次展开工作，则可能使管理系统变得一片混乱。

(3)管理工作必须有开发观点。因系统的动态性和开放适应性，组织与环境的作用是交互的。管理者不仅应根据系统论的观点，注意研究和分析环境的变化，及时调整内部的活动和内容，以适应市场环境特点及变化的要求，而且应努力通过自己的活动去改造和开发环境，引导环境朝着有利于组织的方向去发展变化。

三、效益原理

效益是指组织目标的实现与实现组织目标所付出代价之间的一种比例关系。追求组织活动的效益，意味着要尽可能以较少的资源去实现既定的组织目标。追求效益是人类一切活动均应遵循的基本规则，这是由资源的有限性所决定的。资源的有限性与人类需要的无限性之间的矛盾，是人类社会的基本矛盾。资源消耗与目标实现过程中的活动紧密相关，方法得当则资源得以合理配置和高效利用；方法不当，则可能引发资源浪费。

"做正确的事"是追求效益的基石，而"用正确的方法做正确的事"则是实现效益的保障。管理者必须致力于提升自己和下属两项核心能力：一是"做正确事的能力"，即判断力；二是"用正确方法做事的能力"，即执行力。这样，才能确保组织在追求效益的道路上稳步前行。海信电器通过实施技术领先战略，强化产品差异化，重视生产高端产品，将"信芯"成功应用到电视的批量生产中，技术的进步提高了电视的质量，降低了电视成本，使电视机的利润显著提高，成本利润率明显增长。

四、适度原理

管理活动中存在着许多相互矛盾的选择，适度原理强调，优秀的管理者在处理组织内部的矛盾和协调各种关系时，必须精准掌握平衡的尺度。

组织在业务选择、管理幅度及权力分配上，均需避免采取过宽过窄、过大过小或过度集中与分散的极端策略，力求适度管理，实现最佳组合。这种对立选择凸显了管理者的关键角色，其工作效率不仅依赖于管理理论知识的掌握，更在于灵活应用这些知识的能力。适度管理不仅是策略选择，更是管理者将理论转化为实践、实现组织目标的智慧体现。

我国传统文化中，儒家倡导的"中庸之道"就是适度管理的典型体现。中庸强调"适度""中和"，主张在处理问题时避免走极端，寻求事物的平衡与和谐。在管理上，这意味着管理者应该把握好管理的尺度，既不过于严苛也不过于宽松，既不过于集权也不过于放任，而是要在各种对立面之间找到最合适的平衡点。

从定义、描述、关键点对以上四种管理的基本原理加以总结，如表1-2所示。

表1-2 管理的基本原理

名称	定义/描述	关键点
人本原理	管理应以人为本，涵盖对人的管理及通过人来推进管理	依赖人管理、为了人的管理
系统原理	从整体出发，把握系统运行的规律，进行系统的优化	整体观点、层次观点、开发观点
效益原理	追求组织目标达成与所付出代价之间的比值最大化	做正确的事、用正确的方法做正确的事
适度原理	在业务选择、管理幅度及权力分配上寻求适度，避免极端	管理者需灵活应用管理知识，找到平衡点

◇管理故事

华为管理智慧：以人为本，系统构建，效益追求，适度平衡

华为公司凭借独特的企业文化和管理实践，成为全球ICT领域的佼佼者。其"以客户为中心，以奋斗者为本"的理念，深刻体现了人本原理，通过优厚薪酬福利、完善培训体系及广阔发展空间，吸引并激励员工持续成长与创新。在系统原理方面，华为构建全球化运营体系，整合内外资源，实现高效协同。数字化转型与智能化管理系统的应用，进一步提升了运营效率与响应速度。

效益原理是华为不懈追求的目标。公司注重技术创新与产品研发，不断推出竞争力强的新产品，同时优化生产流程与供应链管理，降低成本，提升盈利能力。市场拓展与品牌建设同步推进，为企业创造更多商业价值。

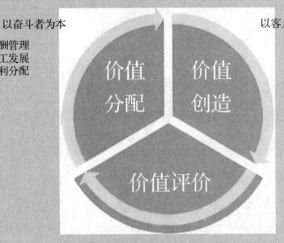

在适度原理的把握上，华为追求规模与质量、效益的平衡，投资决策、市场拓展等决策均保持谨慎稳健，避免盲目扩张风险。与合作伙伴共赢发展，实现资源共享与优势互补。

典型例题

1.（单选）"一着不慎，满盘皆输"体现了系统的（　　）。

A. 相似性　　　B. 有序性　　　C. 互动性　　　D. 整体性

【答案】 D

【解析】 系统的特征主要包括整体性、相关性、有序性、与外界环境的互动性。题干表述体现了系统的整体性。

2.（单选）管理的首要原理是（　　）。

A. 人本原理　　B. 效益原理　　C. 系统原理　　D. 适度原理

【答案】 A

【解析】 以人为中心的人本原理要求对组织活动的管理既是"依靠人的管理"，也是"为了人的管理"。人本原理是管理的首要原理。

第四节　管理思想

🔧 学习目标

★ 知识目标
1. 了解管理理论的产生与发展；
2. 掌握古典管理理论，包括科学管理研究、一般管理研究和科层组织研究的主要内容。

★ 能力目标
1. 能够以古典管理理论中的核心观点解释现代管理中的实践问题；
2. 能够在实际工作中运用古典管理理论的原则和方法，以提高组织的管理水平和效率。

★ 素养目标
1. 在理解古典管理理论的基础上，结合现代管理理论和实践，探索新的管理方法和策略，培养学生的创新意识和创新能力；
2. 能够与团队成员协作，共同将管理理论应用于实际工作中，解决组织面临的问题和挑战。

🔧 引导案例

石阿姨经营的家庭烘焙坊遇到了挑战：尽管她的手艺依旧精湛，但烘焙坊的生意却逐渐清淡。顾客反映等待时间太长，产品种类不够丰富，而且偶尔还会出现订单混淆的情况。

她的女儿茵茵是管理学的研究生，茵茵建议她优化生产流程，记录每个烘焙步骤所需的时间，找出瓶颈环节，并尝试通过调整工作流程来缩短顾客等待时间。同时，建议引入标准化作业的概念，确保每个产品都能保持一致的口感和外观；并引入差别计件工资制，以激励员工提高生产效率。很快烘培坊的生产效率有了显著提升，产品质量也得到了保障。

🔧 知识学习

管理思想是人们在社会实践中对管理活动的思考所形成的观点、想法和见解的总称。管理思想是在管理实践基础上逐渐形成发展起来的，经历了从思想萌芽、思想形成到不断系统与深化的发展过程。

一、管理理论的产生与发展

管理思想的发展一般认为经历了古代朴素管理思想、古典管理理论、现代管理理论丛林三个时期。古代朴素的管理思想兴盛于古代的中国、巴比伦、印度等。随着19世纪后期社会生产力的高度发展与科学技术的飞跃进步,管理问题得到重视和关注,管理思想逐渐形成一个独立的思想体系,进而使管理成为一门学科,其主要标志是泰勒的《科学管理原理》和法约尔的《工业管理与一般管理》分别于1911年和1916年的出版,我们称之为古典管理理论。泰勒通过科学管理理论强调了工作的标准化和效率的提升;法约尔则提出了一般管理理论(管理过程理论),明确了管理的职能和原则;韦伯的古典科层组织理论(行政组织理论)则为组织设计提供了重要的理论依据。这些人物的贡献共同推动了古典管理理论的形成和发展。

20世纪初,特别是第一次世界大战之后,随着工业化进程的加速和全球经济环境的日益复杂,管理实践面临着前所未有的挑战。这一时期的管理思想呈现出多元化和复杂化的特点,出现了众多学派和理论,如行为科学学派、系统管理学派、决策理论学派等。这些学派和理论在管理实践中相互补充、相互影响,形成了所谓的"管理理论丛林"。20世纪80年代至今,随着全球化的加速和信息技术的飞速发展,当代管理理论更加注重战略管理、人本管理、知识管理等新兴领域的研究。管理思想也在不断地与其他学科进行交叉和融合,如心理学、社会学、经济学等。

◇管理故事

中国传统管理思想

我国古代关于企业管理的论述,最早可以追溯到先秦时期。这些古代管理思想不仅具有深厚的文化底蕴,还蕴含了丰富的管理智慧和实践经验,对现代企业管理具有重要的启示和指导作用。

一、儒家的管理思想

儒家强调"以人为本"的管理思想,认为人才是一切之根本,只有解决好人的问题,才能达到"本理国固"的目的。这一思想在现代企业管理中仍具有重要意义,强调企业应关注员工的需求,激发员工的潜能。

儒家还提出了"正人必先正己"的管理思想,强调领导者道德素质的重要性。这一思想在现代企业中同样适用,要求领导者以身作则,树立良好的榜样。

二、道家的管理思想

道家主张"无为而治",强调顺应自然、不强行干预。在企业管理中,这可以理解为注重企业的内在规律和员工的自主管理,避免过多的行政干预。道家还提倡"天人合一"的整体和谐观,要求企业在管理过程中注重与自然、社会的和谐共生。

三、法家的管理思想

法家主张以法制刑治来管理国家和社会,强调规则的制定和执行。在企业管理中,法家思想体现为重视制度建设和管理规范化,确保企业的有序运行。

二、泰勒的科学管理理论

泰勒指出当时企业劳动生产率普遍偏低,工人实际产量仅达到其潜能的三分之一。这主要归于三大因素:首先,劳动使用不当,涉及工作分配欠妥和劳动方法低效;其次,工人缺乏工作动力,这既源于工人自身态度,也与报酬机制不合理有关;最后,企业生产组织与管理存在缺陷。因此,提升劳动生产率和增加企业盈利需从这三方面入手。泰勒的企业管理实践与理论研究正是围绕这些核心问题展开的。

(一)改进工作方法,并根据工作的要求挑选和培训工人

1. 改进操作方法,以提高工效、合理利用工时

为提升工作效率和工时利用率,必须确保每位工人采用正确的工作方法。这需要将生产流程中的每个环节细化为多个操作步骤,并进一步分解为基本动素。通过深入分析每个动素的必要性和合理性,剔除冗余动素,并基于经济原则优化和整合剩余动素,从而制定出标准的作业流程。此外,还需精确测量工人完成每项动作所需的时间,并考虑生理需求和不可避免的延误,为标准作业流程设定合理的时间标准。

2. 作业环境与作业条件的标准化

为确保工人能在规定时间内完成标准操作,必须根据作业方法的要求,对工人的作业环境和条件(包括工具、设备、材料等)进行标准化设置。

3. 根据工作要求,挑选和培训工人

泰勒认为每个人都有独特的才能,只要找到适合的工作,都能成为一流的工人。因此,提高工人劳动生产率的第一步是根据工人的特长合理分配工作。在正确匹配工人与岗位后,还需根据标准作业流程对工人进行专业培训。

(二)改进分配方法,实行差别计件工资制

泰勒指出,工人不愿意增加劳动量的一个关键原因是分配制度不公。当时有些企业虽已采用计件工资制,但工人产量增加导致工资总额上升时,资本家会降低工资标准。为应对此

情况，工人选择减少产量，进而导致劳动生产效率下降。泰勒提出，要激励工人提高产量，工资标准不仅应保持稳定，还应随产量增加而提高。因此，他建议实施差别计件工资制：在计算工资时，采取不同的工资率，对于未完成定额的工人，按较低工资率支付；对于完成或超额完成定额的工人，则按较高工资率支付。由于超额完成定额能获得更高报酬，工人因此愿意付出更多劳动。

(三)改进生产组织，加强企业管理

泰勒在企业实践中，从车间工人视角深刻认识到，加强和改进企业管理对于提升劳动生产率至关重要。

首先，他提出在企业内部设立计划部门，将计划职能与执行职能明确分开。泰勒强调，提升劳动生产率需优化工人作业方法。尽管工人拥有丰富的操作经验，但缺乏系统研究与分析的时间。这项工作应由企业主或其委托的专业人员承担。

其次，泰勒推行职能工长制。他将管理工作细化，认为每位管理者应仅负责一两项具体工作。他提出，原本由车间主任承担的工作应交由八个职能工长分担，其中四个在计划部门工作，另四个在生产现场负责监督。每个职能工长仅负责其专业领域内的工作，并有权在其职能范围内向工人下达指令。

最后，泰勒倡导例外管理原则。他认为在大型企业中，高层管理者在实行职能工长制的同时，还需遵循例外管理原则。例外管理意味着上级主管将日常事务授权给下级管理人员处理，而自己则保留对特殊情况或重大问题的决策与监督权。这一原理为后来的分权化管理和事业部制提供了重要的理论支撑。

泰勒以自己在工厂的管理实践和理论探索，突破了自工业革命以来长期沿用的传统经验管理范式，将科学原理引入管理领域，并构建了一套详尽的管理方法论，为管理理论体系的构建奠定了坚实的基础。泰勒提出将管理职能从企业生产职能中分离出来，这一观点促使了专职管理工作的出现，进而加深了对管理实践的反思，为管理理论的进步提供了有利条件。泰勒制在生产现场组织的实施中亦取得了卓越成效，通过科学的作业流程与管理策略的应用，显著推动了生产效率的提升，企业生产效率实现了2至3倍的增长。基于上述成就，泰勒的科学管理方法在20世纪初期的美国及西欧地区获得了广泛的认同与应用。

三、法约尔的一般管理理论

泰勒研究的重点内容是企业内部具体工作的效率，而法约尔的研究则是以企业整体作为研究对象。一般管理理论的核心内容包括经营六职能、管理五要素和有效管理14条原则。

(一)经营六职能

法约尔认为，经营和管理是两个不同的概念，管理只是经营的一部分。将企业所从事的

经营活动进行归纳，总结出六大职能：技术、商业、财务、安全、会计和管理。管理作为经营的一个职能，由计划、组织、指挥、协调、控制等一系列工作组成，如表1-3所示。

表1-3 经营六职能

职能名称	具体内容
技术职能	专注于将原材料转化为产品的制造过程，涉及生产加工的各个环节
商业职能	与市场活动紧密相关，包括原材料的采购、设备购置以及产品的销售推广
财务职能	围绕着资金的筹措与有效运用，确保企业财务的健康运作
安全职能	着重于设备与人员的安全保障措施，预防事故，维护工作环境的安全
会计职能	负责记录、分类并分析资金流动过程中的各种变化，以监控资金使用的合理性和效率
管理职能	由计划、组织、指挥、协调、控制等一系列工作构成

(二)管理五要素

法约尔认为，管理活动包括计划、组织、指挥、协调和控制五个方面的内容，这些要素广泛用于企事业单位和行政组织。法约尔以管理五要素为核心内容，构成了具有权威性的管理职能及管理过程的一般框架。

1. 计划

计划是管理的基础，它涉及对未来事件的预测和对这些事件的应对策略的制定，是企业的"导航仪"。预测是计划的基础，它要求管理者根据历史数据和当前趋势来预测未来的情况。行动计划的制订则是计划工作的核心，它明确了组织需要达到的目标、实现这些目标应遵循的路径、经过的阶段以及使用的手段。计划为组织的未来提供了清晰的路线图，是组织成功的关键。

2. 组织

组织工作包括物的组织和人的组织。在物质资源得到妥善配置后，管理者的主要任务是将人员合理组织起来，以确保企业能够有效地执行其基本职能。组织工作涉及选择适当的组织形式、明确各部门的职责和关系、选聘和培训员工等。通过有效的组织，企业能够更高效地利用资源，实现其目标。

3. 指挥

指挥是确保企业按照既定计划运作的关键环节。它要求领导者根据企业的利益，指导员工做出最佳贡献。指挥不仅是一种技能，更是一种艺术，它要求领导者具备高超的沟通技巧和深厚的管理智慧。有效的指挥能够激发员工的积极性和创造力，推动组织向前发展。

4. 协调

协调是管理中的一个重要要素，它确保企业内部的各个部门和工作能够和谐地配合，是企业的"润滑剂",共同推动企业的顺利运营。协调包括平衡各种关系,如企业活动与物质资源的比例,各职能部门的职责及其有效沟通,收入与支出、生产与销售的比例等。通过合理的计划制订和有效的信息沟通,企业可以实现组织协调,提高整体效率。

5. 控制

控制是确保计划目标得以实现的关键手段,是企业的"监督员"。它要求管理者不断监控工作进度,确保各项工作与计划相符,并及时纠正偏差。控制的目的在于发现问题、解决问题并防止类似问题再次发生。通过有效的控制,企业可以确保资源的合理利用和目标的顺利实现。

(三)有效管理14条原则

法约尔根据自己办公室总经理的工作经验,归纳出了有效管理的14条原则:劳动分工、权力和责任、纪律、统一指挥、统一领导、个人利益服从整体利益、人员的报酬、集中、等级制度、秩序、公平、人员稳定、首创精神、人员的团结。

(1)劳动分工。劳动分工属于自然规律的范畴,其目的是用同样的劳动得到更多更好的成果。这个原则不只适用于技术工作,而且毫无例外地适用于所有涉及或多或少的一批人或要求几种类型的能力的工作。劳动分工有一定限度,经验与尺度感告诉我们不应超越这些限度。

(2)权力和责任。权力是指挥和要求别人服从的力量。法约尔把权力分成两类:制度权力和个人权力。前者是由职务和地位而产生的,后者则与担任一定职务的人的智慧、学识、经验、道德品质和领导能力有关。"责任是权力的孪生物,是权力的当然结果和必要补充。凡权力行使的地方,就有责任。"为了保证权力的正确使用,必须规定责任的范围,然后制定奖惩的标准。

(3)纪律。纪律的实质是对"协定"的尊重,为了保证大家都遵守纪律"协定"应当清楚明了,并能尽量使双方都满意。组织纪律是否严明,与管理者有很大关系。为了保证纪律的严肃性,管理者和被管理者一样,必须接受纪律的约束。

(4)统一指挥。这是一条基本的管理原则,指一个下属人员只应接受一个管理者的命令。如果这条原则被打破,权力将受到损害,纪律将受到危害,秩序将被扰乱,稳定将受到威胁。

(5)统一领导。对于达到同一目标的全部活动,只能有一个管理者和一项计划。这是统一行动、协调组织中一切努力和力量的必要条件。统一领导和统一指挥的区别在于统一指挥不能没有统一的领导而存在,没有统一领导,就不可能存在统一指挥,但是即使有了统一领导,也不足以保证统一指挥。

(6)个人利益服从整体利益。

(7)人员的报酬。合理的报酬必须符合三个条件:一是能保证报酬公平,二是能奖励有益的努力和激发热情,三是不应超过合理限度。

(8)集中。集中原则涉及管理权力的集中与分散。作为管理的两种制度,分权与集权本身没有好坏，它们不同程度地同时存在，关键在于找到适合企业的最适度。

（9）等级制度。等级制度是从组织的最高权力机构直至最低层管理人员的系列领导，它是组织内部命令传递和信息反馈的正常渠道。依据这条线路来传送信息对于保证统一指挥是非常重要的，但它并不总是最迅捷的途径。因此，应该把尊重等级制度与保持行动迅速结合起来。为了解决这个矛盾，法约尔设计了一种"联系板"的方法，以便使组织中不同等级线路中相同层次的人员能在有关上级同意的情况下直接联系。

（10）秩序。秩序包括物的秩序和人的秩序。物的秩序要求每件东西都有一个位置，每件东西都放在它的位置上。人的秩序亦称社会秩序，要求每个人都有一个位置，每个人都在他的位置上。完善的社会秩序要求让适当的人从事适当的工作，因此，要根据工作的要求和人的特点来分配工作。

（11）公平。公平是由善意与公道产生的。公道是实现已订立的协定；为了鼓励下属忠实地执行职责，应该以善意来对待他们。

（12）人员稳定。人员稳定对于工作的正常进行、活动效率的提高是非常重要的。一个人要适应新的工作，不仅应具备相应的能力，而且应付出一定的时间来熟悉这项工作。如果这个熟悉过程尚未结束便被指派从事其他工作，那么其工作效率就会受到影响。

（13）首创精神。首创精神是指人们在工作中的主动性和创造性。法约尔认为："想出一个计划并保证其成功是一个聪明人最大的快乐之一，也是人类活动最有力的刺激之一。这种发明与执行的能力就是人们所说的首创精神，建议与执行的自主性也属于这个范畴。"

（14）人员的团结。为了实现团结，管理人员应该避免使用可能导致分裂的方法。人员间的思想交流特别是面对面的口头交流有助于增强团结，因此应该鼓励口头交流，禁止滥用书面联系的方式。

◇ 管理故事

法约尔的14条管理原则在生活中的应用

法约尔的14条管理原则，原本是为企业和组织管理提出的，但其实这些原则在日常生活和个人管理中也有着广泛的应用。以下是将这些原则应用于生活的一些示例：

劳动分工：在家庭生活中，可以根据每个家庭成员的特长和兴趣来分配家务任务，比如擅长烹饪的负责做饭，喜欢整理的负责打扫，这样能提高家庭生活的效率。

统一指挥：在家庭中，决策应该由一位主导者（通常是父母）来做出，以避免家庭成员间的意见分歧导致混乱。

个人利益服从整体利益：家庭成员在追求个人兴趣时，也需要考虑家庭的整体利益，比如合理安排个人时间和家庭时间。

> 通过将法约尔的14条管理原则应用于家庭生活，我们可以更好地管理家庭事务，增强家庭成员之间的和谐与团结，提高家庭生活的质量和幸福感。

四、韦伯的科层组织理论

德国社会学家马克斯·韦伯强调组织内部的权力和等级制度，该理论被视为现代组织管理理论研究的基础，对后世产生了深远影响。其主要理论观点包括以下几个方面：

(一)理想的行政组织体系

科层组织或科层制度，通常亦被译为官僚组织、官僚政治，是一种通过公职或职位，而不是通过世袭或个人魅力来进行管理的理想的组织制度。在韦伯看来，科层组织的主要特征是借助与职务有关的权力来运行。他指出科层组织的设立和运行遵循了下述规则：

(1)科层组织实现目标所需进行的活动是作为正式职责分配给不同职务的。

(2)为了保证职责的履行，组织稳定地赋予不同职务相应的权力，并对权力的行使进行了严格的限制。

(3)履行职责、行使权力需要符合一定的条件，只有具备这些条件的人能担任相应职务。

(二)权力的类型

权力是统治社会或管理某个组织的基础。社会或组织与其构成部分的关系，不是通过契约关系或道德一致来维持的，而是通过权力的行使来凝聚的。韦伯把权力定义为一种引起服从的命令结构。韦伯认为，为社会所接受的合法的权力有三种类型。

一是传统型(Traditional)权力。它以古老的、传统的、不可侵犯的和执行这种权力的人的地位正统性为依据，比如一个部落由族长或部落首领来行使的权力，臣民或族人之所以服从，是基于对神圣习惯的认同和尊重。

二是法理型(Legal-Rational)权力。这是指依法任命，并赋予行政命令的权力，对这种权力的服从是依法建立的一套等级制度，是对确认职务或职位的权力的服从。韦伯认为，只有法理型权力才能成为科层组织的基础。因为法理型权力具有下述特征：

(1)为管理的连续性奠定了基础。因为权力是赋予职务而不是个人的，因此权力的运用不会因管理者的更换而中断。

(2)合理性。担任职务的人员是按照完成任务所需的能力来挑选的。

(3)管理者可以借助法律手段来保证权力的行使。

(4)所有权力都有明确的规定，而且是按照组织任务所必需的职能加以详细划分的。

三是个人魅力型(Charismatic)权力也称超凡的权力。它建立在人们对英雄人物或具备超凡特质者的个人崇拜之上。这种权力的维持，依赖于领导者能让追随者或信徒坚信其拥有非凡能力。为此，领导者需不断展现英雄行为，创造奇迹，但在日常管理中，这往往难以实现。

韦伯指出，个人魅力型权力通常在动荡和危机中崛起，却在稳定秩序下的日常管理和权力制度化尝试中瓦解。因此，个人魅力型权力无法作为政治统治稳固的制度基础。

每种理论都有其独特的视角和重点，它们共同构成了古典管理理论的基础。根据三种古典管理理论的主要内容和特点，我们可以用表1-4进行总结对比。

表1-4 古典管理理论主要观念

名　称	代表人物	主要内容	特　点
科学管理理论	弗雷德里克·泰勒	劳动定额制、标准化制、差别计件工资制、职能制等	强调科学性和精密性，通过标准化提高生产效率，关注经济激励和工作效率
一般管理理论	亨利·法约尔	管理五职能（计划、组织、指挥、协调、控制），14条管理原则	从管理职能和管理原则出发，强调管理的普遍性和教育性，关注组织的整体效率和稳定性
科层组织理论	马克斯·韦伯	明确的组织分工、等级制度、人员任用、理性准则、法规约束等	强调组织的理性化和规范化，建立严格的等级制度和规则，追求工作效率和稳定性

典型例题

1.（单选）泰勒认为科学管理的中心问题是（　　）。

A. 提高工人的劳动积极性　　B. 提高劳动生产率

C. 制定科学的作业方法　　D. 实行有差别的计件工资制

【答案】 B

【解析】 泰勒科学管理理论的中心问题是提高劳动生产率。

2.（单选）提出计划职能与执行职能相分离的管理理论是（　　）。

A. 科学管理理论　　B. 组织管理理论

C. 系统管理理论　　D. 权变管理理论

【答案】 A

【解析】 本题考查科学管理理论的内容。泰勒主张在企业中设置计划部门，把计划职能和执行职能分开。

3.（单选）就管理的职能而言，法约尔认为（　　）。

A. 管理就是决策

B. 管理就是经由他人去完成一定的工作

C. 管理就是实行计划、组织、指挥、协调和控制

D. 管理就是要确切地知道要别人干什么，并注意他们用最好最经济的方法去干

【答案】 C

【解析】 法约尔认为，管理活动包括计划、组织、指挥、协调和控制五个方面的内容。

4.（单选）一家传统家族企业，长期由家族长辈决策，员工也是族人服从长辈安排。随着企业变革，开始引入专业分工、等级制度和正式规则。变革前该企业主要依赖的权力类型是（　　）。

A. 传统型权力　　B. 法理型权力　　C. 独裁型权力　　D. 个人魅力型权力

【答案】 A

【解析】 变革前企业由家族长辈决策，员工基于传统和习惯服从，这符合传统型权力的特征。

本章练习

一、名词解释题

1. 管理
2. 管理主体
3. 科学管理研究
4. 一般管理研究
5. 科层组织研究

二、单项选择题

1. 管理的核心是（　　）。

   A. 决策　　　　　　　　　　B. 处理好人际关系
   C. 组织　　　　　　　　　　D. 控制

2. 管理活动的本质是（　　）。

   A. 对人的管理　　　　　　　B. 对物的管理
   C. 对资金的管理　　　　　　D. 对技术的管理

3. 管理对象是指组织中的（　　）。

   A. 人员　　　　　　　　　　B. 技术
   C. 设备等资产　　　　　　　D. 人、财、物、信息等一切资源

4. 管理的主体是（　　）。

   A. 企业家　　B. 高层管理者　　C. 全体员工　　D. 管理者

5. 管理活动具有科学性和艺术性，随着时间的推移，管理研究的深入，管理理论的繁荣以及环境变化速度的日益加快，管理活动最有可能发生哪种变化？（　　）

A. 随着科学性的不断加强，其艺术性将呈下降趋势

B. 二者都会不断加强

C. 随着艺术性的不断加强，其科学性将呈下降趋势

D. 科学性不断加强，而艺术性绝不会降低

6. 管理即有科学性，又有艺术性。这里的艺术性是指(　　)。

A. 管理因环境而变的随机性　　B. 管理知识的灵活运用及管理

C. 管理者的艺术修养　　D. 管理的复杂性

7. 保证在组织中"事事有人做"属于管理的(　　)。

A. 计划职能　　B. 组织职能

C. 领导职能　　D. 控制职能

8. 以下不属于管理职能的是(　　)。

A. 组织活动　　B. 控制活动

C. 有效获取资源　　D. 计划与决策

9. 人本原理强调管理的根本是(　　)。

A. 提高劳动生产效率　　B. 调动人的积极性和创造性

C. 提高组织整体效能　　D. 决策成效最大化

10. 管理的艺术性集中体现在(　　)。

A. 管理活动中对于"度"的把握　　B. 管理活动是一种创造性的活动

C. 管理活动有其特殊规律性　　D. A项和B项

11. 长城的建设过程中，需要协调大量的人力、物力和资源，体现的管理思想是(　　)。

A. 系统管理　　B. 科学管理　　C. 一般管理　　D. 组织管理

12. 一般管理理论代表人物法约尔提出了管理中具有普遍意义的14条原则。他认为凡是目标相同的活动，只能有一个领导、一个计划，这是14条原则中的哪一条原则？(　　)

A. 统一指挥　　B. 统一领导　　C. 分工合作　　D. 秩序

13. 在一次管理知识和技能培训班上，就如何调动企业员工积极性的问题展开讨论时，学员们众说纷纭，莫衷一是，这里归纳四种不同的主张，假如四种主张都能切切实实做好，你认为应成为首选主张的是(　　)。

A. 成立员工之家，开展文体活动，增强凝聚力

B. 从关心员工需要出发，激发员工的主人翁责任感，从而努力做好本职工作

C. 表扬先进员工，树立学习榜样

D. 批评后进员工，促使其增强工作责任心

14. "有效的管理总能带来'1+1>2'的效果"指的是系统的(　　)。

A. 控制性　　B. 目的性　　C. 整体性　　D. 开放性

15. 下列几项活动中，哪一项不属于管理活动？（ ）
    A. 部队中的班长与战士谈心　　　　　B. 企业的审计主管对财务部门进行检查
    C. 钢琴家制订自己的练习计划　　　　D. 医院的外科主任支持会诊

16. 为了提高劳动生产率，泰勒实行哪项企业管理实践与理论研究？（ ）。
    A. 平均奖金制　　　　　　　　　　　B. 差别计件工资制
    C. 平均工资制　　　　　　　　　　　D. 计件工资制

17. 被后人尊称为"科学管理之父"的管理学家是（ ）。
    A. 法约尔　　　B. 韦伯　　　C. 泰勒　　　D. 巴纳德

18. 泰勒科学管理所要解决的中心问题是（ ）。
    A. 资源配置　　　　　　　　　　　　B. 资源利用
    C. 提高劳动效率　　　　　　　　　　D. 追求利润最大化

19. 法约尔认为任何企业都有六种基本活动，即（ ）。
    A. 生产、经营、安全、销售、核算、管理　B. 技术、商业、财务、安全、核算、管理
    C. 技术、经济、安全、财务、核算、管理　D. 技术、商业、财务、安全、会计、管理

20. 提出"标准化原理"的学者是（ ）。
    A. 法约尔　　　B. 泰勒　　　C. 梅奥　　　D. 马斯洛

21. 最早提出管理的五大职能和有效管理的14条原则的是（ ）。
    A. 泰罗　　　B. 韦伯　　　C. 卢桑斯　　　D. 法约尔

22. 法约尔提出的原则有（ ）。
    A. 5条　　　B. 6条　　　C. 10条　　　D. 14条

23. "道法自然，无为而治"的管理思想是（ ）提出的。
    A. 道家　　　B. 儒家　　　C. 法家　　　D. 商家

24. 儒家思想中的"礼"在现代企业管理中主要体现在哪个方面？（ ）
    A. 强调员工的个人能力和业绩
    B. 注重企业文化的塑造和员工行为的规范
    C. 强调严格的成本控制和预算管理
    D. 注重创新和技术的引进

25. 管理思想里体现法家管理思想中的"赏罚分明"原则是以下哪一项？（ ）
    A. 根据员工的个人能力和表现给予相应的奖励和晋升机会
    B. 强调团队合作和共享成果
    C. 鼓励员工自主创新，给予充分的自由和空间
    D. 强调节约和预警机制，降低企业运营成本

26. 你从"南辕北辙"这句成语得到的管理启示是（ ）。

A. 以人为中心的人本原理管理理念　　　B. 行动和目标要保持一致
C. 优越的内部条件是实现目标的决定性因素　D. 行动计划要周密细致

27. "工欲善其事，必先利其器"体现管理者在组织管理活动的实践中必须依循的基本规律是(　　)。

A. 人本原理　　　B. 系统原理　　　C. 效益原理　　　D. 适度原理

28. "三个和尚没水喝"，说明的是人浮于事可能反而不如人少好办事。但是反过来，如果三个和尚都很负责，结果也许会造成水满为患。这两种不同的说法表明(　　)。

A. 适度管理，灵活应用管理知识　　　B. 在不同心态作用下会产生不同的群体合作
C. 即使管理无方，人多还是比人少好办事　D. 纵使管理有方，也不一定是人多好办事

29. "运筹帷幄之中，决胜千里之外"，这里的"运筹帷幄"反映了管理的哪一个职能？(　　)

A. 计划职能　　　B. 组织职能　　　C. 领导职能　　　D. 控制职能

30. 张总是一家大型企业新上任的总经理，经过调查研究后，他发出了四道指令：一是调整企业发展方向；二是调整部门结构；三是采取激励措施，进一步调动员工积极性；四是要加强对工作绩效的考核。这四道指令分别对应于企业管理的(　　)职能。

A. 计划、控制、组织和领导　　　B. 计划、组织、领导和控制
C. 领导、计划、组织和控制　　　D. 领导、组织、计划和控制

三、判断题

1. 管理是组织中的一项普遍的活动，它涉及所有的组织。（　　）
2. 管理就是为了实现组织中个人目标的活动。（　　）
3. 管理的职能只有计划、组织、领导和控制。（　　）
4. 管理学是一门科学，它只关注理论的研究而不考虑实践。（　　）
5. 管理的科学性是指管理活动可以完全量化和标准化。（　　）
6. 管理的艺术性是指管理活动需要依赖个人的直觉和经验。（　　）
7. 管理的目的是使工作更有效率，而与组织的目标无关。（　　）
8. 管理的普遍性意味着任何组织都不需要特定的管理方法。（　　）
9. 管理者在组织管理活动的实践中必须依循的基本规律主要有人本原理、系统原理、效益原理以及适度原理。（　　）
10. 管理的职能是固定不变的，无论在何种组织或环境下都适用。（　　）
11. 法约尔认为，管理职能是由计划、组织、指挥、领导、控制等一系列工作构成。（　　）
12. 科学管理研究的核心是如何提高员工的满意度。（　　）
13. 新的管理理论层出不穷，对实际工作中的新问题做出了较好的解释，因此可以说，泰勒的科学管理理论等古典管理理论已经彻底过时，除了尚存历史意义外，对管理实践早已丧失了指导作用。（　　）

14. 泰勒的科学管理理论认为工人的工作积极性主要受经济因素的影响。（   ）
15. 法约尔认为管理包括计划、组织、协调、控制四要素。（   ）
16. 法约尔的一般管理理论提出经营的六项职能。（   ）
17. 韦伯认为任何组织都必须有某种形式的权力作为基础。只有超凡权力才能作为理想组织结构的基础。（   ）
18. 韦伯的理想行政组织体系强调了个人崇拜和权力的个人化。（   ）
19. 例外管理意味着上级主管将日常事务授权给下级管理人员处理，而自己则保留对特殊情况或重大问题的决策与监督权。（   ）
20. 儒家管理思想中的"仁爱"理念与现代管理学中的员工关怀和团队建设理念是一致的。（   ）

四、简答题

1. 简述管理的基本特征和管理工作的内容。
2. 区分管理的科学性和艺术性。
3. 简述科学管理研究、一般管理研究和科层组织研究的主要内容。

五、案例分析题

案例一：

晨光制造有限公司是一家专注于生产文具用品的中小型企业，近年来随着市场竞争的加剧，公司面临生产效率低下、员工士气不高、产品质量不稳定等问题。为了改善现状，公司决定引入古典管理理论中的科学管理原理和一般管理理论进行改革。

改革措施：公司引入泰勒的科学管理原理，对生产线进行重新布局，优化工作流程，并制定标准化的操作规程。同时，公司还实施计件工资制度，以激励员工提高生产效率。公司借鉴法约尔的一般管理理论，建立明确的组织结构和职能分工，加强部门间的沟通与协作。此外，公司还注重培养员工的管理能力和专业技能，以提升整体管理水平。

1. 晨光制造有限公司在引入科学管理原理后，对生产线进行哪方面的主要改革？（   ）
   A. 增加了员工数量 B. 优化工作流程，制定了标准化的操作规程
   C. 提高了产品价格 D. 增加了产品种类
2. 晨光制造有限公司在实施计件工资制度后，员工的哪个行为可能会得到激励？（   ）
   A. 减少工作时间 B. 提高生产效率
   C. 降低产品质量 D. 减少团队合作
3. 晨光制造有限公司在借鉴法约尔的一般管理理论时，最注重的是哪一方面？（   ）
   A. 提高产品价格 B. 建立明确的组织结构和职能分工
   C. 增加员工福利待遇 D. 扩大市场份额
4. 以下哪项措施不属于晨光制造有限公司在改革过程中采取的行动？（   ）

A. 引入泰勒的科学管理原理　　　　　B. 实施计件工资制度

C. 降低产品质量以降低成本　　　　　D. 加强部门间的沟通与协作

5. 晨光制造有限公司在改革后，员工士气得到明显提升的原因是（　　）。

A. 降低了员工工资　　　　　　　　　B. 建立了明确的晋升通道和激励机制

C. 减少了员工培训和发展机会　　　　D. 增加了员工的工作负担

案例二：

某知名科技公司（以下简称"A公司"）近年来发展迅速，成为行业的领头羊。A公司的成功不仅得益于其先进的技术和产品，更在于其独特的企业管理模式。A公司在管理中既注重科学性，通过数据分析和流程优化来提升效率，又强调艺术性，通过灵活应变和人文关怀来激发员工的创造力和归属感。

1. A公司在制订年度计划时，首先会进行详尽的市场调研和数据分析，这一做法体现了企业管理的哪一方面？（　　）

A. 艺术性　　　B. 科学性　　　C. 创新性　　　D. 经验性

2. A公司在面对市场变化时，能够迅速调整战略方向，这一灵活性主要归功于哪方面的管理？（　　）

A. 流程管理　　　B. 项目管理　　　C. 组织变革管理　　　D. 艺术性管理

3. A公司强调员工关怀，通过设立员工互助基金、举办员工生日会等活动来增强员工的归属感，这一做法体现了企业管理的什么特点？（　　）

A. 科学性　　　B. 规范性　　　C. 人文关怀　　　D. 创新性

4. A公司在项目管理中，采用了严格的里程碑管理和风险控制措施，这一做法主要体现企业管理的哪一方面？（　　）

A. 艺术性　　　B. 科学性　　　C. 创新性　　　D. 规范性

5. A公司在招聘新员工时，除了考察专业技能外，还非常注重应聘者的团队协作能力和创新思维，这一做法体现企业管理的什么理念？（　　）

A. 人本原理　　　B. 系统原理　　　C. 效益原理　　　D. 适度原理

第二章

决　策

　　决策如同航海中的灯塔，指引我们前行的方向；计划则像一幅蓝图，详细描绘出每一步的路线。在日常生活的各个角落，决策与计划都扮演着不可或缺的角色。从早晨醒来的那一刻起，我们就在不断地做出决策，今天要穿哪件衣服、早餐要吃什么、上班或上学的路线如何选择等。不管是制订一周的菜谱、安排家庭活动，还是规划个人的职业发展、学习目标，计划都扮演着至关重要的角色。

　　决策的主体是管理者，在班级中既可以是班主任这一单个决策者，也可以是班主任与班委、部分同学一起组成的多个决策者。建班初期，学校要求每个班级进行班级规范化布置，既展现班级特色，又能营造学习氛围。面对这一任务，班级内部需要迅速做出决策，并制订详细的计划以确保活动的成功实施。班主任首先组织了一次班会，向全班同学介绍了活动的要求和重要性，鼓励大家积极提出创意和建议。同学们热烈讨论，提出了多个方案。为了选出最佳方案，班级组建了5人策划小组，负责收集建议，并从可行性、创新性、物品需求等角度进行初步筛选。经过讨论，小组决定采用"文化氛围+集体风采"方案。依据方案，班委精心规划了时间表，涵盖项目启动至学校检查前夕，各阶段时间节点与责任人清晰明确。根据计划，班级成员分工合作，利用课余时间购买所需物品，进行装饰，顺利完成了班级规范化布置活动。

思维导图

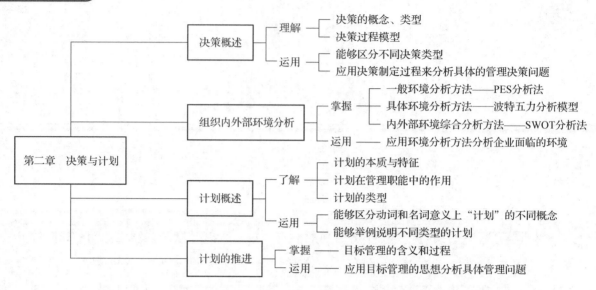

第一节 决策概述

学习目标

★ 知识目标

理解决策的概念、类型、决策过程模型，能够区分不同决策类型。

★ 能力目标

能够应用决策制定过程来分析具体的管理决策问题，并进行实际管理问题的决策。

★ 素养目标

1. 培养理性、客观、全面的决策态度，避免情绪化或偏见影响决策过程；
2. 树立持续学习与反思的意识，不断精进决策过程与方法。

引导案例

施温公司的衰败

伊格纳茨·施温于1985年在芝加哥创立的施温自行车公司，曾是世界上最大的自行车制造商，20世纪60年代占据美国市场25%份额。然而，1979年爱德华·小施温接手公司时，问题已显现，加之糟糕的决策，公司陷入了困境。

20世纪70年代，施温公司投资于分销网络和品牌，主导十挡变速车市场。但80年代，市场转向山地车，且轻型、高技术自行车日益普及，施温公司未能及时应对，专注削减成本而非创新，市场份额被夺。到 1992 年，我国自行车公司已在全球市场上占据领先地位，相比之下，施温公司的市场份额则大幅下跌至 5%，最终不得不申请破产。

知识学习

一、决策的概念

决策是管理工作的本质，狭义的决策是一种行为，是在几种行动方案中做出选择。如果只有一个方案，就没有选择的余地，也就无所谓决策。决策要求提供可以相互替代的两个以上的方案。

广义的决策是一个过程，包括在做出最后选择之前必须进行的一切活动。首先，决策的前提是为了解决某个问题，实现一定的目标。其次，有决策的条件，有若干可行方案可供选择。再次，需要对方案进行分析比较，确定每一个方案对目标的贡献程度和可能带来的潜在问题，以明确每一个方案的利弊。最后，是决策的结果，即在众多可行方案中，选择一个相对满意的行动方案。总之，决策是指为实现一定的目标，在多个备选方案中选择一个方案的分析判断过程。

二、决策要素

（一）决策主体

决策主体是决策构成的核心要素，可以是单个决策者，也可以是多个决策者组成的群体，如委员会（公司最高层的委员会是董事会）。实际上，现实中很少有决策是个人在完全不考虑他人观点的情况下做出的，即使个人具有决策制定权，也通常要听取利益相关群体的意见，再征得其他人或团体的同意或默许。

（二）决策制度

决策制度包括决策过程中人员的安排，如职务和职位等。从职务角度看，组织决策中的人员必须从事一定的与组织目标实现相关的工作，承担一定的义务。从职位角度看，同一种工作或业务经常无法由一人完成，需要设置多个从事相同工作或业务的岗位。而且，担任不同职务、承担不同责任的人员之间必然存在某种责任、权力以及利益方面的关系。

（三）决策方案

决策方案指可供决策主体选择的行动方案。备选方案的制定、评价和选择是决策过程的基本环节。为供选择，备选方案要尽可能多，并具有可行性和创造性。为了提出更多、更好的方案，需要从多角度审视问题，需要广泛地调研，需要征询他人的意见，需要学习和掌握创造性解决问题的思维和方法。

(四) 组织目标

目标是组织在一定时期内所要达到的预期成果，为决策提供方向。目标在组织中的作用是通过其具体形态来实现的，目标的具体形态是通过目标的具体描述来完成的。处于不同组织层次上的管理人员所关注的目标是不同的：宗旨和使命是最高层次，由董事会负责制定；高层管理人员主要负责制定战略。战略是指导全局和长远发展的方针，涉及发展方向以及资源分配方针等；中层管理人员主要应制定战术目标；基层管理人员则负责具体作业目标。组织目标是一个完整的体系。决策需要关注组织使命和宗旨这些方向性目标。

(五) 不确定性情境

不确定性情境指决策中虽然对最终结果产生影响但却不能直接由决策主体控制的部分。例如，生产能力决策中新产品可能的需求量就是一个不可控因素，可将其视为一种自然状态，它是由环境决定的，与决策本身无关。

三、决策的类型

(一) 根据环境可控程度的分类

决策问题可分为三种类型，即确定型决策、风险型决策和不确定型决策。

1. 确定型决策

决策者掌握准确、可靠、可衡量的信息，能够确切地知道决策的目标以及每一备选方案的结果，常常可以很容易地迅速对各个方案进行合理的判断。例如，在其他条件不变的状态下，比较各个供应商提供的价目表做出购买决策，此时的决策问题就是确定型的。

2. 风险型决策

决策者虽不能准确地预测出每一备选方案的结果，但却因拥有较充分的信息而能预知各备选方案及其结果发生的可能性。此时的决策问题就是如何对备选方案发生的概率做出合理估计，选择出最佳方案。然而，无论选择哪个方案，都无法完全规避风险。

3. 不确定型决策

因面对不可预测的外部条件或缺少所需信息而对备选方案或其可能结果难以确切估计，大多数工商企业面临的决策问题都是这种类型。这种不确定性的因素主要来自两个方面：一是决策者无法获得关键信息，二是无法对行动方案或其结果做出科学的判断。

决策问题大多是风险型的和不确定型的，面对此类决策，决策者常常处于一种难以取舍的两难困境。管理研究与实践中逐步形成的科学决策方法，在很大程度上能够将风险型和不确定型问题转化为确定型问题，进而为科学决策提供依据。

(二) 根据决策所涉及问题的分类

从决策所涉及问题来看，决策可以分为程序化决策和非程序化决策两种类型。

1. 程序化决策

当问题反复出现时，决策者会依据既定的书面或口头政策、程序或规则，通过筛选或排除某些行动方案来做出决策。这类决策要解决的具体问题是经常发生的，解决方法是重复的、例行的程序。例如，在组织对每个岗位的员工工资范围已经做出规定的情况下，对新进入的员工发放多少工资的决策就是一种程序化的决策。实际上，多数组织的决策者每天都要面对大量的程序化决策。

2. 非程序化决策

旨在处理那些不常发生的或例外的非结构化问题。如果一个问题因为不常发生而被忽视，或者因为其极端重要或复杂而需要特别关注，那么它就应该被视为非程序化决策来处理。事实上，决策者面临的多数重要问题，如怎样分配组织资源、如何处理有问题产品、如何改善社区关系等问题，常常都属于非程序化决策。随着管理者在组织中地位的提高，所面临的非程序化决策的数量和重要性都逐步提高，进行非程序化决策的能力也变得越来越重要。

(三) 根据决策主体的分类

根据主体的不同，决策可以分为个体决策和群体决策。

这两种决策方式的效果各异，因此需要在不同情境下根据其优缺点进行选择。随着环境的变化，当今世界的重大问题越来越多地采用群体决策。尽管在时间紧迫的关键时刻，群体决策难以替代个人决策，但组织中的多数决策仍通过委员会、团队、任务小组等群体形式完成，因此分析群体决策的利弊及影响因素具有重要意义。

群体决策的优点：有利于集中不同领域专家的智慧，应对日益复杂的决策问题；能够利用更多的知识优势，借助更多的信息，形成更多的可行性方案；有利于充分利用其成员不同的受教育程度、经验和背景；容易得到普遍的认同，有助于决策的顺利实施；有利于使人们勇于承担风险。

群体决策的缺点：速度、效率可能低下；有可能为个人或子群体所左右。

(四) 根据决策重要性的分类

根据决策的重要性，可以将决策分为战略决策、战术决策和业务决策。

1. 战略决策

战略决策是指事关组织未来发展方向和远景的全局性、长远性的大政方针方面的决策，关系到组织生存和发展的根本问题进行的决策，具有全局性、长期性和战略性的特点。

2. 战术决策

又称管理决策，是指确定达到组织目标所采取的程序、途径、手段和措施的决策，具有局部性、中期性与战术性的特点。

3. 业务决策

又称执行性决策，是指日常工作中为提高生产效率和工作效率，合理组织业务活动进程等而进行的决策,具有琐碎性、短期性与日常性的特点。

在不同类型的企业组织决策活动中,不同的管理层面对的问题和所授权限不同,所能负责的决策任务也不同。高层管理者主要从事战略决策,中层管理者主要从事战术决策,基层管理者主要从事业务决策。

(五)根据决策起点的分类

根据决策的起点不同,可以将决策分为初始决策和追踪决策。

1. 初始决策

指在有关活动尚未进行,环境未受到影响的情况下进行的决策。这种决策是在零起点的情况下进行的,即没有先前的决策或行动作为起点。

2. 追踪决策

指在初始决策实施后,由于环境变化或其他因素导致需要重新进行决策的情况。这种决策是在已有初始决策的基础上进行的,因此被称为非零起点决策。

初始决策与追踪决策的区别:

起点不同:初始决策是在没有任何先前的决策或行动的情况下进行的,而追踪决策是在已有初始决策的基础上进行的。

环境影响:初始决策的环境未受影响,而追踪决策的环境已经发生变化。

目的不同:初始决策是为了启动一个新项目或活动,而追踪决策是为了应对环境变化或解决初始决策执行过程中出现的问题。

决策的分类如表2-1所示。

表 2-1 决策的分类

分类标准	类 型
环境可控程度	确定型决策
	风险型决策
	不确定型决策
决策所涉及的问题	程序化决策
	非程序化决策
决策的主体	个体决策
	群体决策
决策的重要性	战略决策
	战术决策
	业务决策
决策的起点	初始决策
	追踪决策

四、决策过程

决策过程通常包括识别问题，诊断原因，确定目标，制定备选方案，评价、选择方案以及实施和监督六个阶段的工作（见图2-1）。

（一）识别问题

识别问题就是要找出现状与预期结果的偏离。管理者所面临的问题是多方面的，有危机型问题（需要立即采取行动的重大问题）、非危机型问题（需要解决但没有危机型问题那么重要和紧迫）、机会型问题（如果适时采取行动能为组织提供获利的机会的问题）。识别问题是决策过程的开始，以后各个阶段的活动都将围绕所识别的问题展开。如果识别问题不当，所做出的决策将无助于解决真正的问题，因而将直接影响决策效果。

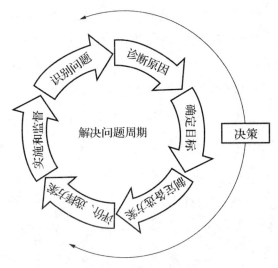

图2-1 一般的决策过程

（二）诊断原因

识别问题不是目的，关键还要根据各种现象诊断出问题产生的原因，这样才能考虑采取什么措施，选择哪种行动方案。可以通过尝试性地询问来发掘问题的原因。例如，组织内外的什么变化导致问题的产生？哪一类人与问题有关？他们是否有能力澄清问题？或是利用鱼骨图等诊断分析工具逐步发现原因并分清主次。

（三）确定目标

找到问题及其原因之后，应该分析问题的各个构成要素，明确各构成要素的相互关系并确定重点，以找到本次决策所要达到的目的，即确定目标。美籍华裔企业家王安博士曾说过："犹豫不决固然可以免去一些做错事的机会，但也失去了成功的机遇。"犹豫不决，通常就是由于目标很模糊或设立得不合理所致。

（四）制定备选方案

明确了解决问题要达到的目标后，决策者要找出约束条件下的多个可行方案，并对每个行动方案的潜在结果进行预测。在多数情况下，它要求决策者在一定的时间和成本约束下，对相关的组织内外部环境进行调查，利用顾客、供应商、外部的评论家、工人、管理阶层、报刊、论文及本企业自己积累起来的调研数据等多种来源，收集与问题有关的、有助于形成行动方案的信息进行分析。同时，决策者应当注意避免因主观偏好接受第一个找到的可行方案而中止该阶段的继续进行。在这一阶段中，创新因素的运用是最重要的，应注意与创新方法的适度结合。

(五)评价、选择方案

决策者通常可以从以下三个主要方面评价和选择方案:首先,行动方案的可行性。即组织是否具备实施该方案所需的资金、资源,是否与组织的战略规划和内部政策相符,以及能否激励员工全心全意地参与到决策的实施过程中等。其次,行动方案的有效性和满意程度。即行动方案能够在多大程度上满足决策目标,是否同组织文化和风险偏好一致等等。需要指出的是,在实际工作中,某一方案在实现预期目标时很可能对其他目标产生积极或消极影响。因此,目标的多样性在一定程度上又增加了实际决策的难度,决策者必须分清不同决策目标的相对重要程度。最后,需考虑行动方案在组织内部产生的后果。这包括方案可能带来的直接结果,以及其对组织其他部门或竞争对手当前及未来可能产生的潜在影响。采用统一客观的量化标准进行衡量,有助于提高评估和选择过程的科学性。

(六)实施和监督

一项科学的决策很有可能由于实施方面的问题而无法获得预期成果,甚至导致失败。从这个意义上说,实施决策比评价、选择行动方案更重要。决策工作不仅仅是制定并选择最满意的方案,而且必须将其转化为实际行动,并制定出能够衡量其进展状况的监测指标。为此,决策者首先必须宣布决策并为其拟采取的行动订制计划、编制预算。其次,决策者必须和参与决策实施的管理人员沟通,对实施决策过程中所包括的具体任务进行分配。同时,他们必须为应对可能出现的新问题,提前准备好修改实施方案的措施,并通常制定一系列备选方案,以灵活应对决策实施阶段中潜藏的风险与不确定性。再次,决策者必须对与决策实施有关的人员进行恰当的激励和培训。因为,即便是一项经过科学论证的决策,倘若无法得到员工的充分理解和坚定支持,也终将沦为无效的决策。最后,决策者必须对决策的实施情况进行监督。若实际成果未能达到预设标准,或决策环境有所变动,则需立即在实施阶段予以调整,或是在既定目标无法实现时,适时修正原始目标,并据此全部或部分地重新执行上述决策流程。

◇小知识

决策的准则

(一)提高决策效率和效果的准则

1. 重要性原则

组织资源和决策者时间的有限性决定了决策者不可能对组织中每天出现的所有问题同时进行决策,组织也没有足够的资源来同时解决所有问题。重要性原则的体现之一就是靠近问题,即在尽可能地靠近问题产生或机会出现的地方进行决策,将会更容易、更便捷地获取真实信息,快速地做出并实施决策。

2. 准确性原则

准确性原则首先要求提供准确的信息。此外，准确性原则还要求运用精确的工具和方法去衡量决策的实施结果，以保证准确地控制。

3. 灵活性原则

在复杂的环境中，决策要能适应组织调整或外部变化，即具备灵活性。

(二)不确定性情境下决策方案选择准则

不确定性情境下，决策方案的选择有四个基本准则：一是乐观准则；二是悲观准则；三是等概率准则；四是最小后悔准则。

1. 乐观准则，即决策者认为无论他们采取什么措施，无论别人采取何种策略，事情总是朝着对自己最有利的方向发展。因此他们估计每个方案的最好结果，并选择结果最好的行动方案。

2. 悲观准则，即决策者认为无论他们采取什么措施，无论别人采取什么策略，环境如何变化，事情总是朝着最坏的方向发展。因此，他们估计每个方案的最坏结果，并在最坏结果中选择他们认为最好的行动方案。

3. 等概率准则，即决策者认为各个可行方案的各种可能结果发生的概率相同，进而选择期望值最大的行动方案的准则。

4. 最小后悔准则，即决策者总是选择与最好结果偏离不大的行动方案。这是介于乐观准则和悲观准则之间的一个决策准则。按照这一准则，决策者需要先构造出一个机会损失矩阵，然后从机会损失矩阵的每一行中选出最大的机会损失，再从选出的机会损失中选择最小的机会损失，其所对应的方案就是最满意方案。

典型例题

1. (多选)根据环境可控程度不同，决策可以分为(　　)。

A. 确定型决策　　B. 风险型决策　　C. 非程序化决策　　D. 不确定型决策

【答案】 ABD

【解析】 根据环境可控程度分类，决策可以分为确定型决策、风险型决策和不确定型决策。

2. (单选)决策过程包含六个阶段的工作，第一阶段是(　　)。

A. 确定目标　　B. 诊断原因　　C. 识别问题　　D. 实施和监督

【答案】 C

【解析】 决策过程的第一步是识别问题。识别问题就是要找出现状与预期结果的偏离。

3. (判断)识别问题是决策的起点，解决问题是决策的目的。(　　)

A. 正确　　　B. 错误

【答案】 A

【解析】 决策过程的第一步是识别问题。广义的决策是一个过程,包括在做出最后选择之前必须进行的一切活动。首先,决策的前提,是为了解决某个问题,实现一定的目标。

第二节 组织内外部环境分析

★知识目标

1. 掌握一般环境分析法中的 PEST 分析法;
2. 掌握具体环境分析法中的五种力量模型;
3. 掌握内外部环境综合分析方法中的 SWOT 分析法。

★能力目标

能够运用环境分析方法分析企业面临的环境。

★素养目标

引导学生学会运用环境分析方法,提升学生解决问题的能力。

晓兰的用餐决策

晓兰是一名在校大学生,每天中午需决定在学校食堂还是外出用餐,她的决策受内外部环境要素影响。

外部环境方面,天气是个重要因素。晴天且时间充裕时,晓兰倾向于外出到环境优雅、菜品口碑好的餐馆享受美食。若天气不佳或时间紧张,她则可能选择学校食堂,以节省时间并避免不便。此外,学校周边餐馆的环境和卫生状况也会影响她的选择。

内部环境方面,晓兰的个人口味偏好、经济状况和健康需求起着决定性作用。她若偏爱某种菜系,会特意寻找提供该菜品的餐馆。预算有限时,她会选择价格实惠的食堂。同时,为了保持健康,她可能会倾向于提供轻食或健康菜品的餐馆。

这个例子说明,我们在做决策时,需综合考虑内外部环境要素,以做出最符合自身情况和需求的选择,企业决策也是如此。

知识学习

环境构成了一个由众多因素交织而成的复杂整体。在管理学领域，存在多种环境分类方法。本文采用了一种较为普遍的分类方式，将环境划分为三大层次或三大类别：一般环境或宏观环境、具体环境或微观环境，以及组织内部环境。组织环境的层次类型如图 2-2 所示。

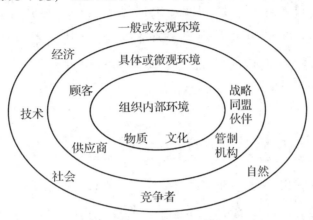

图 2-2 组织环境的层次类型

组织内外部环境分析的方法很多，主要有 PEST 分析法、波特五力分析模型和 SWOT 分析法。这些方法帮助管理人员全面理解企业所处的宏观环境和行业竞争态势，从而做出更明智的决策。

一、一般环境分析方法——PEST 分析法

一般环境分析中最常见的是 PEST 分析方法。PEST 分析，就是指从政治与法律环境（P）、经济环境（E）、社会与文化环境（S）、技术环境（T）四个方面来探察、认识影响组织发展的重要因素。也有人把人口因素从社会与文化环境中单独列出来。如表 2-2 所示：

表 2-3 一般环境分析的主要内容

主要方面	主要内容
人口	人口的地理分布、就业水平、收入水平、年龄、文化差别等
经济	增长率、政府收支、外贸收支及汇率、利率、通货膨胀率等
政治与法律	环境保护、社会保障、反不正当竞争法及国家的产业政策
社会与文化	公民的环保意识、消费文化、就业观念、工作观念等
技术	高新技术、工艺技术和基础研究的突破性进展

运用 PEST 分析法对新能源汽车产业进行分析。

政治方面：政府对新能源汽车产业的支持政策，如购车补贴、税收优惠、充电设施建设规划等，为行业发展提供了强大动力。同时，国际间环保协议和排放标准升级也促使传统车企加速向新能源转型。

经济方面：随着电池成本的持续下降和消费者环保意识的增强，新能源汽车的经济性逐渐显现，市场需求快速增长。然而，全球经济波动和原材料价格波动也可能影响生产成本和市场接受度。

社会方面：消费者对环保、健康生活的追求，以及对新能源汽车性能的认可，推动了市场需求的扩大。同时，年轻一代对科技的偏好也促进了智能网联汽车的快速发展。

技术方面：电池技术、驱动电机及自动驾驶技术的革新，不仅赋予了新能源汽车更长的续航里程、更高的安全保障及更智能的驾驶体验，同时也伴随着技术迭代迅速、研发投入庞大的挑战。

二、具体环境分析方法——波特五力分析模型

具体环境对组织的影响更直接、更频繁，因而是组织分析外部环境的焦点。迈克尔·波特发现，在企业经营环境中，能够经常为企业提供机会或产生威胁的因素主要有五种，分别来自本行业中现有的其他企业、卖方(供应商)、买方(顾客)、其他行业之中的潜在进入者和替代产品，如图2-3所示。

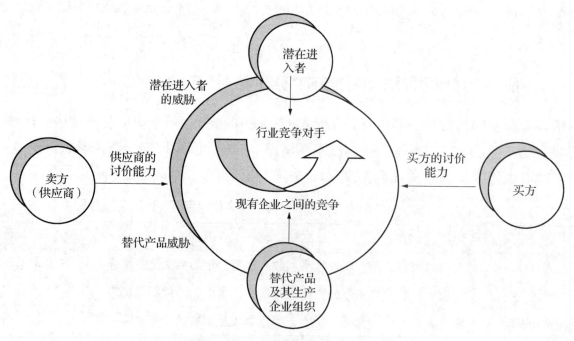

图2-3　波特五力模型示意图

（1）分析潜在进入者，是指从进入障碍的角度来进行潜在竞争者分析。进入障碍是指行业外部的企业进入这一领域时必须付出的，而行业内企业无须再付出的一笔损失。显然，进入障碍越大，潜在进入者的威胁越小。除进入障碍之外，行业的吸引力、行业发展的风险和行业内企业的集体"报复"可能性等都影响着潜在进入者的威胁的大小。

（2）分析替代产品，即识别替代威胁。替代是指一种产品在满足顾客某一特殊需求或多种

需求时取代另一种产品的过程。替代产品的存在扩大了顾客的选择余地。短期看，一种产品的价格和性能都受到替代产品的限定；长期看，一种产品或行业的兴起有可能导致另一种产品或行业的消失。

（3）分析买方和卖方的议价实力，即评估买方和卖方掌控交易价格的能力。在具体的交易活动中，影响议价实力的因素很多，如交易洽谈的地点、人员素质、日程安排等，但这些都是运作层面的因素。从行业层面看，交易双方的议价实力受到一些行业特征的制约。通过这些特征，人们能够更好地认清企业如何建立与外部环境相适应的关系。

（4）分析行业竞争者，即对竞争对手的现状和未来进行分析。在行业内部要分析主要竞争者的基本情况、对本企业构成威胁的原因及发展动向。

迈克尔·波特的五力模型既适用企业，也适用于其他类型的组织。这一模型能帮助人们深入分析行业竞争压力的来源，使人们更清楚地人知道组织的优势和劣势，以及组织所处行业发展趋势中的机会和威胁。

◇ 管理故事

波特五力分析：科技巨头的战略导航

一科技公司在智能手机、个人电脑等多个市场面临激烈竞争，主要对手包括A、B、C公司，它们通过新产品推出、技术创新和价格竞争争夺市场。公司凭借品牌忠诚度、高端定位和生态系统闭环保持优势。

新进入者威胁性较大，尤其是新兴科技公司可能在特定领域带来颠覆性创新。公司通过持续研发投入和知识产权保护应对。替代品的威胁，公司通过扩展产品和服务、构建生态系统来降低其影响。

供应商议价能力方面，公司虽具强大议价力，但关键组件供应商集中，增加了风险。公司通过多元化供应商策略和长期合作协议降低依赖。

买方议价能力方面，公司定位高端市场，消费者对价格不敏感，但敏感度在增加。公司通过创新产品和优质服务维持吸引力，增强品牌忠诚度。

综上所述，该科技公司虽拥有强大市场地位，但仍需应对多方面挑战。通过持续创新、市场策略调整和供应链管理，公司旨在保持科技行业领导地位。

三、内外部环境综合分析方法——SWOT分析法

SWOT分析是最常用的内外部环境综合分析技术，是由哈佛大学的安德鲁斯等人提出的一种分析方法。SWOT分析是优势(Strengths)、劣势(Weaknesses)、机会(Opportunities)、威胁

(Threats)分析法的简称。这种方法把环境分析结果归纳为优势、劣势、机会、威胁四部分，形成环境分析矩阵。

优势（S）：内部因素，具体包括有利的竞争态势、充足的财政来源、良好的企业形象、技术力量、规模经济、产品质量、市场份额、成本优势、广告攻势等。

劣势（W）：内部因素，具体包括设备老化、管理混乱、缺少关键技术、研究开发落后、资金短缺、经营不善、产品积压、竞争力差等。

机会（O）：外部因素，具体包括新产品、新市场、新需求、外国市场壁垒解除、竞争对手失误等。

威胁（T）：外部因素，具体包括新的竞争对手、替代产品增多、市场紧缩、行业政策变化、经济衰退、客户偏好改变、突发事件等。

运用SWOT分析法对科技公司产品进行分析，并得出结论，如图2-4所示。

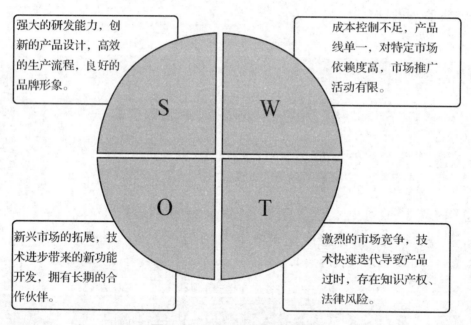

图2-4 SWOT分析示意图

任何组织的经营过程，实际上是不断在其内部环境、外部环境及经营目标三者之间寻求动态平衡的过程。组织的内外部环境绝对不能割裂开来。因此，应对比分析外部环境中存在的机会和威胁与组织内部的优势和劣势，以便充分发挥组织的优势，把握外部的机会，避开内部的劣势和外部的威胁。最后，SWOT分析可以形成多种行动方案供人们选择，加上这些方案又是在认真对比分析基础上产生的，因此可以提高决策的质量。SWOT综合分析法如表2-3所示。

表 2-3 SWOT 综合分析法

外部因素	内部因素	
	内部优势(S)	内部劣势(W)
外部机会(O)	SO 战略：增长型战略 依靠内部优势去抓住外部机会	WO 战略：扭转型战略 利用外部机会改进内部弱点
外部威胁(T)	ST 战略：多种经营战略 利用企业的优势去避免或减轻外部威胁的打击	WT 战略：防御性战略 直接克服内部弱点和避免外部威胁

SWOT 分析之所以能在各行各业的管理实践中得到广泛应用，并成为最常用的管理工具之一，是因为它具有独特的优势。

（1）它把内外部环境有机地结合起来，进而帮助人们认识和把握内外部环境之间的动态关系，及时调整组织的经营策略，谋求更好的发展机会。

（2）它把错综复杂的内外部环境关系用一个二维平面矩阵反映出来，直观而且简单。

（3）它促使人们辩证地思考问题，优势、劣势、机会和威胁都是相对的，只有在对比分析中才能识别。

（4）它可以形成多种行动方案供人们选择，这些方案是在认真对比分析的基础上产生的，因此可以提高决策的质量。

◇小知识

决策树法

在对内外环境进行分析后，我们如何进行决策呢？这里给大家介绍一种具有代表性和现实操作性的风险型决策方法——决策树法。这是一种以树形图来辅助进行各方案期望收益的计算和比较的决策方法。决策树的基本形状如图 2-5 所示。方框表示决策点，由决策点引出的若干条一级树枝叫作方案枝，它表示该项决策中可供选择的几种备选方案，分别以带有编号的圆形节点①②等来表示，由各圆形节点进一步向右边引出的枝条称为方案的状态枝。每一状态出现的概率可标在每条直线的上方，直线的右端可标出该状态下方案执行所带来的损益值。

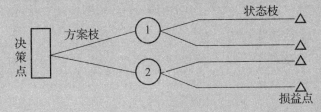

图 2-5 决策树法图示

用决策树的方法比较和评价不同方案的经济效果，需要进行以下几个步骤的工作：

1. 根据决策备选方案的数目和对未来环境状态的了解,绘出决策树图形。

2. 计算各个方案的期望收益值。首先是计算各方案枝的期望值,即用方案在各种自然状态下的损益值去分别乘以各自然状态出现的概率(P_1,P_2);然后将各方案枝的期望收益值累加,求出每个方案的期望收益值(可将该数值标记在相应方案的圆形节点上方)。

3. 将每个方案的期望收益值减去该方案实施所需要的投资额(该数值标记在相应的方案枝下方),比较余值后就可以选出经济效果最佳的方案。

典型例题

1.(单选)PEST分析法是环境分析的常用方法,其中增长率、政府收支及汇率、利率通货膨胀属于( )。

   A. 经济环境　　B. 技术环境　　C. 政治环境　　D. 社会环境

【答案】 A

【解析】 经济环境指组织运行所处经济系统的情况,如国内外的经济形势、政府财政和税收政策、银行利率、物价波动、市场状况等。

2.(单选)为吸引顾客,航空公司开始打折,引发行业内的价格战,给高铁业务带来竞争压力。根据波特的五力模型,这种竞争压力源( )。

   A. 买方议价实力　　　　　　　　B. 现有企业间的竞争
   C. 替代品生产者的威胁　　　　　D. 新进入者的威胁

【答案】 C

【解析】 替代产品的存在扩大了顾客的选择余地。从长期看,一种产品或行业的兴起有可能导致另一种产品或行业的消失,题干中高铁就是飞机的替代品。

3.(单选)哈佛大学安德鲁斯等人提出的SWOT分析方法,是一种最常用的内外部环境综合分析技术。针对WO组合,企业可以采取( )。

   A. 增长型战略　　B. 扭转型战略　　C. 多元化战略　　D. 防御性战略

【答案】 B

【解析】 WO战略即扭转型战略,是指利用外部机会改进内部弱点的战略。

第三节 计划概述

学习目标

★知识目标
1. 了解计划的本质与特征；
2. 了解计划在管理职能中的作用；
3. 理解计划的类型。

★能力目标
1. 能够区分动词和名词意义上"计划"的不同概念；
2. 能够举例说明不同类型的计划。

★素养目标
1. 培养职业生涯规划意识；
2. 培养学生的预测与应变能力；
3. 培养前瞻性和预见性，关注长期目标，同时灵活应对短期挑战。

引导案例

华为 PDCA 的管理运作流程

任正非曾深刻指出："唯有精心规划的计划，方能奠定预算的坚实基础，并通过核算机制不断修正与考核计划与预算的有效性。"在华为，战略规划（SP）如同企业的导航灯塔，引领着公司向长远目标迈进，定期的战略审视确保了航向的准确。

在华为的管理体系中，战略规划（SP）不仅是"主轮"，更是驱动公司前进的核心动力。除此之外，业务计划（BP）与项目计划（PP）同样扮演着至关重要的角色。当经营计划细化至各代表处时，它便融入了日常的运营之中，形成了一个紧密相连的"计划—预算—核算"闭环管理体系。这一体系不仅确保了资源的有效配置，还通过持续的反馈与调整，不断优化管理流程。正是在这样的基础上，华为成功构建了 PDCA（计划—执行—检查—处理）的管理运作流程，实现了管理的持续优化与升级，如图 2-6 所示。

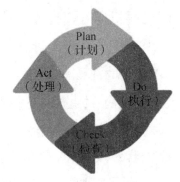

图 2-6　PDCA 示意图

知识学习

一、计划的含义与内容

(一)计划的概念与特征

计划是关于组织未来的蓝图，是对组织在未来一段时间内的目标和实现目标途径的策划与安排。

一般地，人们从动词和名词两种意义上使用着"计划"一词。

从动词意义看，计划(Planning)是指对各种组织目标的分析、制定和调整以及对组织实现这些目标的各种可行方案的设计的行动过程。包括制定计划目标、估量现状与目标之间的差距、预测未来情况、制定计划方案、实施和总结计划方案等。

从名词意义看，计划(Plans)就是指上述计划行动的结果，即指最后选择的方案，也就是通常所说的计划书，包括组织使命和目标的说明以及组织所选择的战略活动在未来不同时空的展开。

计划的特征体现在以下两个方面：首先，计划工作的首要性。一方面，一切管理活动都是为支持和保障计划目标的实现而展开的。另一方面，计划工作是一切管理活动的前提，通常只有有了计划，人们才能开展其他的管理活动。其次，计划工作的普遍性。一切有组织的活动，不论涉及范围大小、层次高低，都必须有计划。计划工作是渗透到组织各种活动中的普遍性管理工作。另外，各级管理人员实际上都要担负或多或少的计划工作，计划是管理人员参与最普遍的工作之一。

(二)计划的作用

1. 计划是管理者进行指挥的抓手

管理者在计划制订出来之后就可以依据计划进行指挥了。这种指挥包括依据计划向组织中的部门或人员分配任务，进行授权和定责，组织人们开展计划的行动，等等。在这一过程中，管理者都是依照计划进行指挥与协调的。

国家要根据五年计划安排基本建设各项目的投资，学校要根据制订的招生计划进行招生，企业要根据年度计划安排各月的生产任务等。管理者正是基于计划来进行有效的指挥。

2. 计划是管理者实施控制的标准

管理者在计划的实施过程中必须按照计划规定的时间和要求指标，去对照检查实际活动结果与计划规定目标是否一致，如果存在偏差，管理者就必须采取控制措施去消除差距，从而保证按时、按质、按量地完成计划。没有计划，控制便无从谈起。

3. 计划是降低未来不确定性的手段

未来的情况是不断变化的。尤其是在当今信息时代，信息技术的迅猛发展正引领着社会的变革和进步，技术的不断进步和观念的持续更新，使得一切都处在快速变化之中。而计划就是面向未来的，因此在计划编制过程中，人们就必须对各种变化进行合理预期，以及预测各种变化对组织带来的影响。计划编制者在编制计划时，通常要依据历史和现状信息对未来的变化做出预测与推断，并根据这些预测与推断制订出符合未来发展变化的计划。计划编制中的这些工作能够大大地降低未来不确定性所带来的风险。

4. 计划是提高效率与效益的工具

在计划编制过程中，有一项很重要的工作是进行综合平衡。这项工作的目的是使未来组织活动中的各个部门或个人的工作负荷与资源占有都能够实现均衡或基本均衡。这种计划综合平衡工作可以消除未来活动中的重复、等待、冲突等各种无效活动，从而消除这些无效活动所带来的浪费。同时，这种综合平衡工作会带来资源的有效配置、活动的合理安排，从而提高组织的工作效率。

5. 计划是激励人员士气的依据

计划通常涵盖目标设定、任务分配、时间安排以及具体的行动方案。由于计划中的目标具有激励人员士气的作用，所以包含目标在内的计划同样具有激励人员士气的作用。不论是长期计划、中期计划还是短期计划，也不论是年度计划、季度计划还是月度计划，甚至每日、每时的计划都有这种激励作用。研究指出，在人们接近完成任务时，会出现一种被称为"终末激发"的现象。例如，在作业能力动态曲线中，当人们接近完成任务时，尽管已经感到疲劳，但看到任务即将完成会受到激励，工作效率因此重新提升，并持续到任务完成。

◇**管理思想**

古人云，"运筹帷幄之中，决胜千里之外"。商业活动中也必须统筹谋划，研究对策，以智取胜。研究对策注意两点：一是预测，二是运筹。要有预见性，并且要多系统统筹。

(三)计划的编制过程

计划工作必须紧紧围绕两个基本问题：拟实现哪些目标？如何实现所制定的目标？围绕这两个问题，完整的计划工作程序可展开为以下过程：

1. 制定计划目标

目标是组织期望达到的最终结果。一个组织在同一时期可能有多个目标，但任何目标都应包括以下内容：一是明确主题，即明确是扩大利润，提高顾客的满意度，还是改进产品质量；二是期望达到的数量或水平，如销售数量、管理培训的内容等；三是可用于测量计划实施情况的指标，如销售额、接受管理培训的人数等；四是明确的时间期限，即要求在什么样的时间范围内完成目标。

例如研发团队的目标是"在六个月内开发出一款具有行业领先水平的AI算法，并成功应用于至少三个客户项目"。这样的目标明确了具体的成果、可衡量的标准、实现的路径、与公司战略的相关性以及明确的截止日期。

2. 估量现状与目标之间的差距

组织的将来状况与现状之间必然存在差距。客观地评估并度量这种差距，进而设法缩小它，是计划工作的核心任务。一般来说，缩小现状与目标之间的差距，可采取两类措施：一类措施是在现状的基础上力求改进，随着时间的推移不断地逼近目标。例如，针对市场占有率低的现状，可以通过加大广告开支和营销力度、降低产品价格等措施，实现企业提高市场占有率的目标。这类措施风险相对小。另一类措施是变革现状，有时甚至是对组织进行根本性的调整，如调整产品品种、大幅度精减人员等。这类措施风险相对大，但如果成功，组织绩效将会得到明显的改进。具体采用哪一类措施，需要对现状与目标之间的差距做出客观而准确的分析。

3. 预测未来情况

在计划的实施过程中，组织内外部环境都可能发生变化。预测，就是根据过去和现在的资料，运用各种方法和技术，对影响组织工作活动的未来环境做出正确的估计和判断。预测有两种：一种是对未来经营条件、销售量和环境变化所进行的预测，这是制订计划的依据和先决条件；另一种是从既定的现行计划发展而来的对将来的期望，如对一项新投资所做的关于支出和收入的预测，这是计划工作结果的预期。预测的方法可归纳为两大类：一是定性预测方法，主要靠人们的经验和分析判断能力进行预测，如德尔菲法等；二是定量预测方法，就是根据已有的数据和资料，通过数学计算和运用计量模型进行预测，如时间序列分析、回归分析等。

4. 制定计划方案

在上述各阶段任务完成之后，接下来应制定具体的计划方案。制定计划方案包括提出方案、比较方案、选择方案等工作，这与决策方案的选择是一样的道理。计划作为面向未来的管理活动，因未来充满不确定性，即便计划再周密，也可能因内外环境的变化而受阻，有时甚至需对既定计划进行调整。僵化的计划有时比没有计划更糟糕。因此，在制定计划方案的同时，应该制订应急计划（或称"权变计划"），即事先估计计划实施过程中可能出现的问题，预先制定备选方案（有时甚至是几套备选方案），这样可以加大计划工作的弹性，使之更好地适应未来环境。

5. 实施和总结计划方案

实施全面计划管理，应把实施计划包括在计划工作中，组织中的计划部门应参与计划的实施过程，了解和检查计划的实施情况，与计划实施部门共同分析问题，采取对策，确保计划目标的顺利实施。通过参与计划实施，及时收集计划执行情况的反馈信息，并总结积累相关经验，将有助于提升计划的执行效率和计划工作的科学化水平。

图 2-7 为计划编制过程示意图。

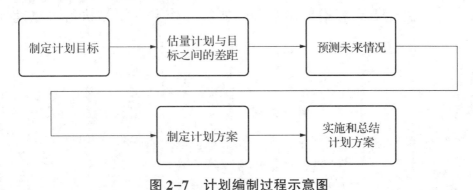

图 2-7　计划编制过程示意图

二、计划的类型

根据不同的分类标准，计划的分类如表 2-4 所示。

表 2-4　计划分类表

按计划对企业影响程度分类	按计划跨越的时间间隔分类	按计划所涉及活动的内容分类
战略计划	长期计划	综合计划
战术计划	中期计划	专业计划
作业计划	短期计划	项目计划

(一)按计划对企业影响程度分类

计划按对企业经营范围影响程度和影响时间长短的不同，可以分为战略计划、战术计划和作业计划。

战略计划是关于企业活动总体目标和战略方案的计划。其特点是：涉及的时间跨度长，覆盖范围宽广；内容抽象、概括，不要求直接的可操作性；不具有既定的目标框架作为计划的依据，设立目标本身成为计划工作的一项主要任务；方案往往是一次性的，很少能在将来得到再次或重复的使用；前提条件多是不确定的，执行结果也往往带有高度的不确定性。

战术计划是有关组织活动具体如何运作的计划。其特点是：涉及的时间跨度比较短，覆盖的范围也较窄；内容具体、明确，通常要求具有可操作性；任务主要是规定如何在已知条件下实现根据企业总体目标分解而提出的具体行动目标，这样计划制订的依据就比较明确；战术计划的风险程度较低。

作业计划则是给定部门或个人的具体行动计划。作业计划通常具有个体性、可重复性和较大的刚性，一般情况下是必须执行的命令性计划。

战略、战术和作业计划强调的是组织纵向层次的指导和衔接。具体来说，战略计划往往由高层管理人员负责，战术和作业计划往往由中层、基层管理人员甚至是具体作业人员负责，战略计划对战术、作业计划具有指导作用，而战术和作业计划的执行可以确保战略计划的实施。

> ◇ **管理故事**
>
> **领航未来：AI 解决方案全球领先战略行动**
>
> 　　一家科技公司在未来 5 年内计划成为全球领先的 AI 解决方案提供商。在此战略计划下，公司研发部、技术部、市场部等各部门，以接下来 1 年各部门工作该如何运转为出发点，分别组织开展各项具体工作。如研发部负责完成新产品的开发计划；技术部负责对产品实行技术指导、制定技术标准；市场部将精心规划下一年度的市场推广活动，涵盖行业展会参与、线上研讨会举办及潜在客户联络等多方面内容。

（二）按计划跨越的时间间隔分类

按计划跨越的时间间隔长短，可以分为长期计划、中期计划和短期计划。企业通常是将 1 年及以内的计划称为短期计划，1 年以上到 5 年以内的计划称为中期计划，5 年以上的计划称为长期计划。

在这 3 种计划中，长期计划主要是方向性和长远性的计划，它主要回答组织的长远目标与发展方向以及大政方针方面的问题，通常以工作纲领的形式出现。中期计划根据长期计划制订，它比长期计划要详细、具体，是考虑了组织内部与外部的条件与环境变化情况后制订的可执行计划。短期计划则比中期计划更加详细、具体，它是指导组织具体活动的行动计划，它一般是中期计划的分解与落实。

（三）按计划所涉及活动的内容

按所涉及活动的内容，可以分为综合计划、专业计划与项目计划。其中，综合计划通常涉及组织内部众多部门及广泛活动，属于全局性的规划。专业计划则是涉及组织内部某个方面或某些方面的活动计划。例如，企业的生产计划、销售计划、财务计划等，它是一种单方面的职能性计划。项目计划则是组织针对特定议题制订的专项计划。例如，某种新产品的开发计划、某项工程的建设计划、某项具体组织活动的计划等，它是针对某项具体任务的事务性计划。

在一个组织中可能同时存在很多个专业计划和项目计划。综合平衡法有助于将这些计划衔接成一个整体。综合平衡法就是从组织生产经营活动的整体出发，根据组织各部门、各单位、各个环节、各种要素、各种指标之间的相互制约关系，依照系统管理的思想，对组织内部的各种计划予以协调平衡，进而使计划成为一个相互关联、相互配合的有机整体。进行综合平衡时，首先必须确定计划工作的主体或主要任务，然后围绕着这一主体进行平衡。

典型例题

1. (单选)"中国经济 2035 计划"，该计划是(　　)。
   A. 长期计划　　　B. 战术计划　　　C. 中期计划　　　D. 作业计划

   【答案】　A

   【解析】　中国经济 2035 计划为 5 年规划纲要，5 年以上的计划称为长期计划。

2. (单选) A 企业生产部门根据月度生产计划，制作每月工作任务单，并将工单下发给各班组，按企业经营范围影响程度分类，本工单属于(　　)。
   A. 作业计划　　　B. 战术计划　　　C. 战略计划　　　D. 综合计划

   【答案】　A

   【解析】　作业计划是给定部门或个人的具体行动计划，题干表述符合作业计划的概念。

第四节　计划的推进

学习目标

★ 知识目标
掌握目标管理的含义和过程。

★ 能力目标
能够运用目标管理的思想分析具体管理问题。

★ 素养目标
通过对目标管理的含义和过程的学习，培养学生的自律性、责任感等自我管理能力，促进学生全面发展。

引导案例

班级目标管理

对于接手新生班级的班主任而言，首先要制定有效的班级建设策略，决策如何有序地推进计划实施。某职业学校电商专业一名新生班班主任，在开学初与本班学生共同确定了班级总体目标。以班训、班级奋斗目标、班级公约、德育银行等为契机加强班级的正确导向管理。

重点抓好养成规范、出勤、卫生、学习,建设一个和谐发展的班集体。

在日常管理中,将班级总体目标转化为小组目标和个人目标,使其与班级总体目标融为一体,形成目标体系,以此推动班级管理活动、实现班级目标。该班学生在军训会操、校运会及"12·9"大合唱等活动中均展现出高昂的热情,有出色的表现,特别是在首次期中考试中,全班学生的成绩实现了显著提升,这有力证明了将目标管理方法应用于班级建设的显著成效。

知识学习

一、目标管理的含义

(一)目标管理的基本观点

目标管理(Management by Objectives,MBO)是德鲁克 1954 年在《管理的实践》一书中提出的,目前已成为西方许多国家普遍采用的系统制定目标并进行管理的有效方法。

德鲁克认为:"并不是有了工作才有目标,相反,而是有了目标才能确定每个人的工作,所以,管理者必须通过目标对下级进行管理。"目标管理是一种鼓励组织成员积极参加工作目标的制定,并在工作中实行自我控制、自觉完成工作任务的管理方法或管理制度。该理论假设所有下属能够积极参加目标的制定,在实施中能够进行自我控制。目标管理的重点是让组织中的各层管理人员都与下属围绕如何完成目标进行充分沟通。

(二)目标管理的特征

1. 实行参与管理

在目标制定与分解过程中,各层管理人员动员其下属积极参加目标制定和分解,充分发表各自的见解,积极讨论组织目标及个人目标。这一过程是上下级充分沟通的过程,而不是下属被动服从命令、指示的过程。组织成员通过参与这一活动,可以加深对环境和目标的全面、深刻认识,有利于协调组织目标与个人目标之间的关系。

2. 重视工作成果而不是工作行为本身

目标管理与其他管理方法的根本区别在于,它并不要求上级必须规定下属如何做,而是以目标为标准考核下属的工作成果,评价下属的工作成绩。

3. 强调组织成员的自我控制

目标管理以下属的自我管理为中心。下属可以根据明确的目标、责任和奖罚标准,自我控制工作的标准及进度,根据具体情况,自我安排工作进度计划,采取应急措施和改进工作效率。

4. 建立系统的目标体系

目标管理通过管理者发动下属自下而上、自上而下地制定各岗位、各部门的目标，将组织的最高层目标、基层目标与个人目标层层联系起来，形成整体目标与局部目标、组织目标与个人目标的系统整合。这使得组织目标在内部层层展开，最终形成相互联系的目标体系。

二、目标管理的实施过程

目标管理是通过一个过程来实现的。这一过程可以分为三个阶段：目标的制定与展开阶段、目标实施阶段和成果评价阶段。这三个阶段形成了一个循环过程，如图2-8所示。

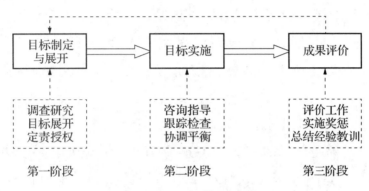

图2-8 目标管理过程

（一）目标制定与展开

目标制定与展开是目标管理的第一阶段。这一阶段的中心任务是上下协调，制定好各级组织的目标。具体工作包括三项：

（1）调查研究。制定组织目标要研究组织外部影响因素和内部影响因素。通过对外部影响因素的调研，洞悉计划期内组织面临的环境变迁趋势，精准捕捉关键要素及其对组织可能产生的深远影响。通过内部因素的调研，主要掌握组织过去的业绩、发展速度、发展中存在的问题和优势、劣势。在综合内外部因素分析的基础上，以组织使命为指导，确定组织的整体目标。在确定组织的整体目标过程中，依然需要与基层组织、员工进行沟通，集思广益，使组织目标的确定比较切合实际，符合组织的根本利益和要求，为总体目标的进一步展开奠定基础。

（2）目标展开。目标展开即把组织的总目标逐级分解落实到每一部门、岗位、个人。上一级组织实施目标的措施，往往构成下一级组织的目标，层层展开。目标的分解并非简单地指派任务和指标，而是上级与下级深入沟通，携手确立共同目标。目标的展开纵无"断路"，一直到"底"；横无"短路"，一直到"边"。这一过程有大量的组织协调工作需要完成，因为个别部门目标的调整往往牵一发而动全身，涉及其他相关部门的目标调整，有时甚至整体目标也随之调整。

在目标展开的工作过程中，应当编写目标管理卡，也称目标责任书。目标管理卡记载着目标责任人的权限和目标名称、目标值、完成期限，以及需要上级给予的权限和提供的保障条件及奖罚办法。

(3)定责授权。依据目标的大小、难易程度，确定相应权限以便授权执行，保证目标的完成。同样，根据目标的主要特点，预先确定奖惩标准，明确职责和奖罚条件，便于执行。

(二)目标实施

目标确定之后，组织的各部门都会进入一个新的阶段：各自围绕自己的目标因地制宜、因时制宜采取措施，以保证目标顺利实现。在这一阶段应做好以下工作：

(1)咨询指导。由于上级对如何实现目标不做硬性规定，管理者不必对照一些所谓的规则去监督下属行为。但是，这并不等于管理者可以撒手不管，只等结果。管理者应当积极帮助下属，在人力、物力、财力、技术、信息等方面给予支持，尽可能指导下属提高工作效率。特别是对于缺乏工作经验的下属，更应当给予支持、指导。当然，这种咨询指导要征得下属的同意，不能强制干涉下属的工作。

(2)跟踪检查。管理者在目标的实施中，还应当及时了解如工作进度、存在的困难等信息，及时了解整个组织的运行状况，既有利于对下属的指导，也可以针对普遍存在的问题，依靠组织的力量去解决。

(3)协调平衡。部门间与岗位间协作紧密，但在目标执行过程中，偶有忽视其他部门或岗位目标，导致各自为政的情况发生。这就要求管理者在人力、财力、物力及工作进度等多个维度上，开展有效的协调工作，确保各部门、岗位均衡发展，进而促进整体组织目标的达成。

(三)成果评价

这是目标管理的最后阶段，根据目标评价完成的成果，并进行奖惩。主要有以下三项工作：

一是评价工作。按照事先制定的目标值，对照工作成果进行评价。一般实行自我评价与上级评价相结合，共同认定成绩或目标的完成情况。评价工作是进行奖罚的基础，如果评价不公、不实，就会带来奖惩的不公、不实的问题，就会导致挫伤员工积极性的严重后果。

二是实施奖惩。依据各部门、各成员的目标完成情况和预先规定的奖惩制度，进行相应的奖惩，以激励先进、鞭策后进，有利于下一期目标管理的顺利进行。

三是总结经验教训。对目标实施中存在的问题和经验进行认真总结，分析原因，吸取教训，以利于今后工作的改进。

◇ 管理故事

三个石匠

有一个人经过一个采石场,问那里的石匠:你们在干什么?三个石匠有三种不同的回答。

第一个石匠回答:"我在做养家糊口的事,混口饭吃。"

第二个石匠回答:"我在做最棒的石匠工作。"

第三个石匠回答:"我正在盖一座教堂。"

如果我们用"自我期望""自我启发"和"自我发展"三个指标来衡量这三个石匠,我们会发现第一个石匠的自我期望值太低,在职场上,此人缺乏自我启发的自觉和自我发展的动力。

第二个石匠的自我期望值过高,在团队中,此人很可能是个孤立独行、"笑傲江湖"式的人物。

第三个石匠的目标才真正与工程目标、团队目标高度吻合,他的自我启发意愿与自我发展行为会与组织目标的追求形成和谐的合力。

典型例题

1. (单选)目标管理的首先提出者是( )。

A. 甘特　　　B. 里昂惕夫　　　C. 德鲁克　　　D. 霍桑

【答案】 C

【解析】 目标管理的首先提出者是彼得·德鲁克。

2. (判断)目标管理重视工作成果而不是工作行为本身。

【答案】 A

【解析】 目标管理与其他管理方法的根本区别在于,它并不要求或强硬规定下属如何做,而是以目标为标准考核其工作成果,评价下属的工作成绩。

本章练习

一、名词解释题

1. 决策(广义)
2. 战略决策

3. 计划(动词)

4. 程序化决策

5. 目标管理

二、单项选择题

1. 决策者虽然不能准确地预测出每一备选方案的结果，但却因拥有较充分的信息而能预知各备选方案及其结果发生的可能性。该决策类型是(　　)。
   A. 确定型决策　　　B. 程序化决策　　　C. 风险型决策　　　D. 不确定型决策

2. 个人决策与群体决策各有优缺点，因此，在做决策时必须根据所做决策的具体情况，采用相应的决策方式。以下几种情况中，不必要采取群体决策方式的是(　　)。
   A. 确定投资一个重大项目　　　　　　B. 决定公司重要副职的工作安排
   C. 新产品上市时机的选择　　　　　　D. 日常办公用品采买

3. 为实现一定的目标，在多个备选方案中选择一个方案的分析判断过程是(　　)。
   A. 计划　　　　　B. 决策　　　　　C. 领导　　　　　D. 协调

4. 具有极大偶然性、随机性，又无先例可循且具有大量不确定性的决策活动是(　　)。
   A. 风险型决策　　B. 不确定型决策　C. 战术决策　　　D. 非程序化决策

5. 管理者与其他的管理者共同做出决策，这样的决策被称为(　　)。
   A. 个体决策　　　B. 业务决策　　　C. 群体决策　　　D. 战略决策

6. 把决策分为确定型决策、风险型决策和不确定型决策的划分标准是(　　)。
   A. 环境的可控程度　　　　　　　　　B. 涉及的问题
   C. 决策主体　　　　　　　　　　　　D. 决策的起始位置

7. 按决策问题的重要性程度划分，决策可分为(　　)。
   A. 个人决策和群体决策
   B. 确定型决策、风险型决策和不确定型决策
   C. 程序化决策和非程序化决策
   D. 战略决策、战术决策和业务决策

8. 按决策所涉及问题，决策可以划分为(　　)。
   A. 战略决策和战术决策　　　　　　　B. 确定型决策与不确定型决策
   C. 程序化决策和非程序化决策　　　　D. 程序化决策和风险型决策

9. 在管理中，决策是(　　)。
   A. 高层和中层管理人员所承担的任务　B. 每一位管理人员都可能要从事的活动
   C. 高层管理人员所承担的任务　　　　D. 高层主管和参谋人员所承担的任务

10. 越是组织的高层人员，所做出的决策越倾向于(　　)。
    A. 战略的、非常规的、风险的　　　　B. 战略的、常规的、风险的

C. 战略的、例行的、突发的　　　　　　D. 战术的、常规的、保守的

11. 受决策者个性影响最大的决策类型是(　　)。

    A. 确定型决策　　B. 多目标决策　　C. 不确定型决策　　D. 程序化决策

12. 下列哪一个选项最不适合采取程序化决策？(　　)

    A. 日常物资采购　　　　　　　　　　B. 车间生产安排

    C. 组织结构的变革　　　　　　　　　D. 周会时间安排

13. 下列决策中哪一项不属于非程序化决策？(　　)

    A. 产品转型的战略制定　　　　　　　B. 日常采购运输

    C. 企业组织结构调整　　　　　　　　D. 突发洪水，确定抢险救灾方案

14. 对于一个完整的决策过程来说，第一步是(　　)。

    A. 明确目标　　B. 筛选方案　　C. 识别问题　　D. 集思广益

15. 某建筑企业为了进入建筑市场，计划邀请相关行业的尖端人才加盟，成立桥梁事业部开展市政桥梁工程项目，按照所涉及的活动内容划分，该计划是(　　)。

    A. 项目计划　　B. 战术计划　　C. 中期计划　　D. 专业计划

16. 下列计划中更为具体且操作性强，减少了风险因素的是(　　)。

    A. 长期计划　　B. 短期计划　　C. 中期计划　　D. 综合计划

17. 短期计划的时间一般为(　　)。

    A. 1年以下　　B. 1年以上　　C. 3年以下　　D. 3年以上

18. 制订计划方案的内容不包括(　　)。

    A. 提出方案　　B. 比较方案　　C. 选择方案　　D. 考核计划

19. 某公司计划在明后两年内实现销售收入480万，利润率达到15%，这种计划类型属于(　　)。

    A. 长期计划　　B. 短期计划　　C. 近期计划　　D. 中期计划

20. 下列关于计划工作的认识中，哪种观点是正确的？(　　)

    A. 计划职能是各级、各部门管理人员的一个共同职能

    B. 从事计划工作要求有丰富的学识和经验，它是专属高层主管的职能

    C. 制订计划是组织中计划部门特有的职能

    D. 计划职能是直线部门主管特有的工作内容

21. 近年来，绿色食品越来越受到人们的欢迎，这一因素的变化属于外部环境因素的(　　)。

    A. 经济因素　　B. 技术因素　　C. 社会因素　　D. 政治因素

22. 计划编制过程的第一步是(　　)。

    A. 制定计划目标　　　　　　　　　　B. 预测未来情况

    C. 制定计划方案　　　　　　　　　　D. 实施和总结计划方案

23. 长期计划的时间是（　　）。
   A. 1年以内　　　B. 5年以上　　　C. 2年　　　D. 3年
24. 计划的作用不包括（　　）。
   A. 减少浪费和冗余　　　B. 减少控制标准
   C. 消除不确定性　　　D. 指明方向，协调活动
25. 下列选项中不属于企业环境分析方法的是（　　）。
   A. SMART　　　B. SWOT　　　C. PEST　　　D. 波特五力模型
26. 下列属于波特五力模型分析的是（　　）。
   A. 竞争分析　　　B. 行业分析　　　C. 消费者分析　　　D. 以上都是
27. 战术计划的特点不包括（　　）。
   A. 内容具体　　　B. 内容明确　　　C. 整体性　　　D. 长期性
28. 制订战略计划的是（　　）。
   A. 基层管理者　　　B. 中层管理者　　　C. 高层管理者　　　D. 所有管理者
29. 关于计划，下列说法中错误的是（　　）。
   A. 计划的制订要具有一定的灵活性以防意外变化
   B. 企业的生产计划是一种单方面的职能性计划
   C. 短期计划具体规定了最近的时间段中应该从事的各种活动
   D. 战略性计划服务于战术性计划
30. 战略计划与作业计划相比较，下列说法中错误的是（　　）。
   A. 战略计划的内容具有纲领性　　　B. 战略计划的对象是组织全局
   C. 战略计划的任务是设立目标　　　D. 战略计划的风险较低

三、判断题

1. 风险型决策和不确定型决策是一样的。　　　（　　）
2. 追踪决策指在有关活动尚未进行，环境未受到影响的情况下进行的决策。这种决策是在零起点的情况下进行的，即没有先前的决策或行动作为起点。　　　（　　）
3. 程序化决策一般处理例行问题。　　　（　　）
4. 决策首先必须识别问题。　　　（　　）
5. 多数组织的决策者每天都要面对大量的非程序化决策。　　　（　　）
6. 群体决策更容易导致妥协。　　　（　　）
7. 越重要的问题就更应该由个人决策，避免出现权责不清、拖延时间的情况。　　　（　　）
8. 战术决策又称管理决策，是指确定达到组织目标所采取的程序、途径、手段和措施的决策，具有全局性、长期性和战略性的特点。　　　（　　）
9. 计划编制过程的第一步是预测未来情况。　　　（　　）

10. 战略实际上是企业的一种长期计划。（ ）
11. 战术计划是为组织设立总体的较为长期的目标。（ ）
12. 按照涉及的活动内容分为综合计划、专业计划、项目计划。（ ）
13. "波特五力分析模型"是分析企业竞争优势的最常见的框架。（ ）
14. PEST分析法是最常用的内外部环境综合分析技术。（ ）
15. 长期性和整体性是战术计划的显著特点。（ ）
16. 计划工作是渗透到组织各种活动中的普遍性管理工作。（ ）
17. 著名管理学家彼得·德鲁克提出的目标管理重视工作行为本身而不是工作成果。（ ）
18. 作业计划则是给定部门或个人的具体行动计划。（ ）
19. 战略计划是关于企业活动总体目标和战略方案的计划。（ ）
20. 目标制定与展开的中心任务是上下协调，制定好各级组织的目标。（ ）

四、简答题

1. 分析群体决策的优缺点。
2. 简述计划的作用。
3. 简述目标管理的优点及局限性。

五、案例分析题

谢经理的决策之道

谢伟是一家大型企业的销售部经理，他聪明机灵、为人诚恳，富有民主意识和进取精神，喜欢听取下属的意见。一天，企业经理把他叫到办公室，对他说，企业计划推出一个新产品，让他们能尽快拿出一个切实可行的推广方案。

谢经理明确任务之后，马上召集销售部的全体人员开会。他把大家分成三个小组，要求每个小组认真调查研究，各自设计一个方案。方案设计出来后，谢经理并没有自作主张，从中选出一个自己认为最佳的方案，而是要求每一个小组将其方案交给其他两个小组传阅，这样每个小组都有机会了解其他小组的方案。

随后，谢经理又召集全体人员开会，三个小组的代表在会上详细介绍了本组方案的情况和对其他小组方案的看法，大家各抒己见，交流观点，最后共同选出了一个令大家满意的方案。接下来，各小组围绕选出的方案，展开制订下一步计划。

1. 按决策主体划分，谢经理的决策属于哪种类型的决策？（   ）。
A. 群体决策   B. 个人决策   C. 具体决策   D. 战略决策
2. 不属于这种类型决策的优点的是(   )。
A. 容易得到普遍的认同   B. 集中不同领域专家的智慧

C. 为个人或子群体所左右 D. 形成更多的可行性方案

3. 让销售部拿出一个切实可行的推广方案是(　　)。

A. 战略计划　　B. 战术计划　　C. 作业计划　　D. 长期计划

4. 接下来，各小组展开制订下一步计划的过程不包括(　　)。

A. 提出方案　　B. 比较方案　　C. 实施方案　　D. 选择方案

5. 关于计划与决策的关系，下列说法正确的是(　　)。

A. 决策与计划相互分离

B. 计划是关于组织的活动方向、内容以及方式及的选择

C. 计划是决策的前提，决策是计划逻辑延续

D. 决策为计划的任务安排提供了依据

6. 假设你是案例中企业的最高管理者，你将如何运用目标管理对管理者和销售代表进行管理？

第三章

组　织

　　本章如同构建一座组织管理大厦，探寻大厦的稳固基石与精巧结构设计，使之成为一座既能高效运转又能灵活适应外界变化的组织管理机构。

　　组织设计的主要内容好似大厦的建筑蓝图，设计原则如同建造大厦需遵循的建筑规范。影响组织结构设计的关键因素是大厦的稳固性与功能性的环境与材料要素。不同的组织结构形式，如直线制、职能制、直线职能制、事业部制和矩阵制等，它们像不同风格的大厦设计样式。我们要逐一分析每种样式的优劣之处，就如同分析该样式大厦的优缺点，优点如采光好或者空间利用率高，缺点如存在通风不畅、层高不足等问题。无论采取哪一种组织结构形式都要综合考虑不同的地理环境、使用需求等组织环境。

　　正式组织与非正式组织的整合就像是大厦里不同功能区域的融合，比如办公区与休闲区的合理搭配；层级整合则如同确定大厦的楼层布局与楼梯、电梯等垂直交通的设置；揭示管理层级与管理幅度在不同类型组织中的关联性，就像研究楼层数量与每层面积大小的合理关系；深入探究不同组织结构中集权与分权的微妙均衡，正如大厦管理之中权力在物业总部与楼层管理处的智慧分配，既确保统一指挥，又兼顾灵活响应。

　　组织文化在组织中的运行，就像大厦里的精神与文化氛围，无形却深刻影响着大厦里人们的行为与互动，使整个大厦保持生机与活力。

思维导图

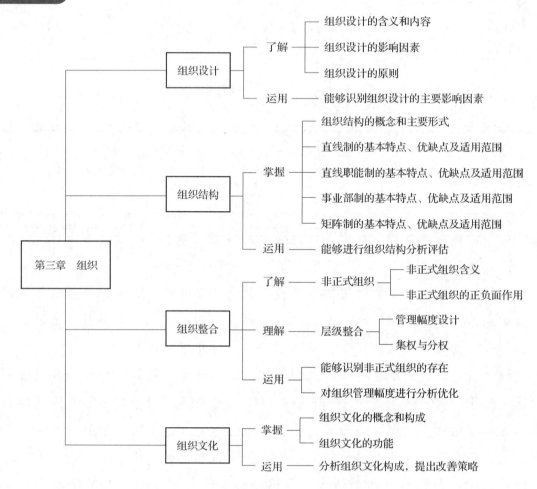

第一节 组织设计

学习目标

★知识目标

1. 了解组织设计的任务与影响因素，包括组织设计的含义、组织设计的主要内容、组织设计的影响因素；

2. 了解组织设计的原则，包括目标一致原则、分工与协作原则、有效管理幅度原则、权责对等原则和柔性经济原则。

★能力目标

能够运用组织设计的理论来分析特定组织的架构和流程，识别和评估组织设计中的关键影响因素。

★素养目标

培养学生的创新意识和创新能力，提升对组织环境变化的适应性，具备批判性思维，能够提出创新的组织设计和管理解决方案。

引导案例

海尔集团自1984年创立以来，经过20多年的持续稳定发展，凭借其在白色家电行业的领先地位，现已成为世界第四大白色家电制造商，并在中国市场中拥有极高的品牌价值。"海尔"从1998年就开始实施以市场链为纽带的业务流程再造。在第一个5年中，"海尔"主要实现了组织结构的再造：变传统企业金字塔式的直线职能结构，为扁平化、信息化和网络化的市场链流程；以订单信息流为中心，带动物流、资金流的运动，加快了用户零距离、产品零库存和营运零资本的"三零"目标的实现。海尔通过实施市场链为纽带的业务流程再造，实现了从传统的直线职能结构向扁平化、信息化和网络化的市场链流程的转变，这体现了组织设计中的目标一致原则和柔性经济原则。

知识学习

组织即由若干个人或群体所组成的、有共同目标和一定边界的社会实体。它包含三层意思：①组织必须是以人为中心，把人、财、物合理配合为一体，并保持相对稳定而形成的一个社会实体。②组织必须具有为本组织全体成员所认可并为之奋斗的共同目标。③组织必须保持一个明确的边界，以区别于其他组织和外部环境。上述三条，是组织存在的必要条件。

组织设计是对组织系统的整体设计，即按照组织目标在对管理活动进行横向和纵向分工的基础上，通过部门化形成组织框架并进行整合。

一、组织设计的任务

组织设计的任务是设计清晰的组织结构，规划各部门的职能和权限，确定组织中职能职权、参谋职权、直线职权的活动范围，最终编制职务说明书。因此，组织设计包括两方面的内容：一是静态的组织结构设计；二是动态的组织运行制度设计。

(一) 组织结构设计

组织结构设计是组织设计的基础性工作，既是对组织整体目标的分解，也是对组织框架的整体安排。一个完整的组织结构设计至少包括职能设计、部门设计和层级设计三方面内容。

1. 职能设计

职能设计是对组织完成目标所需要的职能、职务的整体安排。为实现组织目标，需将总目标逐层细化，明确所需开展的活动，并据此确定职位和职务的类别、数量。同时，深入分析各类职务的任职资格、管理人员所需条件、权限范围及责任担当。

2. 部门设计

组织的职能设计中，会出现许多职能和职务，这些职能和职务中会出现重叠、交叉和近似的情况。组织的部门设计是指按照职能的相似性、活动的关联性、联系的紧密性将各个职位整合为部门的过程。尽管部门设计遵循一定的规律和通用原则，然而部门划分却并无固定标准，组织可依据自身活动的特性、规模大小及所处环境进行灵活安排，并随着内外环境的变化适时调整。

3. 层级设计

层级设计是对部门之间关系的安排，这种关系既包括部门之间的纵向层级，又包括部门之间的横向联系。层级设计首先要对组织内外资源和人员情况，对各类职务、部门加以分析，必要时进行适当调整，据此确定适当的管理幅度，并划分出纵向的管理层次，以保证整个组织结构安排得精干高效。通过层级设计，组织各部门之间纵向、横向的关系变得清晰，职能部门以及管理者的权责关系趋于明确。

（二）组织运行制度设计

组织结构设计是组织设计的基础，组织运行需要制度和人员的保障，而这些是通过运行制度设计来实现的。组织运行制度设计是指为了保证组织的高效运行而进行的制度和人员方面的安排，包括沟通系统设计、管理规范设计和激励设计。

1. 沟通系统设计

部门间层级关系确定后，组织需要建立沟通系统，以确保信息准确、有效地传递。具体内容包括：遵循统一指挥原则，明确各类管理事务的决策主体、执行部门及相应工作流程；建立组织内部门之间的横向沟通与协调机制；建立信息反馈机制，以便及时了解决策的执行情况，实施有效控制。

2. 管理规范设计

管理规范设计是指建立组织的规章制度，保证组织的各个层级、部门和岗位按照统一的要求和标准进行配合和行动。管理规范设计的目的在于充分发挥组织成员主观能动性的同时，对其行为进行有效约束，为组织各项活动的开展提供制度保障。

3. 激励设计

激励设计是指组织为了调动其成员尤其是管理人员的积极性而进行的制度性安排，包括激励制度和惩罚制度。激励制度既包括物质层面的薪酬、实物、期权和其他福利，也包括精神层面的表彰、晋升、荣誉称号等。惩罚制度则是对组织成员未能执行管理规范或工作出现失误时的一种处理方式，如批评、处分、降薪、扣发奖金、降职乃至开除等。

二、组织设计的影响因素

影响组织结构的因素包括环境、战略、技术、规模以及发展阶段。

(一) 环境

管理活动是在一定的环境下进行的。作用于组织的环境因素又可以分为两大类：一般环境和任务环境。

一般环境是指对组织活动产生间接影响的政治、经济、社会和文化环境，在设计组织时，需考虑这些因素的作用。例如，跨国企业需研究东道国的政治、经济、社会和文化环境，并设立相应部门以应对环境挑战和冲突。

任务环境是指与组织活动直接相关的环境，包括政府、行业协会、合作方、供应商、客户、竞争对手等。组织设计中需要根据任务环境设置相应的机构或部门，不同类型组织与任务环境因素的关联程度各异，需采取差异化策略。例如，从事消费品生产、流通的企业需要设置专门部门乃至呼叫中心处理售后服务、投诉等事宜，而原材料生产企业因为面对的客户数量有限，并不需要建立呼叫中心。

环境的复杂性影响组织部门和岗位设置。当外部环境的复杂性提高时，会带来超越原有职能覆盖面的新课题。传统的应变方法是设置必要的职能部门和岗位，减少外部环境对组织的冲击。如跨国公司遭遇战争、政治动荡等风险时，需要设置专门机构、安排相应人员收集信息；当潜在风险成为现实风险时，则需要由相应机构处理撤退、财产保全以及索赔等事宜。

环境的不确定性影响组织结构。英国研究人员伯恩斯和斯托克发现，外部环境与组织内部结构之间具有关联性。当外部环境较为稳定时，组织为了提高运行效率，往往需要制定明确的规章制度、工作程序和权力层级，因此采用机械式层级结构，规范化、集权化程度比较高；当外部环境不稳定时，组织则需要更加关注适应性，尽可能做到信息共享、权力下放，以便能够迅速对环境的变化做出反应，可以采用有机式组织，组织的规范化、集权化程度相应下降。

(二) 战略

美国企业史学家艾尔弗雷德·钱德勒在其著作《战略和结构》中，通过研究杜邦、通用汽车、西尔斯、标准石油等企业的历史，提出了结构跟随(服从)战略理论。钱德勒认为，战略发展有四个不同的阶段，即数量扩大阶段、地区开拓阶段、纵向联合开拓阶段和产品多样化阶段，每个阶段都应有与之相适应的组织结构。

(1) 数量扩大阶段。许多组织初创时，通常仅以一个单一的工厂为起点，涵盖生产和销售等基本职能。故而在数量扩张阶段，其组织结构相对简明，少量职能部门即可满足需求。

(2) 地区开拓阶段。随着生产规模的扩大，组织需要向其他地区拓展业务。业务范围的扩大带来了协调、标准化和专业化等问题，组织需要建立职能部门对分布在不同地区的业务进行有机整合。

（3）纵向联合开拓阶段。组织在同一行业发展的基础上，自然而然地会向其他领域扩展，如销售服装的商店可能拓展饰品、日用品、家具、电器等业务，这就要求组织建立与纵向联合开拓阶段相适应的组织结构。

（4）产品多样化阶段。随着竞争者的加入，组织面临的竞争态势发生变化，原有产品或服务的主要市场开始衰退。组织为了应对这种变化，有必要利用现有技术、设备和人员等资源开拓新的产品和服务，于是形成了产品多样化的局面。这一阶段，组织不得不重新考虑资源分配、部门划分、新老业务之间的协调等问题，组织结构也会随之变化。

钱德勒的理论指出，企业的组织结构应当与其战略相匹配。例如，佳美集团在专注于清洁能源开发和利用的战略转型中，调整了组织结构，从集权的职能结构转向了分权的事业部结构，以适应其多元化经营的需求。为了增强组织的适应性，必须根据战略调整的需要，及时对组织结构进行优化。

（三）技术

技术是指将原材料转化为产品或服务的手段与智慧。技术的变化不仅能够改变生产工艺和流程，而且会影响人与人之间的沟通与协作。因此，组织设计必须考虑技术因素。

英国管理学家伍德沃德根据生产技术的复杂程度将生产技术分为三类：单件小批量生产（Unit Production）技术，适用于定制服装、大型发电机组等单件或小批量产品的生产；大批量生产（Mass Production）技术，适用于成衣、汽车以及其他标准产品的制造，可以通过专业流水线实现规模经济；流程生产（Process Production）技术，适用于炼油厂、发电厂、化工厂等连续不断的生产，比前两种技术更为复杂。

采用不同生产技术的组织在管理层级、管理幅度、管理人员与一般人员比例、技术人员比例、规范化程度、集权化程度、复杂化程度等方面存在以下差异：

（1）从单件小批量生产技术到流程生产技术，随着技术复杂性的提高，企业组织结构复杂程度相应提高，管理层级增多，高层管理人员的管理幅度、管理人员与一般人员比例也提高。然而，基层管理人员的管理幅度呈现非线性变化，即大批量生产技术最高，单件小批量生产技术次之，流程生产技术最低。

（2）大批量生产组织通过严格的规范化管理可以有效地提高效率，而集权化、规范化对于小批量生产、流程生产并不合适。

（3）有效管理取决于如何分析环境需求、围绕需求构建组织结构、通过管理行为实现组织目标。如缩短指令传达路径、增强沟通的管理模式最适合中小批量的生产，而不适合大批量生产。

（4）创建组织时，技术因素和人际关系因素同样重要。企业选择的组织结构形式如果能够实现二者的有机结合，组织效率是最高的。

伍德沃德认为组织结构特征与技术类型的关系如表3-1所示。

表3-1 组织结构特征与技术类型的关系

组织结构特征	技术类型		
	单件小批量生产技术	大批量生产技术	流程生产技术
纵向管理层级	3	4	6
高层管理人员的管理幅度	4	7	10
基层管理人员的管理幅度	23	48	15
管理人员与一般人员比例	1∶23	1∶16	1∶8
技术人员比例	高	低	高
规范化程度	低	高	低
集权化程度	低	高	低
复杂化程度	低	高	低
总体结构	有机	机械	有机

（四）规模

一般来说，小规模的组织结构简单，组织层级少，集权化程度高，复杂性低，协调比较容易，而大规模组织正好相反。因此，规模因素是影响组织设计的一个重要变量。大型组织和小型组织在组织结构上的区别主要表现在以下四个方面：

1. 规范程度不同

规范程度是指组织依靠工作程序、规章制度引导员工行为的程度。工作程序、规章制度既包括以文字形式表述的各种制度、条例，也包括以非文字形式存在的传统、组织文化、企业伦理、行为准则等。一个组织规章、条例越多，其组织结构的规范性就越高，组织就越正规。

2. 集权程度不同

集权程度是指组织决策正式权力在组织层级中的集中或分散程度。通常，小型组织的决策事务较少，高层管理者对组织拥有更大的控制权，因此集权化程度较高。然而，大型官僚制或科层组织中，决策往往是由那些具有控制权的管理者做出的，组织的集权化程度同样高。相较于小型组织，大型组织更常采用授权方式，将决策权下放至不同层级的管理者，此举既能减轻高层管理者的压力，又能促进信息快速流通，使组织能灵活应对环境变化。

3. 复杂程度不同

复杂程度是指组织内部结构的分化程度。每一个组织在专业化分工程度、组织层级、管理幅度、人员之间、部门之间存在巨大差异，组织的分工越细、层级越多、管理幅度越大，组织的复杂性就越高；组织的部门越多，地理分布越广，协调人员及其活动也就越困难。

4. 人员结构不同

英国的帕金森在观察了军队、政府和商业官僚机构的基础上，提出了著名的"帕金森定律"，即工作总是在增长以占满分配给它的时间，而工作延长的原因在于"管理者总是增加下属而不是增加竞争者，并给他们安排工作"。

一个有趣的现象是：随着组织规模的不断扩大，管理人员的增长速度往往高于普通员工，而在组织步入衰退期时，管理人员的缩减幅度又常常小于普通员工。也就是说，管理人员是最先被聘用而最后被解雇的。也有一种观点认为，随着组织规模扩大，管理人员的比例是下降的。虽然两种观点在结论上存在明显对立，但组织规模影响人员结构是一个不可否认的事实。

（五）发展阶段

1950年，美国经济学家鲍尔丁首次提出了"组织生命周期"这一概念。组织存在生命周期，每个发展阶段具有不同特征，同时面临着不同风险，需要调整战略以适应发展的需要，并适时调整组织结构。

一般来说，组织的发展会经历生成、成长、成熟、衰退和再生五个阶段。组织设计需要根据不同阶段的特点来进行。

1. 生成阶段

组织的生成阶段也被称作创业阶段。由于规模较小，组织往往采用比较简单、机械的组织结构，权力集中在以创始人为代表的高层管理者手中。这一阶段，组织成长的动力在于创始人或团队的创造性，活动复杂性较低，对分权的需求、对管理规范性的要求也不高，但面临着领导力风险。也就是说，由于决策权集中在高层，需要管理者通晓企业的内部事务，一旦出现决策失误，组织将陷入巨大危机。

2. 成长阶段

组织在成长阶段，一般发展速度较快。这一阶段，组织成长的关键在于决策的方向。随着规模的迅速扩大，原有机械式组织结构已经不能满足组织发展的需求，需要形成一种有机的组织结构，向中层、基层管理者授予更多决策权，使组织的规范性提高。与此同时，容易出现沟通不畅、部门之间争权夺利的现象，组织面临各自为政的风险，因此需要对组织结构进行必要的调整。

3. 成熟阶段

经过快速发展之后，组织进入成熟阶段。这一阶段，组织成长的动力在于授权，组织结构呈现出规范化的特征：层级关系更加清晰；职能逐渐健全；内部沟通越来越正式化；规章制度更加完善。此时，组织需要在提高内部稳定性的同时，通过创新来扩大市场，通常采用的方法是单独成立研发部门，但在官僚制组织结构中，创新的范围受到限制，组织面临着控制风险，即管理者需要通过授权来调动各部门的积极性，但又不能失去控制。

4. 衰退阶段

授权、规范化固然能够带来组织的成长，但同样会产生负面影响。其负面影响主要表现为：机构庞大臃肿，人员冗余；沟通链条冗长，导致决策效率低下；过分拘泥于程序和规范，形式主义风气盛行；尽管深知组织运行效率低下，却难以推动实质性改革。这种现象就是"大企业病"，如果不能有效地加以应对，组织就会进入衰退阶段。这一阶段，组织成长的动力在于协调，但同时面临着"繁文缛节风险"。

5. 再生阶段

组织进入衰退阶段后，如果不能适时调整组织结构、进行大刀阔斧的改革，可能面临灭亡的命运。然而，多数情况下组织会努力地生存，寻求可持续发展，这就要求我们进行大胆变革，包括通过再集权来排除阻力、推进改革，以及通过流程再造来重新整合原本过于细致的分工；有选择地退出部分业务，降低运行成本；通过扁平化，减少组织层级；采用矩阵制组织结构，提高沟通效率；加强与其他组织的合作，谋求共同发展等。这一阶段，组织成长的动力在于合作，而面临的风险是人才枯竭。

> **◇小知识**
>
> **组织生命周期**
>
> 美国经济学家鲍尔丁首次提出了"组织生命周期"这一概念，开启了"组织生命周期"研究先河。葛瑞纳最早提出了企业生命周期理论，他认为企业的成长如同生物的成长一样要经过诞生、成长和衰退几个过程。奎因和卡梅隆把组织的生命周期细划为四个阶段：创业阶段、集合阶段、规范化阶段和精细阶段。
>
> 一般而言，组织的发展会经历生成、成长、成熟、衰退和再生五个阶段。每个阶段具有不同特征，同时面临着不同风险，要根据不同阶段的特点进行组织设计，并适时调整组织结构。

三、组织设计的原则

现代管理学创立之初，研究人员就十分关注组织设计的原则问题，如英国的厄威克提出了组织管理的八条指导原则。之后，不少学者都对组织设计的原则进行过归纳。概括起来，组织设计的原则可以归纳为以下五条：

（一）目标一致原则

组织活动是围绕一定目标进行的，因此组织设计需要以组织的整体目标为引领，部门设置、沟通协调、冲突解决都要为这一目标服务，这就是目标一致原则。事实上，目标一致原则有两层含义：一是目标的一致性，即组织设计要有明确的、统一的目标，部门、成员的目标需要与组织保持一致；二是统一指挥，即组织需要有明确的指挥链，确保信息的准确传递，明确各级管理人员的责任。

（二）分工与协作原则

分工与协作原则是指组织结构能够反映出实现目标所需的工作分解和相互协调，在专业分工的基础上实现部门间、人员间的协作与配合，保证组织活动的顺利开展，从而实现组织的整体目标。

专业分工的作用主要包括两方面：一是工作的简单化，组织成员只需要承担单一任务，不必通晓所有工作；二是有利于缩短培训时间，提高熟练程度。然而分工同时可能带来消极影响，主要表现在三个方面：一是工作单调，如果成员长期从事单一、重复性的工作，必然会产生单调乏味的感觉；二是可能限制内部人员流动，降低组织应对环境变化的能力；三是容易形成组织内部的冲突和对立。

为了克服分工的弊端，组织需要重视专业分工之后的协调。主要措施包括：实行系统管理，把职能性质相近或工作关系密切的部门归类，成立相应的管理子系统；通过委员会等机构实现协调；创造有利于协调的环境，提高管理人员的全局观念，增加相互间的沟通等。

（三）有效管理幅度原则

管理幅度又称管理跨度或控制幅度，是指一个管理人员直接有效地指挥下属人员的数量。组织中的管理者直接管辖下属的人数应该控制在适当的范围，这样才能保证组织的有效运行。

管理幅度源自人的有限理性。管理人员由于受到个人精力、知识、经验等条件的限制，能够有效领导的直属下级人数是有限的。有效管理幅度并不存在一个固定值，因为它受到职务性质、人员素质、职能机构是否健全、沟通工具和技术等条件的影响。

当组织规模一定时，管理幅度与组织层级呈现出反比例关系。管理幅度越大，同样规模的组织所需要的组织层级越少；反过来，管理幅度越小，同样规模的组织所需要的层级也就越多。

因此，进行组织设计时，管理幅度应控制在一定的水平。既要避免管理幅度过大，保证管理人员能够对下属工作实行有效的指挥和监督，提高工作效率；也要防止管理幅度过小，造成组织层级过多，从而降低管理工作的效率，增加管理成本。

（四）权责对等原则

权责对等原则是指组织中各个层级的管理者需要拥有开展工作所需要的相应权力，同时承担相应责任。

组织中的职位与权力存在明确的对应关系，各岗位职务说明书要对每一个职位所需要承担的工作内容进行清晰界定。同时，意味着该职位的管理者拥有相应权力，因为权力是管理工作的基础。权责对等原则要求管理者在被授予的权限范围内行事，并承担相应的责任，避免有权无责、有责无权现象的出现。

(五)柔性经济原则

柔性经济原则是指组织设计需要保持一定的灵活性，根据内外环境的变化及时对机构和人员做出调整，通过对层级与幅度、人员结构和部门工作流程的合理安排，提高组织管理的效率。柔性经济原则对组织设计提出了两方面要求：一是稳定性与适应性相结合，在维护组织稳定的同时保持一定的弹性；二是组织结构设计要合理，避免产生内耗，造成管理成本上升。

组织的柔性与经济性是相辅相成的。一个具有适应性的组织必然是精干的，也是符合经济原则的；一个具有经济性的组织必须保持适度的柔性，因为柔性的丧失意味着应对变革的管理成本上升。

典型例题

1.（判断）确定组织人员需要量的主要依据是组织设计出的岗位职务类型。（　　）

【答案】　错误

【解析】　确定组织人员需要量的主要依据是组织设计出的岗位职务类型和岗位职务数量

2.（单选）钱德勒认为，战略发展的第一阶段是（　　）。

　　A. 地区开拓阶段　　　　　　　　B. 数量扩大阶段
　　C. 纵向联合开拓阶段　　　　　　D. 产品多样化阶段

【答案】　B

【解析】　B 钱德勒认为，战略发展有四个不同的阶段，即数量扩大阶段、地区开拓阶段、纵向联合开拓阶段和产品多样化阶段。

3.（单选）组织中主管人员监督管辖其直接下属的人数越是适当，就越是能够保证组织的有效运行，体现了组织设计的（　　）。

　　A. 柔性经济原则　　B. 目标一致原则　　C. 分工与协作原则　　D. 有效管理幅度原则

【答案】　D

【解析】　有效管理幅度原则是指组织中的管理者直接管辖下属的人数应该控制在适当的范围，以保证组织的有效运行。

4.（单选）某公司为了提升公司形象，决定为公司正式员工定制300套工装。根据制造业技术的复杂程度，该公司可以考虑由哪种类型的公司来供货？（　　）

　　A. 具有单件小批量生产技术的公司　　　　B. 具有大批量生产技术的公司

C. 具有流程生产技术的公司 D. 具有全国销售渠道技术的公司

【答案】 A

【解析】 单件小批量生产技术，适用于定制服装、大型发电机组等单件或小批量产品的生产。

第二节 组织结构

学习目标

★知识目标

1. 掌握组织结构的概念和形式；
2. 掌握直线制、直线职能制、事业部制、矩阵制的基本特点、优缺点以及适用范围。

★能力目标

能够根据组织的特定需求和环境，评估和选择合适的组织结构形式，对组织的管理幅度进行分析优化。

★素养目标

培养学生的创新精神和持续学习的能力，在面对组织变化时，能够灵活调整和优化组织结构，以适应外部环境和内部需求的变化。

引导案例

海尔集团按照规模经济及专业化分工的原则，将各产品事业部的采购职能、仓储职能、运输职能整合为一个新的部门——物流推进本部；将各产品事业部的国内营销功能整合为一个新的部门——商流推进本部；将国外营销部门整合为海外流（海外推进本部）；将财务部门整合为资金流。于是，原有的各产品事业部就演变成为独立的生产及研发部门，而不再具有其他功能。这样，就实现了全集团范围内的统一营销、统一采购和统一结算。此外，"海尔"还从各事业部分离出了所有支持业务资源，如人力资源开发、技术质量管理、信息管理、设备管理等，形成一个独立经营的服务公司。上述几大部门在集团组织结构中的地位是平等的，如今扁平化的组织结构，把企业与市场结合在了一起，流程运转全以用户为中心，满足了创新的需求。

知识学习

不同规模、不同类型的组织有着不同的组织结构,而且需要根据其发展进行动态调整。组织结构设计是组织设计的核心工作,是为战略服务的。

一、组织结构的概念

组织结构是组织中正式确定的,使工作任务得以分解、组合和协调的框架体系。一方面,组织结构是组织内部的职能分工,即按照组织目标对工作任务进行分解后,确定相应的部门完成工作;另一方面,组织结构是一个纵向的层级体系,层级的多少取决于组织的规模和管理幅度。

通常,组织结构中各部门之间的相互关系可以用组织结构图表示,以直观的方式呈现组织中各职位及层级关系,明确组织的职权结构及各部门的任务,反映组织内部在职务范围、职责、权力等方面形成的关系体系。

二、组织结构的形式

(一)直线制组织

1. 直线制组织结构的特点

直线制是最早出现的一种组织结构形式,多见于早期的军队和小规模生产组织中(见图3-1)。

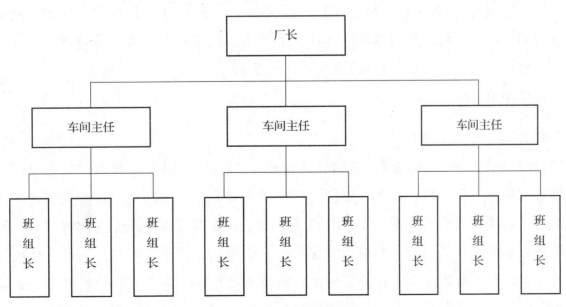

图3-1 直线制组织结示意图

直线制组织(Line organization)结构的特点是组织中所有职位都实行从上到下的垂直领导,下级部门只接受一个上级的指令,各级负责人对其下属的一切问题负责。组织不设专门的职能部门,所有管理职能基本上都由各部门主管自己执行。因此,直线制是一种最简单的组织结构形式。

2. 直线制组织结构的优点

(1)设置简单。只要确定管理幅度,组织就可以根据规模确定管理所需要的层级,不需要设计复杂的职能部门和参谋,因此管理成本也较低。

(2)权责关系明确。上级只分管几个部门,下属只接受一名上级的领导,每一个层级管理者的职责、权力非常清晰。

(3)有利于组织的有序运行。由于上下级之间是垂直的关系,直线制组织易于维持特定的纪律与秩序。

3. 直线制组织结构的缺点

(1)专业化水平低。由于直线制组织实行垂直领导,每一个层级的管理者需要承担部门的所有工作,所以专业化程度较低。

(2)缺乏横向沟通。直线制组织强调不同层级之间的纵向联系,缺少横向沟通的通道,因此沟通路径长,导致信息传递不够顺畅。

(3)对管理人员的要求高。由于直线制组织中的管理者需要全方位负责本部门的工作,所以要求每一名管理者都通晓部门的所有事务,势必造成人员配备的困难。一般而言,培养一名通才的周期和成本要远高于培养一名专才。

上述缺点导致直线制组织结构只适用于规模较小、生产技术比较简单的组织,初创期的组织往往偏向于选择直线制组织结构。然而,随着组织规模扩大,人员数量增加,管理工作日益复杂,直线制组织结构就不能满足组织发展的需要了。

(二)职能制组织

1. 职能制组织结构的产生

职能制组织形式(Functional Organization)也称 U 形结构,以专业职能作为划分部门的基础,在各级管理人员之下根据业务需要设立职能机构和人员,协助其从事职能管理工作。职能制组织是在直线制组织的基础上发展起来的,为了弥补直线制组织专业化程度低、对管理人员要求高等不足,军队组织开始设置参谋职位,职能制组织就此产生。因此,职能制组织又被称为参谋组织或幕僚组织。这种结构下,管理者把相应职能的管理职责和权力交给职能机构,由职能机构在其职责范围内行使职权。直线制组织与职能制组织的区别在于:直线制组织中,对下级的管理完全由上级进行,而职能制组织则由包括参谋在内的众多管理者对下属的工作进行指挥,如图 3-2 所示。

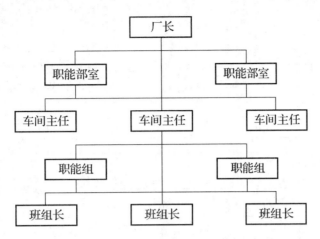

图 3-2 职能制组织结示意图

2. 职能制组织结构的优点

（1）专业化程度高。参谋的设置有利于发挥专家的作用，能够提高管理的专业化水平，适应大生产分工协作的要求。

（2）减轻管理人员压力。职能制组织中的参谋能够从不同角度为管理者提供决策依据，使其能够专注于处理最重要的决策工作。

（3）有利于降低管理成本。职能制组织减少了设备和职能人员的重复性，有利于降低管理成本。

3. 职能制组织结构的缺点

（1）缺乏协调。各职能部门执着于自己的目标，容易滋生本位主义，对需要部门间密切配合才能完成的任务缺乏协调性，部门之间缺乏交流合作，容易引发冲突，增加高层管理者协调、统筹的难度，影响组织整体目标的顺利实现。

（2）职责不清。每一级部门需要同时接受直线部门和职能部门的指挥，导致多头领导，不利于统一指挥、统一领导，不利于分清责任。

（3）不利于通才型管理人员的培养。管理者只负责其专业领域的工作，缺乏对其他领域的了解机会，不利于通才型高级管理人员的培养。

（三）直线职能制组织

1. 直线职能制组织结构的产生

由于直线制、职能制组织结构均存在先天的缺陷，所以二者很难运用于现实的组织设计中。综合直线制和职能制两种形式的特点，取长补短而建立起来的组织结构就是直线职能制组织（Line and Staff Organization），又称直线参谋制组织。具体做法是：以直线制结构为基础，在各层级中设置相应的职能部门，即在直线制组织统一指挥的原则下，增加了参谋机构从事专业管理，如图 3-3 所示。

2. 直线职能制组织结构的优点

（1）统一指挥与专业化管理相结合。直线职能制组织既保持了直线制组织的统一指挥优

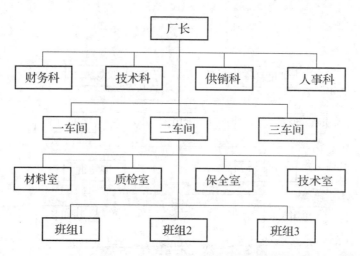

图 3-3 直线制组织结示意图

势,又吸取了职能制组织专业化管理的特长。

(2)能够有效减轻管理者负担。由于职能部门的存在,该结构不再要求管理者成为直线制组织中的通才、全才,能够有效减轻管理者的负担,同时规避了职能制组织多头指挥的问题。

3. 直线职能制组织结构的缺点

(1)协调难度加大。直线部门与职能部门目标不一致,容易引发职能部门越权的现象,导致组织内部冲突增多,增加组织内部的协调难度。

(2)损害下属的自主性。直线职能制组织的管理者数量增加,容易形成高度集权,有可能损害下属的自主性。

(3)降低对环境的适应能力。直线职能制组织结构缺乏弹性,对环境变化的反应迟钝,难以应对外部环境变化带来的挑战。

(4)降低决策效率。直线职能制组织的部门增多,沟通路径增加,易导致信息传递不顺畅,从而降低决策效率。

(5)增加管理成本。直线职能制组织的管理层级、管理人员数量明显增加,职能部门与直线部门之间的协调难度加大,势必增加管理成本。

虽然存在上述缺点,但直线职能制组织形式在世界范围内仍然为众多组织所采用。一般来说,直线职能制组织适用于规模不大、产品种类不多、内外部环境比较稳定的中小型企业。

(四)事业部制组织

1. 事业部制组织结构的产生

事业部制组织(Divisional Organization)也被称为 M 形组织,最早是由美国通用汽车公司总裁斯隆于1924年提出的,故有"斯隆模型"之称。20世纪20年代,通用汽车通过并购迅速扩大了规模,但并购后各企业仍然独立经营,直接导致企业整体效率降低。1923年,斯隆就任通用汽车总裁,对组织结构进行了大胆改组,在维持分权的同时,以单位资本收益率(ROI)作为考核指标对下属企业进行管理,大大改善了通用汽车的经营状况,事业部制组织从此受到多元化大企业的推崇。

事业部制组织结构是指组织面对不确定的环境，按照产品或类别、市场用户、地域以及流程等不同的业务单位分别成立若干个事业部，由事业部进行独立经营和分权管理的一种分权式组织结构。其主要特点是"集中决策，分散经营"。事业部制组织结构中的事业部具备三个基本要素，即独立的市场、自负盈亏、独立经营，而总部只保留人事决策、预算控制和监督等职能，通过利润等指标对事业部进行控制。事业部制组织结构如图3-4所示。

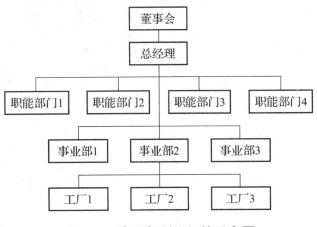

图3-4 事业部制组织结示意图

2. 事业部制组织结构的优点

（1）有利于管理者专注于战略规划与决策。由于各事业部独立经营，组织的最高管理层能摆脱日常行政事务，将精力集中于组织的战略规划与决策。

（2）有利于培养通才。事业部独立进行生产经营活动，对经营结果负完全责任，有利于培养经理人员的全局意识及多方面的管理技能，能为组织培养通才型高级管理人才。

（3）提高了组织对环境的适应能力。各事业部享有独立经营的权利，有利于发挥其积极性、主动性和创造性，提高了对环境的适应能力。同时由于多个事业部的存在，也增强了组织抵御风险的能力。

3. 事业部制组织结构的缺点

（1）机构重复设置导致管理成本上升。总部与各事业部均设有完备的职能机构，必然会造成管理人员增加，管理成本上升。

（2）容易滋生本位主义。尽管各事业部拥有独立市场，但高度分权容易使它们仅关注自身利益，从而给相互间的协作与支持带来挑战，进而阻碍企业整体战略目标的实现。

（五）矩阵制组织结构

1. 矩阵制组织结构的产生

由于直线职能制组织结构、事业部制组织结构均存在沟通路径过长、难以协调的弊端，于是一些企业开发了矩阵制组织（Matrix Organization）结构。矩阵制组织结构的实质是为了加强职能制组织之间的协调、引进项目管理的形式开发的一种组织形式。

矩阵制组织结构的特点是，既有按职能划分的垂直领导系统，又有按产品或项目划分的横向领导关系，每一名下属都需同时接受两名上司的领导，项目组的人员则来自各个不同的部门，一旦任务完成，他们便解散并返回原单位继续工作。项目小组为临时组织，负责人也是临时委任。因此，这种组织结构非常适合需要横向协作的攻关项目。矩阵制组织结构如图

3-5 所示。

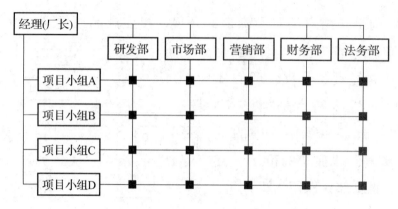

图 3-5　矩阵制组织结示意图

2. 矩阵制组织结构的优点

（1）机动性强。矩阵制组织以项目的形式组成，成员从不同的部门抽调，具有很好的机动性，随着项目的开发与结束进行项目组的组合和解散。

（2）目标明确、人员结构合理。矩阵制组织的目标十分明确、具体，各项目组有着特定的攻关任务，人员来自与任务相关的部门，结构合理。

（3）通过异质组合实现创新。矩阵制组织的人员从各职能部门抽调而来，有着不同的专长，成员们荣誉感强烈，工作热情高涨，且目标一致，这种来自不同部门的员工组合，有利于他们相互启发、集思广益，不同思维的碰撞更易于激发创新火花。

（4）沟通顺畅。矩阵制组织是对统一指挥原则的一种突破，由于成员同时拥有两名上司，且纵向与横向的联系形成了网络状的信息传递通道，组织内部的沟通更加顺畅。

3. 矩阵制组织结构的缺点

（1）稳定性差。由于矩阵制组织的成员来自不同的部门，被抽调后势必影响原部门的工作，当项目任务完成后，成员回到原有部门的岗位时安排容易出现问题，影响组织的稳定性。

（2）多头指挥。矩阵制组织的网状结构虽然能够缩短沟通路径，但成员需同时接受项目组和职能部门的领导，若上级领导沟通协调不充分，易导致双重领导矛盾，即"一仆二主"现象。这不仅使下属难以适从，还可能降低工作效率，增加沟通成本，甚至影响目标的实现。

（3）权责不对等。为了保持组织的机动性，项目组负责人同样属于临时抽调，任务完成之后回到原部门工作，其责任大于权力，在一定程度上会对负责人的积极性造成消极影响。

矩阵制组织结构适用于一些临时性的、需要多个部门密切配合的项目。企业可以通过矩阵制组织来完成涉及面广、临时性的、复杂的重大工程项目、新产品研发或管理改革任务。

◇知识拓展

机械式组织和有机式组织

机械式组织是一种稳定的、僵硬的结构形式,追求的主要目标是稳定运行中的效率。有机式组织是一种松散、灵活的具有高度适应性的结构形式。它追求的主要目标是动态适应中的创新。英国学者伯恩斯与斯托克认为,机械式组织和有机式组织是一系列组织类型中的两个极端,而大多数组织介于二者之间。一般来说,机械式组织适用于外部环境相对稳定的情况,而有机式组织则适用于外部环境不稳定的情况。

典型例题

1.(单选)随着组织规模的不断扩大,某集团成立了海外子公司,实行集中决策、分散经营,这种组织结构是(　　)。

　　A. 直线制组织结构　　　　　　　　B. 矩阵制组织结构
　　C. 事业部制组织结构　　　　　　　D. 动态网络型结构

【答案】 C

【解析】 "集中决策、分散经营"属于事业部制组织结构的主要特点。

2.(单选)一家产品单一的跨国公司在世界许多地区拥有客户和分支机构,该公司的组织结构首先应考虑(　　)。

　　A. 职能　　　　B. 产品　　　　C. 区域　　　　D. 服务

【答案】 C

【解析】 不同区域的业务和职责划分给相应的管理者,即"区域部门化"。

3.(单选)下列最适合采用矩阵制组织结构的是(　　)。

　　A. 纺织厂　　　B. 医院　　　　C. 抗震救灾　　　D. 学校

【答案】 C

【解析】 矩阵制组织结构适用于以项目为主题,需要对环境变化做出迅速反应的组织,适合抗震救灾。

4.(单选)某家电企业是一家拥有500多亿资产的巨型企业,在目前产品多样化和高科技化的市场需求面前,你认为该企业最适宜的组织结构形式是(　　)。

　　A. 直线制　　　B. 职能制　　　C. 事业部制　　　D. 直线职能制

【答案】 C

【解析】 该企业规模大,产品多,事业部制组织结构比较符合。

第三节　组织整合

🔧 学习目标

★知识目标

1. 了解正式组织与非正式组织整合中的非正式组织的含义，能够区分非正式组织在组织中的正面与负面作用；
2. 理解层级整合中管理幅度设计、集权与分权，包括管理幅度与管理层级之间的关系、集权与分权的内涵。

★能力目标

1. 能够识别非正式组织的存在，并评估其对组织运作的正面和负面影响；
2. 对组织的管理幅度进行分析优化。

★素养目标

引导学生理解和尊重团队成员，培养协作意识，团队精神，有效地与非正式组织的成员沟通，协调正式组织与非正式组织之间的关系，促进双方的理解和合作。

🔧 引导案例

宜家是全球知名的家具零售商，其企业文化强调平等主义、反官僚、信任员工的直觉，并致力于建立扁平化的组织结构。宜家鼓励员工建立非正式的交流和合作网络，这些非正式组织在宜家的运营中发挥着重要作用。他们的设计师经常在非正式的场合聚集，讨论各种问题，提出创新的设计理念和改进方案。

宜家的案例展示了非正式组织在企业中的积极作用。非正式组织既能促进员工间的交流协作，激发创新思维，也可能对企业的决策流程与变革举措带来一定的挑战。企业管理者需要认识到非正式组织的存在，并采取适当的管理策略。

🔧 知识学习

组织在确定结构安排之后，还需要对组织中的不同力量进行整合。组织整合的必要性来自组织内部的各种冲突，如：如何在正式组织中发挥非正式组织的作用，消除其消极影响？组织层级内、层级之间如何进行协调？如何处理组织中同时存在的两种不同类型的管理者——直线和参谋的关系？

组织整合是按照组织目标的要求，对组织内部的各部门、机构、人员的活动进行安排，使之成为一个有机整体的过程，包括正式组织与非正式组织的整合、层级整合和直线与参谋的整合。

一、正式组织与非正式组织的整合

（一）正式组织

正式组织是由 2 个或 2 个以上的人围绕一个共同目标并经过有意识的、处于系统关系的物的要素、人的要素和社会要素组成的有机整体。巴纳德认为企业是一个协作系统。正式的协作系统(组织)具备三个要素：共同目标、协作意愿以及信息沟通。正式组织的运行过程实际上是这三个要素的形成过程和相互作用过程。

（二）非正式组织

非正式组织是指独立于正式组织目标之外，以人际关系和谐为导向，以非理性为行为逻辑，受潜在的不成文规定约束的个体组成的集合体。非正式组织的存在有两种主要情形：一是作为正式组织成立的预备阶段而存在；二是伴随着正式组织的发展过程而产生，或依附于正式组织而存在。

（三）非正式组织与正式组织的区别

非正式组织与正式组织存在密切的相互作用。一方面，非正式组织在正式组织之间或依附于正式组织成立；另一方面，非正式组织对正式组织的活动产生影响，二者有可能相互补充，也可能引发对立、导致冲突。非正式组织与正式组织存在以下区别，如表 3-2 所示。

表 3-2　非正式组织与正式组织的区别

区别点	正式组织	非正式组织
目标	明确且以目标为导向	不明确且追求和谐人际关系和成员满足感
行为逻辑	成员按组织人格行事，受规章制度约束	尊重个人人格，受情感支配和约定俗成规则限制
结合紧密程度	严格管理层级和岗位职责，层级分明	无明确结构和层级，信息传递开放、发散
权威来源	领导者权威主要来自职位性因素	无稳定领导者，权威来自非职位性因素(如资历、人品)

（四）非正式组织与正式组织的整合

非正式组织对正式组织的影响既有积极的一面，也有消极的一面。因此，非正式组织与正式组织的整合需要发挥非正式组织的积极作用，减少其消极影响，营造有利于二者整合的组织文化环境。

1. 重视非正式组织的作用

正式组织与非正式组织的整合首先要发挥非正式组织的积极作用。可以概括为以下方面：

(1)满足组织成员的需要。正式组织的成员同时也是非正式组织的成员，由于非正式组织多为自愿形成，成员参与其中能够获得心理上的满足，如发挥工作之外的专长、赢得尊重、形成安全感与归属感，并发现工作的深层意义等。

(2)有利于促进组织内部沟通。由于非正式组织没有层级分明的组织结构，参与者的沟通是水平交叉的，有利于提高组织内部的信息传递质量。

(3)有利于增加组织成员间的默契，增强凝聚力。非正式组织成员间的沟通常在无压力的环境中进行，长期的交流促进了他们之间的默契，同时也营造了组织内部的和谐氛围，增强了组织的凝聚力，激发了成员的工作积极性。

(4)有利于组织活动的有序开展。非正式组织只有依托正式组织才能生存，因此它同样关注自身的发展，能够自觉地抵制组织成员违反组织规定、违背公序良俗的丑恶行为的出现，并以独特的方式加以惩戒，对组织的制度、文化形成有益的补充，有利于组织活动的有序开展。

2. 减少非正式组织的消极影响

非正式组织对正式组织的影响也有消极的一面。具体表现在：与正式组织目标的冲突；小道消息、流言影响组织沟通；对成员吸引力过大影响工作投入；对正式组织中领导的权威形成挑战等。因此，组织需要充分认识非正式组织可能产生的消极影响，避免其破坏作用。管理非正式组织对正式组织的消极影响主要有以下几个方面：

(1)通过提高组织成员在决策中的参与性，避免目标冲突。

(2)加强沟通与信息共享，避免小道消息蔓延。

(3)关心成员的工作、生活状况，对非正式组织进行正确引导。

(4)鼓励各级管理者参与非正式组织的活动，树立权威。

(5)营造有利于整合的组织文化和氛围。

二、层级整合

层级整合是指组织在纵向设计中需要确定的管理幅度、层级数量以及体现了不同集权程度的各层级之间的权责关系。层级整合包括管理幅度设计、有效集权与分权和组织设计中的授权问题。

(一)管理幅度设计

管理幅度又称管理跨度或控制幅度，是指一个管理人员直接有效地指挥下属人员的数量。

1. 管理幅度与管理层级的关系

组织规模恒定时，管理幅度与组织层级呈反比。幅度大，层级少；幅度小，层级多。如一个非管理人员为 4 096 人的组织，如图 3-6 所示，当管理幅度为 4 人时，需要 7 个管理层级，管理人员数量达到 1 365 人；当管理幅度为 8 人时，仅需要 4 个管理层级，管理人员数量相应缩减到 585 人。

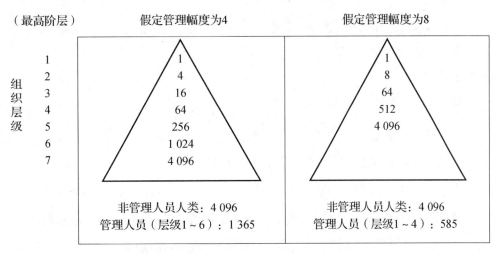

图 3-6　管理幅度与组织层极间的关系

2. 管理幅度设计的影响因素

有效管理幅度受多重因素影响，涵盖管理者与被管理者的能力、工作内容、环境及成员差异等。

（1）工作能力。指管理者和被管理者的综合能力，包括知识、经验、理解能力、表达能力、概括能力、应变能力等。管理者若具备出色的工作能力，则能针对相关问题与下属实现高效沟通，从而适度扩大管理幅度。相反，下属若具备卓越的工作能力，能够精准领会管理者的意图和指示，并依据组织目标的整体要求自主开展工作，这将有助于管理者超越管理幅度的限制。

（2）工作内容和性质。管理工作的内容和性质会对管理幅度设计产生重要影响。具体表现在以下方面：管理者所处组织层级与管理幅度密切相关，高层级的管理幅度不宜过大，而基层组织的管理幅度可以增大；下属工作的相似性也会影响有效管理幅度，相似性越高，有效管理幅度越大，反之越小；计划的完善程度越高，越有利于下属执行，管理者需要进行解释、协调的场合就会越少，有效管理幅度也相应增大；程序化程度同样影响有效管理幅度，管理的程序化程度越高，下属职能部门能够分担的任务也就越多，有效管理幅度能够随之增大。

（3）工作条件与环境。管理工作的辅助体系、助手的配置状况、沟通工具的先进程度和信息化水平、业务活动的地域分布、政策的连贯性等工作条件与环境要素，同样对有效管理幅度产生影响，需在管理幅度设计中予以充分考虑。

（4）成员的差异性。有效管理幅度还受到组织成员的文化背景、价值观、对待工作和生活的态度、忠诚度等因素的影响，上下级之间、成员之间的差异性越大，达成共识的难度就越大，能够实行有效控制的幅度也就越小。

(二)集权与分权

如果组织的决策完全由最高权力者来做,那么协调会相对容易。然而,现代组织由于规模大、决策事项复杂、决策对专业知识的要求高,不可能所有决策都由最高权力者来做,否则会影响组织效率。组织为了解决这一问题,往往采用分权的方式,即高级管理者将程序化的决策事项交由下属机构负责人来做,自己则集中精力进行非程序化决策,处理例外事务。于是,组织结构中会产生一个新的问题,即集权和分权。

集权是指决策权集中在组织高层的一种权力系统。与之相对应,分权是指决策权分散在组织各部门的权力系统。集权与分权并不是相互排斥、非此即彼的关系,而是程度的问题。也就是说,并不存在完全集权的组织或完全分权的组织。

在集权组织中,组织的最高管理者拥有更多决策权,因此具有容易协调的优势。但是,集权的消极作用也十分明显:由于掌握现场信息的下属部门管理者并不拥有决策权,需要逐一向上级请示,导致决策所需时间增加,影响决策的效率和质量。不仅如此,由于下属部门管理者不能参与决策,会影响其归属感和认同感。相反,分权组织虽然具有参与性强,有利于增强归属感、认同感的优势,但也存在由于决策权分散导致协调困难等问题。

◇小知识

分权和授权

分权设计是对组织权力系统的整体设计,在各层级、各部门的人员配置完成之后,职权的隶属关系也就确定了。然而,再优秀的管理者也不可能完成所有工作,需要整合部门力量来实现目标,授权的必要性由此产生。

授权是指担任一定职务的管理者在实际工作中,为充分利用专门人才的知识和技能或出现新增业务的情况下,将部分解决问题、处理新增业务的权力委任给某个或某些下属。

具体而言,授权有以下含义:

(1)工作任务安排。管理者将工作任务分派给下属,意味着下属可以按照工作目标和要求,在执行任务的过程中发挥其主观能动性。

(2)权力转移。上级管理人员将部门职权一次性或临时性地授予参谋或下属,被授权方就拥有了相应范围内的权限。

(3)明确责任。权力的转移也就意味着管理者将相关工作的执行责任移交给被授权者,自身则承担授权和监管的责任。因此,授权同时是一个明确责任的过程。

典型例题

1. (判断)组织规模和管理幅度有关,企业的规模越小,管理幅度也就越小。(　　)

【答案】 错误

【解析】 管理幅度受多种因素影响,不能只根据企业规模来判断。

3. (单选)由直线管理者向自己辖属以外的个人或职能部门授权,允许他们按照一定的程度和制度,在一定职能范围内行使某种职权,这种权力是指(　　)。

　A. 职能职权　　　B. 管理职权　　　C. 直线职权　　　D. 参谋职权

【答案】 A

【解析】 题干表述的是职能职权。

3. (单选)一个组织中非管理人员256人,管理幅度为4时,该组织的管理层次为(　　)。

　A. 4　　　　　B. 5　　　　　C. 6　　　　　D. 7

【答案】 A

【解析】 由题干可知,非管理人员256人,管理人员的管理幅度为4。因此从上往下第一层1人,第二层4人,第三层16人,第四层64人,第五层256人,组织层次为5层,管理层次为4层。

4. (单选)下列因素中能促进分权的是(　　)。

　A. 组织内部结构相似、政策统一　　　B. 组织规模的扩大

　C. 成员自我管理能力弱　　　　　　　D. 组织处于成长阶段

【答案】 B

【解析】 D选项,项目在生成、成长阶段应该适度集权,在成熟、衰退阶段则需要提高分权程度。

5. (多选)非正式组织与正式组织的区别包括(　　)。

　A. 目标不同　　　　　　　　　　　　B. 行为逻辑不同

　C. 结合紧密程度不同　　　　　　　　D. 权威来源不同

【答案】 ABCD

【解析】 四个选项均属于非正式组织与正式组织的区别内容。

第四节　组织文化

★ 知识目标
掌握组织文化的概念、构成、功能。

★ 能力目标
1. 能够分析特定组织的文化构成及运行情况；
2. 能提出改善或塑造组织文化的策略和措施。

★ 素养目标
培养学生在面对不同组织文化时更高的适应性和积极的社会责任感，加深对组织文化塑造的理解。

引导案例

每个班级都有独特的文化氛围，它像一股无形的力量，潜移默化地影响着我们的学习态度、行为方式和彼此间的相处之道。班级中的规章制度、同学间的互动模式、老师的领导风格，乃至墙面上的标语和角落的书架，都是班级文化不可或缺的构成元素。

班级文化不仅塑造了我们的学习环境，更在我们的心灵深处留下了深刻的烙印。它让我们学会如何在集体中找寻归属感，如何在差异中寻求共识。今天，我们将以班级文化为起点，深入探讨更为广阔的组织文化领域。通过本次学习，我们不仅要掌握组织文化的理论知识，更要学会如何分析、改善乃至塑造组织文化，以期在未来的学习和工作中，成为具有高度适应性和社会责任感的文化塑造者。

知识学习

一、组织文化的概念

我国对文化现象及其深层含义的审视与探究拥有悠久的历史。《易经》中提到，"观乎天文，以察时变；观乎人文，以化成天下"，这反映了通过诗、书、礼、乐来教化天下，以构造修身、齐家、治国、平天下的理论体系和制度，使社会变得更加文明和有序。

组织作为一个社会集合体，是根据特定的目标和结构形式而构建的。组织文化是指一个组织在长期的实践活动中逐渐积累并形成的，具有鲜明本组织特色的文化现象，是组织中全体成员共同接受和共同遵循的价值观念和行为准则。这种文化不仅为组织成员提供了行为的指导和规范，还为组织的凝聚力和向心力提供了强大的精神支撑。通过组织文化的熏陶，成员们能够在思想和行动上达成一致，从而推动组织向着既定的目标稳步前进。

二、组织文化的构成

如同文化一样，组织文化也由物质层（表层文化）、制度层（中层文化）和精神层（核心文化）三个基本层次构成。

（一）物质层的组织文化

物质层的组织文化是组织文化的表层部分，也有人称之为"文化构件"。它是一种以物质形态存在的可见的组织文化构成单位，既涵盖组织的整个物质和精神的活动过程、组织行为、工作流程、工作语言、做事风格等外在表现形式，也包括组织实体性的文化设备和设施等，如带有本组织特色的生产环境、雕塑、图书馆、俱乐部等。物质层的组织文化是精神层的组织文化和制度层的组织文化的载体。

（二）制度层的组织文化

制度层的组织文化是组织文化的中间层次，组织的物质层文化和组织的精神层文化通过制度层的组织文化融合为一个有机的整体。制度层的组织文化主要是指组织文化中对组织及其成员的行为产生规范性、约束性影响的部分，包括具有组织特色的各种规章制度、道德规范和行为准则，以及组织中分工协作的组织结构。制度层的组织文化集中体现了物质层的组织文化和精神层的组织文化对组织及其成员的要求，是潜层次的精神层组织文化（核心文化）向表层的物质层组织文化转化的中介。

（三）精神层的组织文化

精神层的组织文化是组织在其长期历史发展中形成的组织成员群体心理定式和价值取向，是组织的价值观、道德观即组织哲学的综合体现，它涵盖了所有组织成员共同信守的基本信念、管理哲学、价值标准以及敬业精神和职业道德等。精神层的组织文化是组织价值观的核心，是组织文化的灵魂，因此是维系组织生存与发展的精神支柱。

三、组织文化的正向功能

组织文化的功能，指的是组织文化发生作用的能力。组织文化作为一种自组织系统具有多种特定功能。

(一) 导向功能

随着组织文化作为组织内的群体共同价值观不断向个人价值观的渗透和内化，组织会自动生成一套自我调控机制，它以一种适应性文化引导着组织整体和每一个组织成员的价值取向及行为取向，使之符合组织所确定的目标。这就是组织文化的导向功能。组织文化主要从两个方面发挥导向功能：一是直接引导组织成员的心理和行为；二是通过整体的价值认同来引导组织成员。良好的组织文化可以使组织成员潜移默化地接受该组织的共同价值观，在文化层面上融为一体，朝着组织确定的目标而共同努力。

(二) 凝聚功能

组织文化的凝聚功能，是指它能够以各种微妙的方式沟通组织成员的思想感情，融合人们的理想、信念和情操，培养和激发其群体意识。组织文化通过培育组织成员的认同感和归属感，在组织成员之间以及组织与组织成员之间建立起相互信赖、相互依存的关系，使每一个成员都与整个组织有机地融为一体，形成相对稳固的文化氛围，凝聚成一种无形的合力与整体趋向，以此激发组织成员的积极性和主动性，为实现组织的共同目标而努力。

(三) 激励和约束功能

组织文化的激励功能，即通过组织文化的塑造和内在引导，每个组织成员能够从内心深处产生为组织宁愿付出一切的奉献精神，从而最大限度地激发工作的积极性、主动性和创造性。

组织文化的约束功能，是指潜在于组织中的文化氛围、群体行为准则和道德规范等，形成一种软约束，对每一个组织成员的思想、心理和行为都具有很强的约束和规范作用。这种软约束体现了组织文化某种程度上的强制性和改造性，其功能是帮助组织指导其成员的言行，确保组织获得更好更快的发展。

(四) 辐射功能

组织文化的辐射功能，是指组织文化一旦形成较固定的模式，不仅会在组织内发挥作用，对本组织成员产生影响，而且会通过各种渠道向社会辐射，对社会产生影响。良好的组织文化传播到社会，会通过传播正能量，促进社会进步和发展。同时，组织文化的广泛传播有助于组织在公众中树立良好形象，进而推动组织更好地发展。

(五) 调适功能

组织文化的调适功能，是指组织文化可以帮助新加入组织的成员尽快适应组织，使自己的个人价值观更好地与组织需要相匹配。在组织变革中，组织文化也能够帮助组织成员尽快适应变革后的局面，减少因为变革而带来的压力和不适应。

四、组织文化的反功能

任何事物都有其两面性，组织文化也是如此。组织文化也不是十全十美的，它对组织的影响并不一定完全是正能量，组织文化的反功能对组织有害无益，所以，我们也不能忽视其潜在的负效应。

(一) 变革的障碍

组织文化作为一种软约束，相对于硬约束的规章制度，更加深入人心，更易于形成思维定式。基于共同价值观的行为一致性对处于稳定环境的组织而言，很有价值，但在组织环境处于动态变化的情况下，当组织的共同价值观与进一步提高组织效率的要求不相符合时，组织文化就可能成为一种束缚。此时，组织环境正在经历迅速的变革，现有文化所决定的思维定式可能使组织难以应对变幻莫测的环境，甚至阻碍组织适时进行主动变革。当问题积累到一定的程度时，这种障碍可能导致组织遭受致命打击。

(二) 多样化的障碍

在开放的现代社会和全球化背景下，组织成员因种族、性别、道德观等差异而日益多样化。本来组织成员构成多样化的组织具有一个优势，即有可能在现代组织决策中有效利用成员思维和方案的多样化，更好地应对激烈的市场竞争和客户的个性化、多样化需求。然而，一个具有强势文化的组织会要求其个体多样化的组织成员的价值观与组织的价值观相一致，否则组织成员就难以适应组织，或难以为组织所接受。显然，这样的组织文化会导致组织丧失其成员构成多样化带来的优势，做出单调的决策，甚至因此贻误时机。

(三) 并购的障碍

近些年来，组织并购大潮席卷全球。起初组织的领导者在做并购决策时，更多地侧重于考虑融资的优势，或产品线的协同性。现在他们除了考虑这两个关键因素外，更倾向于考虑组织文化的兼容性。国内外实践表明，企业并购的成功在很大程度上依赖于并购双方能否有效融合企业文化，这不仅影响并购的成功与否，还关系到企业未来的稳定发展。融合得当，组织犹如猛虎添翼，蓬勃发展；反之，则可能两败俱伤。文化，既是成功的钥匙，也是失败的根源。

◇知识拓展

组织文化的类型

划分标准	类 型	内 容
按组织文化的内在特征分类	学院型组织文化	喜欢雇用年轻大学毕业生，提供培训，培养专才，如可口可乐公司和宝洁公司
	俱乐部型组织文化	重视适应、忠诚和承诺，致力于培养通才，如政府机构、军队和美国贝尔公司
	棒球队型组织文化	鼓励冒险、革新和发明创造，在会计、法律、投资银行、广告、软件开发、生物研究等领域运用普遍
	堡垒型组织文化	着眼于组织生存，工作安全保障不足，对喜欢流动性和挑战性的人有吸引力
按组织文化对组织成员的影响力分类	强力型组织文化	提供了必要的组织机构和管理机制，组织成员方向明确、步调一致
	策略合理型组织文化	只有当组织文化适应于组织环境时，这种文化才是好的、有效的文化
	灵活适应型组织文化	提倡信心和依赖感、不畏风险、注重行为方式
按组织文化所涵盖的范围分类	主文化	大多数组织成员认可的核心价值观
	亚文化	某一社会主流文化中一个较小的组成部分
按权力的集中度分类	权力型组织文化	又称独裁文化，不看重正式结构和工作程序
	作用型组织文化	又称角色型组织文化，是传统官僚型组织文化的典型形式
	使命型组织文化	又称任务文化，没有领导者，强调公平竞争，也易产生恶性的"政治紊乱"
	个性型组织文化	以人为导向、又强调平等，富有创造性，组织易为个人所左右
按文化、战略与环境的配置分类	适应型组织文化	也称企业家精神型组织文化，特点是通过实施变革把战略重点集中在外部环境上
	愿景型组织文化	特征在于管理者建立一种共同愿景，使组织成员都朝着一个目标努力
	小团体型组织文化	强调组织成员的参与和共享
	官僚制型组织文化	一种支持商业运作程式化的文化，遵循传统、政策与实践

典型例题

1. (判断)组织文化的功能包括凝聚功能、激励功能、导向功能、辐射功能和检验功能。（　　）

【答案】　错误

【解析】 组织文化的功能包括导向功能、凝聚功能、激励和约束功能、辐射功能、调适功能。

2. (单选)工作语言和做事风格属于组织文化的(　　)。

A. 物质层　　　　B. 制度层　　　　C. 精神层　　　　D. 价值层

【答案】 A

【解析】 物质层的组织文化是组织文化的表层部分，它是一种以物质形态存在的可见的组织文化构成单位，既涵盖组织的整个物质和精神的活动过程、组织行为、工作流程、工作语言、做事风格等外在表现形式，也包括组织实体性的文化设备和设施等。

3. (单选)下列关于组织文化的说法正确的是(　　)。

A. 组织文化变化较慢，一旦形成便具有较强的稳定性

B. 组织文化变化较快，随时补充新的内容

C. 组织文化变化较慢，但会随着发展战略的转移而随时变化

D. 组织文化变化较快，特别是组织领导人的变更时

【答案】 A

【解析】 组织文化一旦形成，就具有比较强的稳定性，它不会因组织领导人的变更、发展战略的转移、组织结构的变化，以及商品与服务的调整而随时改变或频繁变化。

4. (单选)在组织文化的结构中，组织文化载体所处的层次是(　　)。

A. 核心层　　　　B. 精神层　　　　C. 制度层　　　　D. 物质层

【答案】 D

【解析】 物质层的组织文化是精神层的组织文化和制度层的组织文化的载体。

本章练习

一、名词解释题

1. 非正式组织

2. 组织结构

3. 组织设计

4. 组织文化

5. 管理幅度

二、单项选择题

1. 当跨国公司遭遇战争、政治动荡等风险时，需要设置专门机构、安排相应人员收集信

息,说明组织设计时需要考虑( )。

A. 环境　　　　B. 战略　　　　C. 组织规模　　　D. 发展阶段

2. 以下不属于直线制组织结构优点的是( )。

A. 设置简单　　　　　　　　B. 权责关系明确
C. 有利于组织的有序运行　　D. 专业化程度高

3. 被称为U形结构的组织结构是指( )。

A. 直线制　　　B. 直线职能制　　C. 职能制　　　D. 事业部制

4. 如果各级管理者、组织成员的自我管理能力强,就为( )提供了充分的条件。

A. 集权　　　　B. 分权　　　　C. 多头指挥　　　D. 授权

5. 非正式组织的积极作用不包括( )。

A. 满足组织成员的需要　　　B. 滋生小道消息
C. 增加组织成员间的默契　　D. 利于组织活动的有序开展

6. 保证在组织中"事事有人做"体现了下面的哪个职能?( )

A. 计划职能　　B. 组织职能　　C. 领导职能　　　D. 控制职能

7. 销售部经理说:"我们的销售队伍在竞争对手中是实力最强大的,要不是我们的产品缺乏多样性,不能及时满足消费者需要,我们的销售业绩也不会这么差。"生产部经理说:"一流的熟练技术工人完全被缺乏想象力的产品设计局限了。"上述谈话揭示该企业在组织上存在的问题是( )。

A. 各部门经理的论述都有道理,只是态度过于强硬
B. 各部门经理对各自角色及其在组织中的作用定位不清晰
C. 各部门经理过于强调本部门工作的重要性
D. 各部门经理对组织内各项职能的分工合作缺乏客观而准确的认识

8. 组织文化由三个基本层次构成,如"好空调格力造""格力掌握核心科技"等描述所反映的是( )。

A. 物质层　　　B. 制度　　　　C. 精神层　　　　D. 组织层

9. 下列哪类组织最适合采用矩阵式组织结构?( )

A. 纺织厂　　　B. 医院　　　　C. 电视剧制作中心　D. 学校

10. 如果你是一位公司的总经理,当你发现公司中存在许多小团体时,你的态度是( )。

A. 立即宣布这些小团体为非法,予以取缔
B. 深入调查,找出小团体的领导人,向他们提出警告,不要搞小团体
C. 只要小团体的存在不影响公司的正常运行,可以对其不闻不问,听之任之
D. 正视小团体的客观存在性,允许、乃至鼓励其存在,对其行为加以积极引导

11. 企业中管理干部的管理幅度,是指他( )。

A. 直接管理的下属数量　　　　　　　B. 所管理的部门数量
C. 所管理的全部下属数量　　　　　　D. B 和 C

12. 人员配备的主要任务不包括以下哪个方面？（　　）
A. 促进人的全面和自由的发展　　　　B. 为组织岗位物色合适的人选
C. 充分开发和挖掘组织内外的人力资源　D. 促进组织结构功能的有效发挥

13. 以下哪项不是分权的优势？（　　）
A. 决策速度加快　　　　　　　　　　B. 提高员工的工作满意度
C. 所有决策都必须经过高层审批　　　D. 员工参与决策，提高责任感

14. Y 公司的领导者因为一些原因没办法完成某项工作，就将这项工作授权给下一级的基层管理者，如果这项工作出现问题，这名领导者将（　　）。
A. 不需要负责　　B. 负全责　　C. 负大部分责任　　D. 负少部分责任

15. 组织结构的设计不包括（　　）。
A. 职能设计　　B. 部门设计　　C. 层级设计　　D. 制度设计

16. 一般来说，小规模的组织结构简单，组织层级少，集权化程度高，复杂性低，协调比较容易，而大规模组织正好相反。说明组织设计时需要考虑（　　）。
A. 环境　　B. 战略　　C. 组织规模　　D. 发展阶段

17. 根据内外环境的变化及时对机构和人员做出调整，通过对层级与幅度、人员结构和部门工作流程的合理安排，提高组织管理的效率。以上体现组织设计的（　　）。
A. 目标一致的原则　　　　　　　　　B. 分工与协调的原则
C. 有效幅度的原则　　　　　　　　　D. 柔性经济原则

18. 以下不属于直线制组织结构缺点的是（　　）。
A. 有利于统一指挥　　　　　　　　　B. 专业化水平低
C. 缺乏横向沟通　　　　　　　　　　D. 对管理人员的要求高

19. 初创型组织往往采用的组织结构是（　　）。
A. 直线制　　B. 直线职能制　　C. 职能制　　D. 事业部制

20. 以下不属于职能制组织结构缺点的是（　　）。
A. 设置简单　　　　　　　　　　　　B. 缺乏协调
C. 职责不清　　　　　　　　　　　　D. 不利于通才型管理人员的培养

21. 适用于规模不大、产品种类不多、内外部环境比较稳定的中小型企业的组织结构形式是（　　）。
A. 直线制　　B. 直线职能制　　C. 职能制　　D. 事业部制

22. 当衰退不可避免、组织进入再生阶段时，需要通过强有力的领导来力挽狂澜，因此有必要提高（　　）程度。

A. 集权　　　　　B. 分权　　　　　C. 指挥　　　　　D. 授权

23. (　　)应以下级能够正常履行职责,上级对下级的管理不致失控为准。

A. 集权　　　　　B. 分权　　　　　C. 指挥　　　　　D. 授权

24. 以下哪项描述最符合分权的特点?(　　)

A. 所有重要决策都由最高管理层制定　　B. 中层管理者负责制定日常运营决策

C. 基层员工参与高层战略决策　　　　　D. 所有决策必须得到最高管理层的批准

25. 下列适合集权的情况是(　　)。

A. 政策统一性高　　　　　　　　　　　B. 组织规模大

C. 成员自我管理能力强　　　　　　　　D. 组织处于成熟阶段

26. 大型发电机组等的生产技术属于(　　)。

A. 单件小批量生产技术　　　　　　　　B. 大批量集中生产技术

C. 流程生产技术　　　　　　　　　　　D. 无法判定

27. 根据伍德沃德的观点,(　　)适用于服装的定制。

A. 单件小批量生产技术　　　　　　　　B. 大批量生产技术

C. 集中生产技术　　　　　　　　　　　D. 流程生产技术

28. 在组织设计中,以目标作为部门设置、冲突解决的基础,这体现了组织设计的(　　)。

A. 目标一致原则　　　　　　　　　　　B. 分工与协作原则

C. 有效管理幅度原则　　　　　　　　　D. 权责对等原则

29. 责任与权力之间不可分割;必须是协调的、平衡的和统一的,这是组织工作中的(　　)。

A. 权责对等原则　　　　　　　　　　　B. 分工与协作原则

C. 目标一致原则　　　　　　　　　　　D. 柔性经济原则

30. 在整个组织文化中处于核心地位,为组织文化灵魂的是(　　)。

A. 精神层　　　　B. 行为层　　　　C. 制度层　　　　D. 物质层

三、判断题

1. 事业部制组织结构适用于一些临时性的、需要多个部门密切配合的项目。(　　)
2. 非正式组织对正式组织的影响既有积极的一面,也有消极的一面。(　　)
3. 当组织规模一定时,管理幅度越小,组织层级也就越多。(　　)
4. 如果组织内部结构相似、政策统一,则可以采取集权的方式进行层级整合。(　　)
5. 组织设计的实质是对管理人员的管理活动进行横向和纵向的分工。(　　)
6. 直线制组织结构的专业水平低且对管理人员的要求不高。(　　)

7. 参谋人员向直线管理者提出建议，并承担决策结果的责任。　　　　　　（　　）

8. 组织结构设计是组织设计的基础。　　　　　　　　　　　　　　　　（　　）

9. 当外部环境较为不稳定时，组织为了提高运行效率，往往需要制定明确的规章制度、工作程序和权力层级。　　　　　　　　　　　　　　　　　　　　　　（　　）

10. 如果企业进行多元化经营，则多采用分权的事业部结构。　　　　　　（　　）

11. 组织结构是组织中正式确定的，使工作任务得以分解、组合和协调的框架体系。
　　　　　　　　　　　　　　　　　　　　　　　　　　　　　　　　（　　）

12. 矩阵制组织结构项目组人员来自同一个部门，任务完成后就解散。　　（　　）

13. 不鼓励各级管理者参与非正式组织的活动。　　　　　　　　　　　　（　　）

14. 管理幅度越大，同样规模的组织所需要的组织层级越多。　　　　　　（　　）

15. 组织在生成、成长阶段应当适度集权。　　　　　　　　　　　　　　（　　）

16. 如果组织内部结构相似、政策统一，则可以采取分权的方式进行层级整合。（　　）

17. 集权与分权并不是相互排斥、非此即彼的关系，而是程度的问题。　　（　　）

18. 一个公司的组织文化对员工的行为和决策没有直接影响，员工的行为主要受个人价值观和动机驱动。　　　　　　　　　　　　　　　　　　　　　　　　（　　）

19. 一个组织如从锥形式结构转变为扁平式结构，总是能够提高组织的决策效率和员工的工作满意度。　　　　　　　　　　　　　　　　　　　　　　　　　（　　）

20. 一个强大的组织文化可以完全替代正式的规章制度，因为文化本身就能够指导员工的行为和决策。　　　　　　　　　　　　　　　　　　　　　　　　　（　　）

四、简答题

1. 组织设计的任务与逻辑是什么？
2. 战略如何影响组织设计？
3. 直线职能制的优缺点是什么？

五、案例分析题

张斌是 ZY 机电制造有限公司的总经理，手下有 4 名副总经理，分别负责企业的财务、技术研发、生产销售。该企业现有一线工人 1 024 人，管理人员 341 人。张斌最近感觉对公司的管理力不从心。

首先，信息从基层传递上来的时间很长，而且传递过程中信息出现了很大程度的失真，企业的控制工作变得复杂了。其次，人员流失现象严重，一方面，优秀的管理人员和技术骨干留不住，陆续有人离职；另一面，一线员工流失率也非常高，员工招聘的速度跟不上离职的速度。企业一度出现了有活没人干的现象，领导也束手无策。于是张斌特意邀请企业管理咨询专家刘浩来解决这个问题。刘浩组织团队进驻公司。

首先，针对信息传递费时长、失真的现象，工作小组深入分析企业管理现状，提出优化企业组织结构建议：减少组织层级，裁减企业的决策层和操作层之间的中间管理人员，从而提高企业运营效率。

其次，针对企业员工离职率高的问题，工作小组通过问卷、访谈等形式对员工流失原因进行定量和定性分析。从调研结果来看，晋升难、成就感低、工资低分别是管理人员、技术骨干一线员工辞职的主要原因。

工作小组提出了针对性的解决方案：首先，实行竞争机制，干部选聘以内部提升为主；其次，开发前沿性产品，赋予研究开发人员新任务；最后，开展薪酬调整，关注市场薪酬水平。

工作小组就这个解决方案又分别找了管理人员、技术骨干和一线员工进行座谈。员工们纷纷表示，如果公司以后能够朝这方面努力改进，他们将继续留在公司，不再跳槽。

1. 信息从基层传递到张斌那里所花的时间很长，而且容易出现信息的失真，最可能的原因是（　　）。

    A. 组织幅度大，组织层级多　　B. 组织幅度大，组织层级少

    C. 组织幅度小，组织层级多　　D. 组织幅度小，组织层级少

2. ZY机电制造有限公司原有的组织结构应该是（　　）。

    A. 扁平式组织结构　　B. 锥形式组织结构

    C. 橄榄型组织结构　　D. 事业部制组织结构

3. 要防止员工流失率过高，作为企业管理者首先要考虑的是（　　）。

    A. 加大惩罚力度　　B. 增大工作强度

    C. 改善工作条件　　D. 员工的需求

4. 在ZY机电制造有限公司的案例中，为了提高信息传递的效率和减少信息失真，工作小组建议减少组织层级。这种做法最符合哪种组织设计原则？（　　）

    A. 分工与协作原则　　B. 有效管理幅度原则

    C. 权责对等原则　　D. 柔性经济原则

5. ZY机电制造有限公司在改进组织结构后，为了更好地激励员工并提高员工的工作满意度，公司要实施以下哪种策略？（　　）

    A. 增加更多的管理层级以增强控制

    B. 实施严格的考勤制度以提高纪律性

    C. 引入员工参与决策的机制以增强员工的参与感

    D. 减少非正式沟通渠道以规范信息传递

6. 请结合该案例谈一谈组织设计应该遵循哪些原则？

第四章

领 导

你正在策划一次班级研学，你的领导权力可能源自老师的信任、个人在班级中的影响力，以及对研学活动的独特见解等。你既是领导者，负责指引方向；也是协调者，需关注每位同学的需求与感受，同时考虑研学的具体情况，如地点选择、时间安排等。选择合适的领导风格至关重要，你可以选择独裁式，独自做出决策；或是民主式，邀请同学们共同参与讨论研学各项目事宜。而管理方格理论将告诉你，优秀的领导应同时关注任务的完成和人的关怀，既确保研学活动的顺利进行，又让每位同学都能感受到被重视和快乐。

激励是推动团队前进的动力。了解同学们的基本需求与更高追求，运用需要层次理论，设计既能满足大家基本的安全、舒适需求，又能激发社交、娱乐欲望的活动内容。同时，过程激励理论告诉我们，设定合理的期望，公平分配任务，并在达成目标后给予适时的表扬或奖励，能有效提升团队的积极性与凝聚力。

沟通则是领导艺术的桥梁。无论是传达研学计划，还是倾听同学们的意见与建议，清晰、准确的沟通都是不可或缺的。结合言语与非言语的沟通方式，让信息传递更加立体；而识别并克服沟通中的障碍，如误解、信息传递不畅，则是确保团队和谐与活动成功的关键。

班级研学策划是一次对领导艺术的全面探索与实践。在这一过程中，你将学会如何运用权力、选择领导风格、激励团队、有效沟通，最终带领班级同学共同创造一段难忘的研学经历。

思维导图

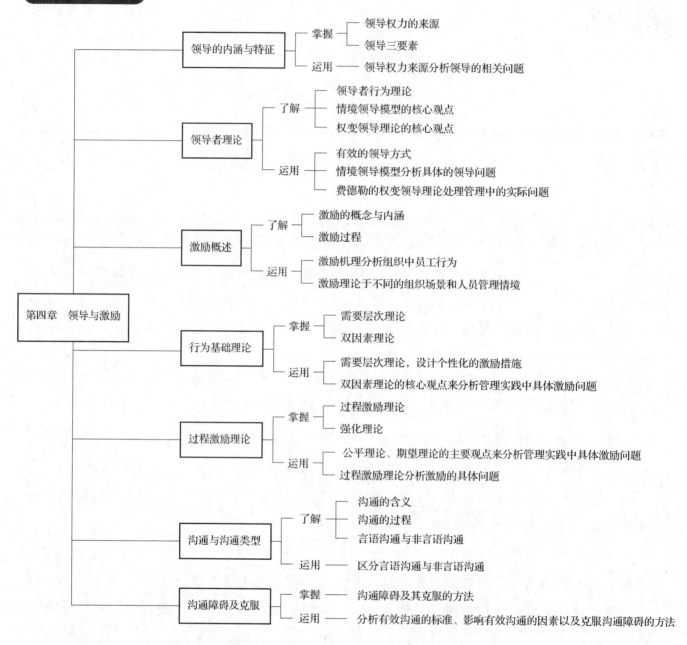

第一节　领导的内涵与特征

★ 知识目标

1. 掌握领导权力的来源包括权力的五种来源；
2. 掌握领导三要素，领导行为或者过程包含的三个要素（领导者、被领导者、情境）。

> ★ 能力目标
> 能够运用领导权力来源分析领导的相关问题。
> ★ 素养目标
> 引导学生明白作为优秀的领导者,在掌握权力的同时,也需要不断提升自身的素养,以更好地发挥领导作用。

引导案例

《后汉书》中记载刘邦和韩信一次著名的对话,刘邦问:"我能够带多少兵?"韩信说:"你最多带10万人。"刘邦又说:"那你能带多少?"韩信回答:"我啊,多多益善。"刘邦面色一沉,言辞间暗藏锋芒,冷声问道:"那你如今何以甘愿为我驱驰?"韩信聪慧过人,从容答道:"只因我善统兵,而你则擅驭将。"

刘邦说:"在大帐内出谋划策,在千里以外一决胜负,我不如张良;平定国家,安抚百姓,供给军饷,不断绝运粮食的道路,我不如萧何;联合众多的士兵,打仗一定胜利,攻占一定取得,我不如韩信。"然而正是刘邦,却一手开创了绵延二百余载的西汉基业。

知识学习

在讨论有效的领导行为之前,我们需要了解什么是领导,为什么领导能够发挥重要作用,以及领导的构成要素。

一、领导的内涵与特征

在中文里,领导有两层含义:一个是名词,指的是领导者(Leader),他们是从事领导活动的人;另一个是动词,即领导(Leadership),指的是领导行为和过程。管理学中的领导理论主要研究的是后者。关于领导有很多定义,但它们都围绕着几个关键因素:人(领导者和被领导者)、影响及目标。赫塞和布兰查德认为,领导是一个在特定情境中,通过影响个体或群体的行为来努力实现目标的过程。

二、领导权力的来源

权力是指影响他人的能力,以及下属对权威的认同与接受,存在于任何社会组织之中。正如恩格斯所指出的:"一方面是一定的权威,不管它是怎样形成的,另一方面是一定的服从,这两者都是我们不得不接受的,而不管社会组织以及生产和产品流通赖以进行的物质条件是怎样的。"根据约翰·弗兰奇和伯特伦·瑞文的观点，权力有以下五种来源：

第一，奖赏权力。这是一种能够对他人进行奖赏的权力，奖赏的力量随着下属认为领导可以给予奖励或去除负面影响而增强。这些奖赏包括发奖金、提升职位等正式的奖励方式，也包括转换工作环境、表扬等非正式的奖励方式。尤为关键的是，领导所提供的奖赏需与下属的实际需求相契合。

第二，强制权力。这是一种惩罚的权力。虽然强制权力也来自下属的预期，但与奖赏权力相反，假如下属工作无法达到要求，将会被领导处罚。组织中的处罚包括扣薪水、降职、分派不喜欢的工作，甚至解雇等。强制权力利用下属对可能遭受的惩罚的在意和恐惧对其产生影响力，但往往会带来不满与对抗，需要谨慎使用。

第三，法定权力。这种权力是指特定职位和角色被法定的、公认的正式权力。法定权力的存在，源于下属内化的价值观，视领导的影响为合法且必须接受。文化价值观、接受社会结构和合法化的任命是法定权力的三种基础，对组织任命的部门主管，下属必须听从其安排与指挥。

以上三种权力是与领导者的职位相关的，其在组织中的职位赋予了他们奖赏、惩罚和指挥下属的权力，因此被统称为职位权力。

第四，参照权力。这种权力源于领导者个人的特征，包括行为方式、魅力、经历、背景等，其基础是下属对领导者这些特征的认同，或是一种对认同的渴望，此时下属会期望自己的行为、感觉或信仰能够像领导者一样。当领导者对下属非常有吸引力时，下属就会渴望与领导者有关联，有了关联又会希望关系更加密切并能够保持，此时领导者就对下属有影响力。领导者个人特征对下属的吸引力越大，下属的认同感越高，参照权力就越大。

第五，专家权力。这种权力产生于领导者个人的专业知识或技能。专家权力的大小取决于领导者知识的完备程度，或下属对于领导者具备特定知识的知觉。下属可能以自我知识以及一个绝对标准评估领导者的专业知识，领导者需要能够运用自己的特定知识和技能对下属的工作加以指导，得到其尊敬和依赖。因此，当领导者是相关领域的专家，拥有更多的经验和知识时，下属会更为信服。

参照权力和专家权力与职位无关，而与领导者个人的魅力或专业知识有关，因此被称为个人权力。当个人权力发挥影响时，下属不是因为希望获得奖赏、害怕惩罚或是屈从法定权威而不得不服从，而是出于发自内心的尊重与认同，产生归属感，自愿与领导者一起为组织工作，在面对风险和变革时，更能团结一心。因此，有效的领导者不仅要依靠职位权力，而且要具有一定的个人权力。

权力的五种来源如图4-1所示。

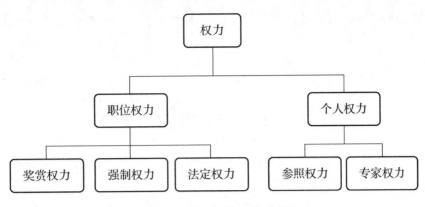

图 4-1 权力的五种来源

三、领导的三要素

领导行为或过程包含三个要素：领导者、被领导者和情境。系统论告诉我们，组织是一个开放的系统，任何生产经营活动都会受到内、外部环境的影响，领导行为也是如此。可以将领导行为看作领导者、被领导者和他们所处环境构成的复合函数，表达公式如下：

$$领导 = f(领导者，被领导者，情境)$$

这三个要素决定了领导行为的有效性。首先领导者是这一行为的主体，也是权威和影响力产生的主要来源，领导者通过一定的方式对下属的行为产生影响，达到组织的目标，对领导者研究主要集中于领导者的个人特质和行为特征。被领导者是这一行为的客体，但并非只是被动接受指令，他们也会对领导行为的效果产生影响，因为权威真正的确立在于被领导者的接受程度，因此被领导者的特征决定了实施何种领导行为最为有效。领导行为还应随着组织情境的变化而进行调整，这里的情境既包括任务结构、职位权力、工作特征等组织内部环境，也包括社会文化等组织外部环境。

典型例题

1.（单选）销售员林美连续三年在岗位上表现突出，超额完成销售任务，团结同事，经常提出建设性的销售意见，被公司经理提拔为销售部副经理。这体现了公司经理的（　　）。

A. 专家权力　　　B. 奖赏权力　　　C. 参照权力　　　D. 强制权力

【答案】 B

【解析】 奖赏权力是一种能够对他人进行奖赏的权力，这些奖赏包括发奖金、提升职位等正式的奖励方式，也包括转换工作环境、表扬等非正式的奖励方式。

2.（单选）一个老板扣除迟到员工工资，行使的权力是（　　）。

A. 法定权力　　　B. 职位权力　　　C. 个人权力　　　D. 强制权力

【答案】 D

【解析】 老板惩罚员工行使的是强制权力。其中，法定权力、奖赏权力和强制权力属于职位权力。

第二节　领导者理论

学习目标

★知识目标

1. 了解领导者行为理论，包括独裁与民主行为、俄亥俄州立大学的研究、密歇根州立大学的研究及管理方格理论的核心观点；

2. 了解领导与被领导者理论中的情境领导模型的核心观点；

3. 了解领导与情境理论中费德勒的权变领导理论的核心观点。

★能力目标

1. 能够应用不同的领导方式，在实际工作中运用有效的领导方式；

2. 能够应用情境领导模型分析具体的领导问题；

3. 能够应用费德勒的权变领导理论处理管理中的实际问题。

★素养目标

1. 引导学生学会运用领导艺术进行日常管理工作；

2. 引导学生树立责任与担当精神，对自己的行为负责，对团队和组织负责，这是实现个人和组织共同发展的前提；

3. 启发学生在领导和团队协作过程中可以不断探索和创新领导方式。

引导案例

在一次班级大扫除中，班主任选择直接分配任务，每个学生负责特定的区域，这种类似独裁式的领导方式，虽然能确保任务高效完成，但也可能让学生感到缺乏自主性，氛围略显僵硬。而在另一次班级活动策划时，班主任则采取了更为民主的方式，鼓励同学们自由提出创意，通过小组讨论来确定最终方案。这样的领导方式不仅激发了学生的参与热情，还增强了班级的凝聚力，让活动筹备过程充满了欢声笑语。

这就引出了领导科学中的核心议题：何种领导方式最为有效？是独裁式的严格把控，还是民主式的共同参与？俄亥俄州立大学的研究揭示了领导行为的两个维度：关心任务和关心人。而密歇根州立大学则进一步细化了领导风格的分类。管理方格理论则提出了一个综合框架，帮助我们理解不同领导风格对团队绩效的影响。

知识学习

一、领导者行为理论

有效的领导不仅在于领导者的特质，还与领导者的行动密切相关。20世纪中期，对于领导的研究集中在对于有效领导行为的探讨。其中，最具代表性的领导者行为理论有以下几种：

(一) 独裁与民主行为

独裁与民主是两种完全不同的领导行为。例如，法家强调"势者，胜众之资也"，即要统治大众，必须凭借赏罚的权力；道家认为"法令滋彰，盗贼多有"，越多的规章和刑罚，带来越多的反抗和动乱，应该顺其自然，无为而治。爱荷华大学的库尔特·勒温及其助手们对团体的领导方式进行了研究，总结出了三种领导方式：独裁型、民主型和放任型。

1. 独裁型领导

独裁型的领导认为权力来源于职位，而人类本性懒散，因此需要采取集权管理，以命令的方式鞭策下属工作。但是，长期将下属视为某种可控制的工具，则不利于他们职业生涯的良性发展。

2. 民主型领导

民主型的领导认为权力来源于他所领导的群体，人们受到激励后可以自我领导，因此，应该尽量采取授权管理，鼓励下属参与决策。

3. 放任型领导

放任型的领导认为权力来源于被领导者的信赖，人们能找到合适的方法完成工作，因此，只需采取一种俱乐部式的领导方式，给下属充分的自由去做出决策。

勒温等人的研究结果显示，民主型的领导方式最为有效，不过，在领导者参与并监督工作的情况下，独裁型的领导也很有效，但团队的情绪却很糟糕。在实际工作中，要么独裁、要么民主的极端领导风格并不多见，大多数是介于两者之间的。

罗伯特·坦南鲍姆和沃伦·施密特通过进一步研究提出领导行为可以是一个连续统一体，在这个连续体的范围内提供管理者们各种可选择的领导方式，既可以是以下属为中心的领导方式(民主型)，也可以是以管理者为中心的领导方式(独裁型)，还可以选择折中的其他方式，具体采取哪种方式取决于管理者使用权威的程度和下属自主决策时拥有的空间。至于哪一种领导方式更加有效，则需要考虑管理者、下属和环境三个方面的因素。

◇管理故事

电影《垂直极限》讲的是一个高风险登山者的冒险传奇故事。在电影里，一组登山者在努力到达巴基斯坦的K2高点时，跌入山隙；另一组决定全力营救。当就如何营救产生分歧时，最老练、经验最丰富的登山人告诉其他成员："这不是民主选举。你们按我说的去做。"有两个原因可以说明独裁式领导在这里是恰当的。首先，这位领导者有最丰富的经验，可能做出有关如何营救的最好的判断；其次，如果营救团队花大量的时间讨论所有的办法，并且民主地决定如何去做的话，第一组成员可能会死于浮肿、体温下降或其他疾病。

在紧急情况下，独裁型管理方式能够发挥出其独特的积极作用。通过运用独裁型管理，可以迅速下达指令，有效调配资源。这种快速决策有助于把握黄金救援时间，提高救援效率。

（二）俄亥俄州立大学的研究

美国俄亥俄州立大学的研究人员弗莱西和他的同事们也进行了关于领导方式的比较研究。该研究确立了两个重要的领导行为维度：定规维度和关怀维度。这两个维度本质的区别是：前者以工作为中心，更关心任务的完成；后者以人为中心，更关心下属的满意度。俄亥俄州立大学的领导研究是一个跨学科的研究项目，参与的研究者涉及心理学、经济学和教育学方向的研究人员，他们从众多因素中归纳出定规维度和关怀维度。

定规维度是指领导者确定和构建自己和下属的角色，以实现组织的目标。高定规维度的领导者倾向于明确说明下属的工作分配和完成工作的具体方式，决定工作的最后期限，要求达到工作的绩效标准，关注任务的目标和结果。关怀维度是指领导者信任和尊重下属，期望与下属建立温暖、和谐的人际关系。高关怀维度的领导者公正友善，不仅关心下属的工作与生活，还平易近人，积极鼓励下属广泛参与工作，并时刻关注员工的满意度。

根据这两个维度，领导者可以分成四个基本类型（图4-2）：高定规—高关怀，高定规—低关怀，低定规—低关怀，低定规—高关怀。

根据四川农业大学管理学原理的研究，高定规—高关怀模式被认为是最有效率的，因为它兼顾了生产效率和员工满意度，从而能够实现高绩效。不过高—高型风格并不总是产生积极效果。而其他三种维度组合类型的领导者行为，普遍与较多的缺勤、事故、抱怨以及离职有关系。其他发现还有，领导者的直接上级给领导者的绩效评估等级，与高关怀性呈负相关。

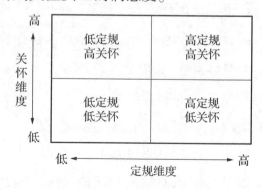

图4-2 领导行为四分图

(三)密歇根州立大学的研究

密歇根州立大学的研究由 R·李克特及其同事在 1947 年开始进行,其目的是区分高产出和低产出的管理者。该研究同样将领导行为归纳为两个维度:以生产为中心和以员工为中心。以生产为中心的领导只关心工作的技术、日程的安排和任务的完成,员工是达到目标的手段。以员工为中心的领导关注下属面临问题的人性化方面,同时着力建设具有高绩效目标的有效工作群体,这种领导需要做的并不仅仅是"对其下属很好",他们还需要建立高绩效目标并为下属创造支持性的工作环境。这项研究对不同层次和不同行业的管理者进行了测量,其结果显示,以员工为中心的领导行为带来高产出,相反,以生产为中心的领导行为无论在生产率还是在员工满意度方面都是低效的。

(四)管理方格理论

管理方格理论致力于探讨什么样的领导方式可以使资源更有效地转变为结果,罗伯特·布莱克和简·莫顿在 1964 年出版的《管理方格》一书中指出,以生产为中心和以人为中心的领导方式是可以同时存在的,它们不同程度的结合产生多种领导方式。为此,两位研究者设计了一张方格图(见图 4-3),横轴代表对生产的关心,包括结果、绩效、利润、任务的完成等,纵轴代表对人的关心,包括上级、下级、同事、客户等。这两个维度都可以看作一种程度大小的尺度,分别被分为从 1~9 的 9 格,1 表示关心程度很低,9 表示很高程度的关心,两者相结合,形成全图的 81 个小方格。在这些方格中最具代表性的领导方式有五种:

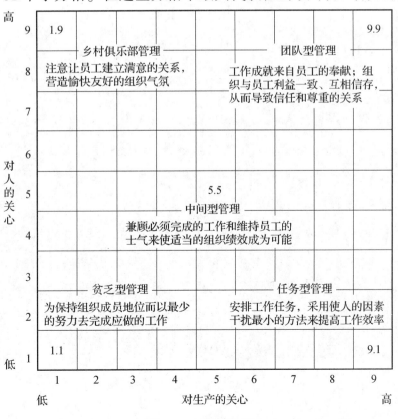

图 4-3 管理方格

1. (1,9)方格：乡村俱乐部管理

这类领导方式对生产较少关心，对人们高度关心，努力创造一种愉快、友好、让人满意的工作氛围。

2. (9,1)方格：任务型管理

这类领导方式高度关心生产，很少关心人，为达到生产目的，常常会强制人们去完成必要的任务。

3. (1,1)方格：贫乏型管理

这类领导方式对生产和人都极少关心，也并不觉得这两方面的需求之间有什么矛盾，管理者希望大家都不要互相妨碍，他们自己虽然在场却几乎不发挥领导作用。

4. (9,9)方格：团队型管理

这类领导方式把对生产的高度关心和对人的高度关心结合起来，建立成员之间健全和成熟的关系，鼓励组织成员参与决策并努力工作，以实现组织的目标。

5. (5,5)方格：中间型管理

这类领导方式对生产和对人的关心都是适度的，其基本假设认为，极端会引起矛盾，因此需要折中，用放弃某种东西的一半来换取另一种东西的一半，以寻求一种平衡。

布莱克和莫顿认为，(9,9)方格的领导方式是最有效的，既能够提高员工的满意度，又能够带来高的生产效率。

◇ 管理故事

和合共生——同仁堂

20世纪80年代末，同仁堂面临市场开放后的严峻挑战。新任领导者采取"以人为本，民主集中"的策略，力推改革。他鼓励全员参与管理，无论是生产优化还是新品研发，都让员工献计献策，极大地激发了团队的创造力。同时，坚持严格的质量控制，确保药品品质，维护了同仁堂的百年信誉。

这种领导方式，既让员工感受到被重视，又保证了企业目标的清晰执行。民主的管理氛围让员工积极参与，而集中的决策则确保了企业战略的一致性和高效性。在员工的共同努力下，同仁堂不仅成功应对了市场挑战，还实现了传统与现代的融合，让老字号品牌焕发了新生。领导者需平衡民主与集中，既要让员工成为企业发展的主体，又要确保战略方向的正确。

二、领导与被领导者理论

在早期研究领导的时候，学者们主要是盯着领导本人看，想找出那些能成为好领导的特质，比如是不是聪明、果断，或者特别会说话之类的。他们觉得，只要领导有这些特质，就能带好团队，取得好成绩。但后来大家发现，事情没那么简单。就像踢足球一样，教练是制定战术、安排阵容的那个，但比赛能不能赢，还得看教练和球员之间配合得怎么样。如果球员不理解教练的战术，或者不按照自己的位置去踢，那球队就可能踢得乱七八糟输掉比赛。

随着研究的深入，被领导者理论逐渐发展成为一个相对独立的研究领域。情境领导模型是被领导者理论中的一个重要知识，要求领导者根据被领导者的准备程度灵活调整领导风格。这种灵活性使得情境领导模型能够适应不同的情境和个体差异，从而实现有效的领导。在足球队中，教练可以根据球员的能力、经验和比赛情境来灵活运用不同的领导风格。

(一)情境领导模型介绍

保罗·赫塞和肯尼斯·布兰查德开发了情境领导模型。他们认为有效领导和无效领导的差异并不是领导者的行为本身，而是领导者行为和实施情境的匹配。情境领导模型的核心观点是：领导者的领导方式，应同下属员工的成熟程度相适应，在下属员工渐趋成熟时，领导者依据下属的成熟水平选择正确的领导风格取得成功。

(二)情境领导模型两个维度

在情境领导模型中，领导者的行为首先被分为两个维度，任务行为和关系行为。任务行为是指在多大程度上领导者倾向于确定组织成员该做什么以及怎么做。高任务行为的特点是组织模式、沟通渠道和完成任务的具体方式被清晰定义；关系行为是指在多大程度上领导者倾向于通过开放的沟通，给予下属充分利用潜能的机会。高关系行为的特点是社会情绪的支持、友谊和相互信任。

(三)情境领导模型四个象限

赫塞和布兰查德认为，任务行为和关系行为并不是一对非此即彼的单一维度关系，而是可以同时存在的，据此，他们将领导风格由两个维度扩展为四个象限(见图4-4)：

告知(S_1，高任务/低关系行为)：领导者下达命令，明确何时、何地、如何去做，并监督执行。

推销(S_2，高任务/高关系行为)：领导者向下属解释自己的决策，并提供支持行为。

参与(S_3，低任务/高关系行为)：领导者让下属参与决策，自己提供便利条件给予支持。

授权(S_4，低任务/低关系行为)：下属自己独立解决问题。

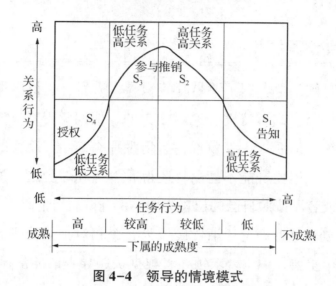

图 4-4 领导的情境模式

(四)下属成熟度

情境领导模型中的"情境",关注的是下属成熟度。成熟度被定义为承担责任的愿望和能力,它与下属的心理年龄而非时间年龄相关。因此,成熟度也被分为两个方面:心理成熟度和工作成熟度。前者指的是下属主动承担责任、获得成就的愿望,后者指的是下属的工作能力,包括与任务相关的受教育程度、经验技术等。

这两个方面将下属成熟度划分为四种情况,由低到高分别为:

R1:不成熟。这些下属既不愿意,也没有能力承担分配的工作任务。

R2:稍成熟。这些下属愿意从事分配的工作任务,但不具备完成工作的能力。

R3:较成熟。这些下属具有从事分配的工作任务的能力,但却不愿意去做。

R4:成熟。这些下属既愿意也有能力去完成分配的工作任务。

情境领导模型强调,有效的领导应该根据下属的成熟度去匹配相应的领导者行为,而不存在一般意义上最好或最差的领导。

(1)当下属既不愿意也没有能力承担某项任务时(R1),领导者应当提供直接而明确的指导,提高组织生产率(S1)。

(2)当下属虽然还不具备能力做出重要决策,但是有完成任务的意愿时(R2),领导者应当与其进行友好的互动,帮助下属明确自己的角色和任务完成标准,提高对他们的信任与支持(S2)。

(3)当下属有能力承担任务,却没有工作意愿时(R3),领导者应当减少直接指挥的行为,让下属提出自己解决问题的方案,以增加他们的成就感,并在需要时提供便利与支持(S3)。

(4)当下属既愿意又有能力去承担任务时(R4),领导者应当放手,只需授权并充分信任地让下属自己寻找方向,解决问题,不需要做太多工作(S4)。

下属成熟度与领导风格的匹配关系如表 4-1 所示。

表4-1 下属成熟度与领导风格

下属成熟度	领导风格
不成熟	高任务，低关系（告知）
稍成熟	高任务，高关系（推销）
较成熟	低任务，高关系（参与）
成熟	低任务，低关系（授权）

（五）模型的作用

赫塞和布兰查德的情境领导模型提供了一种动态的视角，领导者的行为需要与情境相匹配，而情境，这里主要是指下属的成熟度，是在不断变化之中的。因此，领导者需要不断评估下属的工作能力和工作意愿，并调整自己的任务行为和关系行为与之相适应，以取得真正有效的领导。尽管这一领导模型的预测能力还没有得到更多研究证据的支持，但由于其实用性较强，它对于深化领导者和下属之间的研究，具有重要的基础作用，仍然受到很多管理者的欢迎。

三、领导与情景理论

费德勒的权变领导理论是情境领导理论中的一个重要流派，它强调了领导者的领导风格与情境因素之间的匹配关系对于领导有效性的重要性。比如作为班长，面对能力、意愿各异的同学，应灵活调整自己的管理方式。对于能力有所欠缺但意愿强烈的同学，班主任应多给予鼓励和支持，倾向于关系导向型领导；而对于能力强、意愿也高的同学，班长则可放手让他们自主管理，采用授权型领导风格。

（一）该理论的两个变量

弗雷德·费德勒提出的关于领导效率的权变理论是第一个综合的领导权变模型。费德勒的权变模型指出组织的效率取决于两个变量的相互作用：一个是领导者的风格，另一个是情境的有利性。

领导者的风格划分为两大类别：任务取向型和关系取向型。任务取向型的领导者通常更加专注于目标的达成和任务的执行，他们倾向于制定明确的计划和步骤，并严格监督团队以确保任务的按时完成和高质量成果。关系取向型的领导者则更加注重团队成员之间的关系和团队氛围的建设。他们倾向于倾听员工的意见和需求，努力营造一个和谐、支持性的工作环境。

情境的有利性指的是某一种情境能赋予领导者多大的权力和影响力。费德勒从三个维度对情境是否有利进行分析：一是领导者-成员关系；二是任务结构；三是职位权力。

领导者-成员关系是指下属对领导者尊敬和信任的程度。如果领导者和成员之间的关系好,则他们拥有更多的权力和影响力。也就是说,当领导者受到下属的喜爱、尊敬和信任时,就不需要采取更多任务取向的行为;相反,如果下属不信任,并消极地看待领导者,领导者就只有采取命令的方式才能完成任务。很多研究显示,领导者-成员关系可能是三个维度中最重要的一个,可以采用社会计量评级或领导的群体氛围分数来测量。当领导者-成员关系良好,则称为有利的情境,反之是不利的。

任务结构是指需要完成的具体任务或工作的特点。高度结构化的、明确的、程序化的任务或工作,比模糊的、非结构化的任务或工作,给予领导者更多的影响力。当一个任务在标准的操作手册中被按步骤清晰描述时,领导的工作就相对变得容易。例如,如何按照已有蓝图陈列一个销售展品就是高度结构化的任务,而担任一名筹备新促销活动委员会的主席则是一个结构性不强的工作。这是三个维度中第二重要的,任务的结构性强,工作情境对领导有利,反之则不利。

职位权力是指与领导职位相联系的权力。如果领导者所处职位允许他们奖励和惩罚,雇用和解雇下属,则他们就拥有更多的权力和影响力。军队的指挥官比士兵拥有更多的职位权力,同样公司的经理比其下属拥有更多的职位权力。职位权力较强对领导者是有利的情境,反之则为不利。

(二)两个变量的匹配

接下来需要考虑的就是领导者风格与情境的匹配。在虚线以上表示关系取向型领导者的绩效高于任务取向型领导者,在虚线以下表示任务取向型领导者的绩效高于关系取向型领导者。如图4-5所示。

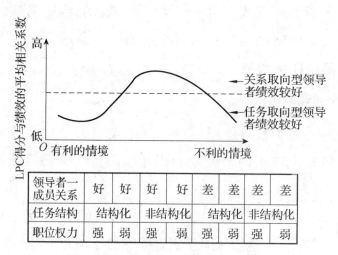

图4-5 领导者风格与情景的匹配

可见任务取向型领导者在非常有利或相对不利的情境下表现更好。因为在非常有利的情境下,下属尊重并信任领导者,任务结构化和职位权力强这两种有利情境至少拥有其一,领导者只需发出命令就可以得到较好的执行。在最不利的情境下,领导者则必须采取任务取向的方式，定义任务结构，指导员工建立权威。关系取向型领导者则在中等有利的情境下绩效较好。这时领导者可能不太受欢迎，也可能面对的任务比较模糊，或是职位权力不高，但至少有一个情境维度是有利的。在此基础上，领导者采用关系取向型领导风格，努力改善人际关系，对下属产生影响。

最后值得一提的是，费德勒认为，个体的领导风格与其个性紧密相连，难以轻易改变。因此，为了更有效地匹配领导者的风格与情境的有利性，进而提升组织绩效，我们可以采取两种策略：一是依据具体情境，精心挑选合适的领导者；二是调整情境因素，例如明确界定工作任务、增强职位权力，以适应领导者的风格。

◇管理故事

看球赛引起的风波

金工车间是该厂唯一进行倒班的车间。一个星期六晚上，车间主任去查岗。发现上二班的年轻人几乎都不在岗位。据了解，他们都去看电视现场转播的足球赛去了。车间主任气坏了，在星期一的车间大会上，他一口气点了十几个人的名。没想到他的话音刚落，人群中不约而同地站起几个被点名的青年，他们不服气地异口同声说："主任，你调查了没有，我们并没有影响生产任务，而且……"主任没等几个青年把话说完，严厉地警告说："我不管你们有什么理由，如果下次再发现谁脱岗去看电视，扣发当月的奖金。"

谁知，就在宣布"禁令"的那个周末晚上，车间主任去查岗时又发现二班竟有6名工人不在岗。主任气得直跺脚，质问班长是怎么回事，班长无可奈何地掏出三张病假条和三张调休条，说："昨天都好好的，今天一上班都送来了。"说着，凑到主任身边劝道："主任，说真的，其实我也是身在曹营心在汉，那球赛太精彩了，您只要灵活一下，看完了电视大家再补上时间，不是两全其美吗？上个星期的二班，为了看电视，星期五就把活提前干完了，您也不……"车间主任没等班长把话说完，扔掉还燃着的半截香烟，一声不吭地向车间对面还亮着灯的厂长办公室走去……

在这个案例中，车间主任的领导者行为没有根据被领导者的成熟度来调整。领导方式没有充分考虑被领导者(车间员工)和环境因素，因此导致了一系列问题。

∥典型例题

1.(单选)在实际工作中，具有以下领导行为方式：①自行做出决策并宣布决策；②要求下属坚决服从命令；③作出暂时决策并允许下属提出意见；④提出可修改的讨论计划；⑤不允许下属自行识别问题并决策。以上属于独裁型领导方式的是(　　)。

A.①②③　　　B.①②⑤　　　C.①③④　　　D.①③⑤

【答案】 B

【解析】 独裁型的领导认为权力来源于职位,而人类本性懒散,因此需要采取集权管理,以命令的方式鞭策下属工作。①②和⑤的描述符合独裁型领导者的表现。

2.(单选)关心员工而不关心工作的完成,"老好人式"的管理,这种领导方式在管理方格理论中属于( )。

  A. (9,1)   B. (1,9)   C. (9,9)   D. (1,1)

【答案】 B

【解析】 (1,9)型管理属于乡村俱乐部管理,这类领导方式对生产较少关心,对人们高度关心,努力创造一种愉快、友好、让人满意的工作氛围,与题干描述相符。

3.(单选)根据费德勒权变领导理论,对领导者有利的情境是( )。

  A. 领导者-成员关系差、任务结构性弱、职位权力强

  B. 领导者-成员关系差、任务结构性强、职位权力弱

  C. 领导者-成员关系好、任务结构性强、职位权力强

  D. 领导者-成员关系好、任务结构性弱、职位权力弱

【答案】 C

【解析】 费德勒从三个维度对情境是否有利进行分析:一是领导者-成员关系;二是任务结构;三是职位权力。对领导者有利的情境有三种:①领导者-成员关系好,任务结构化,职位权力强;②领导者-成员关系好,任务结构化,职位权力弱;③领导者-成员关系好,任务非结构化,职位权力强。

4.(判断)情境领导模型中的"情境"关注的是下属的成熟度,下属的成熟度与下属的心理年龄和生理年龄(时间年龄)相关。( )

【答案】 错误

【解析】 情境领导模型中的"情境"关注的是下属成熟度。成熟度被定义为承担责任的愿望和能力,它与下属的心理年龄而非时间年龄相关。

5.(多选)管理方格理论致力于探讨什么样的领导方式可以使资源更有效地转变为结果,罗伯特·布莱克和简·莫顿为此设计了管理方格图,方格图的两个维度分别为( )。

  A. 对生产的关心 B. 对行业的关心 C. 对人的关心 D. 对企业的关心

【答案】 AC

【解析】 罗伯特·布莱克和简·莫顿在1964年出版的《管理方格》一书中指出,以生产为中心和以人为中心的领导方式是可以同时存在的。管理方格图的两个维度分别是对生产的关心和对人的关心。

第三节　激励概述

学习目标

★知识目标
1. 了解激励的概念与内涵；
2. 了解激励过程。

★能力目标
1. 运用激励机理分析组织中员工行为；
2. 能够将激励理论灵活运用于不同的组织场景和人员管理情境。

★素养目标
引导学生营造积极向上的团队氛围，激发团队成员的内在动力。

引导案例

"只想让马儿跑，不给马儿吃草"这句俗语形象地描绘了一种不合理的期望——即希望员工能够持续高效地工作，却不给予他们应有的回报或激励，如同不给马儿吃草。这实际上违背了管理的基本原则，因为激励是驱动员工积极性和提高工作效率的关键因素。有效的管理需要建立在合理的激励基础之上，通过深入了解员工的真实需求和期望，设计并实施科学合理的激励方案，才能真正激发员工的潜能，推动组织持续健康发展。

知识学习

一、激励的概念与内涵

"激励"从字面上看是激发、鼓励的意思。管理学研究中的激励是指为了特定目的而去影响人们的内在需要或动机，从而强化、引导或改变人们行为的持续过程。在管理实践中，激励工作包括：从既定的组织目标出发，通过影响员工的内在需要或动机来调动员工的工作积极性，实现组织与个人在目标、行为上的内在一致性。

二、激励的机理

激励机理旨在揭示激发个体行为积极性的一般原理,其建立在对人的行为规律和人性假设的正确认知基础之上。科学的激励机理必须建立在符合人的行为规律和人性假设的基础之上;否则,任何与之相悖的激励措施都将难以激发个体的积极性。如图4-6展示的激励机理的基本模式。

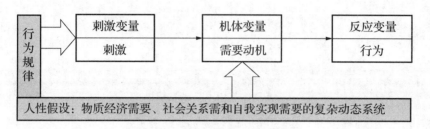

图4-6 激励机理的基本模式

依据人的行为规律,人的行为过程包含了三类基本变量,即刺激变量、机体变量和反应变量。刺激变量是指对个体反应产生影响的外界刺激,也叫诱因,如自然环境刺激、社会环境刺激等。机体变量是指影响个体反应的内在决定因素,即个体自身的特征,包括性格、动机等。反应变量是刺激变量和机体变量在个体反应上引起的变化。就人的一般行为规律而言,刺激是刺激变量,个体的需要和动机则是机体变量,而个体的行为则构成了反应变量。激励过程本质上就是通过刺激变量引起机体变量(需要、动机)产生持续不断的个体兴奋,从而引起个体积极行为反应的过程。

人的需要是一个包含了物质经济需要、社会关系需要和自我实现需要的复杂动态系统。不仅不同人的需要存在差异,而且同一人在不同的时间、不同的境遇下的需要也不尽相同。人的行为选择往往并非单一地偏向于某一需要,而是受到多种需要的共同作用与相互协调。因此,有效的激励措施设计关键在于识别员工在不同时间、不同情境下的独特优势,并针对性地提供激励,以激发其潜能和提高工作积极性。

典型例题

(单选)对个体反应产生影响的外界刺激,这是(　　)。
A. 机体变量　　　　B. 刺激变量　　　　C. 反应变量　　　　D. 社会变量
【答案】 B

第四节 行为基础理论

🔧 学习目标

★知识目标
1. 掌握需要层次理论；
2. 掌握双因素理论。

★能力目标
1. 能够根据员工所处的不同需求层次，设计个性化的激励措施；
2. 能够运用双因素理论的核心观点来分析管理实践中的具体激励问题。

★素养目标
1. 引导学生更巧妙地设计团队合作模式，以增强团队的凝聚力并提升工作效率；
2. 激励学生明确自身的动机与目标，进而合理规划个人的成长路径。

🔧 引导案例

在班级这个小社会中，每位同学的需求和动机各不相同。一些同学渴望获得老师的表扬和同学们的认可，这让他们感受到归属感和被爱；而另一些同学则追求学业上的卓越，期望在各类竞赛中崭露头角，以此实现自我价值的提升。

班级中发生的某些事件能够激发同学们的极大热情和投入，例如那些有趣的班级活动和团队合作完成的任务，这些经历让同学们体验到成就感。然而，也有一些情况，如班级氛围不够和谐、老师在处理某些事务时的方式未能得到大家的认同，这些问题若未妥善解决，可能会导致同学们对学习的热情减退。

🔧 知识学习

行为基础理论至关重要，因为它能深入理解员工需求与动机，助力优化激励策略。通过掌握需求层次和动机多样性，企业可设计个性化激励措施，满足员工不同需求，激发工作积极性。同时，综合运用物质与精神激励，构建全面激励体系，提升员工满意度与忠诚度，进而增强组织绩效。

一、需要层次理论

需要层次理论是行为科学的经典理论之一，由美国心理学家亚伯拉罕·马斯洛于 1943 年在其《人类激励理论》一文中首次提出，并于 1954 年在其专著《动机与人格》中进行更全面的阐述。

(一)需要层次理论的主要观点

(1)人类需要从低到高可分为五种，分别是生理需要、安全需要、社交需要、尊重需要和自我实现需要，如图 4-7 所示。生理需要是人类维持自身生存与发展的需要，如吃饭、穿衣、饮水、住房等需要。安全需要是人类保护自身免受伤害的需要，如职业安全、人身安全、社会保障、劳动保护等需要。社交需要是人类在社会交往方面的需要，如友谊、爱情、亲情、隶属关系等需要。尊重需要是人类自我尊重与希望受到他人尊重的需要，如成就、名声、地位、权力和晋升等需要。自我实现需要是人类追求至高人生境界的需要，如实现个人理想和抱负、发挥个人潜能等方面的需要。

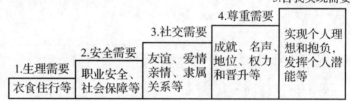

图 4-7 马斯洛的五种需要层次

(2)以上五种需要可以分为高、低两个层次。其中，生理需要、安全需要和社交需要都属于低层次的需要，这些需要通过外部条件就可以满足；尊重需要和自我实现需要是高层次的需要，这些需要是通过内部因素才能满足的。

(3)人的需要有一个从低层次向高层次发展的过程，当较低层次的需要基本得到满足后，更高一层次的需要就会出现。

(4)任何一种需要并不由于高一层次需要的出现而消失，各层次需要之间是相互依赖并以重叠波浪形式演进的。高层次的需要出现后，低层次的需要仍然存在，只是对行为影响的程度大大降低，如图 4-8 所示。

(5)未满足的需要才具有激励作用，已基本得到满足的非优势需要对人不再具有激励作用。

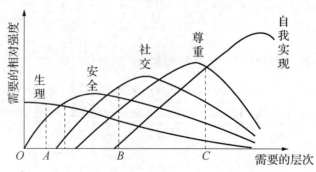

图 4-8 需要层次的发展演变

(二)需要层次理论的积极作用

马斯洛的需要层次理论在一定程度上反映了人类行为和心理活动的共同规律。

(1)马斯洛从人的需要出发探索人的激励诱因,抓住了激励问题的关键。

(2)马斯洛指出人的需要有一个从低级向高级发展的过程,基本上符合人类需要发展的一般规律。

(三)需要层次理论的局限性

(1)马斯洛调查的对象主要是中产以上阶层人们的需要,将其推广缺乏普遍性。

(2)马斯洛提出人的需要都是生来固有的,但实际上人的需要既有天生的,也有后天形成的。

(3)马斯洛认为只有低层次需要基本满足后,高层次需要才会显现,这种需要的发展观带有明显的机械论色彩。

二、双因素理论

在20世纪50年代末,美国心理学家弗雷德里克·赫茨伯格及其团队在匹兹堡地区对200多名会计师和工程师进行了深入的问卷调查。这项调查旨在探究工作满意度的来源,参与者被要求详细描述他们在工作中感到特别满意和特别不满意的具体时刻,以及这些感受背后的原因。根据调查的结果,赫茨伯格提出双因素理论,如图4-9、图4-10所示。

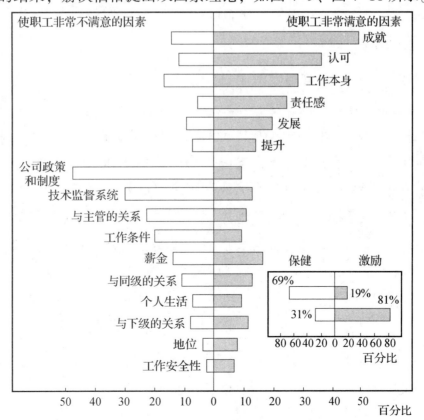

图4-9 满意和不满意因素的比较

图 4-10 传统观念和赫兹伯格观念的比较

(一)双因素理论主要观点

(1)满意和不满意并非共存于单一的连续体中,而是截然分开的。因此,引起人们对工作满意与不满意的因素不属于同一类别。

(2)使人们感到不满意的因素往往都是属于工作环境或外界因素方面的,被称为保健因素。典型的保健因素有企业政策、工资水平、工作环境、劳动保护、人际关系、安全等。

(3)使员工满意度的提升往往与工作本身或工作内容紧密相关,这些因素被称为激励因素。根据研究,激励因素包括但不限于:提供工作表现的机会、工作带来的愉悦感、工作上的成就感、因优秀工作成绩而获得的奖励、对个人未来发展的积极期望以及职务上的责任感等。

(4)保健因素只能消除不满意,激励因素才是调动人们积极性的关键。当保健因素恶化到可以接受的水平以下时,就会使得人们对工作产生不满;当保健因素很好时,人们并不会因此而产生积极的工作态度。当激励因素不足时,人们并不会对工作产生不满;当激励因素上升到一定的水平时,人们会产生积极的工作态度和对工作的满意感。

(二)对双因素理论的评价

双因素理论自提出以后,在管理实践中反响很大,它促使管理人员注意到工作重新设计(如工作丰富化、工作扩大化)的重要性。

然而该理论也饱受争议:首要问题在于,赫茨伯格的调查样本量偏小,仅203人,且调查对象局限于工程师、会计师等专业群体,难以代表广泛的工作人群,因此其结论的普遍性受到质疑。其次,赫茨伯格认为满意和工作绩效的提高有必然的联系,但实际上满意与工作绩效无直接相关性,人在不满意时也会因其他原因达到高绩效;最后,赫茨伯格将保健因素与激励因素截然分开,实际上,保健因素与激励因素不是绝对的,而是相互联系并可以相互转化的。

◇ 管理故事

文化引领·激励创新

阿里巴巴作为中国企业典范，其员工激励策略深植于中国传统文化，展现独特魅力。公司不仅提供极具竞争力的薪酬福利，还融入传统节日关怀、家庭福利，体现"家和"文化。通过"赛马机制"鼓励员工挑战自我，参与创新项目，结合完善的培训体系，助力员工全面发展，彰显"因材施教"智慧。阿里巴巴设立荣誉奖项，公开表彰优秀员工，满足尊重需求，同时鼓励参与公益，践行"仁爱"与"社会责任"。这些措施巧妙融合马斯洛需求层次与双因素理论，既关注员工物质需求，更重视精神激励与自我价值实现。阿里巴巴的员工激励之道，不仅促进了个人成长，更激发了团队活力，为公司长远发展奠定了坚实的人才基础，彰显了中国企业文化与西方管理理论的完美融合。

典型例题

1.（单选）保健因素是那些与员工不满情绪有关的因素，下面不属于保健因素的是（　　）。
   A. 工作条件　　B. 工作成就感　　C. 人际关系　　D. 公司政策
   【答案】 B
   【解析】 典型的保健因素有企业政策、工资水平、工作环境、劳动保护、人际关系、安全等。

2.（单选）根据激励理论的内容，需要层次理论、双因素理论和成就需要理论属于（　　）。
   A. 行为基础理论　B. 过程激励理论　　C. 行为强化理论　　D. 激励机理
   【答案】 A

3.（单选）荆某被任命为总设计师，公司为他提供了良好的工作环境。依据双因素理论，能够激励他的措施是（　　）。
   A. 提高福利　　　　　　　　　　B. 提高工资
   C. 为他配备一个学历高的助手　　D. 让他主导设计并完善工作流程
   【答案】 D
   【解析】 根据双因素理论并结合题干，"主导完成某工作流程的设计"属于激励因素中的职务上的责任感。激励因素更能对荆某产生积极的满意因素，因此选择D项。

4.（单选）根据马斯洛的需要层次理论，下列属于高层次需要的有（　　）。
   A. 社交需要　　B. 尊重需要　　C. 生理需要　　D. 安全需要
   【答案】 B
   【解析】 根据马斯洛需要层次理论，人的需要从低到高排序为生理需要、安全需要、社交需要、尊重需要和自我实现需要。其中生理需要、安全需要和社交需要为低层次需要，尊重需要和自我实现需要为高层次需要。

第五节 过程激励理论

学习目标

★知识目标

1. 掌握过程激励理论；
2. 能够区分行为强化理论中正强化、负强化、惩罚和自然消退。

★能力目标

1. 能够运用公平理论、期望理论的主要观点来分析管理实践中具体激励问题；
2. 能够应用过程激励理论分析激励的具体问题，并设计相应的激励方法。

★素养目标

引导学会处理各种人际关系，包括与上级、同事、下属以及客户和合作伙伴的关系，以便有效地合作和协调各方利益。

引导案例

某职业中专学校职二年电商班的5名学生，面对学业水平考试的压力，组成学习小组互帮互助。最近一次月考，平时成绩优秀且十分努力的李明和王强感到自己的付出未得到应有的回报，而张华和赵丽平时努力的程度不及李明和王强，但成绩提升显著，中等生孙梅成绩也得到了提升，认为自己的努力没有白费。学习小组针对这次月考进行了深入的反思和总结，意识到了学习方式之间的差异，并据此为每个成员根据其贡献分配积分，这些积分可以用来兑换学习资源或换取老师的额外辅导时间。通过这种既评价过程而又评价成绩的方式，他们希望能够更公平地评价每个人的努力，并给予相应的奖励，从而激励每个人更加积极地参与到学习中来。

知识学习

过程激励理论是心理学与管理学的交会点，它深入剖析了个体从动机萌发到行动实施的内在心理历程。这一理论框架，以公平理论、期望理论、强化理论和目标设置理论为支柱，揭示了人们如何在比较、期望与目标的指引下，形成工作动力。简单来说，就是研究人们是怎么从"我想做"变成"我真的去做"的。它就像一把钥匙，帮我们打开员工内心的"动力宝箱"。

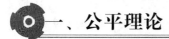 一、公平理论

（一）公平理论的主要内容

公平理论又称社会比较理论，是由美国心理学家约翰·亚当斯于1965年在《社会交换中的不公平》一文中提出的一种激励理论。该理论主要研究报酬分配的合理性、公平性对人们工作积极性的影响。如果员工觉得自己付出的努力和得到的回报不成正比，或者和别人比起来不公平，他们就会感到不满，工作动力也会下降。因此，管理者要确保员工的付出和回报是公平的，这样才能保持他们的工作热情。

（1）公平理论认为，人们对报酬是否满意是一个社会比较过程，不仅受其所得的绝对报酬的影响，更重要的是受其相对报酬的影响。这种相对报酬是指个人付出劳动与所得到的报酬的比较值。

$$相对报酬 = \frac{O}{I} = \frac{报酬（工资、资金、津贴、晋升、表扬等）}{贡献（知识、经验、技能、资历、努力等）}$$

小陶和同事小英工作表现相近，但月底发奖金时小陶发现小英比他多拿了1 000元，小陶因此感觉到不公平，他们之间奖金的差异就体现了相对报酬的存在和影响。

（2）一般来说，人们对相对报酬的比较方法有两种：一种是横向比较，即拿自己在同一时间段所取得的报酬与其他员工的相比较，又称为社会比较；另一种是纵向比较，即拿自己现在的报酬与过去的报酬进行比较，又称为历史比较。员工选择与自己比较的参照物有三种："其他人""制度""自我"。如表4-2所示。

表4-2　横向比较和纵向比较

比较方式	含　义	表达式	式中字母含义
横向比较	人们将自己的相对报酬进行比较	$\frac{OP}{IP}$ VS $\frac{OC}{IC}$	OP是对自己所获报酬的感觉 IP是对自己所做投入的感觉 OC是对他人所获报酬的感觉 IC是对他人所做投入的感觉
纵向比较	人们将自己当前的相对报酬与自己过去的相对报酬进行比较	$\frac{OP}{IP}$ VS $\frac{OH}{IH}$	OP是对自己所获报酬的感觉 IP是对自己所做投入的感觉 OH是对自己过去报酬的感觉 IH是对自己过去投入的感觉

（3）相对报酬比较的结果会使人们产生公平感或不公平感。不公平感会造成人们心理紧张和不平衡感，如表4-3所示。

表 4-3 产生不公平感的情况

比较方式	产生不公平感的情况	当事人会采取的行为
横向比较	OP/IP<OC/IC	通过减少投入或设法增加报酬来改变自己的相对报酬；通过让他人多付出或设法减少其所得来改变他人的相对报酬；更换比较对象，"比上不足，比下有余"，获得主观上的公平感；自我解释，自我安慰；发牢骚，泄怨气，造成人际矛盾；离开现有岗位，另谋职业
	OP/IP>OC/IC	通过增加投入改变自己的相对报酬；设法让他人增加报酬改变其相对报酬
纵向比较	OP/IP<OH/IH	工作积极性下降，通过减少投入来改变自己的相对报酬
	OP/IP>OH/IH	往往不会因为自己多拿了报酬而主动增加投入

（4）公平感是一种主观心理感受，是人们公平需要得到满足的一种直接心理体验。制约公平感的因素主要有两个方面：一是分配政策是否公平及执行过程是否公开，即客观上是否公平；二是当事人的公平标准，即主观感受是否公平。不同当事人公平标准的不同决定了他们对同一种分配制度的看法是有差异的。

（5）在实际工作中，人们往往会过高地估计自己的投入和他人的收入，而过低地估计自己的收入和他人的投入，从而出现自己的相对报酬小于他人相对报酬的情况。

(二)公平理论的贡献与启示

（1）公平理论提出了相对报酬的概念，对组织管理有较大的启示意义。员工不仅关心自己得到了多少报酬，还会比较自己得到的报酬和别人得到的报酬相比是否公平。

（2）该理论使管理者认识到社会比较是人们普遍存在的心理现象，人们总会不自觉地和别人比较，看看自己是不是得到了应有的回报。利用公平感来调动员工的积极性是一种重要的激励手段。

（3）该理论强调了管理者的管理行为必须遵循公正原则，以积极引导员工形成正确的公平感。即领导在分配资源或奖励时，要公平公正，让员工觉得自己的努力得到了应有的认可。

(三)公平理论的局限性

（1）不完全信息往往使社会比较脱离客观实际。小张只看到小李的工资比自己高，但不知道小李其实承担了更多的工作职责，或者小李有特殊的技能是公司急需的。这样，小张的比较就是基于不完全的信息，可能会产生不公平感。

（2）主观评价易使社会比较失去客观标准。对于同样的工作任务，小张可能觉得完成得已经很好了，应该得到高额奖金；而小李却觉得小张的工作还有很多不足，不应该得到那么多奖励。这种主观评价的差异会导致社会比较失去客观标准。

（3）"投入"和"产出"形式的多样性使得社会比较难以进行。小张是公司的销售冠军，他的产出是销售额；而小李是公司的研发工程师，他的产出是新产品。这两者的投入和产出形式完全不同，很难直接进行比较。

二、期望理论

期望理论又称"效价—手段—期望理论"，是由美国心理学家维克托·弗鲁姆于1964年在《工作与激励》中提出来的一种激励理论。该理论主要研究人们需要或动机的强弱和人们对实现需要/动机的信心强弱对行为选择的影响。期望理论主要包含三个核心要素：效价、期望和工具性。

可以这样理解：当你想要达成某个目标时，你会先评估这个目标对你的价值（效价），然后考虑自己实现这个目标的可能性有多大（期望），以及你相信一旦实现目标就能得到相应的回报吗（工具性）。这三个因素共同决定了你为实现目标而付出努力的强度和动机的大小。例如，如果你想要升职加薪（高效价），并且你相信自己有能力通过努力工作达到这个目标（高期望），同时你也相信公司会根据你的表现给予相应的奖励（高工具性），那么你就会有很大的动机去努力工作，以实现升职加薪的目标。

期望理论的主要观点如下：

（1）人们在预期他们的行动会给个人带来既定的成果且该成果对个人具有吸引力时，才会被激励起来去做某些事情以达到组织设置的目标。因此，人们从事任何工作行为的激励程度将取决于经其努力后所取得的成果的价值与他所估计的实现目标的可能性的乘积。用公式可表示为：

$$M = V \times E$$

式中：M（激励力）是人们所感受到的激励程度。V（效价）是人们对某一预期成果或目标的重视程度或偏好程度，反映了人们的需要/动机的强弱。E（期望值）是人们对通过特定的行为活动达到预期成果或目标的可能性的概率判断，反映了人们对实现需要/动机的信心强弱。

（2）依据期望公式，如果将激励力、效价与期望值做简单的高低切分，那么效价与期望值的乘积有如下四种结果。只有当效价高，期望值也高时，激励力才会高。

第一种结果：M（低）= V（低）×E（低）

第二种结果：M（低）= V（低）×E（高）

第三种结果：M（低）= V（高）×E（低）

第四种结果：M（高）= V（高）×E（高）

（3）激励的过程要处理好三方面的关系。

第一，努力与绩效的关系。人们总是希望通过一定的努力达到预期的目标。如果人们主观认为通过自身努力达成预期目标的概率较高，就会产生行为的信心；反之，就会失去工作的动力。

第二，绩效与奖励的关系。人们总是希望在取得绩效后得到奖励。如果人们认为取得绩效后能获得合理的奖励，就会产生行为的热情；反之，就会丧失工作的积极性。

第三，奖励与满足需要的关系。人们总是希望自己获得的奖励满足自己某方面的需要。然而由于人们在年龄、性别、资历、社会地位和经济条件等方面都存在差异，他们对各种需要得到满足的程度就不同。因此采用同一种奖励办法能满足的需要程度不同，能激发出的工作动力也就不同。

◇ **管理故事**

一家科技公司为了提高员工的工作积极性和绩效，决定引入一套新的绩效激励计划。该公司希望通过这一计划，激励员工在项目中投入更多的时间和精力，从而提高整体项目完成质量和效率。公司首先与各部门经理和员工进行沟通，明确每个项目的具体目标和期望结果：提高产品开发速度，并确保产品质量达到95%以上的客户满意度。公司通过定期的培训和会议，帮助员工理解这些目标，并确保他们相信通过自己的努力可以达到这些目标。

公司设计了一套透明的绩效评估体系：通过项目进度报告、客户反馈和内部评审等方式，评估员工在项目中的表现，确保员工的努力和成果能够被客观地评估。公司明确表示，达到或超过目标的员工将获得相应的奖励，如奖金、晋升机会或额外的休假时间。公司通过调查和反馈，了解员工对不同奖励的偏好。例如，年轻员工可能更倾向于获得额外的休假时间，而资深员工可能更看重晋升机会。公司根据员工的偏好，设计了多样化的奖励方案，确保每个员工都能找到对自己有吸引力的奖励。

通过这一绩效激励计划，该公司成功地提高了员工的工作积极性和绩效。员工们更加专注于项目目标，努力提升自己的工作表现，从而推动了整体项目质量和效率的提升。此外，员工对公司的满意度也有所提高，流失率显著下降。

期望理论在理论界被认为是激励理论的重要发展。期望理论通过对各种权变因素的分析，论证了人们会在多种可能性中做出自身效用最大的选择，即人们的现实行为往往是其认为激励力量最大的行为选择。但遗憾的是，该理论的涵盖面太广，内涵比较笼统，且忽略了对个体行为意志的考虑，故其适用范围有一定的局限性。

三、行为强化理论

美国心理学家斯金纳在其《有机体的行为》《科学和人的行为》等书中，提出了强化理论。

(一)强化理论的基本观点

人们出于某种动机，会采取一定的行为作用于环境；当这种行为的结果对人们有利时，这种行为就会在以后重复出现；反之，当这种行为的结果对人们不利时，这种行为就会减少或消失。因此，行为的结果会对人的动机产生很大影响，从而使行为在后续得以增加、减少或消失。

(二)强化的含义

强化在本质上讲是对某一行为的肯定或否定的结果,在一定程度上会决定该行为在今后是否重复发生。

(三)强化的分类

1. 正强化、负强化、惩罚和自然消退

依据强化的目的,强化可分为四种类型:正强化、负强化、惩罚和自然消退。前两种可以增强或保持行为,后两种则会削弱或减少行为。

正强化是指通过出现积极的、令人愉快的结果而使某种行为得到加强。

负强化是指预先告知某种不符合要求的行为或不良绩效可能引起的后果,引导职工按要求行事,以此来回避令人不愉快的处境,相当于是"警告未处罚"。

惩罚是指对令人不快或不希望的行为进行处罚,以减少或削弱该行为,相当于是"直接处罚"。

自然消退是指通过不提供个人所期望的结果来减少某行为的发生,相当于是"不理睬"。如表4-4所示。

表4-4 强化类型及其效果

强化类型	管理行为	效果
正强化	提供希望的结果	增加行为被重复的可能性
负强化	消除不希望的结果	增加行为被重复的可能性
惩罚	提供不希望的结果	降低行为被重复的可能性
自然消退	消除希望的结果	降低行为被重复的可能性

2. 连续强化和间断强化

依据强化的方式,强化可分为连续强化和间断强化。连续强化是指对每个行为都给予强化。间断强化是指并非对所有行为都进行强化,具体又有几种不同的间断强化类型,如固定比率的强化、可变比率的强化、固定时间间隔的强化、可变时间间隔的强化等。

(四)应用强化的原则

(1)要按照强化对象的不同需要采取不同的强化措施。

(2)对所期望取得的工作业绩应予以明确的规定和表述。

(3)对工作业绩予以及时的反馈,即通过某种形式和途径,及时将工作结果告诉行动者。

(五)强化理论的局限性

(1)过于强调对人的行为的限制和控制,而忽视了人的内在心理过程和状态。

(2) 只讨论外部因素或环境刺激对行为的影响，忽略人的因素和主观能动性对环境的反作用。

公平理论、期望理论、强化理论都是心理学和管理学中的经典激励理论，它们各自从不同的角度阐述了人们行为背后的动机和影响因素。它们各自具有独特的观点和应用领域，如表 4-5 所示。在实践中，管理者可以根据具体情况综合运用这些理论来激发员工的工作积极性和创造力。

表 4-5　三种激励理论对比

比较项目	公平理论	期望理论	强化理论
提出者	亚当斯	维克托·弗鲁姆	斯金纳
核心观点	报酬的公平性影响工作积极性	行为的动机取决于期望收益与期望成本的比较	行为的结果直接影响该行为未来发生的频率
核心要素	投入与成果的比率、横向与纵向比较	期望、效价、工具性	正强化、负强化
应用领域	薪酬设计、员工激励	动机激发、目标设定	员工激励、教育教学、心理咨询与治疗
侧重点	分配公平性	动机的心理过程	行为与结果的关联性

典型例题

1.（单选）根据公平理论，下列哪种情形是公平的（　　）。

A. 自己的报酬等于他人的报酬

B. 自己的投入等于他人的投入

C. 所有职工获取相同的报酬

D. 自己的报酬与投入之比等于他人的报酬与投入之比

【答案】　D

【解析】　公平理论认为人们对报酬是否满意是一个社会比较过程，满意的程度不仅取决于绝对报酬，更取决于相对报酬。

2.（单选）期望理论的作者是（　　）。

A. 亚当斯　　　　　　　　　　B. 弗鲁姆

C. 麦克利兰　　　　　　　　　D. 赫茨伯格

【答案】　B

【解析】　A 项，亚当斯提出了公平理论；B 项，弗鲁姆提出了期望理论；C 项，麦克利兰提出了成就需要理论；D 项，赫茨伯格提出了双因素理论。

3.（单选）某学校为严肃考场纪律，每场考试前警告学生，凡违反考场纪律者，一经发现，当科成绩以零分计,下学期初不得参加补考,这属于(　　)。

A. 正强化　　　　　　　　　　B. 负强化

C. 惩罚　　　　　　　　　　　D. 自然消退

【答案】 B

【解析】 所谓负强化,就是惩罚那些不符合组织目标的行为,以使这些行为削弱甚至消失,从而保证组织目标的实现不受干扰。

第六节　沟通与沟通类型

学习目标

★知识目标

1. 了解沟通的含义、过程；
2. 了解沟通类型中的言语沟通与非言语沟通。

★能力目标

能够区分言语沟通与非言语沟通。

★素养目标

引导学生重视表达能力的锻炼和提高倾听能力,能够与他人进行有效的沟通,增进团队合作和协调。

引导案例

在一次网店运营课上,陈老师在讲解一个比较复杂的数据问题。洪智同学没有完全理解,可是在课堂上没有举手提问,因为他不想在同学面前显得无知,但他的困惑表情被陈老师注意到,误以为洪智是在走神,于是用严厉的语言提醒他要集中注意力,而后洪智低下头,试图隐藏自己的尴尬。下课后,陈老师找洪智谈心,洪智大胆地向陈老师说出他的困惑,陈老师很是欣慰,并鼓励他在课堂上积极提问,并承诺会给予更多的个别指导。通过这次对话,洪智在网店运营课上的表现越来越好。

知识学习

沟通(Communication)一词从字面来看就很形象——挖沟开渠使水源贯通。俗话说"流水不腐,户枢不蠹",意味着只有流动的水才能保持活力,同样地,企业也需要不断的沟通与协作才能保持生机与活力。组织内部良好的沟通文化不仅能够增强企业的凝聚力，而且可以大幅度提高绩效，增强企业的竞争力，因此组织应该从战略意义上重视沟通。

一、沟通及其功能

(一)沟通的含义

沟通是信息的传递与理解的过程，是在两人或更多人之间进行的在事实、思想、意见和情感等方面的交流。有效的沟通不仅包括信息的传递，还包括信息的被理解。

(二)沟通的功能

良好的沟通在实际工作中是必不可少的，它能够最大限度地化解工作中的各类矛盾，使管理者充分了解组织内外与管理工作有关的各种信息或想法。具体说来，沟通在管理工作中具有以下作用：

(1)有效沟通可以降低管理的模糊性，提高管理的效能。组织内外存在大量模糊的不确定信息，沟通可以澄清事实、交流思想、倾诉情感，从而降低信息的模糊性，为科学决策提供依据。

(2)沟通是组织的凝聚剂和润滑剂，它可以改善组织内的工作关系，充分调动下属的积极性。管理者通过沟通可以了解员工的需求，满足员工的需要；可以让员工更了解组织，增进对组织目标的认同，从而建立起相互信任的、融洽的工作关系。

(3)沟通是组织与外部环境之间建立联系的桥梁。通过沟通，组织能够与外部环境建立联系，降低交易成本，提高组织的竞争能力。

二、沟通过程

任何沟通必须具备三个基本条件：第一，沟通必须涉及两个或两个以上主体；第二，沟通必须有一定的沟通客体，即信息情报等；第三，沟通必须有传递信息情报的载体，如文件等。沟通是一个复杂且细致的过程，其具体步骤如图4-11所示。

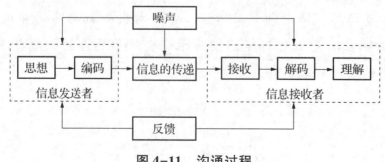

图4-11 沟通过程

(一)信息发送者

信息发送者也就是沟通的发起者,他出于某种原因产生需要与他人沟通的想法,将需要沟通的内容进行编码以传递给他所要沟通的对象。

(二)编码

编码就是将信息转换成传输的信号或符号的过程,如文字、数字、图画、声音或身体语言等。信息发送者必须将信息编码成信息接收者可以解码的信号。信息在编码的过程中将受到信息发送者的技能、态度、知识、文化背景等影响,如果编码的信号不清楚,将会影响信息接收者对信息的理解。

(三)信息的传递

通过某种渠道将信息传递给信息接收者,由于选择编码的方式不同,传递的方式也不同,可以是书面的,也可以是口头的,甚至还可以通过形体动作来表示。

(四)信息接收者

信息接收者是信息发送者传递信息的对象,他接收信息发送者传递来的信息,并将其解码,理解后形成自身的想法。

(五)解码

解码就是信息接收者将通道中加载的信息翻译成他能够理解的形式。信息接收者在解码的过程中,需凭借自身的经验、知识和文化背景,将接收到的信号精准地转化为信息。一旦解码出现偏差,信息便可能遭遇误解或曲解的困境。

(六)反馈

信息接收者将其理解的信息再返回给信息发送者,信息发送者对反馈信息加以核实和做出必要的修正。反馈构成了信息的双向沟通。

(七)噪声

噪声是指沟通过程中对信息传递和理解产生干扰的一切因素。噪声潜藏于沟通的每一个细节之中,无论是字迹模糊难以辨认,还是双方语言不通,或是固有的偏见、身体不适、对对方的反感等,均可成为沟通的绊脚石。

三、沟通类型与渠道

按照沟通的方式,沟通可以划分为言语沟通与非言语沟通。言语沟通是指使用正式语言符号的沟通,一般分为口头沟通和书面沟通两种;非言语沟通是指借助非正式语言符号,即口头表达及文字以外的符号系统进行的沟通。

（一）口头沟通

口头沟通是指借助口头语言进行的信息传递与交流，如演讲、讨论、电话联系等。口头沟通的优缺点如表 4-6 所示：

表 4-6　口头沟通的优缺点

优点	缺点
1. 简便易行、灵活迅速，可以得到及时的反馈 2. 不同的语音语调可以弥补文字所不能表达的含义，可以直接进行情感交流，增加亲切感与提高沟通的效果	1. 受空间的限制，往往只适用于面对面小范围的信息交流 2. 具有即时性，因此往往没有书面沟通准备得充分，可能遗漏或扭曲一些原本要交流的内容 3. 大多数没有记录，事后难以查证，这样既不利于信息的传播，也不利于信息的储存

（二）书面沟通

书面沟通是指借助文字进行的信息传递与交流，如报告、通知、书信等。书面沟通的优缺点如表 4-7 所示。

表 4-7　书面沟通的优缺点

优点	缺点
1. 受时间与空间的限制较小，有利于长期保存、反复研究 2. 在传递过程中不容易被歪曲，具有一定的严肃性与规范性	1. 书面沟通耗时较长 2. 不能得到及时的反馈 3. 缺乏口头沟通时语音、语调、表情等元素的辅助 4. 书面沟通可能让人感觉比较生硬，不如口头沟通容易让人接受

（三）非言语沟通

非言语沟通是指借助非正式语言符号，即口头表达及文字以外的符号系统进行的沟通。身体语言和语调是日常沟通中使用最广泛的非言语沟通形式。研究表明，在面对面的交谈中，信息的 55% 来自面部表情和身体语言，38% 来自语调，只有 7% 真正来自词汇。"重要的不是说什么而是怎么说"，恰当地使用非言语沟通形式可以提高沟通的效果。

（1）身体语言。身体语言涵盖了手势、面部表情以及身体的其他动作。例如：长时间平视对方表示尊敬或重视；双眼突然睁大可能表示疑惑或吃惊；摊开双手并耸肩表示无可奈何；轻抖腿部则可能表示紧张不安或不耐烦等。

（2）语调。语调指人们对某些词或词组的强调。比如：嗓门突然提高，可能是惊讶、高兴、愤怒或失望；说话结巴，可能是紧张、胆怯或兴奋；语尾出现升调，一般表示提问或反问，等等。

典型例题

（单选）需要将沟通的内容进行编码以传递给所要沟通的对象的是（　　）。

A. 信息发送者　　B. 信息接收者　　C. 组织领导者　　D. 员工

【答案】　A

【解析】　信息发送者作为沟通活动的发起者，出于某种原因产生需要与他人沟通的想法，将需要沟通的内容进行编码以传递给他所要沟通的对象。而信息接收者作为信息传递信息的对象，接收信息发送者传递来的信息，并将其解码，理解后形成自身的想法。组织领导者和员工根据不同情境可以是信息发送者也可以是信息接收者。

第七节　沟通障碍及克服

学习目标

★知识目标

掌握沟通障碍及其克服的方法，包括有效沟通的标准，影响有效沟通的因素以及克服沟通障碍的方法。

★能力目标

能够分析有效沟通的标准，影响有效沟通的因素以及克服沟通障碍的方法。

★素养目标

引导学生重视表达能力的锻炼和提高倾听能力，能够与他人进行有效的沟通，增进团队合作和协调。

某职业中专学校电商1班班长陈华和团支书梅梅是班委核心骨干，近期计划组织班级同学开展一次研学活动，陈华设计了一份详细的计划书，由于时间紧迫，他通过电子邮件将计划书发送给梅梅，希望她能尽快提供反馈。梅梅在收到邮件后，由于课业繁忙，未能及时回复，让陈华误以为梅梅不满意或故意忽视这份计划书，梅梅在两天后回复了邮件，但是非常简短，只是列出了一些需要修改的地方，陈华认为梅梅的反馈不够具体，两人产生了隔阂，而研学计划也因此被耽误了。班主任在得知这件事后，组织了一次班委会，会议结束后，陈华与梅

梅心平气和地坐在一起，面对面地商讨活动计划，梅梅解释了自己回复延迟的原因，并赞扬了陈华的计划，两人才意识到之前沟通不足，产生了误会。

知识学习

一、有效沟通的标准

有效沟通是指组织能够克服各种因素的干扰，保证信息交流的可靠性和准确性。

第一，保证沟通的"量"。有效沟通要保证传达足够的信息量，如果信息内容缺失，即使其他方面做得再好，接收方也无法全面、完整、准确地理解。

第二，保证沟通的"质"。沟通不仅仅是信息的传递，更重要的是信息需要被准确地表述和理解，这就是指沟通的"质"。

第三，保证沟通的"时"。沟通的有效性很大程度上依赖于信息的及时性。一条过时的信息，即使是完整而准确的，其价值可能也会大打折扣。

二、影响有效沟通的因素

影响沟通过程的障碍有几种，包括人际障碍、组织障碍和文化障碍。

（一）人际障碍

人际障碍可能来源于信息发送者，也可能来源于信息接收者，通常是由个体认知、能力、性格等方面的差异所造成的。人际障碍主要表现为以下几种：

1. 表达能力

部分沟通者表达能力不足，如用词不准确、发音模糊、逻辑不连贯、观点自相矛盾或表述含糊，这些都会增加信息接收者理解真实意图的难度。

2. 知识和经验差异

当信息发送者将自己的观点编译成信息码时，他只是在自己的知识和经验范围内进行编码。同样，信息接收者也只是在他们自己的知识和经验基础上译解对方传送的信息含义。双方共有的知识和经验越多，沟通越顺利；共有的知识和经验越少，在信息发送者看来很简单的问题，信息接收者可能也无法理解，从而导致沟通失败。

3. 个性和关系

一个诚实的、正直的、人际关系好的人，发出的信息容易使人相信；反之，一个虚伪的、狡诈的、人际关系差的人，发出的信息即便属实，也不一定使人轻易相信。

4. 情绪

在接收信息时，信息接收者的感觉会影响他对信息的解释。不同的情绪状态会使个体对同一信息的解释截然不同。极端情绪很可能阻碍有效沟通，因为在极端情绪状态下，人们经常忽视理性和客观的思维活动而以情绪判断代替它。

5. 选择性知觉

在沟通过程中，信息接收者会根据自己的需要、动机、经验、背景及其他个性特征有选择地去看或去听信息。解码的时候，还会把自己的兴趣和期望带到所接收的信息中。符合自己观点和需要的，就容易听进去；反之则不大容易听进去。

6. 信息过滤

信息过滤是指信息发送者为了投信息接收者所好，故意操纵信息传递，造成信息歪曲。例如，员工常因害怕传达坏消息或想取悦上级而向上级"报喜不报忧"，这就是在过滤信息。过滤的主要决定因素是组织结构中的层级数目，组织纵向层级越多，过滤的机会也就越多。

7. 信息过载

信息不足会影响沟通的效果，但是信息过量同样也会阻碍有效沟通。现在的人们常常抱怨信息过载，电子邮件、电话、会议、专业阅读资料等带来的大量信息使人应接不暇。当加工和消化大量的信息变得不可能时，人们就会忽视、不注意或者忘记信息，这经常会导致信息流失，降低沟通的效率。

（二）组织障碍

组织障碍的根源存在于组织的等级结构之中。组织障碍主要表现为以下几种：

1. 组织结构不合理

组织层级过多，信息在层层传递的过程中不仅容易失真，而且会浪费大量时间，影响沟通的效果与效率。另外，如果组织结构臃肿、各部门之间分工不明、机构重叠或条块分割，就会给沟通双方造成一定的心理压力，引起传递信息的歪曲，从而降低信息沟通的有效性。

2. 组织氛围不和谐

组织氛围也会对信息接收的程度产生影响。信息发自一个成员相互高度信赖和开诚布公的组织，它被接收的可能性要比来自那些气氛不正、成员相互猜忌和提防的组织大得多。另外，命令和请示是否拘泥形式的氛围也会影响沟通有效性。如果组织任何工作都必须由正式命令来完成，那么不是正式传达的信息则较难被接收。

（三）文化障碍

人类的沟通要在一定的文化背景下发生，而文化也不能离开沟通而存在，沟通与文化密切相关，文化会促进或阻碍沟通。信息发送者和信息接收者之间的文化相似性有助于成功的沟通，文化的差异会造成人际沟通的障碍。不同文化的差异通过自我意识、语言、穿着、饮食、时间意识、价值观、信仰、思维方式等方面表现出来。

例如，一般来说，西方社会比较注重个人发展及成就，权力距离较小，因此他们的沟通方式比较直接；东方社会比较重视团队和谐，权力距离较大，在工作时，人们不希望过分突出自己，更不愿意和同事或上级发生任何明显的冲突。

三、克服沟通障碍

为了克服沟通障碍，管理者必须掌握或培养一定的沟通技巧。有些沟通技巧对于管理者发送信息特别重要，另一些则对管理者接收信息至关重要。这些技巧能帮助管理者获得决策和行动所需的信息，与其他成员达成共识。

（一）学会倾听

"自然赋予人类一张嘴、两只耳朵，就是要我们多听少说。"一般来说，在沟通过程中最常用到的能力是洗耳恭听的能力和能说会道的能力。洗耳恭听，就是在听的时候要做到用耳朵去听、用头脑去思考、用心灵去感受，它强调的是倾听的能力。能说会道，就是在沟通中要善于言辞、以理服人，它强调的是语言表达能力。相对于语言表达能力而言，倾听的能力更为关键。

斯蒂芬·罗宾斯等人认为，积极倾听要求集中全部注意力，以便听明白全部意思，且不急于做事前判断或解释，并进一步指出积极倾听要做到以下步骤：

（1）目光接触。与说话人进行目光接触能使你集中注意力，减少走神的可能性，而且可以鼓励讲话者。

（2）展现赞许性的点头和恰当的面部表情。有效的倾听者会通过非言语信号对所听到的信息表现出兴趣。

（3）避免分心的举动或表示厌倦的动作。倾听时，不要看表，不要随手翻阅文件或玩手机等，这些动作让说话人觉得你感到厌烦或不感兴趣。

（4）提问。通过提问澄清认识、保证理解并使讲话者确信你在倾听。

（5）用自己的语言复述。复述是一种测试你是否认真倾听以及你所理解的内容是否正确的有效工具。

（6）避免打断讲话者。先让讲话者讲完自己的想法，你再做出反应。

（7）不要说得太多。不仅要乐于表达自己，更要乐于聆听他人说话。

（8）顺利转换倾听者与讲话者的角色。有效的倾听者能够顺利地从讲话者转为倾听者，再由倾听者转为讲话者。

（二）重视反馈

反馈，是指信息接收者给信息发送者一个信息，告知信息已收到，以及理解信息的程度。反馈是沟通过程中的最后一个环节，往往是决定沟通目标可否实现的关键。很多沟通问题可以直接归因于误解或信息不准确。正确使用信息反馈系统，能够极大地减少沟通中出现的障碍。

反馈既可以是言语的，也可以是非言语的。例如，信息发送者可以让信息接收者用自己的话复述信息，如果听到的复述正如信息发送者的本意，则有利于确保沟通的准确性。销售主管要求所有下属填好上月的销售报告，当有人未能上交报告时，管理者就得到了反馈。

(三) 克服认知差异

认知差异可能成为沟通障碍，因此为了克服认知和语言上的差异，信息发送者应该使信息清晰明了，尽可能使具有不同观点和经验的信息接收者都能够理解。只要有可能，就应该尽力了解沟通对象的背景，尽可能设身处地地从别人的角度用信息接收者容易理解的方式选择用词和组织信息，这样有助于提高沟通的有效性。

(四) 抑制情绪化反应

情绪化反应，如愤怒、失望、戒备、爱、恐惧、嫉妒等，会使信息的传递严重受阻或失真。处理情绪因素最简单的方法就是暂停沟通直到完全恢复平静。管理者应该尽力预期员工的情绪化反应，并做好准备加以处理。管理者也需要关注自己情绪的变化，以及这种变化如何影响他人。

典型例题

1. (单选)在沟通中，信息接收者根据自身需要有选择地去看或去听信息属于(　　)。

A. 信息过载　　　B. 知识差异　　　C. 选择性知觉　　　D. 信息过滤

【答案】 C

【解析】 信息过载、知识差异、选择性知觉和信息过滤都是有效沟通的障碍。但其侧重点不同，选择性知觉强调信息接收者会根据自身需要、动机、经验、背景及其他个性特征有选择地去看或去听信息。

2. (单选)如果一个信息在高层管理者那里的正确性是100%，经过五级传递，到了信息接收者手里可能只剩下20%的正确性。这种信息沟通中的障碍来源于(　　)。

A. 信息过载　　　B. 组织文化　　　C. 社会环境　　　D 组织结构

【答案】 D

【解析】 题干中信息经过了五级传递后导致了信息失真，这是组织结构层级多的表现。

【本章练习】

一、名词解释题

1. 马斯洛需要层次理论
2. 保健因素
3. 相对报酬
4. 正强化
5. 沟通

二、单项选择题

1. 销售员林美连续 3 年在岗位上表现突出,超额完成销售任务,团结同事,经常提出建设性的销售意见,被公司经理提拔为销售部副经理。这体现了公司经理的( )。
   A. 专家权力　　　B. 奖赏权力　　　C. 参照权力　　　D. 强制权力

2. 产生于领导者个人的专业知识或技能的权力是( )。
   A. 奖赏权力　　　B. 强制权力　　　C. 参照权力　　　D. 专家权力

3. 当一个学生模仿某个老师穿着言语等行为时,该老师对这个学生的影响力属于( )。
   A. 奖赏权力　　　B. 强制权力　　　C. 参照权力　　　D. 专家权力

4. 2024 年 12 月 31 日,在某服装厂年终总结表彰大会上,小王由于 2023 年度的突出业绩而受到厂长现场奖励奖金 5 万元。这体现了厂长的( )。
   A. 法定权力　　　B. 职位权力　　　C. 强制权力　　　D. 非职位权力

5. 在领导三要素中,既是领导行为的主体也是权威和影响力产生的主要来源是( )。
   A. 情境　　　　　B. 领导者　　　　C. 被领导者　　　D. 领导权力

6. 员工在对上级汇报时,采取"报喜不报忧"的行为属于( )。
   A. 信息过载　　　B. 信息过滤　　　C. 知识差异　　　D. 选择性知觉

7. 在俄亥俄州立大学的研究中,被认为最有效率的模式是( )。
   A. 高定规–高关怀　　　　　　　　B. 高定规–低关怀
   C. 低定规–低关怀　　　　　　　　D. 低定规–高关怀

8. 情境领导模型认为,有效领导和无效领导的差异并不是领导者的行为本身,而是领导者行为和实施情境的匹配。试判断,当下属成熟度较低,即下属愿意从事分配的工作任务,但不具备完成工作的能力时,管理者应该采取下列哪种领导行为?( )
   A. 高任务–低关系　　　　　　　　B. 高任务–高关系

C. 低任务-高关系　　　　　　　　　D. 低任务-低关系

9. 以下不属于费德勒权变模型情境分析变量的是（　　）。
   A. 领导者-成员关系　　　　　　　B. 任务结构
   C. 职位权力　　　　　　　　　　D. 社会环境

10. ①曹雪芹虽食不果腹，仍然坚持《红楼梦》的创作；②一个音乐家最大的痛苦就是不能再演奏；③李华工作了一天后，想美美睡一觉；④在某个群体中想得到大家的接受。根据马斯洛需要层次理论，以上四项分别属于（　　）。
    A. 生理需要、安全需要、自我实现需要、尊重的需要
    B. 自我实现需要、自我实现需要、生理需要、尊重需要
    C. 自我实现需要、尊重需要、自我实现需要、生理需要
    D. 自我实现需要、社交需要、生理需要、尊重需要

11. 荆某被任命为总设计师，公司为他提供了良好的工作环境。依据双因素理论，能够激励他的措施是（　　）。
    A. 提高福利　　　　　　　　　　B. 提高工资
    C. 为他配备一个学历高的助手　　D. 让他主导设计并完善工作流程

12. 双因素理论的提出者是（　　）。
    A. 赫茨伯格　　B. 亚当斯　　C. 马斯洛　　D. 弗鲁姆

13. 根据马斯洛需要层次理论，友谊、爱情、隶属关系等需要属于（　　）。
    A. 自我实现需要　　　　　　　　B. 尊重需要
    C. 社交需要　　　　　　　　　　D. 安全需要

14. 保健因素是那些与员工不满情绪有关的因素，下面不属于保健因素的是（　　）。
    A. 工作条件　　B. 工作成就感　　C. 人际关系　　D. 公司政策

15. 美国心理学家约翰·亚当斯的公平理论属于（　　）。
    A. 行为基础理论　　　　　　　　B. 内容激励理论
    C. 过程激励理论　　　　　　　　D. 行为强化理论

16. 期望理论认为，激励力、效价、期望值三者的关系是（　　）。
    A. 激励力(M)=效价(V)+期望值(E)　　B. 激励力(M)=效价(V)-期望值(E)
    C. 激励力(M)=效价(V)×期望值(E)　　D. 激励力(M)=效价(V)/期望值(E)

17. 在会议进行中，管理者不希望下属不停地提出各种问题干扰会议的进程，于是，在有人举手要发言时便无视他们的举动，只顾自己把话讲完。这种影响下属行为的方式是（　　）。
    A. 正强化　　　B. 负强化　　　C. 惩罚　　　D. 自然消退

18. Y公司规定：业务部门如果年销售额达到600万元，给予20万元的奖励；超额完成部分另外奖励超额部分的10%。根据行为强化理论，这种强化类型是（　　）。

A. 正强化　　　　B. 负强化　　　　C. 惩罚　　　　D. 自然消退

19. 以下不属于依据强化的目的划分的是（　　）。

A. 正强化　　　　B. 负强化　　　　C. 惩罚　　　　D. 表扬

20. 沟通过程会受到"噪声"的干扰，下列关于"噪声"的理解正确的是（　　）。

A. 只存在于编码过程　　　　　　　　B. 只存在于解码过程

C. 只存在于信息传递过程　　　　　　D. 存在于沟通全过程

21. 在日常课堂教育中，经常有学生不认真听课，老师以手势警告，用的是哪种沟通方式（　　）。

A. 言语沟通　　　B. 书面沟通　　　C. 非言语沟通　　　D. 正式沟通

22. 日常沟通中使用最广泛的非言语沟通形式是（　　）。

A. 身体语言和语调　　　　　　　　B. 演讲和讨论

C. 电话联系　　　　　　　　　　　D. 微信沟通

23. 有利于长期保存，具有一定严肃性与规范性的沟通类型是（　　）。

A. 口头沟通　　　B. 书面沟通　　　C. 语言沟通　　　D. 非言语沟通

24. "自然赋予人类一张嘴、两只耳朵，就是要我们多听少说。"这体现了克服沟通障碍的哪一种方法？（　　）

A. 重视反馈　　　　　　　　　　　B. 学会倾听

C. 克服认知差异　　　　　　　　　D. 抑制情绪化反应

25. 影响沟通过程的人际障碍不包括（　　）。

A. 表达能力　　　　　　　　　　　B. 知识和经验差异

C. 情绪　　　　　　　　　　　　　D. 组织结构不合理

26. 由于电子邮件、电话、会议、专业阅读资料等带来的大量信息使人应接不暇，从而导致沟通不畅。这种属于沟通人际障碍中的（　　）。

A. 表达能力　　　　　　　　　　　B. 知识和经验差异

C. 信息过载　　　　　　　　　　　D. 选择性知觉

27. 用词不当、口齿不清、逻辑混乱属于沟通人际障碍中的（　　）。

A. 表达能力　　　　　　　　　　　B. 知识和经验差异

C. 个性和关系　　　　　　　　　　D. 选择性知觉

28. 产生于领导者个人的专业知识或技能的权力是（　　）。

A. 奖赏权力　　　B. 强制权力　　　C. 参照权力　　　D. 专家权力

29. 根据情境领导模型，对于愿意从事分配的工作任务，但不具备完成工作的能力的下属，领导者应该采取哪种领导方式（　　）。

A. 告知型　　　　B. 推销型　　　　C. 参与型　　　　D. 授权型

30. 管理方格图中，(9，9)型对应的是(　　)领导方式。
A. 任务型　　　　　　　　　　B. 团队型
C. 乡村俱乐部型　　　　　　　D. 中间型

三、判断题

1. 领导是为了维持秩序，在一定程度上实现预期的计划，使事物能够高效地运转，而管理则能带来变革，通常是剧烈的、积极的变革。（　　）
2. 领导者的权力来源于职位权力、参照权力和专家权力。（　　）
3. 奖赏权力是领导者影响团队成员行为的唯一手段。（　　）
4. 权变理论认为，没有一种普遍适用的领导方式，因此，一些成功企业的领导方式不具有任何参考价值。（　　）
5. 勒温等人的研究结果显示，民主型领导方式一般要比独裁型领导方式来得更有效。（　　）
6. 在管理学中，刺激变量的作用是通过改变外部条件来间接影响员工的行为。（　　）
7. 性别作为机体变量之一，对所有职业领域的工作表现都有显著影响。（　　）
8. 个性特征不属于机体变量。（　　）
9. 马斯洛需要层次理论认为，生理需求一旦满足，就不会再成为激励因素。（　　）
10. 马斯洛需要层次理论认为，社交需求包括友谊、爱情和归属感。（　　）
11. 赫茨伯格的双因素理论认为，保健因素能够直接提高员工的工作满意度。（　　）
12. 期望理论认为激励的过程要处理好三方面的关系：努力与绩效的关系、绩效与奖励的关系、奖励与个人目标的关系。（　　）
13. 为了使强化达到预期的效果，必须注意实施不同的强化方式。连续的、固定的正强化更有利于组织目标的实现。（　　）
14. 正强化的刺激物只能采用奖金等物质激励。（　　）
15. 实际上，不进行正强化也是一种负强化。（　　）
16. 某公司规定，员工迟到一次扣100元，每月迟到3次以上，扣除当月基本工资的50%。自此规定之后，公司的迟到率直线下降。这体现了一种负强化。（　　）
17. 沟通中的噪声只存在于沟通过程的后半段，不影响信息发送者。（　　）
18. 言语沟通是指使用正式语言符号的沟通，一般分为口头沟通和符号沟通两种。（　　）
19. 信息接收者的感觉会影响他对信息的解释属于影响有限沟通的人际障碍因素。（　　）
20. 文化差异总是导致沟通障碍。（　　）

四、简答题

1. 简述领导权力的来源。
2. 简述期望理论的主要内容。

3. 简述如何克服沟通障碍。

五、案例分析题

案例一：

某公司经营出现困难，员工收入下降，积极性不高，人才流失较为严重。为解决这一问题，公司马经理决定从公司内部管理着手进行改革。他首先从职工反映问题较大的食堂抓起，和食堂管理人员研究如何提高饭菜质量，并让公司工会建立职工家庭经济情况、健康状况等小档案，定期调阅，实实在在地为职工解决实际困难。与此同时，马经理还进行了人事管理制度的改革，如员工可以自由应聘公司空缺的岗位，每隔2年员工可以调换一次岗位，为员工提供更多施展才能的机会等等。这些措施实行后，马经理赢得了职工的信任，职工的积极性和主动性被逐步调动起来。

1. 结合案例，马经理主要运用的激励方法是（　　）。
   A. 工作激励　　B. 榜样激励　　C. 培训激励　　D. 职位激励
2. 根据需要层次理论，马经理"提高饭菜质量"的措施很好地满足了员工的（　　）。
   A. 尊重需要　　B. 社交需要　　C. 自我实现需要　　D. 生理需要
3. 根据双因素理论，将对员工的行为起到激励作用因素是（　　）。
   A. 与上级有良好的关系　　　　　　B. 办公环境
   C. 劳动保护　　　　　　　　　　　D. 工作的成就感

案例二：

长期在机关担任中层干部的张新上周被任命为一科技创新公司的总经理。今天上班，张新一到公司就遇见刚退休的前任总经理陈则。他急忙上前打招呼，陈则却沮丧地摇着头说："走的时候落下了一些个人用品，今天过来拿，结果却找不到。问了科室几个中层干部，竟没人搭理我，想当初，这些人可都是我一手培养起来的啊，这世道可真是人走茶凉！"张新安慰了陈则几句，目送陈则走后，回到了办公室。

这时，销售部的一名销售员王皓找上门来。王皓一进门就气呼呼地递上了一份辞呈，抱怨说销售部的奖金分配方案搞平均主义，极不合理。自己拼死拼活搞业绩，上个月的个人销售业绩就占到了公司整个销售业绩的四分之一，结果奖金数额竟然跟同科室另外10个业绩平平的同事一样。感觉自己的努力没有得到应有的肯定，想要另谋出路。张新对王皓进行了一番安抚，并承诺他公司下个月开始将实行目标管理，"大锅饭"现象很快就会消失。经过一番劝导，王皓撤回了辞呈。

4. 退休后的陈则抱怨人走茶凉，这反映出他过去曾经拥有的职权是一种（　　）。
   A. 参照权力　　B. 专家权力　　C. 感召权力　　D. 法定权力
5. 依据赫茨伯格的双因素理论，奖金对于王皓来说是（　　）。
   A. 保健因素　　B. 激励因素　　C. 消极因素　　D. 积极因素

6. 王皓上个月的个人销售业绩就占到了公司整个销售业绩的四分之一，拿到的奖金却跟同科室同事一样多，感觉自己的努力没有得到应有的肯定，想要另谋出路。能较为恰当地解释这种现象的理论是什么？试用该理论进行具体分析。

第五章

控 制

控制确保我们的行动与计划保持一致，及时纠正偏差，使一切都在我们的掌握之中。正如你驾驶着一艘满载希望的航船，穿越波涛汹涌的海面，控制将确保这趟旅程既安全又高效。控制的原则就像航海中的交通规则，指导我们如何更安全、更有效地行驶。首先，目标导向原则让我们始终牢记最终的目的地，确保所有行动都围绕着这个目标展开。其次，灵活性原则让我们能够应对海上的突发状况，调整策略，灵活应对。最后，反馈原则则像是船上的雷达，实时收集信息，让我们了解当前的航行状态，及时做出调整。

在控制的过程中，我们会遇到三种不同类型的控制。前馈控制就像是航海前的准备工作，我们在出发前检查船只的各项设备，确保万无一失。现场控制则是在航行过程中，船长需要时刻关注海面的变化，及时调整航向和速度。反馈控制则是航行结束后，我们回顾整个旅程，总结经验教训，为下一次航行做好准备。

控制的过程就像是一次从发现偏差到修正偏差的探险之旅。首先，我们需要确定控制标准，就像船长设定航线一样，明确我们的目标和期望。接着，衡量实际绩效，就像船长观察海面上的情况一样，收集实际执行过程中的数据和信息。然后，对比标准与实际，找出偏差所在，就像船长对比海图和实际位置一样，判断是否需要调整航向。最后，采取纠正措施，就像船长调整船帆和舵轮一样，对偏差进行修正，确保航行顺利。

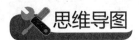

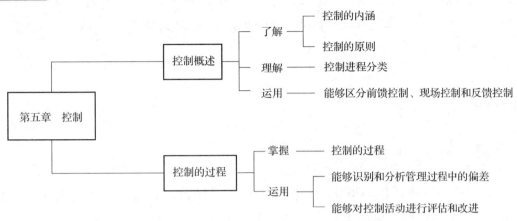

第一节 控制概述

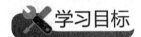

★ 知识目标
1. 了解控制的内涵及原则；
2. 理解控制进程的分类。

★ 能力目标
1. 能够区分前馈控制、现场控制和反馈控制；
2. 能够运用控制的内涵与原则，设计和实施有效的控制机制。

★ 素养目标
1. 培养对管理控制重要性的认识，形成严谨细致的职业素养；
2. 增强对控制过程中可能出现问题的敏感性，提高解决问题的主动性和创造性。

引导案例

魏文王问名医扁鹊说："你们家兄弟三人，都精于医术，到底哪一位最好呢？"扁鹊答："长兄最好，中兄次之，我最差。"

文王再问："那么为什么你最出名呢？"扁鹊答："长兄治病，在于病情尚未发作之时便将其消除，然而因常人不知他能事先铲除病因，故其名声未能传扬于外。中兄治病，则在病情初露端倪之际便着手治疗，世人往往误以为他仅能治愈轻微小恙，故其名声仅止于乡里之间。而我是治病于病情严重之时，一般人都看到我在经脉上穿针放血、在皮肤上敷药等大手术，所以以为我的医术高明，名气因此响遍全国。"

人们往往等出现问题了，才引发重视，甚至是出现重大问题时才想办法弥补，最终导致回天乏术，殊不知事后控制不如事中控制，事中控制不如事前控制。

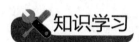 知识学习

一、控制的定义

"控制"一词来源于希腊语"掌舵术"，意指领航者通过发号施令将偏离航线的船只拉回到正常的航道上来。航行于浩瀚大海中的小船一旦失控，便只能无奈地偏离既定的航线，最终消失在茫茫波涛之间。

我们可以这样定义管理学中的控制：控制（Controlling）是对组织内部的管理活动及其效果进行衡量和校正，以确保组织的目标以及为此而拟定的计划得以实现的过程。例如，为了保持一定的利润水平，某组织必须确保其单位制造成本不超过10元。为此，组织需要建立一个有效的成本控制系统，以实时监控和提供成本信息。例如，美的集团通过信息化技术手段，实现了供应链的零库存管理，显著降低了物流仓储成本。正泰在面对电力供应紧张时，通过成本控制策略，如提高劳动生产率和严格质量管理，成功地保持了其产品的竞争力。这些案例表明，通过有效的成本控制措施，组织可以应对成本上升的挑战，确保成本维持在标准之内。这里所要求的利润水平是组织的目标，而对制造成本的管理则是控制手段。

二、控制的内涵

我们可以从以下几个方面理解控制的内涵：

(1)控制具有目的性。管理中的控制工作表现形式多种多样，但都是为了保证组织中的各项活动按计划和标准进行，以有效达成组织的特定目标。

(2)控制具有整体性。控制的整体性表现在三个方面：其一，管理控制工作要以系统理论为指导，将整个组织的活动作为一个整体来看待，使各方面的控制工作能协调进行，以取得整体的优化效益。其二，管理控制工作应覆盖组织活动的各个方面，组织中的各层次、各部门、各单位，以及生产经营的各个阶段，都要实施管理控制。其三，管理控制工作应成为组织全体成员的职责，而非仅仅是管理人员的职责。

(3)控制是通过监督和纠偏来实现的。通过组织中的控制系统，可以对组织活动及其效果进行监控，以预警或发现组织偏差的出现，分析偏差产生的原因，并采取相应的行动进行纠偏，从而保证组织目标的实现。

(4)控制是一个过程。管理控制工作不是一次行为，而是一个过程。它通过检查、监督并

确定组织活动的进展情况，对实际工作与计划之间所出现的偏差加以纠正，从而确保组织目标及计划得以顺利实现。

（5）控制具有人本性。控制不仅是监督，更重要的是指导和帮助。管理者虽能制订偏差纠正计划，但实施仍需员工配合。唯有员工深刻认识到纠正偏差的重要性，并具备相应能力，偏差方能得以真正纠正。管理者通过控制工作，剖析偏差根源，端正员工态度，并指引其采取有效纠正措施。这样，既会达到控制目的，又会提高员工的工作质量和自我控制能力。

三、控制的原则

◇ **管理故事**

管控缺失下的E公司挑战

深圳E公司，一家环保材料生产商，从2010年的小工作室快速成长为2023年拥有6个子公司、800余名员工的行业领头羊，销售额也从初创时的微薄增长到2020年的6亿元，再到2023年的12亿元。然而，随着规模扩大，公司面临成本上升、应收账款积压、客户服务满意度下降等问题。2024年，产品质量问题被曝光，同时遭遇人才流失，包括新员工集体离职和两位高管被竞争对手挖走。

公司CEO李明深感焦虑，他开始思考：难道真如业界所言，初创企业历经艰辛成长为行业巨头后，就难以避免地走向衰落吗？

请问：从企业管理与控制的角度来看，E公司面临的主要问题是什么？李明应采取哪些措施来有效应对当前的不利局面，推动公司重回发展快车道？

组织重视控制工作，是因为任何组织如果缺少有效控制就会产生错乱，甚至偏离正确的轨道。要想构造一个适宜有效的控制系统，进行有效的控制工作应遵循以下原则：

（一）有效标准原则

制定的控制标准必须与组织的理念与目标相一致，对员工的工作行为具有指引和导向作用，并便于对各项工作及其成果进行检查和评价。有效的控制标准应该满足简明性、适用性、一致性、可行性、可操作性、相对稳定性和前瞻性的要求。

（二）控制关键点原则

一般而言，管理者在控制过程中所面临的内外环境是复杂多变的，影响组织绩效的因素也是多种多样的，"眉毛胡子一把抓"既不现实也不经济。这就需要管理者善于把握问题的关键，将注意力集中于计划执行中的一些主要影响因素。事实上，控制住了关键点，也就控制住了全局。在现实生活中，选择关键点不仅需要深厚的经验积累、敏锐的洞察力以及果断的决策能力，更可以借助一系列科学有效的方法来实现。例如，要想在有着众多作业的大型项目中控制整个工期的时间进度，就可以借助计划评审技术来确定关键路线和关键作业，而控制关键作业的进度就可以控制整个工期。人们常说的"牵牛要牵牛鼻子""打蛇要打七寸""擒贼先擒王"都在一定程度上反映了控制关键点的原则。

（三）控制趋势原则

由于管理控制中往往存在时间滞后的问题，所以面向未来的控制趋势就至关重要。对控制全局的管理者来说，重要的通常不是现状本身，而是现状所预示的趋势。然而，趋势常常隐藏在纷繁复杂的现象背后，难以被轻易察觉，因此，控制变化趋势的难度远远超过了单纯改变现状。当趋势可以明显地描绘成一条曲线，或是可以描述为某种数学模型时，控制起来就为时已晚了。控制趋势的关键在于从现状中揭示趋势，特别是在趋势显露苗头时就明察秋毫。例如，在中国新能源汽车市场上，某些国内新兴汽车品牌如比亚迪、问界等就是在国外传统汽车巨头们的视线范围内逐步扩大其市场份额的。当这些传统巨头意识到新能源领域竞争的严峻性时，这些新兴品牌已经稳固地占据了市场的有利位置，难以被轻易撼动。

（四）直接控制原则

直接控制是相对于间接控制而言的。间接控制是指根据计划和标准考核工作的实际结果，分析出现偏差的原因，并追究责任者的个人责任以使其改进未来工作的一种控制方法，多见于上级管理者对下级人员工作过程的控制。显然，间接控制的缺点是在出现了偏差、造成损失之后才采取措施，代价较大，因此，直接控制就变得尤为重要。直接控制着眼于培养更好的主管人员，使他们能熟练地应用管理的概念、技术和原理，能以系统的观点来进行和改善他们的管理工作。一般而言，管理者及其下属素质越高，对岗位职责越能胜任，越能提前发现偏差，及时采取预防措施，从而越减少间接控制的需求，降低偏差出现的可能性及间接控制成本。

（五）例外原则

管理者越是集中精力对例外情况进行控制，控制的效果就会越好。该原则认为，管理者不可能控制所有活动，而应把控制的主要精力集中于一些重要的例外偏差上，以取得更高的控制效能和效率。值得注意的是，仅仅关注例外情况并不足够，我们还需对这些情况加以区分处理。特别是某些例外情况，诸如利润下滑、产品废品率攀升以及顾客投诉增多等，必须给予高度重视。例外原则必须与控制关键点原则相结合，集中精力于关键点的例外情况控制。

◇ 知识拓展

控制系统

控制系统包括控制主体、客体、目标和手段工具体系。

(一) 控制主体

企业由股东、经营者、管理者和员工组成，分为高层、中层和低层控制主体。

(二) 控制客体

控制客体是评价对象范围，包括财产、交易和信息，以及控制系统和人。

(三) 控制目标

有效控制系统应确保组织目标实现、资源有效利用和信息质量。

(四) 控制的手段与工具体系

包括控制机构、工具和运作制度，如组织层次、专业部门、计算机网络和控制程序规则。

四、控制进程的分类

在组织活动的实际控制过程中，由于工作性质、工作场合、工作要求的不同，适用不同的分类标准，采用的控制类型也不同，如表5-1所示。

表5-1 控制的类型

分类标准	类型
根据控制进程分类	前馈控制
	现场控制
	反馈控制
根据控制职能分类	战略控制
	财务控制
	营销控制
根据控制内容分类	制度控制
	风险防范控制
	预算控制
	激励控制
	绩效考评控制

本节重点介绍前馈控制、现场控制和反馈控制三种类型,如图5-1所示。

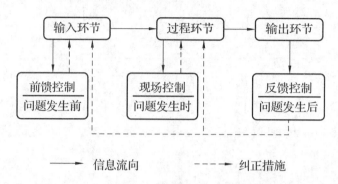

图 5-1　前馈、现场和反馈控制示意

(一) 前馈控制

前馈控制又称事前控制或预先控制,是指组织在工作活动正式开始前对工作中可能产生的偏差进行预测和估计并采取防范措施,将可能的偏差消除于产生之前。前馈控制是一种面向未来的控制,强调防患于未然。例如,组织通常制定一系列规章制度让员工遵守,通过这种事前对基本行为的规范来保证相应工作的顺利进行。再如,企业为了生产出高质量的产品而对进厂原材料进行检验,对员工进行上岗前培训等,这些都属于前馈控制。

◇ 管理故事

前馈控制高手:诸葛亮

许多文学作品中都有前馈控制的描写。《三国演义》中诸葛亮就是一位前馈控制的高手:刘备去江东招亲,危险重重。临行前诸葛亮交给保驾的赵子龙三个锦囊,嘱咐他在不同的时间打开,赵子龙依计行事,保得刘备娶得佳人,全胜而退,让周瑜"赔了夫人又折兵"。诸葛亮料定魏延在他死后会反叛,便在临终前授马岱以秘计,并留下一条锦囊给杨仪,让其在与魏延对阵时现场拆开,使他们如愿杀了魏延。

现实生活中,前馈控制的应用比比皆是:如司机在上坡前加速以确保平稳过渡;学生则在课前预习以更好地吸收知识;工厂管理首要关注的是原材料的质量控制;新产品上市前,广告宣传的造势不可或缺;设备的预先维保能预防故障发生;而每年按期进行的身体检查则是健康管理的关键一环。

(二) 现场控制

现场控制也称为同步控制或同期控制,是指在某项工作或活动正在进行过程中所实施的控制。现场控制是一种面对面的领导,目的是及时处理例外情况、矫正工作中发生的偏差。现场控制主要有监督和指导两项职能。监督是按照预定的标准检查正在进行的工作,以保证目标的实现；指导是管理者亲临现场，针对工作中出现的问题，根据自己的经验指导下属改进工作，或与下属共同商讨矫正偏差的措施，以使他们顺利地完成所规定的任务。

(三) 反馈控制

反馈控制又称为事后控制，是指在工作结束或行为发生之后进行的控制。反馈控制把注意力主要集中于工作或行为的结果上，通过对已形成的结果进行测量、比较和分析，发现偏差情况，据此采取相应措施，防止在今后的活动中再度发生。例如，企业发现不合格产品后追究当事人的责任且制定防范再次出现质量事故的新规章，发现产品销路不畅而相应做出减产、转产或加强促销的决定，以及学校对违纪学生进行处罚等，这些都属于反馈控制。

(四) 前馈控制、现场控制和反馈控制的特征及优缺点

前馈控制、现场控制和反馈控制的特征及优缺点如表5-2所示。

表5-2 前馈控制、现场控制和反馈控制的特征及优缺点

项目	前馈控制	现场控制	反馈控制
特征	在工作开始之前对工作中可能产生的偏差进行预测和估计，并采取防范措施，将工作中的偏差消除于产生之前	在工作正在进行的过程中进行的控制，主要有监督和指导两项职能	在工作结束之后进行的控制，注意力集中于工作结果上，对今后的活动进行纠正
优点	防患于未然；不针对个人，易于接受	容易发现问题并及时予以处理，从而避免更大差错的出现；指导功能，有助于提高工作人员的工作和自我控制能力	避免下周期发生类似的问题；消除偏差对后续活动的影响
缺点	要求及时和准确的信息；管理人员充分了解前馈控制因素与计划工作的影响关系；必须注意各种干扰因素	受管理者时间、精力、业务水平限制；应用范围较窄；容易形成对立	偏差、损失已经产生；有时滞问题

典型例题

1.（单选）下列不属于有效控制应遵循的原则的是（　　）。

A. 有效标准原则　　B. 控制趋势原则　　C. 效益原则　　D. 直接控制原则

【答案】 C

【解析】 效益原则是管理活动的基本原则，强调尽量用较少的资源消耗去实现组织的既定目标。

2.（单选）组织在工作活动正式开始前对工作中可能产生的偏差进行预测和估计并采取防范措施的属于（　　）。

A. 前馈控制　　B. 现场控制　　C. 同步控制　　D. 反馈控制

【答案】 A

【解析】 前馈控制是一种前瞻性的控制方式，注重在问题发生前进行预防。现场控制，又称同步或同期控制，则在工作或活动进行中实时调整。而反馈控制，即事后控制，则是在工作完成后或行为发生后进行的评估与调整。

第二节 控制的过程

学习目标

★知识目标
掌握控制的过程。

★能力目标
1. 能够识别和分析管理过程中的偏差，制定并执行纠正措施；
2. 能够运用控制理论，对组织中的控制活动进行评估和改进。

★素养目标
通过学习明确人在管理过程中的主体地位，提升学生的主动性和创造性。

引导案例

小新是一名职业院校的学生，暑假期间他制订了一个详细的学习计划，旨在两个月内完成三本专业书籍的阅读并撰写三篇读书笔记。在执行计划的过程中，小新遇到了偏差——由于旅游打乱了学习节奏，导致阅读和写作进度落后。他迅速识别并分析了这一偏差，发现原因在于时间管理不足和计划过于理想化。为了纠正偏差，小新制定了增加阅读时间、利用周末补写读书笔记，并调整计划预留缓冲时间的措施。通过严格执行这些纠正措施，小新逐渐赶上了原计划。此后，他对原计划进行了评估和改进，增加了灵活性和应对突发事件的机制。

知识学习

在管理控制中，虽然控制的对象各不相同，控制工作的要求也不一样，控制的类型和方法多种多样，但控制工作的过程却是基本一致的。一般而言，控制过程可以分为三个步骤：确定标准、衡量绩效以及分析与纠偏，如图5-2所示。

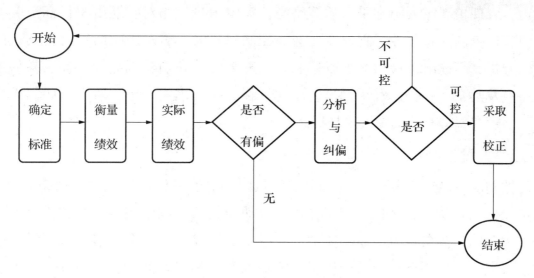

图 5-2 控制的基本过程

一、确定标准

要对组织的各项活动或工作进行有效控制，就必须明确相应的控制标准。缺乏标准，工作活动及其成效便无从检验，问题难以发现，纠偏措施也无从谈起。而标准不明晰或不客观，则会导致组织内部的纷争、员工满意度的下降或挫折感增强等问题。因此，确定控制标准是进行控制工作的起点。

标准（Standard），就是评定成效的尺度，是用来衡量组织中的各项工作或行为符合组织要求的程度的标尺。通过将实际工作情况与标准相比较，管理者无须亲历工作的全过程就可以了解工作的进展情况。管理工作中的控制标准实际上是一系列目标，它可以用来对实际工作进行相应的度量，是通过计划职能而产生的。但由于计划的详细程度和复杂程度不一，它所给出的内容不一定直接满足控制工作的要求，同时控制工作需要的不是计划中的全部指标和标准，而是其中的关键点，所以管理者应该以计划为基础，通过研究、归纳和整理，确定控制工作所需要的标准。

（一）选择控制对象

进行管理控制首先遇到的问题是"控制什么"，这是在决定控制标准之前需要妥善解决的问题。对组织工作和活动进行控制的目的是实现组织目标，取得相应成果，因此，组织活动的成果应该优先作为管理控制工作的重点对象。基于此，管理者需明确剖析组织活动的目标，并构建一套详尽的目标体系，明确各层级、各部门人员应达成的工作成果。按照该目标体系的要求，管理者就可以对有关成果的完成情况进行考核和控制。从理想的角度看，为了实现组织的预期活动成果，管理者应该对影响组织实现目标成果的全部因素进行控制。但这种全面控制往往是不现实的，也是缺乏经济性的。因此，考虑到组织资源的有限性和管理人员的精力与能力，管理控制实践中常采取的策略是：集中力量控制对实现组织目标至关重要的因素。为确保管理控制的有效性，管理者在选择控制对象时，需对影响组织目标实现的各种要素进行深入分析，筛选出关键因素加以控制。一般来说，影响实现组织目标成果的主要因素有：环境特点及其发展趋势、资源投入、活动过程。在管理实践中，对于哪些因素应该成为控制的重点，需要根据具体的情况来加以选择。

（二）选择关键控制点

主要的控制对象确定下来后，还必须选定具体控制的关键点，制定控制标准。如前所述，组织既无可能也无必要全盘掌控所有工作活动，而应精选影响组织成果的关键因素，作为控制的重中之重。例如，在啤酒酿造企业中，啤酒质量是控制的一个重点对象。尽管影响啤酒质量的因素很多，但只要抓住了水的质量、酿造温度和酿造时间，就能保证啤酒的质量。基于此，组织就要对这些关键控制点制定出明确的控制标准。俗话说，"牵牛要牵牛鼻子"，只要控制住了关键点，实际上也就控制了全局。对关键控制点的选择，一般应统筹考虑这样几个方面的因素：

（1）影响整个工作运行过程的重要操作与事项。
（2）能在重大损失出现之前显示出差异的事项。
（3）若干能反映组织主要绩效水平的时间与空间分布均衡的控制点。

正确的关键控制点选择是优质控制的基石，而管理者在这一选择上的决策能力，正是衡量其控制工作水平的关键指标。

（三）确定控制标准

组织在选择了关键控制点后，就可以依据关键控制点确定明确的控制标准。控制标准确定中最简单的情况是，可以把计划过程中形成的可考核目标直接作为控制标准。但如前所述，现实中更多的情况往往是需要通过一些科学的方法将某一计划目标分解为一系列具体可操作的控制标准。

1. 控制标准的确定方法

控制的对象不同，所使用的控制标准就不一样，确定标准的方法也会不一样。组织在确定控制标准时，应该根据所需衡量的绩效成果及其影响因素的领域和性质，结合所选用标准的特点和性质，科学选择合适的确定方法或其组合。通常而言，组织在确立标准时，会采用以下三种主要方法：

（1）统计计算法。即根据企业的历史资料或者对比同类企业的水平，运用统计学方法来确定企业经营各方面工作的标准。这种用统计计算法制定的标准便称为统计标准。这些数据既可以源自本企业过往的记录，也可借鉴其他企业的统计资料。

（2）经验估计法。即根据管理人员的知识经验和主观判断来确定标准。这种使用经验估计法建立的标准称为经验标准。现实中，并不是所有工作的质量和成果都能用统计数据来表示，也不是所有企业活动都保存着历史统计数据。对于新开展或缺乏统计资料的工作，企业可依赖有经验的管理人员或熟悉该工作的人员，依据他们的经验、判断及评估来制定标准。

(3)工程方法。即通过对工作情况进行客观的分析，并以准确的技术参数和实测的数据为基础而制定工作标准。使用工程方法建立的标准，称为工程标准。严格来讲，工程标准同样采用统计方法来确定控制标准，但其依据并非历史统计数据，而是基于客观分析与实际测量的数据。例如，机器的产出标准是其设计者计算出来的在正常情况下被使用时的最大产出量等。

2. 控制标准的类型

控制标准的类型很多，通常可分为定量标准和定性标准两大类。定量标准便于度量和比较，是控制标准的主要表现形式。它可以分为实物指标（如产品产量、废品数量等）、价值指标（如成本、利润、销售收入等）和劳动量指标（如工时定额、工期、交货期等）。定性标准主要是指有关服务质量、组织形象等方面的，一般难以定量化。但在使用时仍需要尽量将定性标准客观化，以便于度量和判断。例如，对于面向顾客的服务质量，可以用有无书面投诉或顾客满意度为标准进行要求和检查。在组织中，通常使用的控制标准有如下几种：

(1)时间标准，是指完成一定的工作所需花费的时间限度。

(2)生产率标准，是指在规定时间内完成的工作量。

(3)消耗标准，是指完成一定的工作所需的有关消耗。

(4)质量标准，指工作应达到的要求，或是产品或服务应达到的品质标准。

(5)品质标准，是指对员工规定的行为准则要求。

3. 控制标准的基本要求

制定的控制标准必须与组织的理念和目标相一致，对员工的工作行为具有指引和导向作用，并便于对各项工作及其成果进行检查和评价。具体而言，科学的控制标准应该满足如下基本要求：

(1)简明性。标准中的量值、单位及允许偏差范围需清晰界定，表述应力求简明扼要，通俗易懂，确保员工能够轻松理解与掌握。

(2)适用性。建立的标准要有利于组织目标的实现，要对每一项工作的衡量都明确规定具体的时间幅度和具体的衡量内容与要求，以便能准确地反映组织活动的状态。

(3)一致性。建立的标准应尽可能地体现协调一致、公平合理的原则。管理控制工作覆盖组织活动的各个方面，制定出来的各项控制标准应该彼此协调，不可相互冲突。同时，控制标准应在规定范围内保持公平性。

(4)可行性。控制标准的建立必须考虑到工作人员的实际情况，即标准不能过高也不能过低，要使绝大多数员工经过努力后可以达到。

(5)可操作性。标准需具备高度的可操作性，便于对实际工作绩效进行精准衡量、有效比较、公正考核及全面评价；同时，要确保控制机制能够顺利对各部门的工作进行衡量，一旦出现偏差，能迅速锁定并追究相关责任单位。

（6）相对稳定性。即所建立的标准需兼具稳定性与灵活性，既能确保一段时间内不变，又能适应环境变化，允许特殊情况下的例外处理。

（7）前瞻性。即建立的标准既要符合现时的需要，又要与未来的发展相结合。

二、衡量绩效

制定控制标准是为了衡量实际业绩，取得控制对象的相关信息，把实际工作情况和标准进行比较，据此对实际工作做出评估。如果没有精确的衡量，就不可能实现有效的控制。因此，在衡量实际工作成果时，管理者需明确衡量主体、衡量内容、衡量方法及衡量周期等要素，并做出合理安排。

（一）确定衡量的主体

衡量实际业绩的主体不一样，控制工作的类型也就形成差别，也会对控制效果和控制方式产生影响。例如，目标管理之所以被称为一种自我控制方法，就是因为工作的执行者同时成了工作成果的衡量者和控制者。相比之下，由上级主管或职能人员进行的衡量和控制则是一种强加的、非自主的控制。

（二）确定衡量的项目

"衡量什么"是衡量工作中最重要的方面。事实上，这个问题在衡量工作之前已经得到了解决。因为管理者在确定衡量标准时，计量对象、计算方法以及统计口径等内容也就相应地确定下来了。简言之，需要衡量的是实际工作中与已制定的标准相对应的要素。需要注意的是，由于不同的衡量项目还存在一个衡量的难易问题，所以要注意保证衡量内容的全面性和客观性，防止衡量中的畏难倾向。例如，愿意并侧重于衡量那些易衡量的项目，而忽视那些不易衡量、较不明显但实际相当重要的项目。

（三）确定衡量的方法

管理者可通过亲自观察、利用报表和报告、抽样调查等几种方法来获得实际工作绩效方面的资料和信息。组织中常存在一些无法直接衡量的工作，它们质量的好坏有时可通过某些现象做出推断。比如，从员工的合理化建议增多或许可推断企业的民主化管理有所加强，员工工作热情下降现象增多或许可推断出管理工作存有不当之处等。在衡量实际工作成绩过程中必须将多种方法结合使用，以确保所获取信息的质量。

（四）确定衡量的频度

衡量实绩的次数或频率，通俗地说就是间隔多长时间衡量一次实绩。是每时、每日、每周,还是每月、每季度或者每年?是定期衡量,还是不定期衡量?对不同的衡量项目,衡量的频度可能不一样。有效控制要求确定适宜的衡量频度。对控制对象或要素的衡量频度过高,不仅会增加控制的费用,而且会引起有关人员的不满,影响他们的工作态度,从而对组织目标的实现产生负面影响;衡量和检查的次数过少,则有可能造成许多重大的偏差不能被及时发现,不能及时采取纠正措施,从而影响组织目标和计划的完成。

三、分析与纠偏

对实际工作加以衡量后,下一步就应该将衡量结果与标准进行对比。实际绩效可能高于、低于或等于目标要求,只有将实际绩效与标准相比较,才能确定两者之间有无偏差。如果没有偏差,还要分析控制标准是否有足够的先进性。在认定标准水平合适的情况下,可以将其作为成功经验予以分析总结并用于指导今后的其他方面的工作。如果有偏差,则首先要分析偏差是否在允许的范围之内。如果偏差在允许的范围之内,则工作可以继续,但也要分析偏差产生的原因,以改善工作,避免偏差的扩大。如果偏差较大并超出了允许范围,就应深入分析偏差产生的原因,并采取矫正措施。偏差的范围如图 5-3 所示。

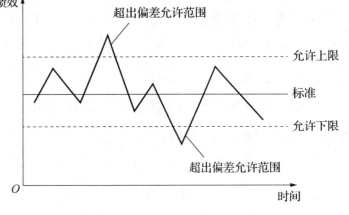

图 5-3 偏差的范围

(一)分析偏差

偏差就是工作的实际绩效与标准值之间的差异,实际绩效超过了设定标准的为正偏差,实际绩效低于设定标准的则为负偏差。现实中,工作活动中难免会出现偏差,但并非所有偏差都会对组织最终业绩产生影响。例如,一些由偶然、暂时或局部性因素引起的小偏差,通常不会显著影响组织的最终业绩。因此,组织应首先分析偏差性质,明确问题实质和重点。具体而言,需设定可接受的偏差范围,并对超出此范围的偏差给予特别关注和深入分析。此外,组织应深入分析偏差原因,避免片面处理,力求找出真正原因,为制定有效的纠偏措施提供依据。

一般而言,造成偏差的原因多种多样,较为复杂,但基本可以分为如下三类:

一是计划指标或工作标准制定得不科学,脱离实际,本身存在偏差;

二是组织外部环境中发生了没有预料到的变化,导致实际业绩偏离预期,出现偏差;

三是组织内部因素的变化,如工作方法不当、组织不力、领导无方等,导致业绩偏离预期。

(二)实施纠偏

从管理的角度而言,在发现组织活动出现偏差后,只有采取了必要的纠偏行动,控制才是有效的。因此,在深入分析并找出偏差产生的原因后,组织就应该有针对性地采取措施,对偏差进行处理和矫正。根据前述的导致偏差的原因,组织的纠偏措施可以从如下方面进行:

1. 修订标准

有时候,偏差较大可能是因为标准不甚合理。例如,原有的计划和标准是基于错误的假设和预测,不切实际。也可能是因为组织内外环境因素发生了较大变化,致使原有的计划和标准与现实状况间产生了较大差异。此时,就需要对原有的计划和标准加以适当调整,以使组织计划和预期标准符合实际。例如,当消费者的需求偏好发生转移时,企业原定的提高产品质量、降低生产成本等计划就与现实出现不符,此时就需要对原有计划进行修订(如研发新产品或调整产品结构),以适应消费者需求的变化。但需要注意的是,对计划和标准的调整并不是任意的,而是要有利于组织总目标的实现。只有当事实表明计划和标准确实不合理,或环境的变化使得原有计划和标准的基础不复存在时,对计划和标准的修改才是合适的。

2. 改善工作

如果经过分析发现,计划和标准没有问题,偏差的出现是因为工作本身造成的,管理者就应该采取措施来纠正行动,以改善工作绩效。纠偏行动可能涉及管理的各个方面,如管理策略、组织结构、领导方式、员工培训、人员调整等。例如,如果偏差是因为员工能力不足或积极性不高造成的,那么就需要对员工进行教育培训、岗位调整或改进管理者的领导方式、提高领导艺术来进行矫正。

显然,如果对偏差产生的原因判断不准确,纠偏措施就是无的放矢,不可能奏效。只有对问题做了彻底分析后,管理人员才能采取适当的纠偏行动。然而,管理者在采取纠偏行动之前,还要决定是采取应急纠偏措施还是彻底纠偏措施。

应急纠偏措施是迅速将出现问题的工作矫正回正确轨道的措施,而彻底纠偏措施能从根本上解决问题。组织中急性问题需立即采取应急纠偏措施。例如,若特殊规格部件延迟交货将影响其他部门,管理者应采取行动如加班、增设备、专人指导等,确保任务按时完成。

在组织中,解决急性问题往往只能维持现状,而慢性问题可能未被发现或解决,甚至可能引发新问题。因此,管理者应勇于打破现状,解决慢性问题,并采取彻底纠偏措施。首先,需深入分析偏差产生的原因,然后针对这些原因采取行动。然而,实际操作中可能受限于时间紧迫、资金短缺等因素。遗憾的是,许多管理者常以时间紧迫为由,或因害怕变革,仅满足于应急处理,而不采取彻底纠偏措施。有效管理证明,认真分析偏差并花时间永久纠正这些偏差是非常有益的。

典型例题

1. （单选）一个餐馆要求，在客人进店之后，服务员要在3分钟内接待；在15分钟内要把菜品上齐；顾客吃完之后，5分钟内把餐桌收拾干净。这体现的控制标准属于（　　）。

　　A. 生产率标准　　　B. 消耗标准　　　　C. 时间标准　　　　D. 质量标准

【答案】　C

【解析】　时间标准指完成一定的工作所需花费的时间限度。

2. （单选）"建立的标准既要符合现时的需要，又要与未来的发展相结合"，这句话体现了控制标准的（　　）。

　　A. 前瞻性　　　　　B. 简明性　　　　　C. 适用性　　　　　D. 一致性

【答案】　A

【解析】　题干表述体现了控制标准的前瞻性。

3. （单选）能够立即将出现问题的工作矫正到正确轨道上的措施是（　　）。

　　A. 应急纠偏措施　　　　　　　　　　　B. 彻底纠偏措施

　　C. 永久纠偏措施　　　　　　　　　　　D. 渐进纠偏措施

【答案】　A

【解析】　应急纠偏措施是指能够立即将出现问题的工作矫正到正确轨道上的措施。

本章练习

一、名词解释题

1. 控制
2. 事前控制
3. 反馈控制
4. 直接控制
5. 间接控制

二、单项选择题

1. "擒贼先擒王"体现了控制的（　　）。

　　A. 有效标准原则　　B. 控制趋势原则　　C. 直接控制原则　　D. 控制关键点原则

2. 控制工作得以开展的前提条件是（　　）。

　　A. 建立控制标准　　B. 分析偏差原因　　C. 采取矫正措施　　D. 明确问题性质

3. 一般而言，预算控制属于（　　）。

A. 反馈控制　　　B. 前馈控制　　　C. 现场控制　　　D. 实时控制

4. 下面的论述中哪一个是现场控制的优点？（　　）

A. 防患于未然

B. 有利于提高工作人员的工作能力和自我控制能力

C. 适用于一切领域中的所有工作

D. 不易造成管理者预备管理者的心理冲突

5. 对于建立控制标准，哪一种说法不恰当？（　　）

A. 标准应便于衡量　　　B. 标准应有利于组织目标的实现

C. 建立的标准不可以更改　　　D. 建立的标准应当尽可能与未来的发展相结合

6. 为了对企业生产经营进行控制，必须制定绩效标准作为衡量的依据，这个标准（　　）。

A. 应该有弹性，以适应情况的变化　　　B. 越高越好，从严要求

C. 一旦制定便不能改动　　　D. 应尽量具体，最好用数量来表示

7. "根据过去工作的情况，去调整未来活动的行为。"这句话是对下述哪种控制的描述？（　　）

A. 前馈控制　　　B. 反馈控制　　　C. 现场控制　　　D. 实时控制

8. 外科实习医生在第一次做手术时需要有经验丰富的医生在手术过程中对其进行指导，这是一种（　　）。

A. 预先控制　　　B. 事后控制　　　C. 随机控制　　　D. 现场控制

9. 在常用的控制标准中，"合格率"属于（　　）。

A. 时间标准　　　B. 数量标准　　　C. 质量标准　　　D. 成本标准

10. 下面关于控制工作的描述，哪一种更合适？（　　）

A. 控制工作主要是制定标准以便和实际完成情况进行比较

B. 控制工作主要是纠正偏差，保证实际组织的目标

C. 控制工作是按照标准衡量实际完成情况和纠正偏差以确保计划目标的实现，或适当修改计划，使计划更加适合于实际情况

D. 控制工作是收集信息、修改计划的过程

11. 不适合进行事后控制的产品是（　　）。

A. 相机　　　B. 胶卷　　　C. 水泥　　　D. 洗发精

12. 如果只能选择一种控制方式，你希望采用（　　）。

A. 预先控制　　　B. 现场控制　　　C. 事后控制　　　D. 反馈控制

13. 在现代管理活动中，管理控制的目标主要是（　　）。

A. 纠正偏差　　　B. 修订计划

C. 保持组织这一系统的稳定运行　　　D. 以上都对

14. 进行控制时，首先要建立标准。下列说法错误的是（　　）。
   A. 标准应该越高越好　　　　　　　B. 标准应考虑实施成本
   C. 标准应考虑实际问题　　　　　　D. 标准应考虑顾客需求

15. 学校普遍实施了"学评教"活动。这种控制活动属于（　　）。
   A. 前馈控制　　B. 现场控制　　C. 反馈控制　　D. 同步控制

16. 以下不属于控制标准的基本要求的是（　　）。
   A. 科学性　　B. 可行性　　C. 一致性　　D. 前瞻性

17. 进行控制工作的起点是（　　）。
   A. 确定标准　　B. 衡量绩效　　C. 分析偏差　　D. 纠正偏差

18. "牵牛要牵牛鼻子"体现了控制的（　　）原则。
   A. 直接控制　　B. 控制趋势　　C. 例外　　D. 控制关键点

19. 通过提高主管人员的素质，来进行的控制工作是（　　）。
   A. 现场控制　　B. 直接控制　　C. 间接控制　　D. 反馈控制

20. 农场根据电视上的预告做出农药生产、储备，这属于（　　）。
   A. 过程控制　　B. 现场控制　　C. 前馈控制　　D. 事后控制

21. 下列选项不属于前馈控制的是（　　）。
   A. 市场调查　　B. 现金预算　　C. 安全教育　　D. 产品质量检测

22. 进行控制时，首先要建立标准。关于建立标准，下列说法中不正确的是（　　）。
   A. 标准应该越高越好　　　　　　　B. 标准应考虑实施成本
   C. 标准应考虑实际可能　　　　　　D. 标准应考虑顾客要求

23. S公司每周必须生产一定数量的汽车轮胎，它必须保持不超过0.05%的不合格率，它必须在规定的3个月内完成预定的其他工作。对于控制来说，这是（　　）。
   A. 衡量实际绩效　　　　　　　　　B. 进行差异分析
   C. 采取纠偏措施　　　　　　　　　D. 明确控制标准

24. 某销售部的推销员张某，在2016年上半年一人实现了800万元的销售业绩，在同行业的推销人员看来这已经大大超额完成了工作任务，于是张某明确地向销售部经理提出额外发放奖金的要求，但是并未得到销售部经理的同意。假设这位销售部经理是一位称职的管理者，从控制过程的角度分析他不给推销人员发额外奖金的原因最有可能是（　　）。
   A. 他担心每个推销人员过分追求销售量，从而忽视服务质量
   B. 工作正处在扩张阶段，诸多方面需要资金，不能发额外奖金
   C. 公司没有预先制定奖励标准，缺少控制和考核的依据
   D. 公司其他推销人员也同样超额完成了销售任务

25. 进行控制时，首先要建立标准。关于建立标准，下列说法中不正确的是（　　）。

A. 标准应该越高越好　　　　　　　　B. 标准应考虑实施成本
C. 标准应考虑实际可能　　　　　　　D. 标准应考虑顾客要求

26. 控制被视为组织的一项积极性要素，其理由在于控制可以帮助组织避免(　　)。
A. 变化　　　　B. 加重错误　　　　C. 组织复杂化　　　　D. 有效运作

27. 发生在实际的变化过程中的是(　　)。
A. 前馈控制　　B. 后馈控制　　　　C. 同步控制　　　　　D. 预防控制

28. 前馈控制发生在实际变化过程(　　)。
A. 之前　　　　B. 之后　　　　　　C. 之中　　　　　　　D. 之前、之中和之后

29. 控制过程的最后一步是(　　)。
A. 制定标准　　　　　　　　　　　　B. 评价成绩并纠偏
C. 用标准衡量成绩　　　　　　　　　D. 质量控制

30. 在用标准衡量成绩时，对于纠正偏差完全没有帮助的是(　　)。
A. 调整评估标准　　　　　　　　　　B. 积极采用反馈机制
C. 维持当前状态　　　　　　　　　　D. 忽视评估过程中的偏差

三、判断题

1. 控制过程一般可以分为三个步骤：a. 衡量实际绩效；b. 将绩效与标准进行比较；c. 采取行动来纠正偏差。(　　)
2. 一般来说标准必须从计划中产生，计划必须先于控制。(　　)
3. 只要控制工作做得好，完全可以防止管理失误。(　　)
4. 反馈控制最大的缺点是，在管理者实施纠偏措施之前，偏差已经产生，损失已经造成，对工作没有任何意义，所以我们没有必要进行反馈控制。(　　)
5. 严格的控制，会使实际工作过程缺乏灵活性，极大地限制人的工作积极性。(　　)
6. 没有计划和控制系统，就无法实现组织中的沟通，组织中信息流就会中断。(　　)
7. 直接控制是指具体操作者自己在工作过程中的直接控制。(　　)
8. 控制工作仅是管理人员的职责而非全体组织成员的职责。(　　)
9. 前馈控制是一种面向未来的控制，强调防患于未然。(　　)
10. 组织有必要对所有工作活动进行控制。(　　)

四、简答题

1. 如何理解控制的含义？
2. 控制活动应遵循哪些原则？
3. 反馈控制的特征及优缺点分别是什么？

五、案例分析题

案例：阳光科技公司的控制之旅：从混乱到有序

阳光科技公司是一家专注于智能家居产品研发与销售的初创企业。随着市场需求的不断增长,公司规模迅速扩大,员工数量从最初的几十人增加到了近300人。为了确保公司能够持续、稳定地发展,公司CEO李总决定加强内部管理控制。他首先关注到的是产品研发流程的控制,因为产品研发是公司核心竞争力的关键所在。

李总发现,在产品研发过程中,经常出现项目延期、成本超支以及产品质量不达标等问题。为了改善这一状况,他引入了项目管理软件,要求所有研发项目都必须在该软件上进行规划、跟踪和报告。此外,他还设立了专门的质量控制部门,负责在产品研发的各个阶段进行质量检查和评估。

经过一段时间的实施,李总发现项目管理软件的应用显著提高了项目管理的透明度和效率,项目延期和成本超支的情况得到了有效改善。同时,质量控制部门的设立也确保了产品质量的稳步提升,客户投诉率明显下降。

然而,李总也注意到,新的控制措施虽然带来了积极的变化,但也增加了一些管理成本,如项目管理软件的购买和维护费用、质量控制部门的人力成本等。此外,部分员工对于新的控制措施表示出不满,认为这些措施过于烦琐,影响了工作效率。

根据以上案例,回答以下问题:

1. 阳光科技公司在产品研发过程中引入项目管理软件的行为属于哪种控制类型?(　　)

   A. 前馈控制　　　　　　　　　　B. 现场控制

   C. 反馈控制　　　　　　　　　　D. 战略控制

2. 质量控制部门在产品研发过程中对各个阶段进行质量检查和评估的行为,其主要目的是什么?(　　)

   A. 提高员工满意度　　　　　　　B. 降低管理成本

   C. 确保产品质量　　　　　　　　D. 增加产品销量

3. 李总在实施新的控制措施后,发现项目延期和成本超支的情况得到了改善,这主要得益于哪种控制手段?(　　)

   A. 质量控制部门的设立　　　　　B. 员工培训计划的实施

   C. 项目管理软件的应用　　　　　D. 激励制度的建立

4. 阳光科技公司在实施新的控制措施后,面临着管理成本增加问题,这反映了控制过程中需要权衡的哪个方面?(　　)

   A. 控制的有效性与效率　　　　　B. 控制的灵活性与稳定性

   C. 控制的成本与收益　　　　　　D. 控制的普遍性与特殊性

5. 部分员工对新的控制措施表示不满,认为影响了工作效率,这提示李总在控制过程中应注意什么?(　　)

   A. 加强员工培训,提高控制意识　　B. 简化控制流程,减少烦琐环节

C. 增加激励措施，提高员工积极性　　D. 强调控制重要性，忽视员工意见

6. 请结合案例，分析阳光科技公司在控制过程中遇到的挑战，并提出至少两条建议，以帮助公司更好地平衡控制的有效性与效率，同时提高员工的满意度。

第六章

创 新

将企业看作一艘船,维持就像是船上的舵手,确保船只平稳前行;而创新则是那股推动船只探索未知海域的风。在管理工作中,维持是基础,它保证了组织的稳定运行和既定目标的实现。而创新,则是在这个基础上,为组织注入新的活力,帮助它适应变化,甚至引领变革。

管理创新可从创新程度、变革方式、组织化程度三个维度区分。渐进式创新像是船只在海面上缓缓前行,每一步都稳健而有序,破坏性创新则像是船只突然进行了一次大胆的跳跃,从当前的海域跃入另一个全新的海域;自下而上的草根创新是船上的水手们,在航行过程中发现了新的海流或岛屿,告诉舵手并建议改变航线去探索这些未知的地方。有组织的创新则像是舵手根据航海图和天气预报,制订出详细的航行计划,并指挥全船人员按照计划行动。

思维导图

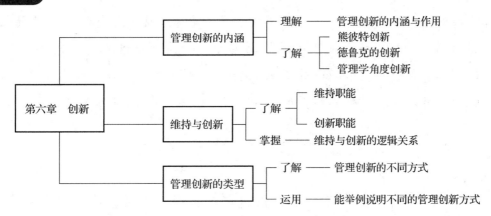

第一节　管理创新的内涵

★知识目标
理解管理创新的内涵。

★能力目标
1. 能够简单描述管理创新的丰富内涵；
2. 能够描述创新在管理职能中发挥的作用。

★素养目标
1. 树立创新意识，运用唯物辩证法从不同角度识别问题、分析问题；
2. 培养学生创新的思维方式，提升实际操作中的问题解决能力。

引导案例

在智能手机市场日新月异的今天，折叠手机以其独特的形态和创新的设计，成为消费者关注的焦点。2024 年 9 月 10 日，华为全球首款三折叠屏手机 MATE XT 非凡大师正式亮相，华为 MATE XT 非凡大师的最大亮点在于其独特的三折设计。

华为不仅仅在研发领域投入巨资，推动产品和技术的创新，更在企业文化、管理模式等方面进行全面创新。在企业文化方面，华为的狼性文化代表着敏锐的嗅觉(学习和创新)、不屈不挠的进攻精神(获益)以及群体奋斗的意识(团结)。狼性文化鼓励员工积极进取、勇于创新，并注重团队合作，共同应对市场挑战。在管理模式方面，华为建立了完善的创新激励机制，鼓励员工积极参与创新活动，并对创新成果给予丰厚的奖励。华为注重培养员工的创新意识和创新能力，通过内部培训和外部合作，不断提升员工的创新素养。此外，华为建立了开放的创新平台，与高校、科研机构等外部合作伙伴共同开展创新研究，实现资源共享和优势互补。

知识学习

创新对一个国家、一个民族来说，是发展进步的灵魂和不竭动力，对于一个企业来讲就是寻找生机和出路的必要条件。创新的根本意义就是勇于突破组织的自身局限，革除不合时宜的旧体制、旧办法，在现有的条件下，创造更多适应市场需要的新体制、新举措，走在时代潮流的前面，赢得激烈的市场竞争。

一、创新的概念

创新从广义上来讲是指产生新的思想和行为的活动。

(一) 熊彼特的观点

熊彼特1912年在《经济发展理论》中提出,创新就是建立一种新的生产组合过程,即把一种从未有过的关于生产要素和生产条件的"新组合"引入生产体系(新的生产函数),其目的是为了获取潜在的利润,它包括以下五种创新形式,如表6-1所示。

表6-1 熊彼特创新形式

形式	内容	示例
产品创新	引入一种新产品或某产品的一种新的特性	开发新产品
工艺创新或生产技术创新	引入一种新的生产方式,这里的生产方式并不是技术层面的,而是商业层面的	电子商务商业模式相比于传统经济而言是颠覆性的
市场创新	开辟新市场,即新市场组织以前不曾进入过	国内市场拓展业务至国外市场
开发新的资源	获得原材料或半成品的一种新的供应来源	新材料、生物科技
组织管理创新	建立任何一种新的组织形式	企业管理创新

(二) 德鲁克的观点

德鲁克认为,管理者必须把社会的需要转变为企业的盈利机会,任何改变现存物质财富、创造潜力的方式都可以称为创新;创新是新思想的运行,是付诸行动的一切新的想法。近年来,随着环保意识的不断提升,社会对可持续产品的需求也随之大幅增长。某知名汽车制造商敏锐地捕捉到了这一社会需求,决定将研发重点转向电动汽车领域。他们不仅投入巨资研发电池技术,还重新规划了生产线,力求使电动汽车的生产效率和成本控制达到甚至超越传统燃油车的水平。最终,该品牌成功推出了多款性能卓越、价格亲民的电动汽车,不仅满足了消费者对环保出行的需求,还为企业带来了可观的盈利。

(三) 管理学角度的创新

从管理学的一般角度来看,我们认为,管理创新是相对于维持活动的另一类管理活动,它基于对人类创新活动规律的深入探究,旨在改变管理活动的过程,从而催生出新的管理思想和行为。作为管理工作的一种状态,管理创新就是改变管理理念和创新职能管理手段,其目的不仅在于提升组织创新能力,而且在于提高组织管理效率,创造社会财富,实现组织新的目标。

◇ **管理故事**

阿里的"小二文化"

阿里巴巴集团在面对电子商务行业的激烈竞争时，进行了深刻的管理创新。他们首先改变了传统的管理理念，从以产品为中心转变为以客户为中心，强调用户体验和满意度。为了落实这一理念，阿里巴巴在内部管理上引入了"小二文化"，即每位员工都把自己视为服务客户的小二，无论职位高低，都要直接面对并解决客户的问题。他们利用大数据和人工智能技术，开发了智能客服系统，能够24小时不间断地为客户提供高效、准确的咨询服务，大大提高了服务效率和客户满意度。同时，阿里巴巴还构建了完善的供应链管理系统，通过数据分析和预测，实现了库存的精准控制，降低了运营成本，提高了整体运营效率。

二、管理创新的内涵

(一) 管理活动由维持活动与创新活动构成

管理工作可以概述为两个环节：一是设计组织系统的目标、结构和运行规则，启动并监视系统的运行，使之按预定的规则操作；二是分析系统运行中的变化，进行局部或全局的调整，使系统与内外环境保持动态的一致。这样管理活动就可以划分成维持活动与创新活动两种类型。维持活动是对组织系统目标、结构和运行规则的设计、启动和监视；创新活动是面对组织系统与环境不协调的情况，对组织系统调整与改变的过程。一方面，创新活动有别于维持活动，创新活动是面对新的环境变化而产生新的思想和新的行为。另一方面，创新活动是通过设计、启动和监视等维持活动来落实的。组织系统的任何管理工作无不包含在维持或创新中。华为在创立之初就明确了其组织系统的目标——成为全球领先的ICT(信息与通信技术)解决方案供应商。为了实现这一目标，华为精心制定了一套严格的运行规则，采用了矩阵式管理模式，既保证了产品线的高效运作，又确保了各地区市场的快速响应。然而，市场环境和技术趋势是不断变化的。华为非常注重分析系统运行中的变化，并根据这些变化进行局部或全局的调整。例如，面对全球5G技术的快速发展，华为及时调整了研发策略，加大了对5G技术的投入，成功推出了多款领先的5G设备和解决方案。同时，华为还根据市场需求的变化，不断优化其产品线和服务体系，以满足客户日益多样化的需求。

(二) 管理创新是思想和行动的结果

不管组织管理系统设计、启动和监视，还是组织管理调整与变化，它们都是一定管理思想和行动的结果。也就是说，管理创新不仅包括对管理职能活动的变革与创新，更包括这些职能活动背后的思维创新。管理思维创新往往是管理职能创新活动的基础，管理职能变革与创新活动也往往反过来推动着管理理念和思维的变革与创新。

管理创新有两种存在方式：一是流创新，即在既有管理思维下的职能创新，它们虽然对组织管理系统进行了调整和变革，但它们并没有改变管理职能工作背后的逻辑。二是源创新，即对于管理理念和思维本身的根本性改革与创新，它是从根本上改变管理职能工作的逻辑，建构新的管理行为惯例。

◇管理故事

海尔的创新之路

海尔在发展过程中，既有流创新又有源创新，例如，对传统的制造流程和管理模式进行了多次优化和调整，引入先进的生产线自动化技术和质量管理体系，因此提高了生产效率和产品质量。同时，海尔还建立了完善的售后服务网络，提高了客户满意度和忠诚度。此外，海尔还进行了深刻的管理理念和思维变革，实现了从传统的制造型企业向平台型企业的转型。海尔提出的"人单合一"的管理模式，即员工（人）和用户（单）融为一体，共同创造价值。这一模式打破了传统的层级管理结构，让员工直接面对市场，根据用户需求进行产品创新和服务提供。海尔还建立了"小微"组织，鼓励员工自主创业，实现了从"管控"到"赋能"的转变。

（三）管理创新中的"管理"，既是名词，也是动词

作为名词的管理创新是指管理工作的创新活动，如企业长期注重组织结构的优化、业务流程的梳理、人才的培养和激励，同时又通过建立完善的研发体系、生产流程和供应链管理，确保了产品的高品质和快速交付。而作为动词的管理创新是指对于人类创新活动的积极管理过程，如随着数字化时代到来，越来越多的企业利用大数据和人工智能技术，对消费者行为进行精准分析，为商家提供了个性化的营销和运营建议。为了更清晰地区分两层含义以避免误解，我们将动词的管理过程称为创新管理。管理创新从开始就规定了其主要目标包括如何通过管理手段来提升创新活动效率。

◇小知识

名人语录

创新是一个民族进步的灵魂，是国家兴旺发达的不竭动力。——江泽民

明者因时而变，知者随事而制。——桓宽

此刻一切完美的事物，无一不是创新的结果。——穆勒

保守是舒服的产物。——高尔基

典型例题

1. （单选）《经济发展理论》一书中指出管理创新是建立一种新的生产组合过程，该理论的提出者是（　　）。

   A. 波特　　　　B. 熊彼特　　　　C. 泰勒　　　　D. 德鲁克

   【答案】　B

   【解析】　熊彼特1912年在《经济发展理论》中提出管理创新包括五种创新形式，分别是产品创新、工艺创新或生产技术创新、市场创新、开发新的资源、组织管理创新。

2. （单选）为适应系统内外变化而进行的局部和全局的调整是管理的（　　）。

   A. 决策职能　　B. 控制职能　　C. 组织职能　　D. 创新职能

   【答案】　D

   【解析】　创新能使组织在面临外部环境变化和内部条件变动时，能够灵活地进行局部和全局的调整，以适应新的情境并抓住新的机遇。

3. （判断）管理创新中的"管理"是指企业管理工作中的创新活动。（　　）

   【答案】　错误

   【解析】　管理创新重点管理既是名词也是动词，题意中的管理仅解释了名词含义，是片面的。

第二节　管理工作的维持与创新

学习目标

★知识目标

掌握管理工作的维持与创新的关系。

★能力目标

能够比较准确地归纳维持与创新工作的逻辑关系。

★素养目标

1. 培养学生独立思考，保持好奇心和学习动力，不断吸收新知识、新技术；
2. 提升学生在变化中寻找机遇的能力，为自己的未来注入新活力。

引导案例

海底捞以卓越的服务著称，拥有完善的员工培训体系，确保新员工接受严格的服务规范培训，并通过日常监督和激励机制维持服务品质。在食品安全方面，海底捞建立了严格的食材采购标准和操作规范，与信誉良好的供应商合作，并定期进行食品安全检查。此外，海底捞不断推出服务和菜品创新，如等候区的免费美甲擦鞋服务，手机应用程序预约点餐，以及定期推出的新菜品，以满足顾客多样化需求并保持新鲜感。

知识学习

作为管理的基本内容，维持与创新对系统的存在都是非常重要的。维持是保证系统活动顺利进行的基本手段，也是组织中最常见的工作。但是，仅有维持是不够的。任何社会系统都是一个由众多要素构成的，并与外部不断发生物质、信息、能量交换的动态、开放的非平衡系统。维持与创新的逻辑关系如图 6-1 所示。

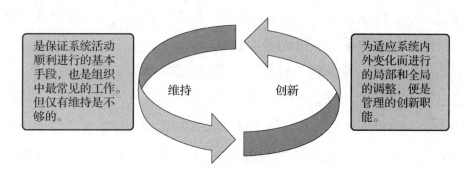

图 6-1 维持与创新的逻辑关系

管理的维持职能是严格按预定的规划来监视和修正系统的运行，尽力避免或减少各子系统间摩擦而产生的结构内耗，以保持系统的有序性。没有维持，社会经济系统的目标就难以实现，计划就无法落实，各成员的工作就有可能偏离计划的要求，系统的各个要素就可能相互脱离，各自为政，各行其是，从而整个系统就会呈现出一种混乱的状况。国家电网公司作为中国最大的电力公司，其运营涉及庞大的电网系统、复杂的电力调度和广泛的客户服务。电网系统由多个子系统组成，包括发电、输电、配电和用电等环节，这些子系统之间需要紧密协作，才能确保整个电网的高效运行。为此，国家电网公司建立了完善的协调机制，通过定期的调度会议、信息共享平台等方式，加强各子系统之间的沟通和协作，及时解决可能出现的问题和矛盾，避免了因摩擦而产生的结构内耗。

但是仅有维持是不够的。任何社会系统都是一个由众多要素构成的，与外部不断发生物质、信息、能量交换的动态、开放的非平衡系统。一旦系统不能跟上社会变化，其产品和服务不再被社会需要，或内部的资源转换功能退化，系统向社会的索取超过对社会的贡献，则系统会逐步地为社会所抛弃，趋向消亡。这种为适应系统内外变化而进行的局部或全局的调整，便是管理的创新职能。系统不断改变或调整取得和组合资源的方式、方向和结果以新的方式做出新的贡献，这正是创新的主要内涵和作用。例如昔日手机行业的巨头诺基亚，在功能机盛行的时代，凭借卓越的研发实力和出色的产品设计，成功占据了全球手机市场的显著份额。然而，随着智能手机时代的到来，消费者对手机的需求发生了巨大变化，更加注重手机的智能化、便捷性和个性化。在面对这一变化时，该品牌手机未能及时跟上市场步伐，其产品和服务逐渐不再被社会需要。尽管诺基亚也尝试推出智能手机产品，但由于内部资源转换功能退化，缺乏足够的创新力和市场竞争力，导致其智能手机产品在市场上表现平平，无法与竞争对手抗衡。

通过创新，企业可以不断推出符合市场需求的新产品或服务，优化内部资源配置，提升市场竞争力，从而确保企业在激烈的市场竞争中立于不败之地。若系统不根据内外变化的要求，适时进行局部或全局的调整，则可能为变化的环境所淘汰，或为改变了的内部要素所不容。这种为适应系统内外变化而进行的局部和全局的调整，便是管理的创新职能，也是创新的主要内涵和作用。综上所述，作为管理的两个基本环节，维持与创新对系统的生存发展都是非常重要的，它们是相互联系、不可或缺的。

第一，创新是维持基础上的发展，而维持则是创新的逻辑延续。创新并非凭空而来，它植根于组织的稳定运作与高效协作之中。维持为创新提供了必要的支撑，确保流程、制度和资源得到优化管理。就像树木生长，根深才能叶茂，创新之树也需在维持的土壤中茁壮成长。同时，创新推动组织不断进化，而维持则保障这一进程平稳有序。两者相辅相成，共同助力组织在变革中稳步前行。那些成功开辟新业务的企业，正是凭借在原有领域的深厚积累，实现对市场的颠覆与创新，赢得商业成功。

第二，维持是实现创新的成果，而创新则为更高层次的维持提供了依托和框架。通过维持职能，组织可以确保创新成果得到有效的推广和应用，从而实现组织的持续发展和进步。同时，创新推动了组织的变革和升级，为组织带来了新的发展机遇和挑战，而维持则需要在这种变革和升级的基础上，建立新的制度规范和运作机制，以确保组织的稳定运作和高效协作。

第三，任何管理工作都应围绕着系统运转的维持和创新而展开，只有创新没有维持，系统时时刻刻会呈现无所不变的无序的混乱状态，无法保持稳定的运作和高效的协作，而只有维持没有创新，系统则缺乏活力和竞争力，适应不了任何外界变化和挑战，最终会被环境淘汰。因此，管理工作需要在维持和创新之间找到平衡点，既要确保组织的稳定运作和高效协作，又要鼓励和支持创新活动，推动组织的不断发展和进步。

第四，创新管理与维持管理在逻辑上表现为相互连接、互为延续的链条。组织的管理总是从创新到维持、再到创新和再到维持循环反复的过程。创新管理与维持管理是组织管理的两个重要方面，组织的管理过程总是从创新开始，通过创新推动组织的变革和升级。然后，通过维持职能确保创新成果得到有效的推广和应用。随着外界环境的变化和内部要素的变化，组织需要再次进行创新活动，以适应新的挑战和机遇。而新的创新成果又需要新的维持职能来确保其得到有效的推广和应用。

总之，有效管理是实现维持与创新最优组合的管理。维持与创新逻辑上的相互连接、互为延续的关系并不意味着两者在空间和时间上的分离。事实上，组织管理活动是维持和创新的相互融合。有效管理就是要根据组织的结构维度和关联维度来确定维持和创新的组合。过度维持和过度创新的特征及不良影响如表 6-2 所示。

表 6-2 过度维持和过度创新的特征及不良影响

名称	特征	不良影响
过度维持	往往只是注重短期利益，忽视组织的长期发展战略	①会导致组织的僵化和保守；②会抑制人能力的发展；③会导致组织的反应能力下降；④会导致组织失去发展的机会
过度创新	会消耗大量的物力、财力资源，这部分的投入并不能从创新收益中得到补偿	①会导致组织规章制度权威性的减弱，结构体系的紊乱，专业化程度的削弱；②会导致组织凝聚力的下降，乃至组织的瓦解

维持管理与创新管理在目标和方向上的不同表现为在基本职能上的差异。维持管理致力于维持秩序，而创新管理则是致力于突破现状，率领企业抛弃一切不适宜的传统的做法。总体上来说，维持管理与创新管理在风格上表现出较大的差异性。在组织中，一个管理者往往难以承担起两方面的角色任务。

典型例题

1.（单选）在企业管理过程中，过度维持与过度管理均不利于企业适应内外部环境，关于管理创新与维持，下列说法正确的是（   ）。

　　A. 创新是实现维持的成果　　　　　　B. 创新是维持的逻辑延续
　　C. 维持是创新基础上的发展　　　　　D. 创新为更高层次的维持提供了依托和框架

【答案】 D

【解析】 创新是维持基础上的发展，而维持则是创新的逻辑延续；维持是实现创新的成果，而创新则为更高层次的维持提供了依托和框架。

2.（单选）以下管理学名词中不属于管理的"维持"的是（   ）。

　　A. 组织　　　　　B. 创新　　　　　C. 控制　　　　　D. 领导

【答案】 B

【解析】 管理的职能包含了维持职能与创新职能，选项中除了创新其余都属于企业管理

"维持"的范畴。

3.（单选）实现维持与创新最优组合的管理，被称为（　　）。

A. 创新管理　　　B. 有效管理　　　C. 制度创新　　　D. 创新思维

【答案】　B

【解析】　组织管理活动是维持和创新的相互融合，有效管理是实现维持与创新最优组合的管理。

第三节　不同方式的管理创新

学习目标

★知识目标

了解不同方式的管理创新。

★能力目标

能够从创新程度、变革方式和组织化程度对管理创新类型进行区分。

★素养目标

培养学生创新的思维方式，学会从不同角度识别问题、分析问题，将理论知识转化为实际应用，提升实际操作中的问题解决能力。

引导案例

有的魔术如同细腻的笔触，在熟悉的技巧上轻轻一点，便让观众感受到别样的惊喜，仿佛平淡中绽放的奇异花朵。而有的魔术，则是彻底的颠覆，以惊人的创意和胆识，打破常规，让整个舞台瞬间焕然一新，引得观众掌声雷动，惊叹连连。有时，魔术师只是巧妙地变换了一个细节，却让整个表演焕然一新，这是局部的精妙；有时，他则大手一挥，整个舞台布景、表演流程全面升级，让人仿佛置身于一个全新的魔幻世界。一场魔术表演，可能是一时灵感的即兴发挥，也可能是魔术师精心筹备、反复打磨的杰作。

管理创新也如同一场场精妙绝伦的魔术，有时一个小小的细节调整，就能带来意想不到的效果；而有时，管理者则需要大手一挥，进行全面的改革和创新。

知识学习

对于不同的创新方式，我们可以从创新程度、变革方式和组织化程度来分类。

一、按照创新程度分类

(一)渐进式创新

渐进式创新是对现有的管理理念和管理方法进行局部性改进,而产生的一种新的管理活动。在环境没有发生根本性变化的情况下,管理者从已有管理理念出发,对管理制度和管理方法进行适度调整是可以充分保证管理活动的有效性的,这种创新管理就是一种渐进式的。

例如微信功能的逐步拓展。微信从最初的一款简单的即时通信工具,逐步发展成为一个集多种功能于一身的综合性社交平台,这期间经历了大量的渐进式创新。早期,微信主要功能就是文字、语音聊天以及添加好友等基本操作。随后,微信陆续推出了朋友圈功能、微信支付、小程序、公众号等。

(二)破坏性创新

破坏性创新则是对于现有管理理论、手段和方法的根本性突破。社会经济不断地发展,社会成员之间关系都发生了巨大变化,因此,它就要求管理者从管理理念出发,根据不同人性假设,采用不同技术手段来创新管理活动,这种创新就是破坏性创新。

例如数码相机对胶卷相机的冲击。数码相机采用了创新的成像技术,利用电子传感器将光线直接转换为数字信号存储,摒弃了传统胶卷的使用。用户能即时预览照片,不满意即可删除重拍,还能轻松将照片传输至电脑等设备,进行后期编辑与分享。

二、按照创新变革方式分类

(一)局部创新

局部创新是指在系统性质和目标不变的前提下,系统活动的某些内容、某些要素的性质或其相互组合的方式,系统的社会贡献的形式或方式等发生变动。

一家面包店推出新式夹心面包,加入巧克力酱、果酱、奶酪和坚果等新奇夹心。尽管面包制作方法未变,但这一创新为顾客提供了新选择,吸引了更多顾客。这展示了局部创新的魅力,即通过调整或增加某些要素,无须改变整个系统性质和目标,就能带来新的体验和效果。

(二)整体创新

整体创新则往往改变系统的目标和使命,涉及系统的目标和运行方式,影响系统的社会贡献的性质。

你所在的学校突然进行了一次全面的改革。以前学校主要是教大家书本上的知识,考试考得好就是目标。但现在学校不仅教知识,还鼓励大家动手实践、创新思考。比如,学校开设了一个"创意工坊"，同学们可以在这里搞自己喜欢的小发明、小创造。而且，学校还跟外面的企业合作，让同学们有机会去企业实习，了解真实的工作环境。这种全面的改革，就像整体创新一样，不仅改变了学校的教育目标，还改变了教学方式和学校与社会的互动方式。

（三）要素创新

要素创新是指对于构成整个管理活动的基本要素进行的创新。

例如新奥能源物流有限公司技术要素方向的创新。集成人、车、路信息，构建危货运输数智管理系统，实现了危货运输企业的安全管理升级和运营降本增效，形成了"数据驱动、科技护航"的危化品运输新模式。

（四）结构创新

结构创新是在管理投入要素的核心概念不变的情况下，对于要素组合方式进行的创新。

你拥有一套乐高积木，通常按说明书搭建，但某天你开始尝试自己的创意，自由组合不同形状和颜色的积木块。你用积木块搭建出柱子、桥梁和墙壁，创造出一个全新的模型。尽管积木块未变，但新的组合方式让模型焕然一新，更有趣味。

三、按照创新的组织化程度分类

（一）自发创新

自发创新是指系统内部与外部直接联系的各子系统接收到环境变化的信号以后，必然会在其工作内容、工作方式、工作目标等方面进行积极或消极的调整，以应对变化或适应变化的要求。自发创新的结果是不确定的。

小李同学对烹饪有热情，某日在小吃摊帮忙时，他尝试将煎饼果子创新，加入芝士、火腿和生菜，制作出"创意煎饼果子"。新口味迅速在校园内流行，吸引了大量同学排队购买。小李的创新不仅增加了小吃摊的生意，还激发了同学们对美食创新的兴趣。

（二）有组织的创新

有组织的创新包含两层意思：一是系统的管理人员根据创新的客观要求和创新活动本身的客观规律制度化地检查外部环境状况和内部工作，寻求和利用创新机会，计划和组织创新活动；二是系统的管理人员要积极地引导和利用各要素的自发创新，使之相互协调并与系统有计划的创新活动相配合，使整个系统内的创新活动有计划、有组织地展开。只有有组织地创新，才能给系统带来预期的、积极的、比较确定的结果。鉴于创新的重要性和自发创新结果的不确定性，有效的管理要求有组织地进行创新。

学生会因小李的创意小吃受欢迎，决定举办校园美食节，丰富校园生活，促进美食文化交流。筹备小组规划组织活动，确定主题日期，邀请摊贩和餐饮店参与，要求准备特色美食。

小组还负责场地布置、海报设计和秩序维护。美食节当天，校园热闹非凡，同学们品尝了各种美食，包括小李的煎饼果子和其他特色小吃。

当然，有组织的创新也有可能失败，因为创新本身意味着打破旧的秩序，打破原来的平衡，因此，具有一定的风险，更何况组织所处社会环境是一个错综复杂的系统，这个系统的任何一次突发性变化都有可能打破组织内部创新的程序。但是，有计划、有目的、有组织的创新，取得成功的机会无疑要远远大于自发创新。

典型例题

1. (多选) 从创新程度上来看，创新可以分为( )。

A. 自发创新　　B. 破坏性创新　　C. 局部创新　　D. 渐进式创新

【答案】 BD

【解析】 A 属于按照创新的组织化程度划分，C 属于按照创新变革方式划分，BD 选项属于按照创新程度划分。

2. (判断) 根据变革方式的不同，可以将创新分为自发创新和有组织的创新。( )

【答案】 错误

【解析】 管理创新按照创新的组织化程度可分为自发创新和有组织的创新，按照创新变革方式可分为局部创新、整体创新、要素创新和结构创新。

3. (判断) 按照创新的变革方式分类，管理创新可分成渐进式创新与破坏性创新。( )

【答案】 错误

【解析】 按照创新程度分类，管理创新可以分为渐进式创新与破坏性创新。

本章练习

一、名词解释题

1. 创新形式
2. 管理的维持职能
3. 管理的创新职能

二、单项选择题

1. 五种创新基本形式是创新概念基础，下列不属于管理创新基本形式的是( )。

A. 引入新产品　　　　　　　　　　B. 维持原产品

C. 开辟新市场　　　　　　　　　　D. 建立新组织形式

2. 生产中采用一种新的工艺方法，这属于（　　）。
   A. 生产技术创新　B. 管理创新　　　C. 制度创新　　　D. 经营创新

3. 随着社会的不断发展，管理创新的内涵就在不断地丰富和完善，下列关于管理创新说法错误的是（　　）。
   A. 管理活动是由维持活动与创新活动构成的
   B. 创新活动有别于维持活动
   C. 管理创新包括流创新和源创新
   D. 管理创新中的"管理"是动词，强调管理工作中的创新过程

4. 创新与维持的关系是辩证的，二者都不能过度，下列说法正确的是（　　）。
   A. 创新是维持基础上的发展
   B. 创新是为了实现维持的成果
   C. 创新是为更高层次的维持提供依托和框架
   D. 创新是组织进行调整和重新分配资源的基础

5. 维持与创新都是企业重要的决策过程，下列说法错误的是（　　）。
   A. 创新是维持基础上的发展　　　B. 创新是维持的逻辑延续
   C. 维持是实现创新的成果　　　　D. 创新为更高层次的维持提供依托

6. 科学技术的发展对旧产品和传统企业具有毁灭性打击，对于已有管理理论、手段和方法的根本性突破属于以下哪种创新？（　　）
   A. 破坏性创新　　B. 整体创新　　　C. 要素创新　　　D. 结构创新

7. 下列属于按组织化程度划分管理创新的是（　　）。
   A. 自发创新　　　B. 局部创新　　　C. 整体创新　　　D. 破坏性创新

8. 我国自古以来的货币有贝壳、铜钱、金银、纸币，材料是构成产品的物质基础，货币的变化体现了以下哪种创新？（　　）
   A. 结构创新　　　B. 整体创新　　　C. 要素创新　　　D. 局部创新

9. 对现有的管理理念和管理方法进行局部性改进从而产生的一种新的管理活动，称为（　　）。
   A. 渐进式创新　　B. 破坏性创新　　C. 整体创新　　　D. 保护创新

10. 管理网络化就是利用网络技术对信息处理方式的变革，这种创新方式被称为（　　）。
    A. 结构创新　　　B. 局部创新　　　C. 自发创新　　　D. 要素创新

三、多项选择题

1. 创新形式包括（　　）。
   A. 产品创新　　　B. 工艺创新　　　C. 组织管理创新　　D. 市场创新

2. 创新通常被理解为以下哪些方面的新组合或应用？（　　）

A. 产品或服务　　　　　　　　　　B. 生产过程或技术
C. 市场或营销方法　　　　　　　　D. 组织结构或管理方式

3. 管理工作的维持活动通常包括哪些内容？（　　）
A. 确保日常运营的顺利进行　　　　B. 保持现有组织结构和流程的稳定性
C. 监控并改进生产效率和质量　　　D. 维护和更新组织文化和价值

4. 在管理工作中，创新的重要性体现在哪些方面？（　　）
A. 应对市场变化和竞争压力　　　　B. 提升组织效率和竞争力
C. 创造新的增长点和市场机会　　　D. 促进组织的持续学习和进步

5. 从变革方式上来看，创新可以分为（　　）。
A. 局部创新　　　B. 整体创新　　　C. 要素创新　　　D. 结构创新

6. 从组织化程度上来看，创新可以分为（　　）。
A. 自发创新　　　B. 有组织创新　　C. 要素创新　　　D. 结构创新

四、判断题

1. 企业要适应互联网时代下新的市场、新的商业环境，要转型发展，离不开创新。（　　）
2. 创新从狭义上来讲是指产生新的思想和行为的活动。（　　）
3. 企业管理工作的决策往往都包含有维持或创新。（　　）
4. 有效管理就是要根据组织的结构维度和关联维度来确定维持和创新的组合。（　　）
5. 维持是保证系统活动顺利进行的基本手段，也是组织中最不常见的工作。（　　）
6. 维持是创新的逻辑延续，是为再创新创造基础。（　　）
7. 条形码的孪生兄弟"二维码"的出现，对企业创新活动没有影响。（　　）
8. 市场创新是指开辟新市场，即进入一个以前不曾进入过的市场。（　　）
9. 在环境变化的情况下，不可能"一招鲜吃遍天"，所以管理必须推陈出新。（　　）
10. 有计划、有目的、有组织的创新取得成功的机会远远小于自发创新。（　　）

五、简答题

1. 请简述管理创新的内涵。
2. 请分析企业管理中创新与维持的逻辑关系。
3. 请阐述不同创新方式下的管理创新类型。
4. 有组织的创新包含哪两层意思？

六、案例分析题

一个小镇新开了一家小型咖啡馆，开业初期仅经营咖啡和一些基础小吃，虽然咖啡馆只能现场点餐，点餐效率较低，但由于当地咖啡馆数量如凤毛麟角，该咖啡馆开业初期就获得了较好的业绩。然而，随着时间的推移，周边的竞争日益激烈，顾客的需求也变得更加多样化和个性化。这家咖啡馆的老板决定引入新的咖啡制作技术和设备，提升咖啡的口感和品质，满足顾客对高品质咖啡的需求。同时，他们还根据季节和节日的变化，推出了特色饮品和限定小吃，吸引了大量顾客前来品尝。这家咖啡馆还在管理上进行了改进，引入了智能点餐系统和移动支付功能，提高了顾客点餐和支付的便利性，减少了排队等待的时间。此外，还通过社交媒体和线上平台进行营销推广，扩大了品牌知名度，吸引了更多潜在顾客。这些创新举措不仅提升了咖啡馆的竞争力，还带来了显著的业绩增长，顾客满意度提高，回头客增多，口碑传播效应明显。同时，由于管理效率的提升，咖啡馆的运营成本也得到了有效控制。

根据以上案例，回答以下问题：

1. 什么是管理创新？
2. 根据案例分析该咖啡馆进行了哪些创新。

参考答案

下篇 管理学基础

第一章 管理与管理理论

一、名词解释题

1. 管理：管理是为了有效地实现组织目标，由专门的管理人员利用专门的知识、技术和方法对组织活动进行决策、组织、领导、控制并不断创新的过程。

2. 管理主体：管理的主体是具有专门知识、利用专门技术和方法来进行专门活动的管理者。

3. 科学管理研究：包含劳动定额制、标准化制、差别计件工资制、职能制等，强调科学性和精密性，通过标准化提高生产效率，关注经济激励和工作效率。

4. 一般管理研究：管理五职能（计划、组织、指挥、协调、控制），14条管理原则，从管理职能和管理原则出发，强调管理的普遍性和教育性，关注组织的整体效率和稳定性。

5. 科层组织研究：明确的组织分工、等级制度、人员任用、理性准则、法规约束等强调组织的理性化和规范化，建立严格的等级制度和规则，追求工作效率和稳定性。

二、单项选择题

1~5　AADDD　6~10　BBCBD　11~15　ABBCD
16~20　BCCDB　21~25　DDABA　26~30　BCAAB

三、判断题

1~5　√××××　6~10　√××√×　11~15　×××√×　16~20　√××√√

四、简答题

1. 简述管理的基本特征和管理工作的内容。

答：管理的目的是有效地实现组织预定的目标。管理的主体是具有专门知识、利用专门技术和方法来进行专门活动的管理者。管理的客体是组织活动及其参与要素（人、物、事等）。

管理是一个包括决策、组织、领导、控制以及创新等一系列工作的综合过程。

2. 区分管理的科学性和艺术性。

答：管理的科学性体现在其可以运用科学的方法和理论来提高管理效率和效果。艺术性则体现在管理实践中需要根据具体情况灵活运用管理知识和技能，以及处理人际关系和领导风格上的创造性和灵活性。管理的科学性与艺术性是相互补充、相辅相成的。科学性为艺术性提供了基础和指导，而艺术性则是科学性的突破和创新。科学性与艺术性的统一，使得管理活动更加高效、更加富有成效。

3. 简述科学管理研究、一般管理研究和科层组织研究的主要内容。

答：(1)科学管理理论的主要内容：劳动定额制、标准化制、差别计件工资制、职能制等；

(2)一般管理研究的主要内容：管理五职能(计划、组织、指挥、协调、控制)，14条管理原则；

(3)科层组织研究的主要内容：明确的组织分工、等级制度、人员任用、理性准则、法规约束等。

五、案例分析题

1~5　BBBCB　6~10　BDCBA

第二章　决策

一、名词解释题

1. 决策：广义的决策是一个过程，包括在做出最后选择之前必须进行的一切活动。

2. 战略决策：战略决策是指事关组织未来发展方向和远景的全局性、长远性的大政方针方面的决策，关系到组织生存和发展的根本问题进行的决策，具有全局性、长期性和战略性的特点。

3. 计划：从动词意义看，计划(Planning)是指对各种组织目标的分析、制定和调整以及对组织实现这些目标的各种可行方案的设计的行动过程。

4. 程序化决策：在问题重复发生的情况下，决策者通过限制或排除行动方案，按照书面的或不成文的政策、程序或规则所进行的决策。

5. 目标管理：目标管理是一种鼓励组织成员积极参加工作目标的制定，并在工作中实行自我控制、自觉完成工作任务的管理方法或管理制度。

二、单项选择题

1~5　CDBDC　6~10　ADCBA　11~15　CCBCA

16~20　BADDA　21~25　CABCA　26~30　BDCDD

三、判断题

1~5　××√√×　6~10　√×××√　11~15　×√√××　16~20　√×√√√

四、简答题

1. 群体决策具有以下明显优点：

第一，有利于集中不同领域专家的智慧，应付日益复杂的决策问题。通过这些专家的广泛参与，专家们可以对决策问题提出建设性意见，有利于在决策方案得以贯彻实施之前，发现存在的问题，提高决策的针对性。

第二，能够利用更多的知识优势，借助更多的信息，形成更多的可行性方案。

第三，具有不同背景、经验的不同成员在选择收集的信息、要解决问题的类型和解决问题的思路上往往都有很大差异，他们的广泛参与有利于提高决策时考虑问题的全面性。

第四，容易得到普遍的认同，有助于决策的顺利实施。由于决策群体的成员具有广泛的代表性，因而有利于得到与决策实施有关的部门或人员的理解和接受，在实施中也容易得到各部门的相互支持与配合。

第五，有利于使人们勇于承担风险。有关学者研究表明，在群体决策的情况下，许多人都比个人决策时更敢于承担更大的风险。

群体决策也可能存在一定的缺点。

一方面是速度、效率可能低下。群体决策鼓励各个领域的专家、员工的积极参与，力争以民主的方式拟定出最满意的行动方案。但在这个过程中，也可能陷入盲目争论的误区之中，既浪费了时间，又降低了速度和决策效率。

另一方面是有可能为个人或子群体所左右。群体决策之所以具有科学性，原因之一是群体决策成员在决策中处于同等的地位，可以充分发表个人见解。但在实际决策中，很可能出现以个人或子群体为主发表意见、进行决策的情况。同时，不可否认，群体决策中也有可能出现更关心个人目标的情况。在实践中，不同部门的管理者可能从不同角度对不同问题进行定义，管理者个人更倾向于对与其各自部门相关的问题非常敏感。

2. 计划的作用：

计划是管理者进行指挥的抓手；

计划是管理者实施控制的标准；

计划是降低未来不确定性的手段；

计划是提高效率与效益的工具；

计划是激励人员士气的依据；

3. 目标管理的优点及局限性：

目标管理的优点：目标管理促使管理者为实现组织目标而制订工作计划；强调职工参与目标管理；有利于进行更有效的控制。

目标管理的局限性：明确目标管理的意义方能有效；适当的目标难以确定；目标管理缺乏灵活性；限制管理水平的发挥；目标一般是短期的。

五、案例分析题

1. A 2. C 3. C 4. C 5. D

6. 运用目标管理法内容进行分析。

第三章　组织

一、名词解释题

（略）

二、单项选择题

1~5　ADCBB　6~10　BDCCD　11~15　AACBD

16~20　CDAAA　21~25　BABBA　26~30　AAAAA

三、判断题

1~5　×√√√√　6~10　××√×√　11~15　√×××√　16~20　×√×××

四、简答题

（略）

五、案例分析题

1. C　2. B　3. D　4. D　5. C

6.（略）

第四章　领导

一、名词解释题

1. 马斯洛需要层次理论：人类需要从低到高可分为五种，分别是生理需要、安全需要、社交需要、尊重需要和自我实现需要。

2. 保健因素：使人们感到不满意的因素往往都是属于工作环境或外界因素方面的，被称为保健因素。

3. 相对报酬：指个人付出劳动与所得到的报酬的比较值。

4. 正强化：指通过出现积极的、令人愉快的结果而使某种行为得到加强。

5. 沟通：沟通是信息的传递与理解的过程，是在两人或更多人之间进行的在事实、思想、意见和情感等方面的交流。

二、单项选择题

1~5　BDCBB　6~10　BABDB　11~15　DACBC

16~20　CDADD　21~25　CABBD　26~30　CADBB

三、判断题

1~5　×√××√　6~10　√××√√　11~15　××××√　16~20　√××√×

四、简答题

1. 简述领导权力的来源。

答：根据约翰·弗兰奇和伯特伦·瑞文的观点，权力有五种来源。

(1)职位权力：①奖赏权力；②强制权力；③法定权力。

(2)个人权力：①参照权力；②专家权力。

2. 简述期望理论的主要内容。

答：(1)人们从事任何工作行为的激励程度将取决于经其努力后取得的成果的价值与他对实现目标的可能性的估计的乘积。(2)只有当效价高，期望值也高时，激励力才会高。(3)激励的过程要处理好三方面的关系：第一，努力与绩效的关系。人们总是希望通过一定的努力达到预期的目标。第二，绩效与奖励的关系。人们总是希望在取得绩效后得到奖励。第三，奖励与满足需要的关系。人们总是希望自己获得的奖励满足自己某方面的需要。

3. 简述如何克服沟通障碍。

答：(1)学会倾听：①目光接触。②展现赞许性的点头和恰当的面部表情。③避免分心的举动或表示厌倦的动作。④提问。⑤用自己的语言复述。⑥避免打断讲话者。⑦不要说太多。⑧顺利转换倾听者与讲话者的角色。(2)重视反馈。(3)克服认知差异。(4)抑制情绪化反应。

五、案例分析题

1. D　2. D　3. D　4. D　5. A

6. 答：(1)能较为恰当地解释这种现象的理论是公平理论。

(2)根据公平理论：

①人们对报酬是否满意是一个社会比较过程，满意的程度不仅取决于绝对报酬，更取决于相对报酬。文中王皓不满的原因的不是奖金的绝对值低，而是相对于同事，自己付出得多，收获得却和同事差不多，故而相对报酬低。

②人们对相对报酬的比较体现在横向比较和纵向比较两个方面。横向比较是人们将自己的相对报酬与他人的相对报酬进行比较。纵向比较是人们将自己当前的相对报酬与自己过去的相对报酬进行比较。文中王皓是和同事进行横向比较后感到不满。

③相对报酬比较的结果会使人们产生公平感或不公平感。不公平感会造成人们心理紧张和不平衡感。王皓正是在和同事比较后感到不满，才会气呼呼地递上辞呈。

④公平感是一种主观心理感受，是人们公平需要得到满足的一种直接心理体验。制约公平感的因素主要有两个方面：一是分配政策是否公平及执行过程是否公开，即客观是否公平；二是当事人的公平标准，即主观感受是否公平。文中不论从客观上还是主观上都存在不公平现象，才会引发王皓的离职行为。

⑤在实际工作中，人们往往会过高地估计自己的投入和他人的收入，而过低地估计自己的收入和他人的投入，从而出现自己的相对报酬小于他人相对报酬的情况。在案例中，王皓感到不公平很有可能是过高估计自己的付出，才会产生不公平的看法。

第五章　控制

一、名词解释题

1. 控制：作为管理的一种职能，是指管理者为了保证实际工作与计划的要求相一致，按照既定的标准，对组织的各项工作进行检查、监督和调节的管理活动。

2. 事前控制：事前控制又称事先控制，是指一个组织在一项活动正式开始之前所进行的控制活动。事前控制主要是对活动最终产出的确定和对资源投入的控制，其重点是防止组织所使用的资源在质和量上产生偏差。

3. 反馈控制：反馈控制就是根据过去的情况来指导现在和将来，即从组织活动进行过程中的信息反馈中发现偏差，通过分析原因，采取相应措施纠正偏差。反馈控制是一个不断提高的过程，它的工作重点是把注意力集中在历史结果上，并将它作为未来行为的基础。

4. 直接控制：直接控制是指对于间接控制而言的，它是着眼于培养更好的管理人员，使他们能熟练地应用管理的概念、技术和原理，能以系统的观点来进行和改善他们的管理工作，从而防止出现因管理不善而造成的不良结果。直接控制也称预防性控制。

5. 间接控制：间接控制是着眼于发现工作偏差，分析产生的原因，并追究个人责任使之改进未来的工作的一种控制。间接控制是基于这样一些事实为依据的：即人们常常会犯错误，或常常没有察觉到那些将要出现的问题，因而未能及时采取适当的纠正或预防措施。

二、单项选择题

1~5　DABBC　6~10　DBDCB　11~15　BAAAC
16~20　AADBC　21~25　DADCC　26~30　BCABC

三、判断题

1~5　√√××√　6~10　√√×√×

四、简答题

1. 如何理解控制的含义？

答：从管理的角度上说，控制作为管理的一种职能，是指管理者为了保证实际工作与计划的要求相一致，按照既定的标准，对组织的各项工作进行检查、监督和调节的管理活动。定义可以从下面几层含义进行理解：

（1）控制是管理过程的一个阶段，它将组织的活动维持在允许的限度内，它的标准来自人们的期望，这些期望可以通过目标、指标、计划、程序或规章制度的形式表达。

（2）控制是一个发现问题、分析问题、解决问题的全过程。

（3）控制职能的完成需要一个科学的程序。

（4）控制要有成效，必须建立一个可靠有效的控制系统。

（5）控制的根本目的，在于保证组织活动过程和实际结果与计划目标及计划内容相一致，最终保证组织目标的实现。

2. 控制活动应遵循哪些原则？

答：要真正发挥控制职能的作用，建立一个有效的控制系统，必须要坚持一些基本原则：有效标准原则、控制关键点原则、控制趋势原则、直接控制原则、例外原则。

3. 反馈控制的特征及优缺点分别是什么？

答：反馈控制是在工作结束之后进行的控制，注意力集中于工作结果上，对今后的活动进行纠正。

它的优点包括：①避免下周期发生类似的问题；②消除偏差对后续活动的影响。

它的不足在于：①偏差、损失已经产生；②有时滞问题。

五、案例分析题

1~5　ACCCB

6. 阳光科技公司在控制过程中遇到的挑战主要包括：

管理成本增加：新的控制措施如项目管理软件和质量控制部门的设立，虽然提高了管理效率和产品质量，但也带来了额外的管理成本。

员工不满情绪：部分员工认为新的控制措施过于烦琐，影响了工作效率，从而产生了不满情绪。

为了平衡控制的有效性与效率，并提高员工满意度，建议阳光科技公司采取以下措施：

优化控制流程：公司应对现有的控制流程进行全面梳理，去除不必要的烦琐环节，确保控制流程既严格又高效。例如，可以定期对项目管理软件和质量控制流程进行评估和优化，减少重复工作和不必要的审批步骤。

加强员工沟通与培训：公司应加强与员工的沟通，解释控制措施的重要性和必要性，同时提供必要的培训和支持，帮助员工更好地理解和适应新的控制措施。通过增强员工的控制意识，提高他们的自我管理能力，从而减轻对控制措施的抵触情绪。

引入激励机制：为了缓解员工因控制措施带来的额外工作负担而产生的不满，公司可以考虑引入激励机制，如设立奖励基金，对在控制过程中表现突出的员工给予表彰和奖励。这不仅可以提高员工的工作积极性，还能增强他们对公司的归属感和忠诚度。

第六章　创新

一、名词解释题

1. 创新形式：熊彼特 1912 年在《经济发展理论》中提出管理创新包括五种创新形式，分别是产品创新、工艺创新或生产技术创新、市场创新、开发新的资源、组织管理创新。

2. 管理的维持职能：管理的维持职能是严格按预定的规划来监视和修正系统的运行，尽力避免或减少各子系统间摩擦而产生的结构内耗，以保持系统的有序性。

3. 管理的创新职能：创新职能是企业为适应系统内外变化而进行的局部和全局的调整，是企业推出符合市场需求的新产品或服务，优化内部资源配置，提升市场竞争力。

二、单项选择题

1~5　BADBB　6~10　AACAD

三、多项选择题

1. ABCD　2. ABCD　3. ABCD　4. ABCD　5. ABCD　6. AB

四、判断题

1~5　√×√√×　6~10　√×√√×

五、简答题

1. 管理创新活动是相对于维持活动的另一类管理活动，它是在探究人类创新活动规律的基础上，对管理活动改变的过程，是一种产生新的管理思想和新的管理行为的过程。管理活动由维持活动与创新活动构成；不管组织管理系统设计、启动和监视，还是组织管理调整与变化，它们都是一定管理思想和行动的结果；管理创新中的"管理"，既是名词，也是动词。

2. 第一，创新是维持基础上的发展，而维持则是创新的逻辑延续；第二，维持是实现创新的成果，而创新则为更高层次的维持提供了依托和框架；第三，任何管理工作都应围绕着系统运转的维持和创新而展开，二者缺一不可，需在二者之间找到平衡点；第四，创新管理与维持管理在逻辑上表现为相互连接、互为延续的链条。有效管理就是要根据组织的结构维度和关联维度来确定维持和创新的组合。

3. 首先按按照创新程度分类，可分为渐进式创新、破坏性创新；其次按照创新变革方式分类，可分为局部创新、整体创新、要素创新、结构创新；最后是按照创新的组织化程度分类，可分为自发创新、有组织的创新。

4. 有组织的创新包含两层意思：一是系统的管理人员根据创新的客观要求和创新活动本身的客观规律制度化地检查外部环境状况和内部工作，寻求和利用创新机会，计划和组织创新活动；二是系统的管理人员要积极地引导和利用各要素的自发创新，使之相互协调并与系统有计划的创新活动相配合，使整个系统内的创新活动有计划、有组织地展开。

六、案例分析题

1. 管理创新活动是相对于维持活动的另一类管理活动，它是在探究人类创新活动规律的基础上，对管理活动改变的过程，是一种产生新的管理思想和新的管理行为的过程。

2. 引入新的咖啡制作技术和设备，推出特色饮品和限定小吃，引入智能点餐系统和移动支付功能，通过社交媒体和线上平台进行营销推广。同时，老板做出以上营销策略调整是思维的创新。